JN442954

데이터 분석과 머신러닝 실전:

R & Python과 함께하는 여정

조희수

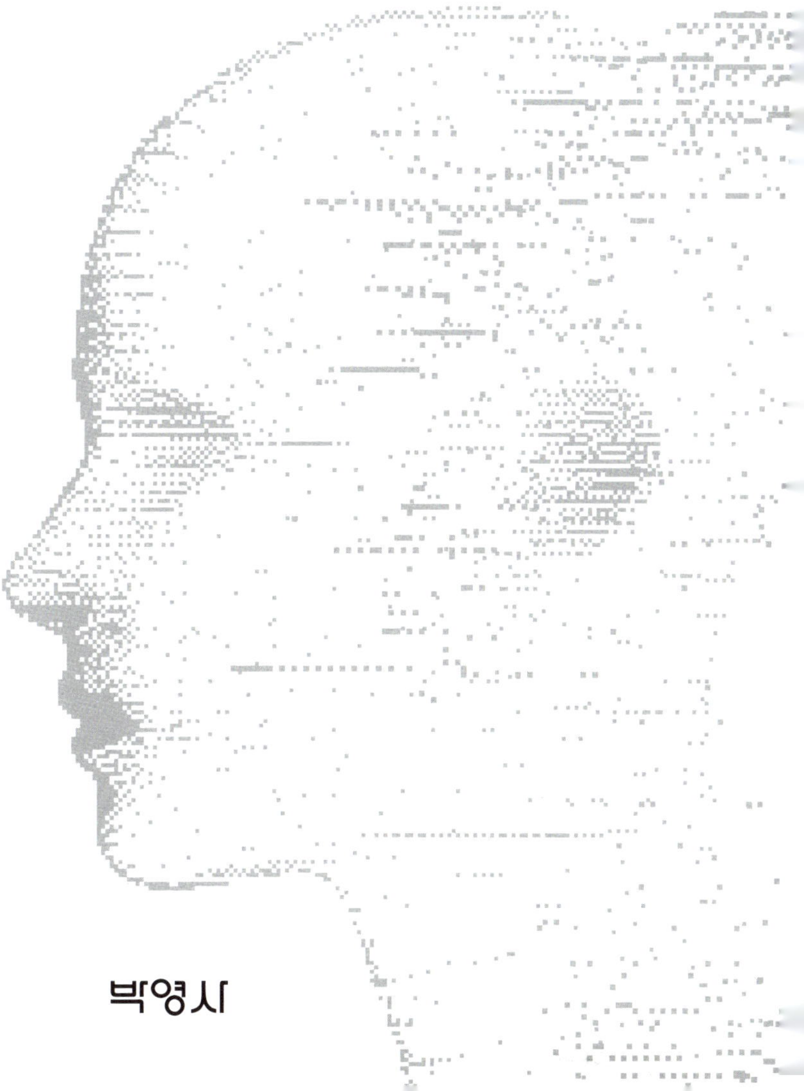

박영사

머리말

이 책을 집필한 필자는 한국도로공사에 몸담고 있는 구성원으로서, 고속도로라는 특수한 공간과 밀접한 관계 속에서 살아가고 있다. 이로 인해 자연스럽게 고속도로를 중심으로 한 이야기와 데이터를 다룰 수밖에 없었다. 다행히 고속도로는 필자뿐만 아니라 많은 이들의 일상에 깊숙이 자리한, 친숙하면서도 중요한 공간이다.

사전적으로 고속도로는 차량의 고속 주행을 위해 설계된 도로이지만, 그 본질은 단순한 교통 인프라에 머물지 않으며, 사람과 사람, 지역과 지역, 문화와 문화를 연결하는 중요한 매개체이다.

이는 한국도로공사의 기업이념인 "우리는 길을 열어 사람과 문화를 연결하고 새로운 세상을 넓혀간다"라는 문장에서 잘 드러난다. 이 책 또한 이와 같은 '연결'의 가치를 중심에 두고 기획하고 집필하였다.

책의 집필 과정에서 필자가 주목한 연결의 관점은 3가지로 요약될 수 있다.

첫째, 이론과 현장의 연결이다.

이 책은 고속도로와 관련된 실생활 데이터를 활용하여 이론을 설명하고자 하였다. 이러한 접근은 독자가 개념을 보다 생생하게 이해하는 데 도움이 되며, 교육 현장은 물론 산업현장에서도 폭넓게 활용될 수 있을 것이다.

둘째, 도구와 도구의 연결이다.

데이터 분석에서 널리 사용되는 R과 Python 두 언어를 병행하여 설명하였다. 마치 영어와 스페인어처럼 서로 다른 문법을 지니고 있지만, 공통된 의미를 전달하는 두 언어를 함께 학습함으로써 독자들은 분석 도구에 대한 폭넓은 이해와 실전 감각을 함께 익힐 수 있을 것이다.

셋째, 단계와 범위의 연결이다.

이 책은 데이터 과학의 기초개념부터 심화기법까지 아우르며, 학부 수준은 물론 대학원 수준까지 연결될 수 있도록 구성하였다. 데이터 분석을 처음 접하는 입문자부터 이를 연구·실무에 적용하고자 하는 전문가까지 두루 도움이 되기를 기대한다.

전체적인 구성은 독자의 학습 흐름을 고려해 기초부터 실전까지 점진적으로 나아갈 수 있도록 설계하였다.

특히 이 책은 고속도로에서 수집된 실제 데이터를 바탕으로, R과 Python이라는 2가지 주요 프로그래밍 언어를 병행하여 데이터 분석과 머신러닝의 핵심기법을 설명하고 있다. 실무 기반 데이터를 다루며 두 언어를 함께 익히는 과정은, 독자에게 더욱 풍부한 학습 경험을 제공할 것이다.

책은 먼저 분석 환경을 설정하는 방법을 소개하며 시작한다. 이어서 데이터를 다루기 위해 꼭 필요한 전처리 과정과 탐색적 분석 기법을 다루고, 이후에는 통계학의 기본개념과 확률분포, 통계적 추론 등의 핵심이론을 정리한 뒤, 이를 바탕으로 t검정, 분산분석, 회귀분석 등 전통적인 통계 기반 분석 기법을 실습할 수 있도록 구성하였다.

마지막으로는 머신러닝의 세계로 넘어가 전통적 모델, 앙상블 모델, 신경망 모델 등과 같은 다양한 머신러닝 기반 분석 기법을 소개하며, 데이터 분석의 확장된 가능성을 제시하고자 했다.

다만, 아쉬운 점도 있다. 머신러닝 기법 중 비지도 학습과 합성곱신경망이나 순환신경망 등은 포함하지 못했다. 이는 앞으로 꼭 보완하고 싶은 과제로 남겨두며, 향후 개정판 또는 후속 작업을 통해 독자 여러분께 선보일 것을 약속드린다.

이 책을 통해 독자 여러분이 데이터라는 도구를 통해 새로운 세상과 연결되고, 그 속에서 자신만의 길을 넓혀 가시기를 진심으로 응원한다.

2026년 겨울

저자 드림

목차

Chapter 04

전통적 통계 기반 분석 기법

Chapter 05

머신러닝 기반 분석 기법

01

분석 환경 구축

새로운 언어를 배우는 것은 단지 말하기를 배우는 것이 아니라,
새로운 방식으로 생각하기를 배우는 일이다.

— 루트비히 비트겐슈타인, 『Logisch-Philosophische Abhandlung』

Chapter 01

분석 환경 구축

제1절 분석 환경 이해

R과 Python 두 언어 모두 데이터 과학 분야에서 가장 인기 있고 널리 사용되는 프로그래밍 언어이다.

R은 뉴질랜드의 통계학자 Ross Ihaka와 Robert Gentleman이 개발했으며, 이들의 이름 머릿글자를 따서 R이라 명명되었다. 데이터 분석과 시각화에 특화된 도구로 오픈 소스 정책을 유지하고 있다. 10,000개 이상의 강력한 패키지가 CRAN (Comprehensive R Archive Network)을 통해 제공된다.

Python은 네덜란드의 프로그래머인 Guido van Rossum에 의해 개발되었으며, 인터프리터 언어로 데이터 과학, 웹 개발, 게임 등 다양한 도메인에서 사용되는 범용적인 오픈 소스 도구이다. 가장 빠르게 성장하고 있는 언어 중의 하나이며, 방대한 수의 강력한 패키지를 보유하고 있다.

그렇다면 R과 Python 중에 초보자는 어떤 언어를 선택해야 할지 고민하게 된다. 앞서 언급했듯이, 통계 분석을 위한 R과 범용 프로그래밍 언어인 Python은 서로 다른 목적으로 만들어졌지만 지금은 둘 다 데이터 과학에 널리 사용되고 있다. 따라서 본인이 하고자 하는 목적이나 활용영역에 맞게 선택하면 된다.

필자는 통계분석에 강점인 R에서 기초를 익힌 후, 최신 머신러닝 기법에 강점을 가진 Python으로 확장하는 것을 추천한다. 두 언어는 상호 배타적이라기보다 상호 보완적인 도구이기 때문이다. 참고로 두 언어의 특징은 [표 1-1]과 같다.

▸ 표 1-1 R과 Python의 특징

R	구분	Python
무료(오픈소스)	비용	무료(오픈소스)
통계학자	개발자	프로그래머
데이터 분석을 위해 특별히 설계된 언어	유연성	광범위한 작업수행을 위해 설계된 범용 언어
상대적으로 느림	처리속도	상대적으로 빠름
상대적으로 강력	시각화	상대적으로 난해
상대적으로 통계학자와 데이터 과학자에게 친화적	친화성	상대적으로 프로그래머에게 친화적

제2절 R과 R Studio 설치(Windows 기준)

R은 통계 분석과 데이터 과학을 위한 프로그래밍 언어이다. 이를 보다 편리하게 사용하기 위해, 통합개발환경(Integrated Development Environment, IDE)인 R Studio와 함께 사용하는 경우가 많다. R Studio는 R을 기반으로 작동하기 때문에, 두 프로그램 모두 설치해야 한다.

다만, 주의해야 할 점은 R을 먼저 설치하고 그 다음에 R Studio를 설치해야 한다는 것이다. 본서에서는 R Studio를 기준으로 설명한다.

1. R 설치

01단계 인터넷에서 https://cran.r-project.org를 직접 입력해 [Download R for Windows]를 클릭한 후 [install R for the first time]을 클릭하여 해당 사이트로 이동한다.

02단계 해당 사이트는 항상 최신 버전을 먼저 보여준다. 본서에서는 최신 버전인 4.5.1[1]을 다운로드하여 설치한다. 하지만 최신 버전이 항상 편리한 것은 아니다. 호환성의 문제가 발생할 수 있어 경우에 따라 이전 버전이 더 안정적으로 작동할 수 있다. 이전 버전을 다운로드하기 위해서는 [Previous release]를 클릭하면 해당 사이트로 이동한다.

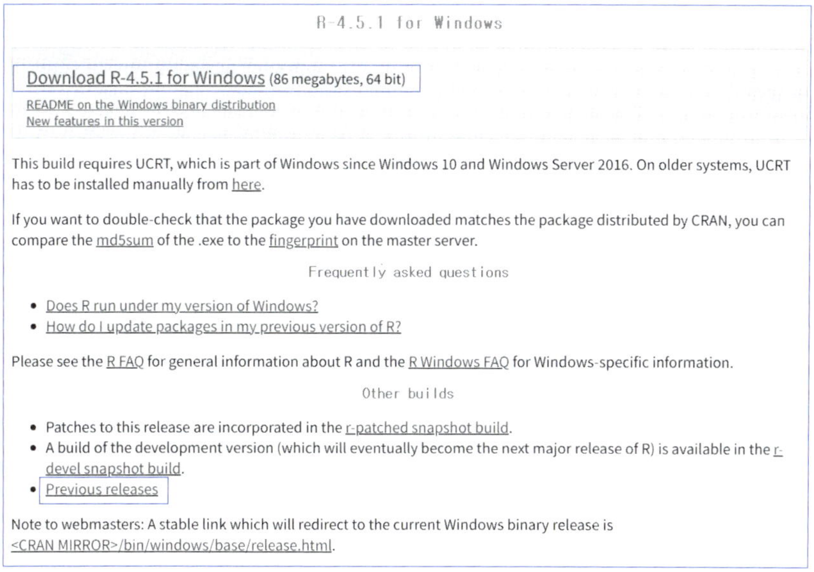

03단계 [Download R-4.5.1 for Windows]를 클릭하면 최신 버전의 설치 파일이 다운로드된다.

04단계 다운로드된 파일을 실행시키면 설치 화면이 나타나며, 특별한 선택 없이 기본값으로 진행하면 설치가 완료된다.

2. R Studio 설치

01단계 인터넷에서 https://posit.co를 입력해 해당 홈페이지에 접속하면 다음과 같은 화면이 나타난다. 그러면 ❶ [OPEN SOURCE] → ❷ [DOWNLOAD RSTUDIO] → ❸ [DOWNLOAD RSTUDIO] ❹ [DOWNLOAD RSTUDIO DESKTOP FOR WINDOWS] 순서대로 클릭하면 실행 파일이 다운로드된다.

1) R 버전은 지속적으로 업데이트가 되기 때문에 시점에 따라 다를 수 있다.

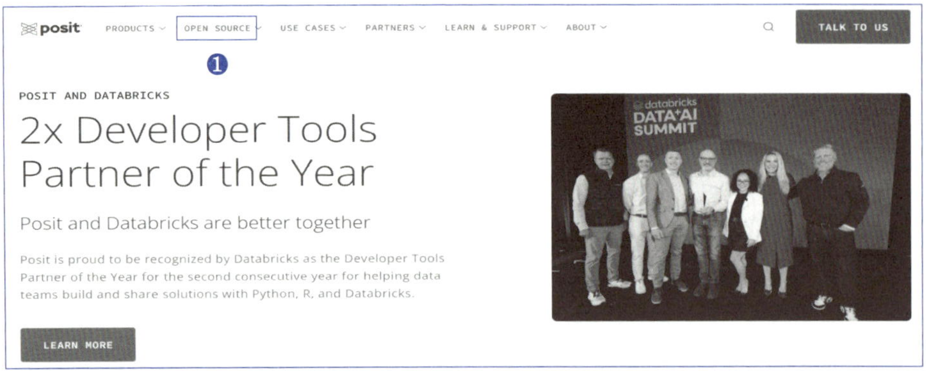

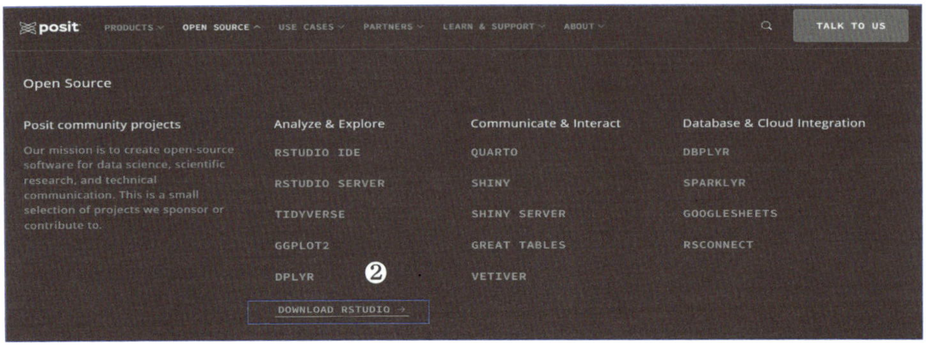

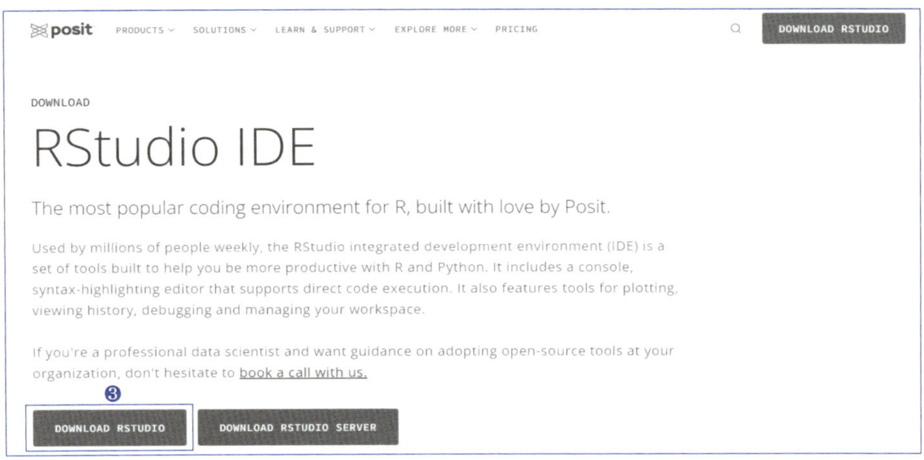

02단계 다운로드된 파일을 실행하면 설치 화면이 나타나며, 별도의 설정 없이 기본값으로 계속 진행하면 설치가 완료된다.

R Studio는 R 언어를 보다 쉽고 편리하게 사용할 수 있도록 지원하는 통합개발환경(IDE)으로, 대부분의 작업은 R Studio를 중심으로 진행한다. Windows의 시작 버튼을 클릭하여 [R Studio]를 실행하면, [그림 1-1]과 같은 초기 화면이 표시된다.

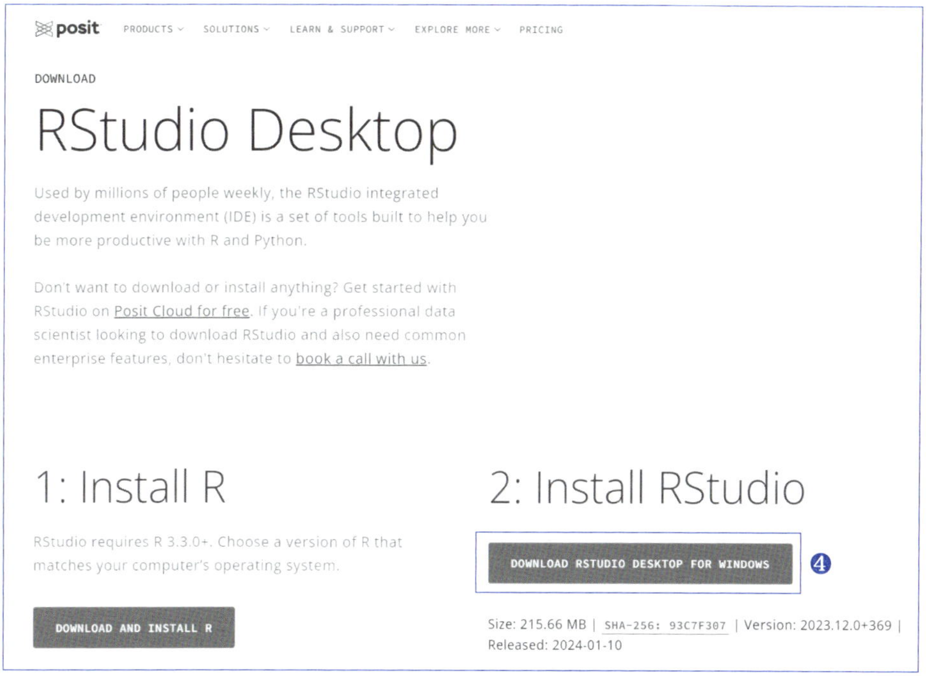

▸ 그림 1-1 R Studio 초기화면

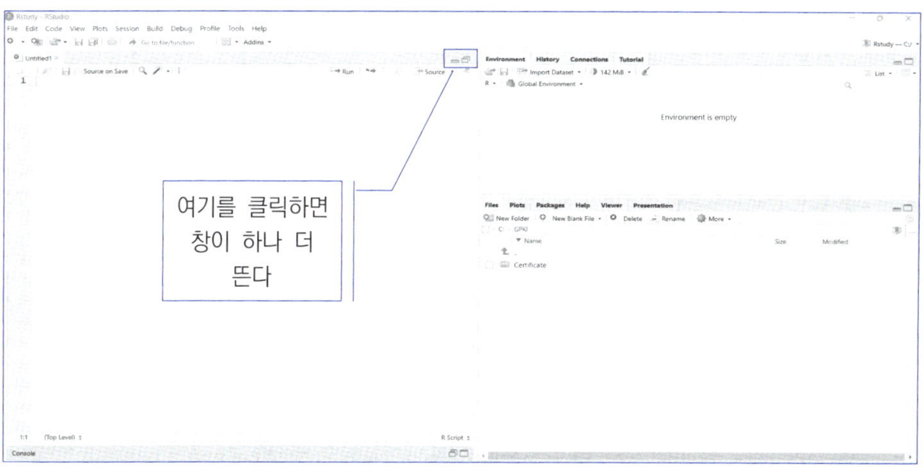

[그림 1-2]는 R Studio가 제공하는 4가지 주요 창을 나타낸다. 소스 창은 명령문 코드(스크립트)을 작성하는 곳으로 코드를 입력한 후, Ctrl+Enter를 눌러 실행할 수 있다. 콘솔 창은 소스 창에 입력한 코드가 실제로 실행되는 창이다. 직접

콘솔 창에 코드를 입력해도 무방하지만, 코드 이력관리나 코드 저장을 위해 일반적으로 소스 창을 사용한다.

환경 창은 생성된 변수의 값이나 불러온 데이터 등을 정보를 시각적으로 확인할 수 있는 창이다. 도움 창은 파일을 관리하거나 그래프 명령어를 실행했을 때 그 그래프가 표시되는 창이면서 설치된 패키지가 무엇인지도 보여 준다.

▸ 그림 1-2 R Studio의 4가지 창

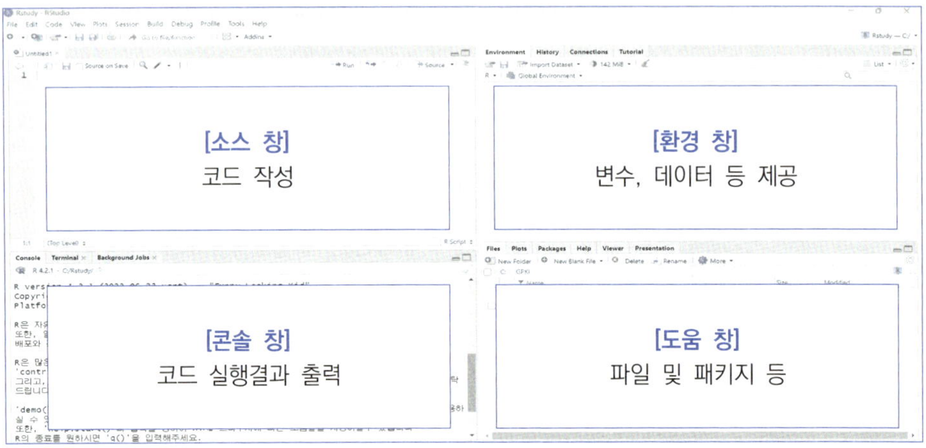

3. 프로젝트 생성

데이터 분석은 프로젝트 단위로 작업이 진행된다. 프로젝트란 일종의 폴더와 유사한 개념으로 이해하면 된다. 프로젝트 단위로 작업을 하면 데이터나 스크립트 등을 체계적으로 관리할 수 있어 매우 효율적이다.

이제 프로젝트를 생성하는 방법에 대해 알아본다.

01단계 우측 상단에 있는 ❶ [Project: (None)] 클릭 → ❷ [New Project] 선택 → ❸ [New Directory] 클릭 → ❹ [New Project]를 선택하여 프로젝트를 생성한다.

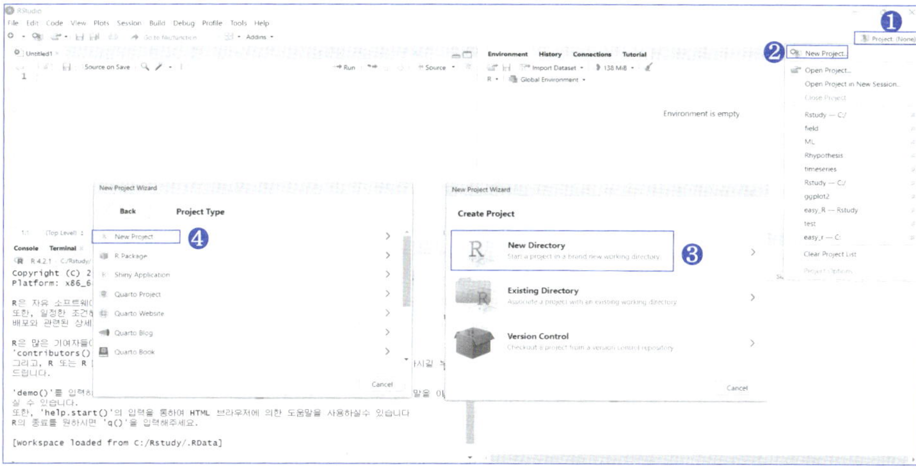

02단계 다음 단계에서는 [Create New Project] 화면이 나타난다. ❺ [Directory name]에 원하는 프로젝트 이름을 입력하고, ❻ [Create project as subdirectory of:]에 원하는 경로를 지정한다.

본서에서는 각각 r_project와 C:/를 선택하였다. ❼ 마지막으로 [Create Project]를 클릭하면 새 프로젝트가 생성된다. 참고로 R Studio는 한글과의 호환성이 좋지 않기 때문에 디렉터리 이름은 영어로 설정하는 것이 바람직하다.

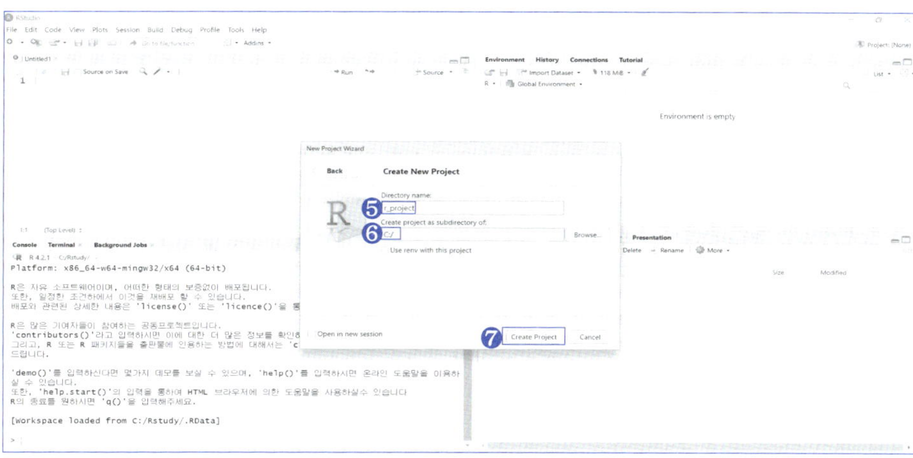

03단계 r_project가 정상적으로 생성되었는지 확인한다. ❽과 같이 우측 상단과, ❾와 같이 기타 창에 r_project가 정상적으로 표시되어 있다면, 프로젝트가 제대로 생성된 것이다.

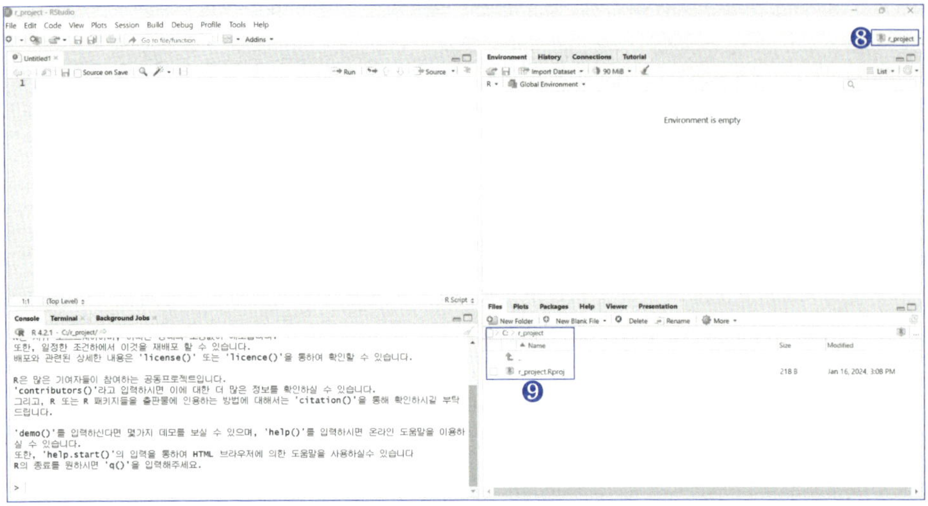

제3절 Python과 아나콘다 설치(Windows 기준)

Python을 설치하는 방법은 매우 다양하지만, 본서에서는 수많은 사용자가 있고 유용한 데이터 과학 패키지를 제공하는 아나콘다(Anaconda)를 통해 설치한다. 아나콘다는 데이터 과학을 실행하는 Python 배포판으로, 다양한 패키지와 개발 도구가 포함되어 있다.

1. 아나콘다 설치

01단계 인터넷에서 https://www.anaconda.com/download를 입력해 접속한 후 [Free Download]를 클릭하면 최신 버전의 설치 파일이 다운로드 된다. 본서에서는 최신 버전을 설치한다.

R과 마찬가지로 Python 또한 최신 버전은 호환성의 문제가 발생할 수 있어 경우에 따라서는 이전 버전이 더 편리할 수도 있다. 이전 버전을 다운로드하기 위해서는 https://repo.anaconda.com/archive를 입력하면 해당 사이트로 접속한다.

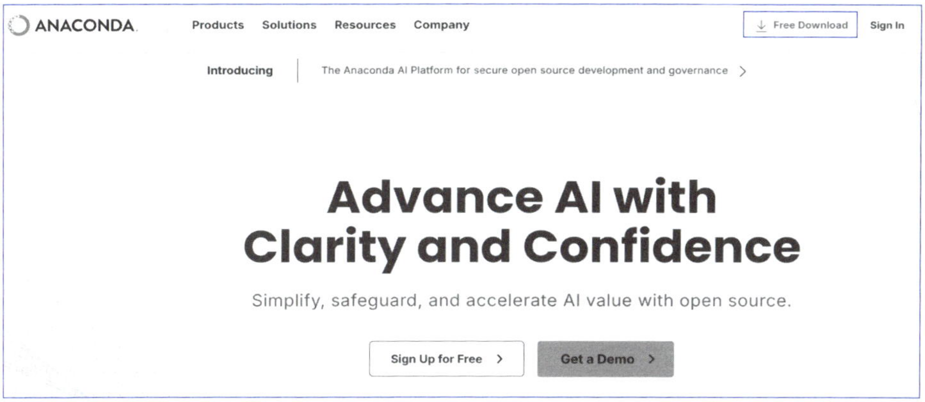

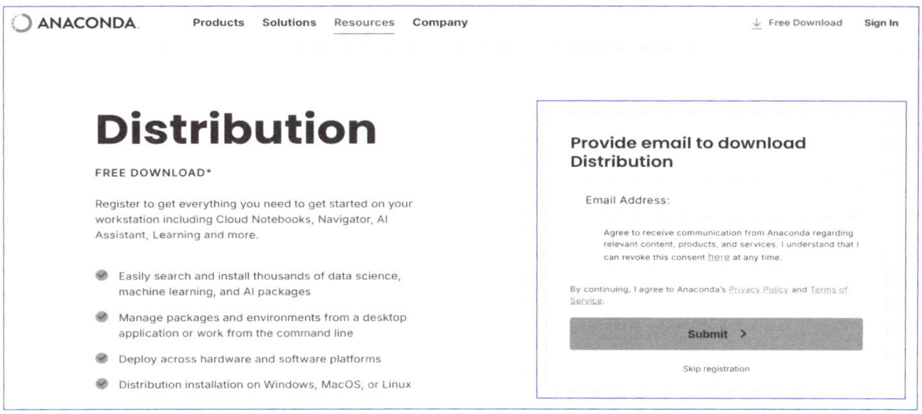

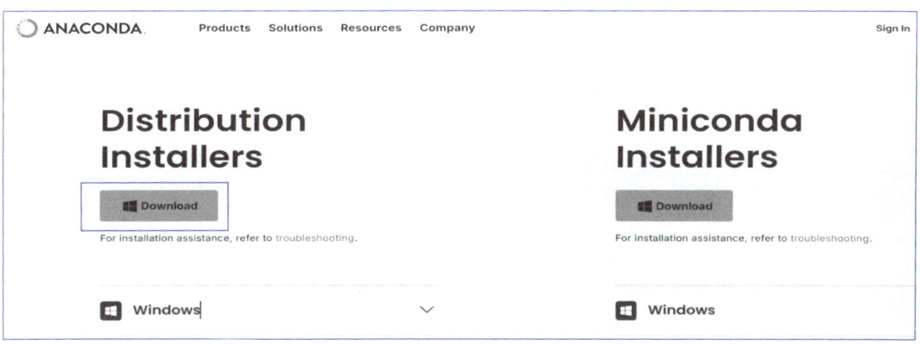

02단계 다운로드된 실행 파일을 더블 클릭하면 설치화면이 나타난다. 특별한 설정 없이 기본 옵션으로 진행하면 설치가 완료된다.

03단계 Windows의 시작 단추를 클릭한 후, 프로그램 목록에 다음과 같이 [Anaconda3(64-bit)]

항목이 표시되면, 정상 설치된 것이다.

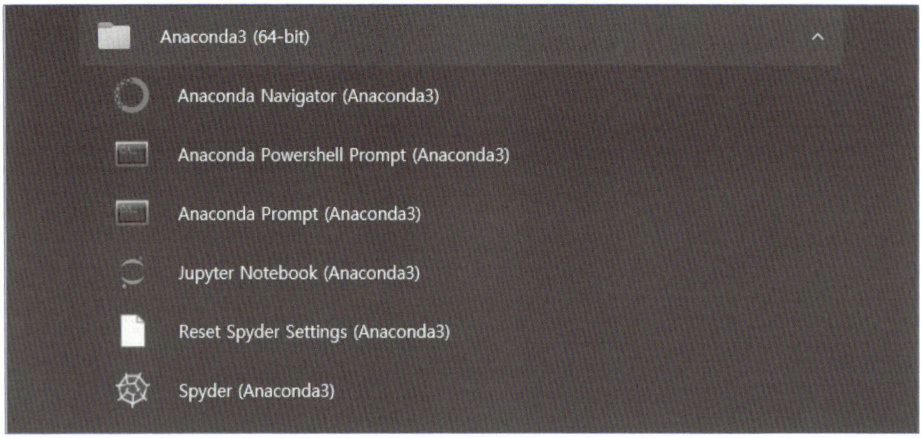

2. 주피터 노트북 활용

주피터 노트북(Jupyter Notebook)이란 '웹 브라우저에서 코드를 작성하고 실행할 수 있는 웹기반 플랫폼'으로 아나콘다를 설치하면 자동으로 설치된다. 주피터 노트북을 사용하는 주된 이유는 사용자에게 편리한 대화식 환경을 제공하기 때문에 입력과 동시에 결과를 볼 수 있어 많은 분석가들이 사용한다.

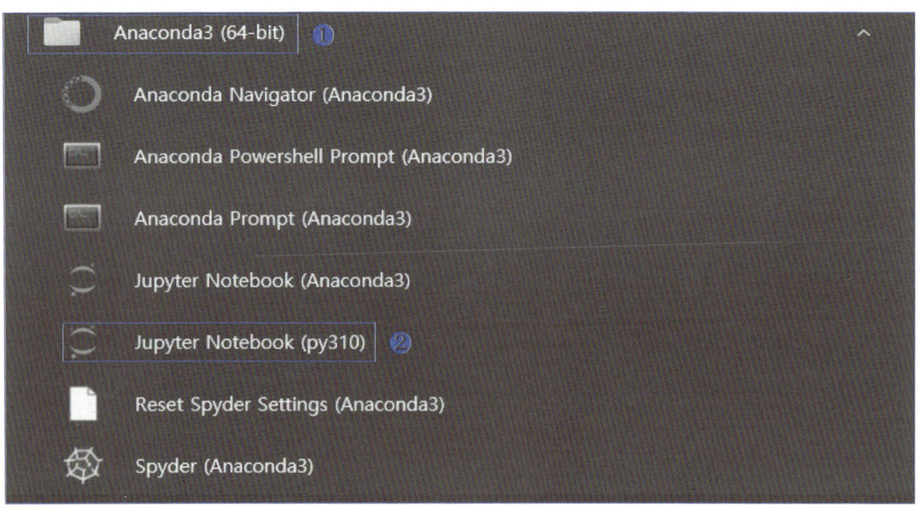

주피터 노트북을 실행하기 위해서는 Windows의 시작 버튼을 클릭한 후, 프로그램 목록에서 ❶ [Anaconda3(64-bit)]을 찾아 선택한 다음, ❷ [Jupyter Notebook(py310)]을 클릭하면 된다.

그러면, 웹 브라우저가 실행되고 다음과 같은 초기 화면이 나타난다.

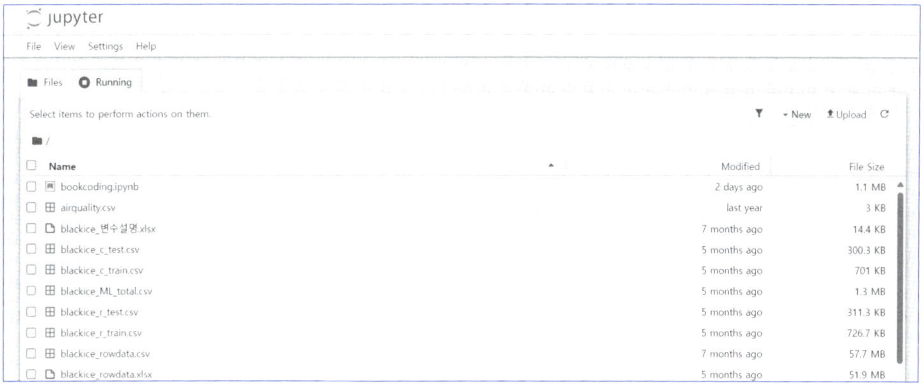

초기 화면의 우측 상단에 있는 ❶ [New] 버튼을 클릭하면 나타나는 ❷ [Python3]을 클릭한다.

그러면 새로운 창이 열린다. 이 창에서는 기본 제목이 ❶ [Untitled]로 설정되어 있으며, 코드를 입력할 수 있는 ❷ 셀(Cell)을 확인할 수 있다.

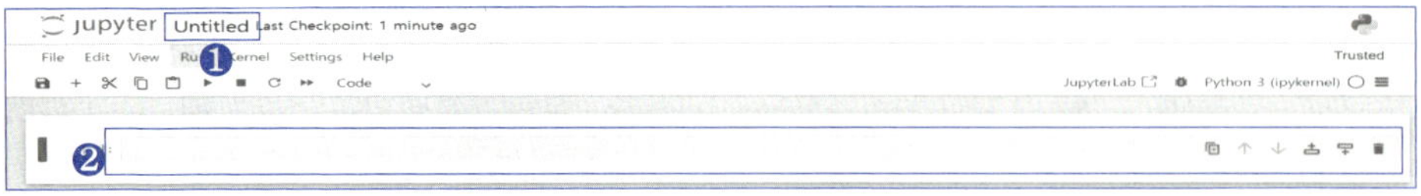

제목을 변경하려면 [Untitled]를 클릭해 팝업 창에서 원하는 이름을 입력한 뒤 [Rename]을 클릭하면 된다.

주피터의 노트북은 일정 시간이 지나면 자동 저장되며, 수동 저장을 원할 경우 상단의 디스크 아이콘을 클릭하면 된다.

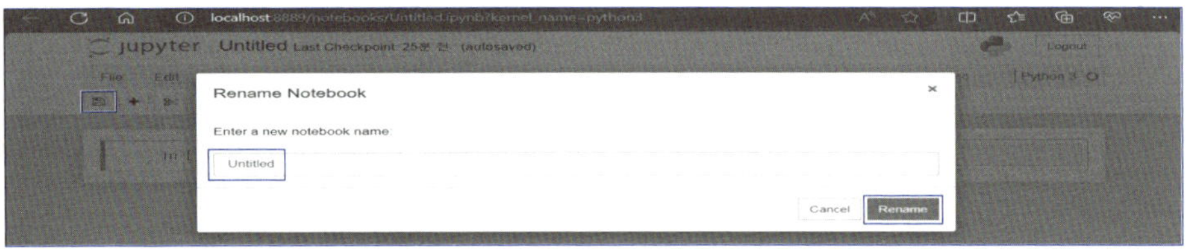

기본적으로 파일은 C:/Users/user 경로에 '파일이름.ipynb' 형식으로 저장된다. 만약 경로 변경을 원할 경우 다음과 같이 하면 된다.

Windows 시작 단추 → [Anaconda3(py310)] → [Jupyter NoteBook]에서 마우스 오른쪽 클릭 → [기타] → [파일 위치 열기] 클릭 → 새 창에서 [Jupyter Notebook(Anaconda3)] 마우스 오른쪽 클릭 → 새 창에서 속성(Alt+Enter)을 선택하면 아래와 같은 창이 새로 생성된다.

그러면 [대상(T)]의 %USERPROFILE% 대신에 사용자가 지정하고 싶은 경로를 입력하고 [확인]을 클릭하면 된다. 본서에서는 C:/r_project/로 지정한다.

다시 주피터 노트북 웹 브라우저로 돌아와, 임의의 코드 a=1을 셀에 입력하고 Shift+Enter를 누르면 코드가 실행되고 셀 하나가 추가된다. 추가된 셀에 print(a)를 입력하고 Ctrl+Enter를 눌러보자. 셀 하단에 결과가 출력된다.

참고로 명령문 실행은 Shift+Enter와 Ctrl+Enter로 할 수 있다. Shift+Enter는 셀이 추가되지만, Ctrl+Enter는 추가되지 않는 차이가 있다.

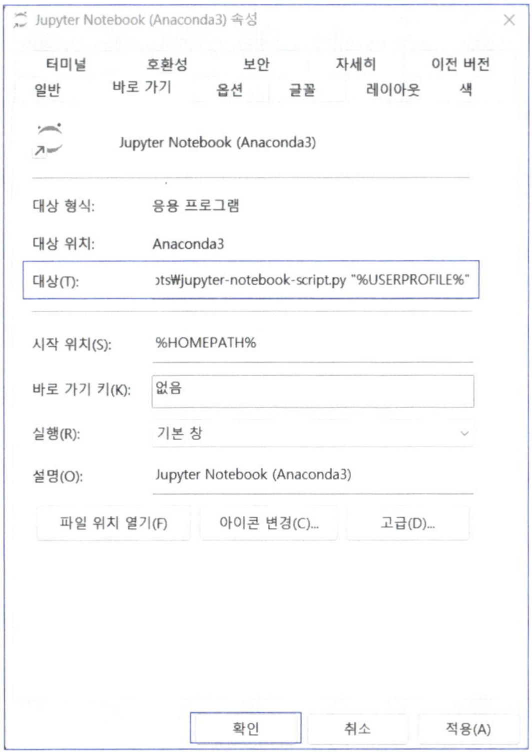

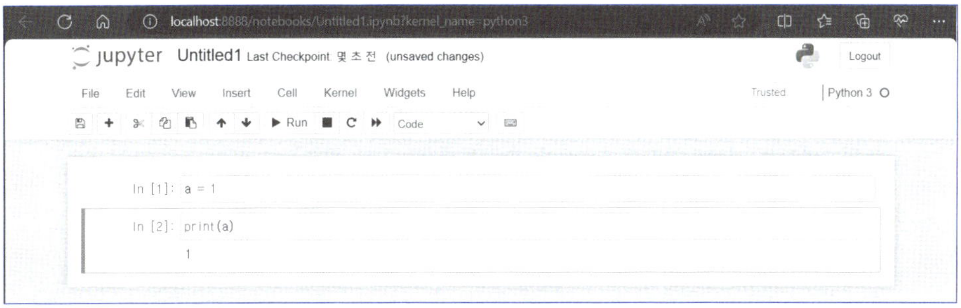

제4절 프로그래밍 기초 문법

데이터 분석은 [그림 1-3]에서 제시된 바와 같이 '분석 대상의 특성을 분석 기능을 통해 결과를 내는 것'이라 할 수 있다. 여기서 '분석하고자 하는 대상의 특성'을 변수라고 하고, '분석 기능을 가진 것'을 함수라고 한다.

▸ 그림 1-3 데이터 분석의 본질

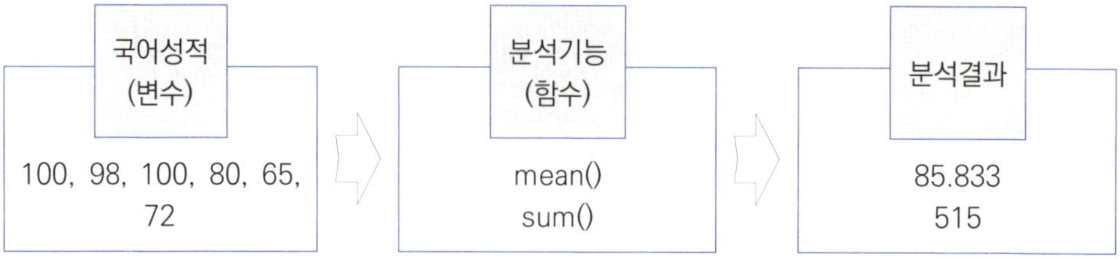

데이터 분석 도구인 R과 Python은 인터프리터(interpreter) 언어이다. 인터프리터 언어는 소스코드를 컴파일하지 않고 한 줄씩 읽어서 바로 실행하는 방식으로 동작한다. 따라서 소스코드를 한꺼번에 컴파일한 후 실행하는 방식으로 동작하는 컴파일러(compiler) 언어에 비해 다루기 쉽다. 사용목적이 데이터 분석이라면 일반인도 R과 Python을 쉽게 익힐 수 있다.

이러한 R과 Python의 문법 사용체계를 예를 들어 나타내면 다음과 같다.

[R의 nnet 패키지 multinom() 함수]

```
library(nnet)
        ❶
model  <-  multinom(y ~ x1 + x2 + x3, data = df)
  ❹     ❺      ❸               ❻
```

[Python의 statsmodels 패키지 formula.api 모듈의 ols() 함수]

```
from statsmodels.formula.api import ols
          ❶          ❷            ❸
model = ols(y ~ x1 + x2 + x3, data = df)
  ❹   ❺  ❸           ❻
```

❶은 사용할 함수가 포함된 패키지, ❷는 그 패키지의 모듈, ❸은 함수 자체, ❹는 사용자가 지정한 고유한 이름, ❺는 오른쪽의 것을 왼쪽에 저장한다는 의미를 가진 할당연산자, ❻은 해당함수의 사용공식, 사용할 데이터, 옵션 등을 말한다.

R과 Python의 문법 사용체계를 쉽게 이해하기 위해서는 앞에서 언급한 변수,

함수, 패키지, 연산자 등을 먼저 이해할 필요가 있다.

1. 변수

변수(variable)란 변하는 값으로, '특정한 특성을 담아 놓은 공간'을 의미한다. 흔히 그릇이나 바구니에 비유한다.

[표 1-2]는 K고등학교의 2학년 학생들의 학번, 반, 과목별(국어, 영어, 수학, 과학, 음악) 시험성적 등 8가지 정보를 담고 있다. 여기서 학번, 반, 성적은 학년과 달리 다양한 값을 가지고 있다. 예를 들어 국어성적은 72~100점까지 값이 있다. 이처럼 특정한 특성을 담아 놓은 공간을 변수라 하고 데이터 분석의 대상이 된다. 나아가 변수들이 모여 데이터를 구성한다.

하지만 학번, 반, 성적과 달리 학년은 2학년이라는 하나의 고정된 값을 가지고 있다. 이처럼 하나의 값만을 담아 놓은 공간을 상수(constant)라고 하고, 변수와 달리 데이터 분석의 대상이 되지 않는다.

▸ 표 1-2 K고등학교 2학년 학생들의 시험성적

(상수: grade / 변수: ID ~ music)

grade	ID	class	korean	english	math	science	music
2	1	1	100	98	78	99	92
2	2	1	98	99	88	79	76
2	3	1	100	100	99	80	75
2	4	2	80	75	85	75	100
2	5	2	65	85	78	74	89
2	6	2	72	65	85	95	84

변수의 종류는 여러 가지 기준으로 구분할 수 있으나, 2가지 기준으로 구분하면 다음과 같다.

첫째, 수치화 여부에 따른 구분이다. 키(cm) 등과 같이 수치화가 된 데이터로 구성된 변수를 수치형 변수라 하고, 성별(남녀) 등과 같이 수치화가 되지 않은 데이터로 구성된 변수를 범주형 변수라 한다.

둘째, 역할에 따른 구분이다. 다른 변수에 영향을 주는(원인이 되는) 변수를 독립변수(independent variable), 설명변수(explanatory variable), 예측변수(predictor variable)라 한다. 반면 다른 변수에 영향을 받는(결과가 되는) 변수를 종속변수(dependent variable), 반응변수(response variable), 결과변수(outcome variable)라 한다.

2. 함수

함수(function)란 '특정한 업무를 수행하는 기능'을 의미한다. 흔히 마술 상자에 비유한다. 데이터 분석은 변수를 함수로 조작하는 작업이고, 함수의 기능과 조작 방법을 익히는 것이 데이터 분석의 핵심이다.

예를 들어 [표 1-2]에 있는 국어성적이라는 변수의 평균을 구한다고 할 때, (100+98+100+80+65+72)/6의 복잡한 계산 과정을 거치면 85.833이라는 평균을 구할 수 있다. 하지만 R과 Python의 mean() 함수를 이용하면 앞의 [그림 1-3]과 같이 쉽게 평균을 구할 수 있다.

함수는 다시 R이나 Python을 설치할 때 자동으로 설치되는 함수와 사용자의 필요에 의해 직접 설치해야 하는 패키지에 내장된 함수가 있다. 전자를 내장함수라 하고 후자를 외장함수라 한다. 내장함수는 선행 작업 없이 바로 사용하면 된다. 하지만 외장함수는 패키지를 설치하고 불러와야 사용할 수 있다.

참고로 패키지는 한번만 설치하면 계속 사용할 수 있지만, 컴퓨터를 재부팅하거나 프로그램을 종료한 후 다시 실행할 경우 해당 패키지를 매번 불러와야 한다.

3. 패키지

함수를 특정한 업무를 수행하는 기능을 가진 마술 상자에 비유했다. 패키지(package)는 마술 상자들이 여러 개 들어있는 보따리에 비유할 수 있다. 함수 보따리, 즉 '함수들의 집합'을 의미한다.

따라서 하나의 패키지 안에는 여러 가지 다양한 함수가 들어 있다. Python에서 모듈은 패키지 안에서 변수와 함수를 논리적으로 묶은 하위 단위로, 하나의 파일 또는 폴더처럼 이해하면 된다.

아래 [그림 1-4]는 함수, 모듈, 패키지의 관계를 설명하고 있다.

▸ **그림 1-4 함수, 모듈, 패키지의 관계**

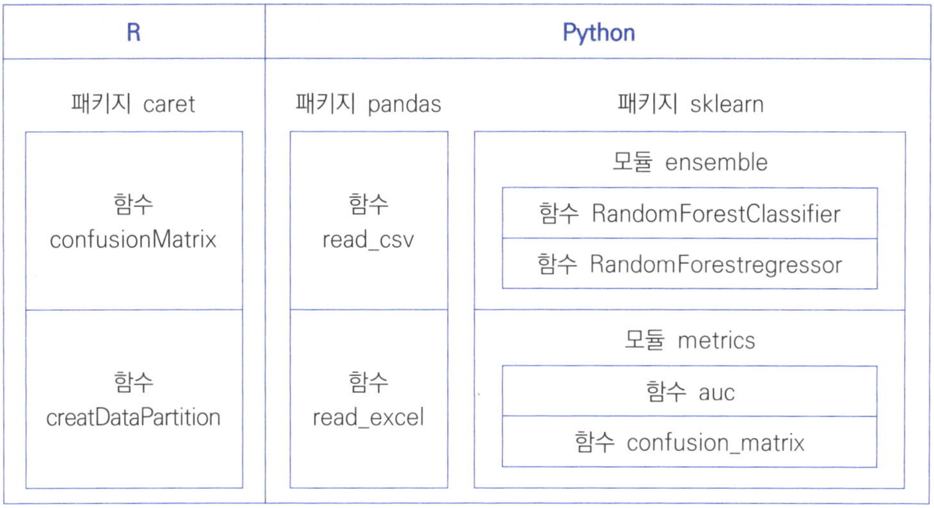

R과 Python의 장점 중의 하나가 전 세계 사용자들이 자신의 분석기법을 패키지로 만들어 온라인에 공유한다는 것이다. 우리는 무료로 이러한 패키지를 다운로드해 강력한 기능을 가진 함수를 사용하면 된다.

다음은 패키지를 설치하고 불러와서 필요한 함수를 사용하는 방법을 알아본다.

1) 패키지 설치

패키지를 설치하기 전에 현재 설치되어 있는 패키지가 무엇인지 확인해 보도록 하자. R에서는 [그림 1-5]의 ❶과 같이 installed.packages()를 입력하고 실행(Ctrl+Enter)하거나, ❷의 Packages 탭을 클릭하면 현재 설치되어 있는 패키지 이름과 버전이 ❸처럼 표시된다.

▸ 그림 1-5 R에 설치된 패키지 리스트 확인

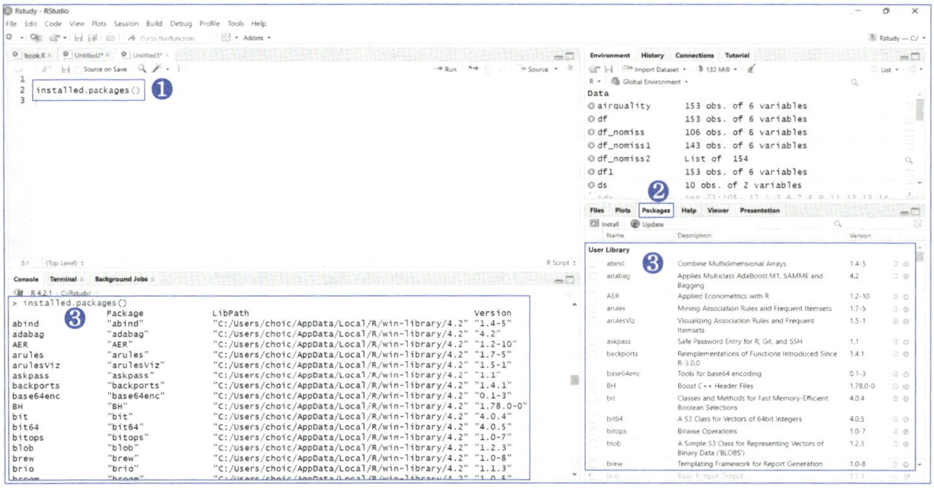

Python에서는 [그림 1-6]의 ❶과 같이 pip list라고 입력하고 실행(Ctrl+Enter 또는 Shift+Enter)하면 현재 설치되어 있는 패키지 이름과 버전이 ❷처럼 표시된다.

▸ 그림 1-6 Python에 설치된 패키지 리스트 확인

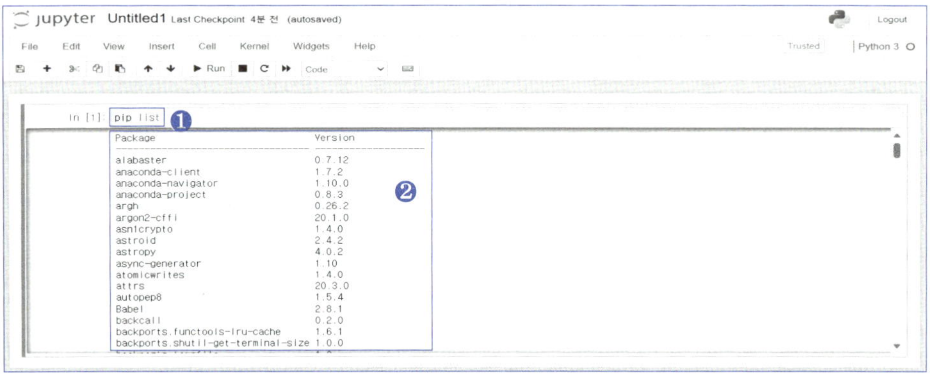

이제 실제로 패키지를 설치해 보자. 패키지는 인터넷이 연결된 환경이라야 설치할 수 있다. R에서는 install.packages('패키지명' 또는 "패키지명")을 입력해 실행하면 된다. 이때 주의할 점은 패키지명에 작은 따옴표나 큰 따옴표를 사용해야 한다는 점이다. 둘 중 어느 것을 사용해도 무방하지만, 본서에서는 Python과 일관성

을 유지하기 위해 작은 따옴표를 사용하기로 한다.

예를 들어 psych 패키지는 [그림 1-7]의 ❶과 같이 install.packages('psych')를 실행하면, 다운로드 후 자동으로 압축이 해제되면서 설치된다. 정상적으로 설치되면 ❷와 같이 메시지가 표시되고 ❸처럼 Packages 탭에 psych가 추가된 것을 확인할 수 있다.

▸ **그림 1-7 R에서 패키지 설치**

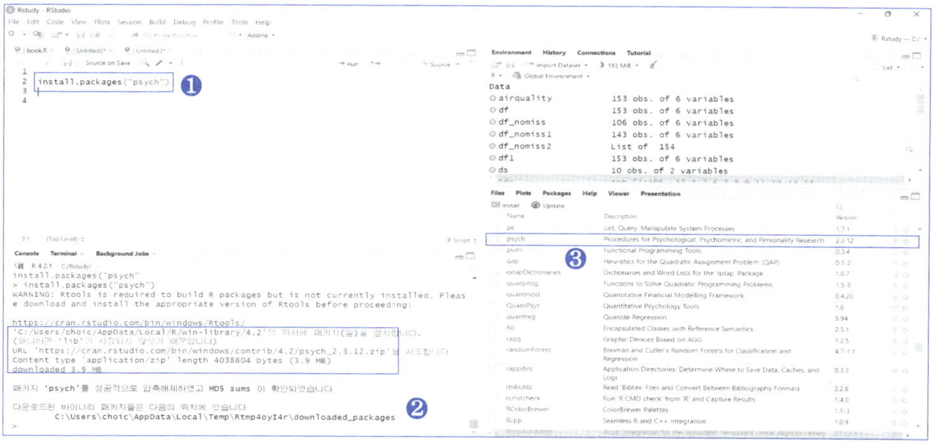

Python에서는 pip install 패키지명을 입력해 실행하면 된다. 예를 들어 quandl 패키지를 설치하려면, [그림 1-8]의 ❶처럼 pip install quandl 명령어를 실행하면 된다. 설치가 완료되면, ❷와 같이 성공 메시지가 출력된다.

▸ **그림 1-8 Python에서 패키지 설치하기**

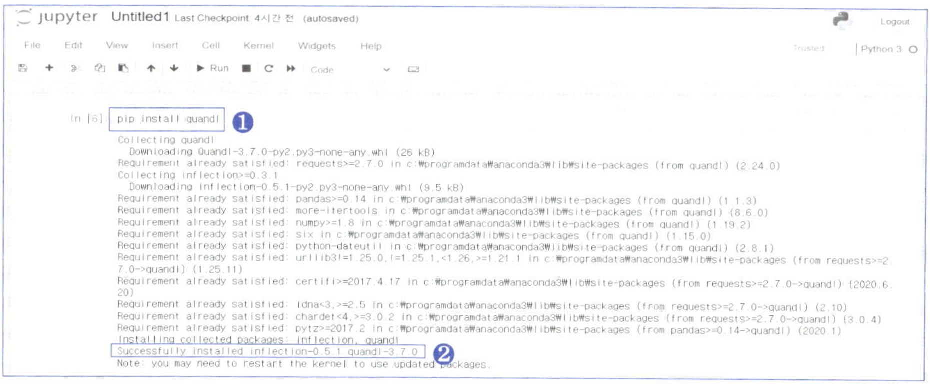

2) 패키지 사용

패키지에 내장된 함수를 사용하기 위해서는 먼저 패키지를 불러와야 한다. R에서는 library() 명령어를 사용한다. [그림 1-9]의 ❶과 같이 library(패키지명)을 입력하고 실행하면 해당 함수를 사용할 수 있는 상태가 된다. ❷처럼 Packages 탭의 해당 패키지 앞에 있는 박스에 체크표시가 있으면 정상적으로 불러왔다는 의미이다.

▸ **그림 1-9 R에서 패키지 불러오기**

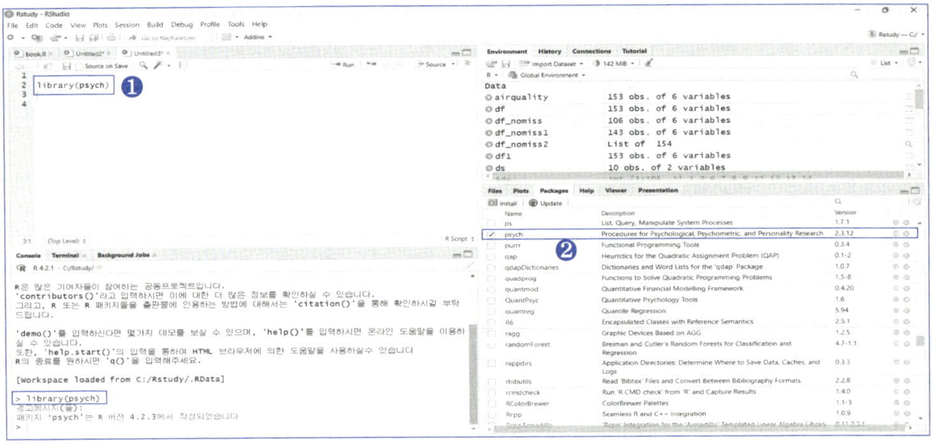

Python에서는 import 명령어를 사용한다. import 패키지명(또는 모듈명까지 포함)을 입력하고 실행하면 해당 함수를 사용할 수 있는 상태가 된다. 예를 들어 import pandas라고 입력하면 pandas를 불러올 수 있고 이후에는 pandas.함수명()을 이용하면 된다. 하지만 pandas를 다 쓰면 번거롭기 때문에 보통 pd로 줄여서 사용한다.

그래서 [그림 1-10]의 ❶과 같이 import pandas as pd라고 입력해서 pandas를 불러온 후 pd.함수명()으로 사용한다. sklearn 패키지와 같이 모듈의 종류가 많은 경우 [그림 1-10]의 ❷과 같이 from 패키지명(또는 모듈명까지 포함) import 함수명을 입력하여 실행하기도 한다.

▸ 그림 1-10 Python에서 패키지 불러오기

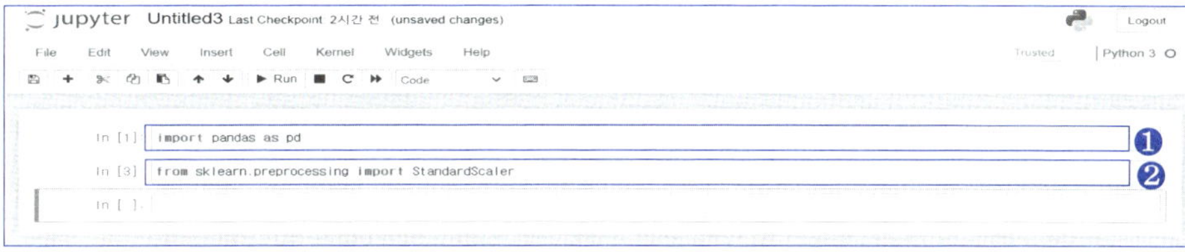

위에서 설명한 함수와 패키지 사용법을 요약하면 [그림 1-11]과 같다.

▸ 그림 1-11 패키지와 함수 사용법

참고로 패키지나 함수를 사용할 때, 모든 사용법을 완벽히 이해하고 암기해서 사용하는 것이 바람직하나, 실제로는 그렇지 않은 경우도 많다. 이러한 경우 함수의 도움말 기능을 활용하는 것이 매우 효과적이다.

R에서는 ?함수명 또는 help(함수명)을 입력하면 해당 함수에 대한 설명이 표시된다. 예를 들어 psych 패키지의 describe() 함수는 ?describe 또는 help(describe)를 입력해 실행하면 [그림 1-12]와 같이 우측 하단에 설명이 표시된다.

▸ 그림 1-12 R에서 도움말 사용 예시

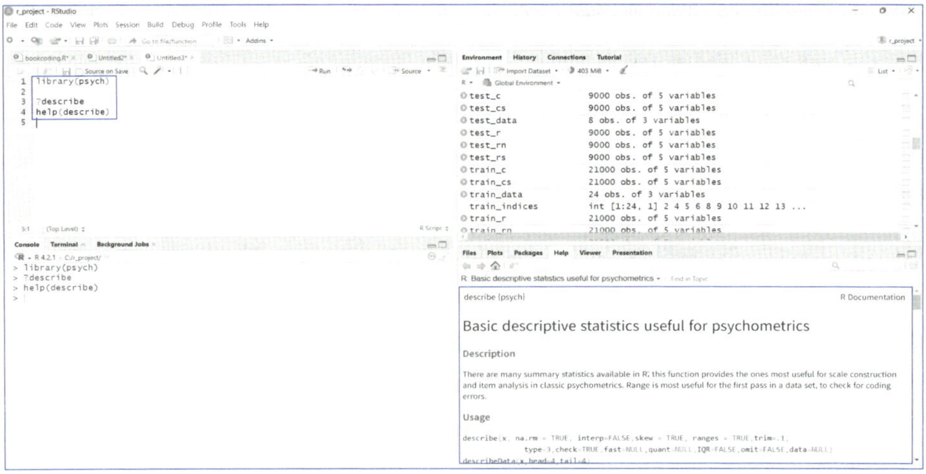

반면, Python에서는 함수명? 또는 help(함수명)을 사용한다. 예를 들어 scikit−learn 패키지의 preprocessing 모듈에 포함된 StandardScaler() 함수는 StandardScaler? 또는 help(StandardScaler)를 입력해 실행하면 [그림 1−13]처럼 설명이 표시된다.

▸ 그림 1-13 Python에서 도움말 사용 예시

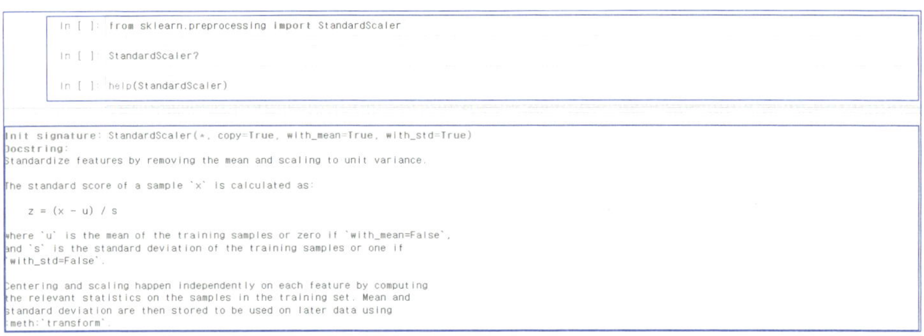

4. 연산자

프로그래밍 언어에서 연산자(operator)란 '특정 작업을 수행하기 위해 사용하는 약속된 기호'를 의미하고, 일반적으로 수학과 유사한 연산자를 사용한다. 연산자의 종류는 다양하나 본서에서는 대입, 산술, 비교, 논리연산자만 소개하겠다.

대입연산자는 할당연산자라고도 하고 왼쪽의 값을 오른쪽에 저장할 때 사용하는 연산자다. R에서는 <-와 =를 사용한다. <-는 어디나 사용할 수 있지만 =는 최상위 레벨에서만 사용할 수 있다는 점에서 차이가 있다.

따라서 =는 사용할 수는 있지만 경우에 따라 표현에 한계가 있을 수 있고, == 또는 !=와 같이 다른 형태로도 사용되기 때문에 일반적으로 <-를 주로 사용한다. 그러나 Python에서는 =을 사용한다.

산술연산자는 사칙연산을 다루는 기본적이면서도 가장 많이 사용하는 연산자이고, 비교연산자는 상대적 크기를 비교해 참(true) 또는 거짓(false)으로 반환하는 연산자다.

그리고 논리연산자는 주어진 논리식을 판단해 참(true) 또는 거짓(false)을 반환하는 연산자이다. [표 1-3]은 R과 Python이 공통적으로 사용하는 산술, 비교, 논리연산자이다.

▸ **표 1-3 산술, 비교, 논리연산자의 종류**

산술연산자		비교연산자		논리연산자	
유형	기호	유형	기호	유형	기호
크다	>	더하기	+	또는(or)	|
작다	<	빼기	-	그리고(and)	&
크거나 작다	>=	곱하기	*		
작거나 크다	<=	나누기	/		
같다	==				
같지 않다	!=				

02

데이터 전처리와 탐색적 분석

제1절 데이터 유형과 구조

제2절 데이터 탐색

제3절 데이터 정제

패턴을 발견하는 일은 우연이 아니다.
그것은 끈질긴 주의력의 결과다.

— 마리 퀴리, 『The Radium Research Diary』

Chapter 02

데이터 전처리와 탐색적 분석

제1절 데이터 유형과 구조

1. 데이터 유형

데이터는 여러 가지 유형이 있다. 데이터의 유형(data type)에 따라 적용할 수 있는 함수가 다르기 때문에 분석에 앞서 데이터의 유형을 이해할 필요가 있다. 데이터 유형은 수치화 여부에 따라 크게 2가지로 분류한다.

온도, 습도, 몸무게, 키 등과 같이 수치화가 된 데이터를 수치형이라고 하고, 성별(남녀), 혈액형(A, B, AB, O) 등과 같이 수치화 되지 않은 데이터를 범주형이라고 한다. 수치형은 다시 소수점의 존재 여부에 따라 정수형과 실수형으로 분류한다.

한편, R에서는 요인형(factor)이라는 범주형의 특수한 형태가 있다. 그룹으로 분류한 범주정보를 저장하는 형태로 levels라는 개념이 존재한다. 데이터의 유형에 따른 R과 Python의 표현방식은 [표 2-1]과 같다.

▸ 표 2-1 데이터 유형별 R과 Python의 표현방식

R	구분	Python	
		기본	pandas
numeric(num) integer(int) double	수치형 - 정수형 - - 실수형 -	integer(int) float	int64 float64
character(chr) factor	범주형 - 요인형 -	string(str)	category
	문자열을 포함한 일반 객체형		object

* 괄호( ) 안은 줄여서 표현하는 방식

2. 데이터 프레임 구조

데이터 분석에 사용되는 데이터의 형태는 매우 다양하다. 그중 가장 많이 사용되는 형태는 데이터 프레임(data frame)이다. 데이터 프레임은 [그림 2-1]의 Excel sheet와 같이 데이터 값(value), 행 인덱스(row index)과 열 인덱스(column index) 3가지로 구성되어 있는 구조이다.

▸ 그림 2-1 Excel sheet

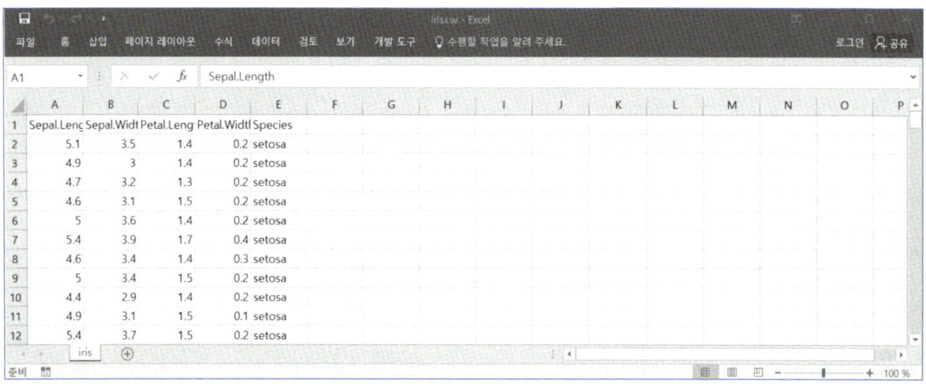

제2절 데이터 탐색

우선, 예제에 필요한 데이터를 출판사 홈페이지에서 다운로드 한 후 압축을 해제하자. 압축 해제된 데이터를 C:/r-project 폴더에 저장한다. 예제용 데이터는 확장자가 모두 csv(comma separated values) 데이터로 데이터 분석에 많이 사용되는 유형이다.

1. 데이터 로딩

iris.csv 데이터를 불러와 iris라는 이름으로 할당한다. 이 데이터는 붓꽃 3품종의 꽃잎과 꽃받침의 너비·길이를 측정한 것으로, Fisher(1936)의 자료를 바탕으로 csv로 변환하였다.

csv 데이터를 불러오기 위해서 R에서는 read.csv() 함수, Python에서는 read_csv() 함수를 사용하며 사용법은 다음과 같다.

R 함수 사용법

read.csv('file', header)

요인	설명
file	불러오고자 하는 데이터 파일명(확장자 csv 포함)
header	첫 번째 행이 제목줄일 경우 TRUE, 아닐 경우 FALSE로 설정. default는 TRUE

Python 함수 사용법

pandas.read_csv('file', header)

요인	설명
file	불러오고자 하는 데이터 파일명(확장자 csv 포함)
header	첫 번째 행이 제목줄일 경우 'infer', 아닐 경우 None으로 설정. default는 'infer'

두 함수 모두 기본적으로 불러올 데이터의 첫 번째 행을 제목줄로 지정해서 불러온다. 하지만 불러올 데이터의 첫 번째 행이 제목줄이 아닐 경우 R의 read.csv() 함수는 header=FALSE, Python의 read_csv() 함수는 header=None을 설정해야 한다.

이미 R에서는 r_project란 이름으로 프로젝트를 생성하고 Python에서는 C:/r_project/로 경로를 지정한 후 예제용 데이터를 C:/r-project 폴더에 저장했다. 따라서 R은 [그림 2-2]와 같이 r_project가 활성화된 상태에서 불러오고자 하는 데이터 파일명만 입력하면 된다.

여기서 주의해야 할 점은 만약 r_project가 활성화되어 있지 않다면 해당파일이 C:/r_project/에 있다 할지라도 파일이 있는 경로명(C:/r_project/)까지 지정해야 한다. 마찬가지로 r_project가 활성화되어 있다 할지라도 해당 파일이 C:/r_project/에 있지 않고 다른 경로에 있다면 파일이 있는 경로명까지 지정해야 한다.

Python 또한 같은 방식으로, 해당 파일이 다른 경로에 있다면 경로를 포함한 파일명을 지정해야 한다.

▸ 그림 2-2 프로젝트가 활성화된 상태

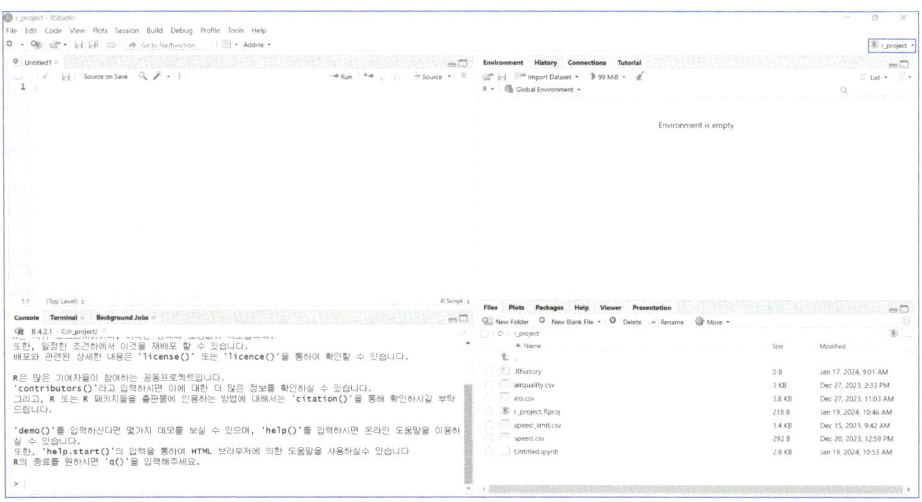

2. 데이터 파악

1) 앞부분 확인

데이터를 불러 왔다면 데이터의 앞부분만 출력해 제목줄이 무엇인지 등 데이터 전체의 개략적인 형태를 파악한다. 이때 R과 Python 모두 head() 함수를 사용한다.

R 코딩

```
> iris <- read.csv('iris.csv', header=TRUE)
> head(iris)
```

출력

```
  Sepal.Length Sepal.Width Petal.Length Petal.Width Species
1          5.1         3.5          1.4         0.2  setosa
2          4.9         3.0          1.4         0.2  setosa
3          4.7         3.2          1.3         0.2  setosa
4          4.6         3.1          1.5         0.2  setosa
5          5.0         3.6          1.4         0.2  setosa
6          5.4         3.9          1.4         0.2  setosa
```

Python 코딩

```
In [ ]  import pandas as pd
In [ ]  iris = pd.read_csv('iris.csv', header='infer')
In [ ]  iris.head()
```

출력

```
Out[ ]
  Sepal.Length Sepal.Width Petal.Length Petal.Width Species
0          5.1         3.5          1.4         0.2  setosa
1          4.9         3.0          1.4         0.2  setosa
2          4.7         3.2          1.3         0.2  setosa
3          4.6         3.1          1.5         0.2  setosa
4          5.0         3.6          1.4         0.2  setosa
```

앞서 설명한 바와 같이 행 인덱스는 R의 경우 1부터 시작하지만, Python의 경우는 0부터 시작하는 것을 확인할 수 있다.

2) 속성 확인

다음은 데이터에 포함된 변수명, 관측치 수, 데이터 유형 등 전반적인 속성을 파악한다. 이를 위해 R에서는 str() 함수를, Python에서는 info() 함수를 사용한다.

R 코딩	> str(iris)
출력	'data.frame': 150 obs. of 5 variables: $ Sepal.Length: num 5.1 4.9 4.7 4.6 5 5.4 4.6 5 4.4 4.9 ... $ Sepal.Width : num 3.5 3 3.2 3.1 3.6 3.9 3.4 3.4 2.9 3.1 ... $ Petal.Width : num 0.2 0.2 0.2 0.2 0.2 0.4 0.3 0.2 0.2 0.1 ... $ Species : Factor w/ 3 levels "setosa","versicolor",..: 1 1 1 1 1 1 1 1 1 1 ...

Python 코딩	In [ ] iris.info()
출력	Out[ ] <class 'pandas.core.frame.DataFrame'> RangeIndex: 150 entries, 0 to 149 Data columns (total 5 columns): # Column Non-Null Count Dtype -- ---------- -------------- ------ 0 Sepal.Length 150 non-null float64 1 Sepal.Width 150 non-null float64 2 Petal.Length 150 non-null float64 3 Petal.Width 150 non-null float64 4 Species 150 non-null object dtypes: float64(4), object(1) memory usage: 6.0+ KB

150개의 관측치와 5개의 변수로 구성되어 있고, 데이터 유형은 Species만 범주형이고 나머지는 수치형이다.

3) 요약 통계량 산출

R에서는 summary() 함수를, Python에서는 describe() 함수를 사용한다. 요약 통계량은 평균, 분산, 표준편차 등 변수의 값을 요약한 것으로 요약 통계량으로 변수의 특성을 파악할 수 있다.

R 코딩

```
> summary(iris)
```

출력

```
 Sepal.Length    Sepal.Width     Petal.Length
 Min.   :4.300   Min.   :2.000   Min.   :1.000
 1st Qu.:5.100   1st Qu.:2.800   1st Qu.:1.600
 Median :5.800   Median :3.000   Median :4.350
 Mean   :5.843   Mean   :3.057   Mean   :3.758
 3rd Qu.:6.400   3rd Qu.:3.300   3rd Qu.:5.100
 Max.   :7.900   Max.   :4.400   Max.   :6.900

  Petal.Width         Species
 Min.   :0.100   setosa    :50
 1st Qu.:0.300   versicolor:50
 Median :1.300   virginica :50
 Mean   :1.199
 3rd Qu.:1.800
 Max.   :2.500
```

R 또한 psych 패키지의 describe() 함수가 있어 요약 통계량을 제공한다. summary() 함수와는 약간 다르지만 유사한 정보를 제공한다.

Python 코딩

```
In [ ]  iris.describe()
```

출력

```
Out[ ]
       Sepal.Length  Sepal.Width  Petal.Length  Petal.Width
count  150.000000   150.000000   150.000000   150.000000
mean     5.843333     3.057333     3.758000     1.199333
std      0.828066     0.435866     1.765298     0.762238
min      4.300000     2.000000     1.000000     0.100000
25%      5.100000     2.800000     1.600000     0.300000
50%      5.800000     3.000000     4.350000     1.300000
75%      6.400000     3.300000     5.100000     1.800000
max      7.900000     4.400000     6.900000     2.500000
```

R 코딩

```
> library(psych)
> describe(iris)
```

출력

```
             vars   n mean   sd median trimmed  mad
Sepal.Length    1 150 5.84 0.83   5.80    5.81 1.04
Sepal.Width     2 150 3.06 0.44   3.00    3.04 0.44
Petal.Length    3 150 3.76 1.77   4.35    3.76 1.85
Petal.Width     4 150 1.20 0.76   1.30    1.18 1.04
Species*        5 150 2.00 0.82   2.00    2.00 1.48

             min max range  skew kurtosis   se
Sepal.Length 4.3 7.9   3.6  0.31    -0.61 0.07
Sepal.Width  2.0 4.4   2.4  0.31     0.14 0.04
Petal.Length 1.0 6.9   5.9 -0.27    -1.42 0.14
Petal.Width  0.1 2.5   2.4 -0.10    -1.36 0.06
Species*     1.0 3.0   2.0  0.00    -1.52 0.07
```

제3절 데이터 정제

1. 이상치와 결측치 처리

이상치(outlier)란 '다른 값들에서 비정상적으로 멀리 떨어져 있는 값', 결측치(missing value)란 '값이 누락된 데이터'를 의미한다. 수집한 원시 데이터는 이상치나 결측치가 존재할 수 있다.

이를 제거하거나 보완하지 않은 채 분석을 수행하면 통계적 오류나 해석 왜곡이 발생할 수 있으며, 이는 의사결정에 부정적 영향을 미칠 수 있다. 이러한 '결측치와 이상치를 사전에 처리하는 일련의 과정'을 데이터 정제라고 한다.

▸ 표 2-2 이상치와 결측치

ID	class	korean	english	math	science	music
1	1	100	98	78	99	92
2	1	98	99	88	79	76
3	1	105	100	9999	80	75
4		80	75	85	75	100
5	2	65	85	78	74	89
6	2	72	65		95	84
7	2	9999	70	92	86	94

Tip 파란색은 이상치이며, 회색은 결측치이다.

airquality.csv 데이터를 불러와 aq라는 이름으로 할당한 후, head() 함수로 출력해 본다. 이 데이터는 1973년 5월에서 9월까지 153일 동안 New York의 공기 질을 측정한 것으로, R 내장 airguality를 재가공한 것이다.

R 코딩

```
> aq <- read.csv('airquality.csv', header=TRUE)
> head(aq)
```

출력

```
     Ozone  Solar.R  Wind  Temp  Month  Day
1      41      190    7.4    67      5    1
2      36      118    8.0    72      5    2
3      12      149   12.6    74      5    3
4      18      313   11.5    62      5    4
5      NA       NA   14.3    56      5    5
6      28       NA   14.9    66      5    6
```

Python 코딩

```
In [ ]  import pandas as pd
In [ ]  aq = pd.read_csv('airquality.csv', header='infer')
In [ ]  aq.head()
```

출력

```
Out[ ]
     Ozone  Solar.R  Wind  Temp  Month  Day
0    41.0    190.0    7.4    67      5    1
1    36.0    118.0    8.0    72      5    2
2    12.0    149.0   12.6    74      5    3
3    18.0    313.0   11.5    62      5    4
4     NaN      NaN   14.3    56      5    5
```

1) 이상치

(1) 이상치 찾기

이상치를 찾는 방법은 크게 2가지로 생각해 볼 수 있다. 첫 번째는 논리적인 기준으로 판단하는 방법이다. 예를 들어, 성인의 키가 일반적으로 150~220cm가 정상 범위라고 판단할 때 이 범위를 벗어날 경우 이상치로 간주하는 것이다.

두 번째는 통계적인 기준을 이용하는 방법이다. 이때 상자 그림(box plot)을 이용하면 유용하다. 상자 그림은 최솟값, 1사분위수, 중앙값, 3사분위수, 최댓값 등 5가지 수치를 보여주기 때문에 잠재적 이상치를 찾아낼 수 있다.

▸ 그림 2-3 **상자 그림과 5가지 수치**

상자 그림을 이용하여 잠재적 이상치의 존재 여부를 한눈에 확인한다.

R 코딩

```
> boxplot(aq)
```

출력

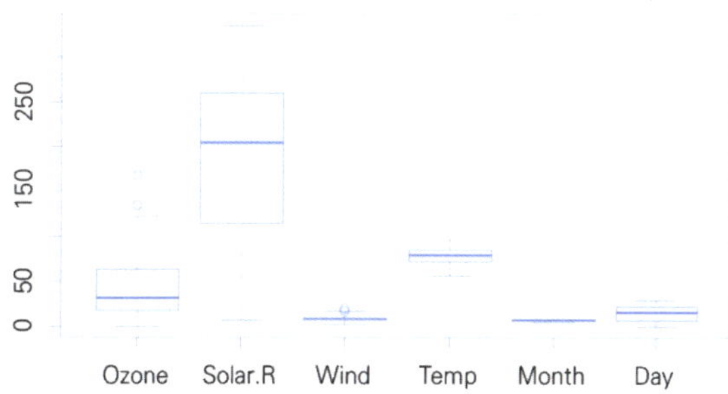

Python 코딩

```
In [ ] import seaborn as sns
In [ ] sns.boxplot(aq)
```

출력

```
Out[ ] 〈AxesSubplot:〉
```

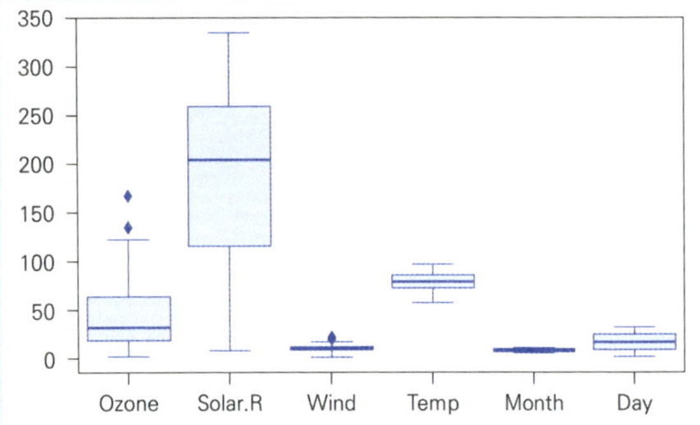

Ozone과 Wind에 최대 경계를 초과하는 이상치를 발견할 수 있다. 그렇지만 최소 경계를 초과하는 이상치는 발견되지 않는다. 상자 그림을 통해 찾아낸 잠재적 이상치가 통계적 기준으로 이상치 인지, 아닌지를 확인할 필요가 있다.

정상치의 범위는 최소 $Q1-1.5\times(Q3-Q1)$, 최대 $Q3+1.5\times(Q3-Q1)$로 설정하는 것이 일반적이다. airquality.csv는 최대 이상치 경계를 초과하는 잠재적 이상치만 있어 최대 경계만 구해 출력하면, Ozone의 경우 131.125이고 이를 초과하는 행은 2개임을 알 수 있다.

R 코딩

```
> Q1_O <- quantile(aq$Ozone, 0.25, na.rm[2] = TRUE)
> Q3_O <- quantile(aq$Ozone, 0.75, na.rm = TRUE)
> IQR_O <- Q3_O - Q1_O
> upper_O <- Q3_O + IQR_O*1.5
> upper_O
> aq[aq$Ozone > upper_O, ]
```

출력

```
     75%
131.125
      Ozone  Solar.R  Wind  Temp  Month  Day
62    135.0      269   4.1    84      7    1
117   168.0      238   3.4    81      8   25
```

Python 코딩	In [ ] Q1_O = aq['Ozone'].quantile(0.25) In [ ] Q3_O = aq['Ozone'].quantile(0.75) In [ ] IQR_O = Q3_O - Q1_O In [ ] upper_O = Q3_O + IQR_O*1.5 In [ ] upper_O In [ ] aq[aq['Ozone'] > upper_O]
출력	Out[ ] 131.125 Out[ ]

```
     Ozone  Solar.R  Wind  Temp  Month  Day
61   135.0  269      4.1   84    7      1
116  168.0  238      3.4   81    8      25
```

(2) 이상치 처리

최대 경계인 131.125를 초과하면 이상치로 간주하고 결측치로 대체한다. 이때 R에서는 ifelse() 함수, Python에서는 numpy 패키지의 where() 함수를 사용하며 각 함수의 사용법은 다음과 같다.

R 함수 사용법

ifelse(test, yes, no)

요인	설명
test	논리적 조건
yes	조건이 참일 경우 값
no	조건이 거짓일 경우 값

Python 함수 사용법

numpy.where(condition, x, y)

2) na.rm이란 not available remove의 줄임말이다.

요인	설명
condition	논리적 조건
x	조건이 참일 경우 값
y	조건이 거짓일 경우 값

R 코딩

```
> aq$Ozone <- ifelse(aq$Ozone > upper_O, NA, aq$Ozone)
> aq[aq$Ozone > upper_O, ]
```

출력

Python 코딩

```
In [ ]  import numpy as np
In [ ]  aq['Ozone'] = np.where(aq['Ozone'] > upper_O, np.nan,
        aq['Ozone'])
In [ ]  aq[aq['Ozone'] > upper_O]
```

출력

```
Out[ ]
```

이상치를 결측치로 대체하고 난 후, 최대 경계를 초과하는 행이 있는지 다시 확인한다. 이상치가 결측치로 대체되었기 때문에 이상치가 없어 출력이 되지 않는 것을 알 수 있다.

Wind도 Ozone과 동일 방법으로 이상치를 확인하고 결측치로 대체하면 해결할 수 있다. 본서에서는 Wind의 이상치를 결측치로 대체하는 과정은 생략하나, 대체결과를 반영하여 집필하였다. 그러니 직접 실시해 보기를 권한다.

2) 결측치

(1) 결측치 찾기

결측치를 찾는 방법은 간단하다. 우선, aq로 명명된 airquality.csv를 head() 함수를 이용해 데이터의 앞부분을 출력한다. R에서는 NA, Python에서는 NaN으로 표시된 값이 결측치를 의미한다.

R 코딩	> head(aq)

출력

```
  Ozone Solar.R Wind Temp Month Day
1    41     190  7.4   67     5   1
2    36     118  8.0   72     5   2
3    12     149 12.6   74     5   3
4    18     313 11.5   62     5   4
5    NA      NA 14.3   56     5   5
6    28      NA 14.9   66     5   6
```

Python 코딩

```
In [ ]  aq.head()
```

출력

```
Out[ ]
  Ozone Solar.R  Wind Temp Month Day
0  41.0   190.0   7.4   67     5   1
1  36.0   118.0   8.0   72     5   2
2  12.0   149.0  12.6   74     5   3
3  18.0   313.0  11.5   62     5   4
4   NaN     NaN  14.3   56     5   5
```

R에서는 is.na() 함수, Python에서는 isnull() 함수를 이용면 결측치를 찾을 수 있다. R의 경우 결측치는 TRUE, 결측치가 아닌 값은 FALSE로 표시해 출력한다. 반면 Python의 경우 결측치는 True, 결측치가 아닌 값은 False로 표시해 출력한다. 대소문자의 차이가 있을 뿐 표시방식은 동일하다.

출력 결과를 보면 Ozone과 Solar.R의 다섯 번째 행에 결측치가 존재하는 것을 알 수 있다.

R 코딩

```
> is.na(aq)
```

출력

```
      Ozone  Solar.R  Wind   Temp   Month  Day
[1,]  FALSE  FALSE    FALSE  FALSE  FALSE  FALSE
[2,]  FALSE  FALSE    FALSE  FALSE  FALSE  FALSE
[3,]  FALSE  FALSE    FALSE  FALSE  FALSE  FALSE
[4,]  FALSE  FALSE    FALSE  FALSE  FALSE  FALSE
[5,]   TRUE   TRUE    FALSE  FALSE  FALSE  FALSE
..................................................... [이하생략]
```

Python 코딩

```
> aq.isnull()
```

출력

```
Out[ ]
    Ozone  Solar.R  Wind   Temp   Month  Day
 0  FALSE  FALSE    FALSE  FALSE  FALSE  FALSE
 1  FALSE  FALSE    FALSE  FALSE  FALSE  FALSE
 2  FALSE  FALSE    FALSE  FALSE  FALSE  FALSE
 3  FALSE  FALSE    FALSE  FALSE  FALSE  FALSE
 4   TRUE   TRUE    FALSE  FALSE  FALSE  FALSE
..................................................... [이하생략]
```

열별로 결측치가 몇 개 있는지를 출력하려면 R에서는 colSums() 함수를, Python에서는 sum() 함수를 사용하면 된다. Ozone은 39개, Solar.R은 7개의 결측치가 있는 것을 확인할 수 있다.

R 코딩

```
> colSums(is.na(aq))
```

출력

```
Ozone  Solar.R  Wind  Temp  Month  Day
   39        7     0     0      0    0
```

Python 코딩	> aq.isnull().sum()
출력	Out[ ] Ozone 39 Solar.R 7 Wind 0 Temp 0 Month 0 Day 0 dtype: int64

결측치가 포함된 데이터를 그대로 분석에 사용하면 결과에 영향을 줄 수 있다. 예를 들어, mean() 함수를 사용해 Ozone 변수의 평균을 계산해 보면, R에서는 결측치로 인해 결과가 출력되지 않고 NA로 반환된다. 반면, Python에서는 결측치를 포함해 평균이 계산되어 출력된다.

R 코딩	> mean(aq$Ozone)
출력	[1] NA

Python 코딩	> aq['Ozone'].mean()
출력	Out[ ] 42.12931034482759

R로 결측치 제거기능을 TRUE로 설정하고 다시 출력하면 Python과 동일한 결과를 얻을 수 있다.

R 코딩	> mean(aq$Ozone, na.rm = TRUE)
출력	[1] 42.12931

(2) 결측치 처리

결측치 처리 방법에는 정해진 정답이 없으며, 다양한 접근이 가능하다. 따라서 결측치를 어떻게 처리할 것인가는 전적으로 분석가의 판단에 달려 있다.

본서에서는 실무에서 많이 사용되는 2가지 방법을 소개한다.

① 결측치가 있는 행 전체 제거

결측치가 있는 행 전체를 제거하는 방법으로 데이터 수가 많을 경우 유용하다. R에서는 na.omit() 함수, Python에서는 pandas 패키지의 dropna() 함수를 이용한다.

결측치가 있는 행 전체를 제거했기 때문에 존재 여부를 확인하면 결측치가 사라졌음을 알 수 있다.

R 코딩

```
> aq_nomiss1 <- na.omit(aq)
> colSums(is.na(aq_nomiss1))
> head(aq)
```

출력

```
  Ozone  Solar.R  Wind  Temp  Month  Day
      0        0     0     0      0    0

  Ozone Solar.R Wind Temp Month Day
1    41     190  7.4   67     5   1
2    36     118  8.0   72     5   2
3    12     149 12.6   74     5   3
4    18     313 11.5   62     5   4
7    23     299  8.6   65     5   7
8    19      99 13.8   59     5   8
```

Python 코딩

```
In [ ]  import pandas as pd
In [ ]  aq_nomiss1 = aq.dropna(axis=0)
In [ ]  aq_nomiss1.isnull().sum()
In [ ]  aq_nomiss1.head()
```

[3]

출력

```
Out[ ]
  Ozone          0
  Solar.R        0
  Wind           0
  Temp           0
  Month          0
  Day            0
  dtype:       int64

   Ozone  Solar.R  Wind  Temp  Month  Day
0   41.0    190.0   7.4    67      5    1
1   36.0    118.0   8.0    72      5    2
2   12.0    149.0  12.6    74      5    3
3   18.0    313.0  11.5    62      5    4
6   23.0    299.0   8.6    65      5    7
```

② 결측치를 평균값으로 대체

결측치를 평균값으로 대체하는 방법은 데이터 수가 많지 않을 경우 유용하다. R의 ifelse() 함수, Python의 fillna() 함수를 이용하면 결측치를 평균값으로 대체할 수 있다.

원 데이터와 비교하면 다섯 번째와 여섯 번째 행의 결측치가 평균값으로 대체된 것을 확인할 수 있다.

3) axis=0은 행 제거, axis=1은 열 제거를 의미한다.

R 코딩

```
> aq$Ozone <- ifelse(is.na(aq$Ozone), mean(aq$Ozone, na.rm =
                                TRUE), aq$Ozone)
> aq$Solar.R <- ifelse(is.na(aq$Solar.R), mean(aq$Solar.R, na.rm
                                = TRUE), aq$Solar.R)
> colSums(is.na(aq))
> head(aq)
```

출력

```
  Ozone  Solar.R  Wind  Temp  Month  Day
      0        0     0     0      0    0
       Ozone    Solar.R  Wind  Temp  Month  Day
1   41.00000   190.0000   7.4    67      5    1
2   36.00000   118.0000   8.0    72      5    2
3   12.00000   149.0000  12.6    74      5    3
4   18.00000   313.0000  11.5    62      5    4
5   42.12931   185.9315  14.3    56      5    5
6   28.00000   185.9315  14.9    66      5    6
```

Python 코딩

```
In [ ]  aq_nomiss2 = aq.fillna(aq.mean())
In [ ]  aq_nomiss2.isnull().sum()
In [ ]  aq_nomiss2.head()
```

출력

```
Out[ ]
  Ozone       0
  Solar.R     0
  Wind        0
  Temp        0
  Month       0
  Day         0
  dtype:    int64
       Ozone      Solar.R  Wind  Temp  Month  Day
0   41.00000   190.000000   7.4    67      5    1
1   36.00000   118.000000   8.0    72      5    2
2   12.00000   149.000000  12.6    74      5    3
3   18.00000   313.000000  11.5    62      5    4
4   42.12931   185.931507  14.3    56      5    5
```

2. 데이터 스케일링

데이터 스케일링(scaling)이란 '서로 다른 변수(열, 칼럼)의 값의 범위를 일정한 수준으로 맞추는 작업'을 말한다. 값 자체를 변환하는 작업이기 때문에 수치형 변수에만 적용되며, 범주형 변수에는 적용되지 않는다.

그렇다면 데이터 스케일링을 하는 이유는 무엇일까? 데이터의 변수들이 서로 다른 단위를 가지는 경우가 많아, 이로 인해 값의 범위에도 차이가 생긴다.

예를 들어, 독립변수 x_1의 값이 0 ~ 1이고, x_2는 1,000,000 ~ 10,000,000이며, 종속변수 y는 1,000,000 ~ 100,000,000의 값을 가진다고 할 때, 전자의 변수는 후자의 변수에 비해 상대적으로 y에 영향을 주지 않는 것으로 분석될 수 있다. 이러한 오류를 피하기 위해 값의 범위를 조정하는 작업이 바로 데이터 스케일링이다.

스케일링 방법에는 여러 가지가 있으나, 대표적으로 표준화(standardization)와 최소−최대 정규화(min−max normalization)가 있다. 표준화는 각 열의 값을 평균 0, 표준편차 1을 가지도록 변환하여 표준정규분포로 변환한다. 최소−최대 정규화는 각 열의 값을 최솟값 0, 최댓값 1로 변환한다.

▸ 표 2-3 대표적인 스케일링 방법

표준화 기법	최소-최대 정규화 기법
$\frac{x_i - \bar{x}}{\sigma}$	$\frac{x_i - \min_x}{\max_x - \min_x}$

R에서는 caret 패키지의 preProcess() 함수를 활용하여 2가지 방식의 스케일링을 모두 적용할 수 있다.

R 함수 사용법

```
caret::preProcess(x, method, na.remove)
```

요인	설명
x	사용할 데이터, 수치형이 아닌 변수는 자동 무시됨
method	스케일링 기법. c('center', 'scale')는 표준화, 'range'는 최소-최대 정규화
na.remove	결측치 제외 여부. default는 FALSE

Python에서는 sklearn.preprocessing 모듈의 StandardScaler()와 MinMaxScaler()를 각각 사용한다.

Python 함수 사용법

sklearn.preprocessing.StandardScaler(x, with_mean, with_std)
sklearn.preprocessing.MinMaxScaler(x, feature_range)

요인	설명
x	사용할 데이터
with_mean	표준화 적용 여부. default는 True
with_std	표준화 적용 여부. default는 True
feature_range	정규화 범위 지정. default는 (0,1)

iris.csv 데이터를 불러와 iris라는 이름으로 할당한 데이터를 활용해 스케일링을 해본다.

1) 표준화 방식

R 코딩

```
> iris <- read.csv('iris.csv', header=TRUE)
> iris_new <- iris[, 1:4]
> install.packages('caret')
> library(caret)
> model1 <- preProcess(iris_new, method = c('center', 'scale'))
> iris_new1 <- predict(model1, newdata=iris_new)
> library(psych)
> describe(iris_new1)
```

출력

```
              vars   n   mean sd  median trimmed  mad
Sepal.Length     1 150      0  1   -0.05   -0.04 1.25
Sepal.Width      2 150      0  1   -0.13   -0.03 1.02
Petal.Length     3 150      0  1    0.34    0.00 1.05
Petal.Width      4 150      0  1    0.13   -0.02 1.36
```

	min	max	range	skew	kurtosis	se
Sepal.Length	−1.86	2.48	4.35	0.31	−0.61	0.08
Sepal.Width	−2.43	3.08	5.51	0.31	0.14	0.08
Petal.Length	−1.56	1.78	3.34	−0.27	−1.42	0.08
Petal.Width	−1.44	1.71	3.15	−0.10	−1.36	0.08

Python 코딩

```
In [ ]  import pandas as pd
In [ ]  iris = pd.read_csv('iris.csv', header='infer')
In [ ]  iris_new = iris.iloc[:, 0:4]
In [ ]  from sklearn.preprocessing import StandardScaler
In [ ]  model1 = StandardScaler().fit_transform(iris_new)
In [ ]  df_new1 = pd.DataFrame(model1, columns=['Sepal.Length',
                    'Sepal.Width', 'Petal.Length', 'Petal.Width'])
In [ ]  df_new1.describe()
```

출력

Out[ ]

	Sepal.Length	Sepal.Width	Petal.Length	Petal.Width
count	1.500000e+02	1.500000e+02	1.500000e+02	1.500000e+02
mean	−2.775558e−16	−9.695948e−16	−8.652338e−16	−4.662937e−16
std	1.003350e+00	1.003350e+00	1.003350e+00	1.003350e+00
min	−1.870024e+00	−2.433947e+00	−1.567576e+00	−1.447076e+00
25%	−9.006812e−01	−5.923730e−01	−1.226552e+00	−1.183812e+00
50%	−5.250608e−02	−1.319795e−01	3.364776e−01	1.325097e−01
75%	6.745011e−01	5.586108e−01	7.627583e−01	7.906707e−01
max	2.492019e+00	3.090775e+00	1.785832e+00	1.712096e+00

Tip

1.034e+2과 1.034e−2의 의미

- 1.034e+2는 1.034 × 10의 2승, 즉 103.4이라는 의미(소수점을 두 자릿수 만큼 오른쪽으로 이동)
- 1.034e-2는 1.034 × 10의 -2승, 즉 0.01034이라는 의미(소수점을 두 자릿수 만큼 왼쪽으로 이동)

모든 열의 평균은 0, 표준편차는 1이며, 표준화가 성공적으로 수행됨을 알 수 있다.

2) 최소-최대 정규화 방식

R 코딩

```
> model2 <- preProcess(iris_new, method = 'range')
> df_new2 <- predict(model2, newdata=iris_new)
> describe(df_new2)
```

출력

	vars	n	mean	sd	median	trimmed	mad
Sepal.Length	1	150	0.43	0.23	0.42	0.42	0.29
Sepal.Width	2	150	0.44	0.18	0.42	0.43	0.19
Petal.Length	3	150	0.47	0.30	0.57	0.47	0.31
Petal.Width	4	150	0.46	0.32	0.50	0.45	0.43

	min	max	range	skew	kurtosis	se
Sepal.Length	0	1	1	0.31	−0.61	0.02
Sepal.Width	0	1	1	0.31	0.14	0.01
Petal.Length	0	1	1	−0.27	−1.42	0.02
Petal.Width	0	1	1	−0.10	−1.36	0.03

Python 코딩

```
In [ ] from sklearn.preprocessing import MinMaxScaler
In [ ] model2 = MinMaxScaler().fit_transform(iris_new)
In [ ] df_new2 = pd.DataFrame(model2, columns=['Sepal.Length',
                 'Sepal.Width', 'Petal.Length', 'Petal.Width'])
In [ ] df_new2.describe()
```

출력

Out[ ]

	Sepal.Length	Sepal.Width	Petal.Length	Petal.Width
count	150.0000	150.0000	150.0000	150.0000
mean	0.428704	0.440556	0.467458	0.458056
std	0.230018	0.181611	0.299203	0.317599
min	0.000000	0.000000	0.000000	0.000000
25%	0.222222	0.333333	0.101695	0.083333
50%	0.416667	0.416667	0.567797	0.500000
75%	0.583333	0.541667	0.694915	0.708333
max	1.000000	1.000000	1.000000	1.000000

값의 최소는 0, 최대는 1로 조정되어 정규화가 잘 수행되었음을 확인할 수 있다.

03

통계이론

제1절 통계의 기본개념

제2절 주요 확률분포

제3절 통계적 추론

통계는 단순한 숫자의 집합이 아니다.
그것은 세상을 이해하기 위한 인간의 가장 강력한 도구다.

— 데이비드 스피겔할터, 『The Art of Statistics: Learning from Data』

Chapter

03 통계이론

제1절 통계의 기본개념

1. 통계 개요

세상은 끊임없이 변화하고 있으며, 그 속도는 제4차 산업혁명 시대에 이르러 더욱 가속화되고 있다. 변화의 속도가 증가할수록 불확실성 또한 증대된다.

존 케네스 갤브레이스(John Kenneth Galbraith)는 1977년 출판한 그의 저서 『불확실성의 시대』에서 현대의 특성을 '불확실성'으로 정의하며, 이를 '불규칙한 변화로 인해 미래에 어떤 상황이 전개될지 예측하기 어려운 상태'라고 하였다. 이후 2017년, 배리 아이켄그린(Barry Eichengreen)은 현재는 불확실성을 넘어서 '초(超) 불확실성의 시대'에 접어들었다고 진단하였다.

이러한 시대적 배경에서 살아남기 위해서는 합리적인 의사결정이 필수적이며, 이를 가능하게 하는 기법 중 하나가 바로 통계(statistics)이다. 통계는 불확실한 상황에서 데이터를 수집·정리·분석·표현·예측함으로써 합리적 의사결정을 지원하는 이론과 방법의 집합이다.

이를 보다 구체적으로 설명하면, [표 3-1]과 같이 관심대상 집단으로부터 표본 데이터를 수집·정리한 후 특성을 요약·정리하고 그 특성을 기반으로 모집단의 특성을 추론하거나 일반적인 규칙성을 도출하는 것이라 할 수 있다.

▸ 표 3-1 **통계의 정의**

관심대상 전체집단에 대해 표본 데이터를 수집·정리 ❶	→	표본의 특성을 요약·정리 ❷	→	표본의 특성을 기반으로 모집단의 특성을 추정 ❸

통계적 방법론은 크게 기술통계(descriptive statistics)와 추론통계(inferential statistics)로 구분된다. 기술통계는 데이터의 특성을 기술하는 것으로 평균이나 표준편차, 빈도와 같이 수치로 표현하기도 하고 도표나 그래프와 같은 시각화로 요약하는 기법이다. 이에 비해 추론통계는 부분(표본)으로부터 얻은 특성을 활용해 전체(모집단)의 특성을 추정하거나 검정하는 기법이다.

예를 들어, 선거에서 두 후보의 득표율을 파악하기 위해 유권자 2,000명을 대상으로 출구 조사한 실시한 결과 A후보가 60%, B후보가 40%를 득표한 것으로 나타났다고 하자. 이처럼 일부 데이터를 바탕으로 전체 유권자의 득표율을 추정하는 과정을 통계적 추론(statistical inference)이라 한다. 통계적 추론의 개념과 절차는 나중에 살펴보도록 한다.

일반적으로 통계분석은 먼저 기술통계를 통해 수집된 데이터의 특성을 요약하고, 이어서 추론통계를 통해 전체 모집단에 대한 결론을 도출하는 순서로 이루어진다. 이 두 방법은 서로 대립되는 것이 아니라, 함께 사용될 때 통계의 효과를 더욱 높일 수 있다.

▸ 표 3-2 **기술통계와 추론통계**

기술통계	추론통계
데이터의 특성을 수치나 도표, 그래프로 기술하는 방법론	부분에서 얻은 특성으로 전체의 특성을 추정하는 방법론
[표 3-1]의 ❷	[표 3-1]의 ❸

2. 전수조사와 표본조사

예를 들어, A사는 통조림의 무게를 200g으로 표시하고 판매 중인데, 일부 소비자들로부터 무게 부족에 대한 불만이 제기되었다고 하자. 이 문제를 확인하기 위해서 2가지 방법을 고려할 수 있다.

첫째는 모든 통조림의 무게를 하나하나 측정하는 전수조사이다. 그러나 이 방법은 현실적으로 실행하기 불가능하다. 왜냐하면 조사 결과에 관계없이 모든 제품이 손상되기 때문이다.

둘째는 일부 통조림만 무작위로 추출하여 무게를 측정하는 표본조사이다. 대부분의 조사는 이 방법으로 수행된다.

이때 전체 관심집단을 모집단(population), 그 특성을 모수(parameter)라 하며, 일부를 추출한 집단을 표본(sample), 표본의 특성을 통계량(statistic)이라 한다. 모수는 알고 싶은 것이라 할 수 있고 통계량은 조사하는 것이라 할 수 있다. 이 말은 모수를 직접 조사하지 않고 조사한 통계량으로 모수를 추정한다는 의미이다. 추론통계가 바로 이런 것이다. 모집단과 표본 간 관계를 나타내면 [그림 3-1]과 같다.

▸ 그림 3-1 **모집단과 표본 간 관계**

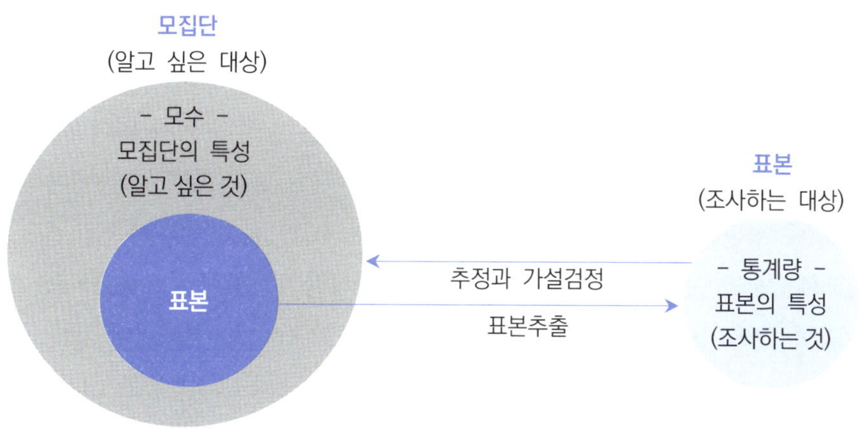

표본조사를 하는 이유는 크게 3가지가 있다. 첫째, 시간과 비용측면이다. 예를

들어 어떤 상품의 표적시장을 월 소득수준 400만 원 이상 회사원으로 정했다고 하자. 이 경우, 모든 잠재고객을 조사하는 것은 시간과 비용을 고려할 때 불가능하다.

둘째, 전수조사 자체가 아예 불가능한 경우가 있기 때문이다. 통조림 훼손 사례가 이에 해당된다.

셋째, 조사대상이 증가할수록 오차가 증가하기 때문에 전수조사보다 표본조사 결과가 더 정확한 경우도 있다.

참고로 빅데이터 분석은 전수조사에 가까워 표본조사에서 발생할 수 있는 오차가 줄어들고 모수는 추정치가 아니라 사실에 가깝다는 특징을 가진다.

3. 집단 특성 지표

모집단의 특성을 나타내는 것을 모수라 하고 표본의 특성을 나타내는 것을 통계량이라 했다. 그렇다면 모수와 통계량을 나타내는 지표는 어떤 것이 있을까? 크게 대표성 지표와 변동성 지표가 있다.

1) 대표성 지표

대표성 지표는 '집단의 값들을 가장 잘 대표하는 하나의 값'을 의미하며, 주요 지표는 평균(mean)[4], 중앙값(median), 최빈값(mode)이다.

예를 들어 재직기간이 <Case1>은 8명이 6년, 6년, 6년, 7년, 7년, 8년, 8년, 8년이 있고, <Case2>는 <Case1>에서 30년이란 값이 하나 더 있다고 하자.

평균은 '모든 값의 합계를 값의 개수로 나눈 값'을 말하며 가장 많이 사용되는 지표이다. <Case1>의 경우 평균은 (6+6+6+7+7+8+8+8)/8=7년이 된다.

그러나 평균은 극단 값에 민감하게 반응하며, 이러한 값들은 평균을 한쪽 방향으로 왜곡시켜 대표성 지표로써 유용성을 저하시킬 수 있다. <Case2>의 경우 극단 값이 있어 평균은 (6+6+6+7+7+8+8+8+30)/9=9.6년이 된다.

중앙값은 '일련의 값들의 가운데 값'을 말한다. <Case1>의 경우 (8+1)/2=4.5년, 즉 네 번째 값(7년)과 다섯 번째 값(7년)의 평균인 7년이 중앙값이 된다. 그

4) 평균에는 산술평균, 가중평균, 기하평균 등이 있으나 일반적으로 산술평균을 말한다.

렇다면 중앙값을 왜 사용할까? 중앙값은 평균과 달리 극단적인 값에 영향을 받지 않기 때문이다.

이런 이유로 극단 값이 존재할 때 중앙값은 평균보다 대표성 지표로 유용성은 증가한다. 극단 값이 있는 <Case2>의 평균은 9.6년인데 비해 중앙값은 7년이다. 이런 경우 평균보다 중앙값이 대표성 지표로 더 유용하다 할 수 있다.

최빈값은 '가장 자주 등장하는 값'을 말하며 가장 일반적이지만 대표성은 제일 낮다. [표 3-3]처럼 특수한 집단의 값들의 특성을 이해하는데 사용된다.

▸ 표 3-3 **T셔츠의 크기와 수량**

크기	소	중	대	특대	합계
수량	10	30	10	5	55

그럼 언제, 어떤 지표를 사용하는 것이 좋을까? 해당 데이터의 유형에 따라 결정하면 된다. 만약 지역, 혈액형, 종교와 같은 범주형일 때는 최빈값을 사용하면 좋다. 수치형인 소득과 관련된 조사를 할 때처럼 고액소득자와 같은 극단적인 값이 있어 이로 인해 평균을 왜곡하지 싶지 않다면 중앙값을 사용하면 좋다.

그렇지만 시험점수 또는 100m 수영기록과 같이 극단적인 값이 없는 수치형일 때는 평균을 사용하는 것이 좋다. 하지만 상황에 따라 예외가 존재할 수 있다는 점은 염두에 둘 필요가 있다.

▸ 표 3-4 **대표성 지표의 종류와 특징**

평균	중앙값	최빈값
모든 값의 합계를 값의 개수로 나눈 값	일련의 값들의 가운데 값	가장 자주 등장하는 값
가장 많이 사용되나 극단 값에 민감	극단 값에 영향을 덜 민감, 극단 값으로 인해 평균의 왜곡을 피하고자 할 때	대표성은 낮지만 특수한 집단의 값들의 특성을 이해할 때 사용

2) 변동성 지표

변동성 지표는 '집단의 값들이 평균과 얼마나 차이 나는지를 나타내는 값', 즉 개별값과 평균과의 차이를 뜻하며 주요지표로는 평균편차, 분산, 표준편차 등이 있다.

예를 들어, 5발의 화살을 쏘는 어느 양궁대회에서 A선수는 10점, 9점, 8점, 7점, 6점을 획득했고 B선수는 9점, 8점, 8점, 8점, 7점을 획득했다고 할 때, 두 선수의 평균은 8점으로 같다.

하지만 점수의 분포, 즉 변동성은 차이가 있어 보인다. A선수가 B선수보다 값들의 변동성이 더 큰 것을 짐작할 수 있다. 그렇다면 계산된 수치를 통해 변동성의 크기에 차이가 있는지를 정확히 확인한다.

편차(deviation)는 '개별값과 평균의 차이를 합한 다음에 개별값들의 개수로 나눈 값'을 말한다. 여기서 개별값들을 X_i, 평균을 $\overline{X}$, 개별값들의 개수를 n이라 할 때 다음과 같은 수식으로 표현할 수 있다. 그리고 편차의 합은 항상 0이여야 한다.

$$\text{편차} = \frac{\sum X_i - \overline{X}}{n}$$

양궁대회의 예에 수식을 적용하여 편차를 계산하면 [표 3-5]와 같다.

▸ 표 3-5 **양궁대회 편차**

A선수	구분	B선수
10-8= 2	❶	9-8= 1
9-8= 1	❷	8-8= 0
8-8= 0	❸	8-8= 0
7-8=-1	❹	8-8= 0
6-8=-2	❺	7-8=-1
2+1+1-1-2=0	편차	1+0+0+0-1=0

평균편차는 '편차들의 절댓값을 합한 다음에 개별값들의 개수로 나눈 값'을 말

하고 이를 수식으로 표현하면 다음과 같다.

$$평균편차 = \frac{\sum|X_i - \overline{X}|}{n}$$

양궁대회의 예에 수식을 적용하여 평균편차를 계산하면 [표 3-6]과 같다.

▸ 표 3-6 **양궁대회 평균편차**

A선수	구분	B선수
|10-8|=2	❶	|9-8|=1
|9-8|=1	❷	|8-8|=0
|8-8|=0	❸	|8-8|=0
|7-8|=1	❹	|8-8|=0
|6-8|=2	❺	|7-8|=1
(2+1+0+1+2)/5=1.2	평균편차	(1+0+0+0+1)/5=0.4

A선수의 평균편차가 1.2라는 것은 평균 8점을 중심으로 개별값들이 평균적으로 1.2점씩 떨어져 있는 것을 말한다. 마찬가지로 B선수의 평균편차가 0.4라는 것은 평균 8을 중심으로 개별값들이 평균적으로 0.4점씩 떨어져 있는 것을 말한다.

A선수가 B선수보다 변동성이 큰 것을 평균편차로 알 수 있다. 평균편차는 간단하다는 장점이 있지만 절댓값을 사용하기 때문에 복잡해질 수도 있어 널리 사용되지는 않는다.

그렇다면 평균편차보다 더 많이 사용되는 지표는 무엇일까? 바로 분산(variance)과 표준편차(standard deviation)이다. 두 지표 모두 0에 가까울수록 변동성이 작고 평균에 몰려있음을 나타낸다.

그럼 분산과 표준편차에 대해 알아본다. 분산이란 '편차들의 제곱을 합한 다음에 개별값들의 개수로 나눈 값'을 말한다. 분산을 계산하는 방식에는 모집단과 표본 간에 약간의 차이가 있다.

먼저 모집단의 분산을 살펴보면, 모집단의 수가 N개이고 평균을 μ하고 할 때, 모집단의 분산 σ^2은 다음과 같은 수식으로 표현할 수 있다.

$$\sigma^2 = \frac{\sum(X_i - \mu)^2}{N}$$

양궁대회의 예에서 5발의 화살이 모집단을 구성하고 있다면 분산은 [표 3–7]과 같다.

▸ **표 3-7 양궁대회 모집단의 분산**

A선수	구분	B선수
$(10-8)^2=4$	❶	$(9-8)^2=1$
$(9-8)^2=1$	❷	$(8-8)^2=0$
$(8-8)^2=0$	❸	$(8-8)^2=0$
$(7-8)^2=1$	❹	$(8-8)^2=0$
$(6-8)^2=4$	❺	$(7-8)^2=1$
(4+1+0+1+4)/5=2	분산	(1+0+0+0+1)/5=0.4

다음은 표본의 분산을 살펴본다. 표본의 수가 n개이고 평균을 $\overline{X}$라고 하면, 표본의 분산 S^2은 다음과 같은 수식으로 표현한다.

$$S^2 = \frac{\sum(X_i - \overline{X})^2}{n-1}$$

모집단의 분산과 표본의 분산을 계산하는 방식에 약간의 차이가 있다고 했다. 편차제곱의 합에서 모집단은 N으로 나누지만 표본은 $n-1$로 나눈다.

그렇다면 표본분산은 왜 n이 아니라 $n-1$로 나눌까? 표본분산은 모분산의 불편추정량(unbiased estimation)[5]이고, n으로 나눌 때 보다 $n-1$로 나눌 때 더 적절히 추정할 수 있기 때문이다. 이러한 차이는 표본의 크기가 클 경우 차이가 없지만, 표본의 크기가 작을 경우 상당한 차이가 있다.

5) 불편추정량은 편향되지 않는 추정량의 말한다.

양궁대회의 예에서 5발의 화살이 표본을 구성하고 있다면 분산은 [표 3-8]과 같다.

▸ 표 3-8 **양궁대회 표본의 분산**

A선수	구분	B선수
$(10-8)^2=4$	❶	$(9-8)^2=1$
$(9-8)^2=1$	❷	$(8-8)^2=0$
$(8-8)^2=0$	❸	$(8-8)^2=0$
$(7-8)^2=1$	❹	$(8-8)^2=0$
$(6-8)^2=4$	❺	$(7-8)^2=1$
(4+1+0+1+4)/(5-1)=2.5	분산	(1+0+0+0+1)/(5-1)=0.5

A선수와 B선수의 평균은 8점으로 같지만 분산은 각각 2.5점, 0.5점으로 나타나 A선수가 B선수보다 변동성이 더 큰 것을 알 수 있다.

그렇다면 분산을 사용하면 될 것이지 표준편차(standard deviation)는 왜 사용하는 것일까? 분산은 제곱을 취하기 때문에 측정단위에 따라 원래의 측정단위와 달라지는 경우가 발생한다. 양궁대회의 예는 측정단위가 점수이기 때문에 제곱을 하더라도 달라지지 않는다.

하지만 기린의 키를 m단위로 측정한다고 할 때, 분산을 구하기 위해 m를 제곱하게 되면 ㎡으로 변해 측정단위가 완전히 달라진다. 즉 측정단위가 길이에서 면적으로 바뀌어 정보의 왜곡현상이 발생한다.

분산의 성질을 그대로 이용하지만 정보의 왜곡현상을 방지하기 위한 방안으로 분산의 제곱근을 구해 원래의 측정단위로 되돌려 준 것이 표준편차이다.

분산의 성질을 그대로 이용하기 때문에 표준편차 또한 분산과 같이 모집단의 계산방식과 표본의 계산방식에는 약간의 차이가 있다.

먼저 모집단의 표준편차를 살펴보자. 모집단의 수가 N개이고 평균을 μ하고 하면, 모집단의 표준편차 σ는 다음과 같은 수식으로 표현할 수 있다.

$$\sigma = \sqrt{\frac{\sum(X_i - \mu)^2}{N}}$$

양궁대회의 예에서 5발의 화살이 모집단을 구성하고 있다면 표준편차는 [표 3-9]와 같다.

▸ 표 3-9 **양궁대회 모집단의 표준편차**

A선수	구분	B선수
$(10-8)^2=4$ $(9-8)^2=1$ $(8-8)^2=0$ $(7-8)^2=1$ $(6-8)^2=4$	❶ ❷ ❸ ❹ ❺	$(9-8)^2=1$ $(8-8)^2=0$ $(8-8)^2=0$ $(8-8)^2=0$ $(7-8)^2=1$
$\sqrt{\frac{(4+1+0+1+4)}{5}}=1.41$	표준편차	$\sqrt{\frac{(1+0+0+0+1)}{5}}=0.63$

다음은 표본의 표준편차를 살펴보자. 표본의 수가 n개이고 평균을 $\overline{X}$라고 하면, 표본의 표준편차 S는 다음과 같은 수식으로 표현할 수 있다.

$$S = \sqrt{\frac{\sum(X_i - \overline{X})^2}{n-1}}$$

양궁대회의 예에서 5발의 화살이 표본을 구성하고 있다면 표준편차는 [표 3-10]과 같다.

▸ 표 3-10 **양궁대회 표본의 분산**

A선수	구분	B선수
$(10-8)^2=4$ $(9-8)^2=1$	❶ ❷	$(9-8)^2=1$ $(8-8)^2=0$

$(8-8)^2=0$ $(7-8)^2=1$ $(6-8)^2=4$	❸ ❹ ❺	$(8-8)^2=0$ $(8-8)^2=0$ $(7-8)^2=1$
$\sqrt{\frac{(4+1+0+1+4)}{5-1}}=1.58$	표준편차	$\sqrt{\frac{(1+0+0+0+1)}{5-1}}=0.71$

표준편차의 경우도 분산의 경우와 마찬가지이다. A선수와 B선수의 평균은 8점으로 같지만 분산은 각각 1.58점, 0.71점으로 나타나 A선수가 B선수보다 변동성이 더 큰 것을 알 수 있다.

지금까지 언급한 대로 분산과 표준편차는 변동성을 나타내는 가장 많이 사용되는 지표라는 공통점이 있다. 표준편차는 분산의 성질을 그대로 이용하기 때문에 계산하는 공식도 두 지표가 매우 유사하다.

하지만 차이점도 있다. 몇 가지가 있지만 핵심적인 것은 표시되는 단위의 차이이다. 표준편차는 원래의 단위로 표시되는 반면, 분산은 제곱한 단위로 표시된다. 이것이 의미하는 바는 무엇일까? 양궁대회 예에서 A선수는 평균 8점을 득점하고 표준편차는 1.58점, 분산은 1.58^2점(2.5점)이다.

먼저 표준편차 1.58점이 가지는 의미를 해석해 본다. 1.58점이라는 값은 득점이 평균 8점으로부터 1.58점만큼 차이가 있다는 것을 의미한다. 그렇다면 1.58^2점, 2.5점의 값을 가지는 분산의 의미를 해석해 보면, 득점이 평균 8점으로부터 1.58의 제곱된 점수만큼 차이가 있다는 것을 의미한다.

아무래도 원래의 단위로 표시된 표준편차가 더 이해하지 쉽지 않을까? 그렇기 때문에 '어떤 표준(standard)에서 벗어난(deviate) 정도'의 의미로 표준편차라고 표현하지 않았는지 조심스럽게 추측해 본다.

▸ **표 3-11 변동성 지표의 종류와 계산식**

구분	평균편차	분산	표준편차
정의	편차들의 절댓값을 합한 다음에 개별값들의 개수로 나눈 값	편차들의 제곱을 합한 다음에 개별값들의 개수로 나눈 값	분산의 제곱근

모집단	$\frac{\sum\lvert X_i-\overline{X}\rvert}{n}$	$\frac{\sum(X_i-\mu)^2}{N}$	$\sqrt{\frac{\sum(X_i-\mu)^2}{N}}$
표본		$\frac{\sum(X_i-\overline{X})^2}{n-1}$	$\sqrt{\frac{\sum(X_i-\overline{X})^2}{n-1}}$

이상으로 모집단과 표본에서 가장 많이 사용되는 대표성 지표와 변동성 지표를 정리하면 [표 3-12]와 같다.

▸ **표 3-12 모집단과 표본집단**

모집단(알고 싶은 대상)	구분	표본(조사하는 대상)
모수(알고 싶은 것)	집단의 특성	통계량(조사하는 것)
μ	대표성 지표 (평균)	$\overline{X}$
σ^2 σ	변동성 지표 (분산) (표준편차)	S^2 S

제2절 주요 확률분포

추론통계는 '표본의 통계량으로 모집단의 모수를 추정하는 과정'이다. 그러나 표본은 어떤 방식으로 추출되느냐에 따라 달라지므로, 이를 기반으로 한 통계량 역시 확정된 값이 아니라 확률에 따라 변하는 값으로 간주된다. 이러한 특성으로 인해 확률 개념은 통계학 전반에 핵심적인 역할을 한다.

확률(probability)이란 '특정한 사건이 발생할 가능성'을 의미하며, 0과 1사이의 값을 가진다. 변수(variable)란 '관심 대상의 특성'을 말한다. 확률변수(random variable)란 이러한 '확률 개념과 변수 개념이 결합된 것'으로, 표본의 평균과 분산 등과 같은 통계량이 대표적으로 이에 해당한다.

그렇다면 확률분포(probability distribution)란 무엇일까? 확률분포란 '확률변수가 특정한 값을 가질 확률을 도표나 그래프, 그리고 함수 등으로 표현된 것'을 말한다. 추론통계에서 많이 이용되는 분포로 평균과 관련된 정규분포와 t분포, 분산과 관련된 χ^2분포와 F분포가 있으며, 이 4가지 분포는 통계적 추론에서 중요한 역할을 한다.

1. 정규분포

정규분포(normal distribution)는 가장 대표적이고 널리 사용되는 확률분포이다. 일상생활에서 접할 수 있는 키나 몸무게, 성적 등과 같이 연속된 값을 갖는 데이터는 대체로 정규분포를 따른다. 정규분포는 모수가 평균이 μ이고 표준편차가 σ인 분포로 정의되며, 그 특징은 다음과 같다.

첫째, 평균 μ를 중심으로 좌우대칭인 종 모양을 하고 있다. 대부분의 값들이 평균 μ 주위에 분포하고 좌우 양쪽 극단으로 갈수록 급격히 감소한다.

둘째, 평균 μ와 표준편차 σ에 따라 위치와 모양이 달라진다. 평균이 변하면 분포의 위치가 이동하고, 표준편차가 커질수록 분포가 넓고 완만해지며 작을수록 좁고 뾰족해진다.

▸ 그림 3-2 **평균과 표준편차에 따른 정규분포의 위치와 모양**

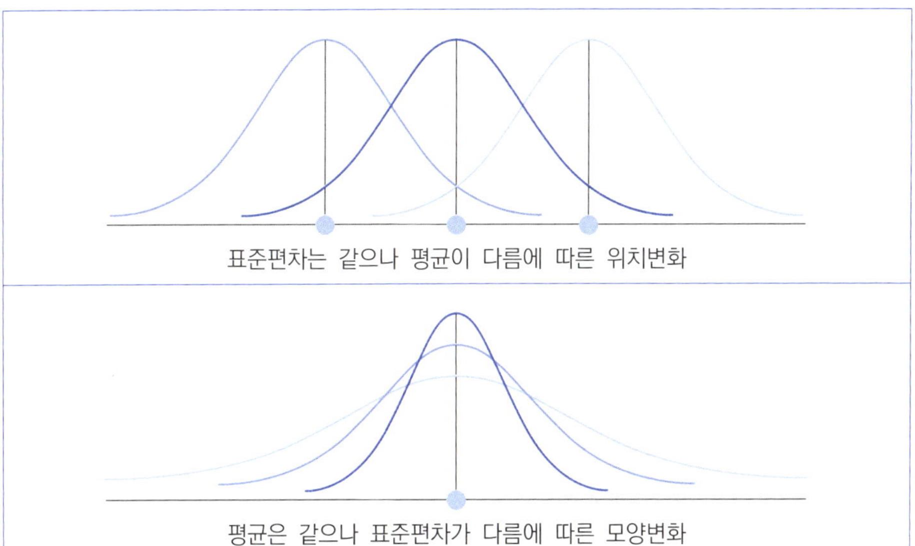

셋째, 확률변수가 취할 수 있는 값의 범위는 $-\infty \sim +\infty$이다. 하지만 실제로는 [그림 3-3]과 같이 전체 값의 99.74%가 평균 μ를 중심으로 $\pm 3\sigma$ 범위 내에 존재한다.

▸ 그림 3-3 **표준편차에 따른 정규분포의 누적 확률**

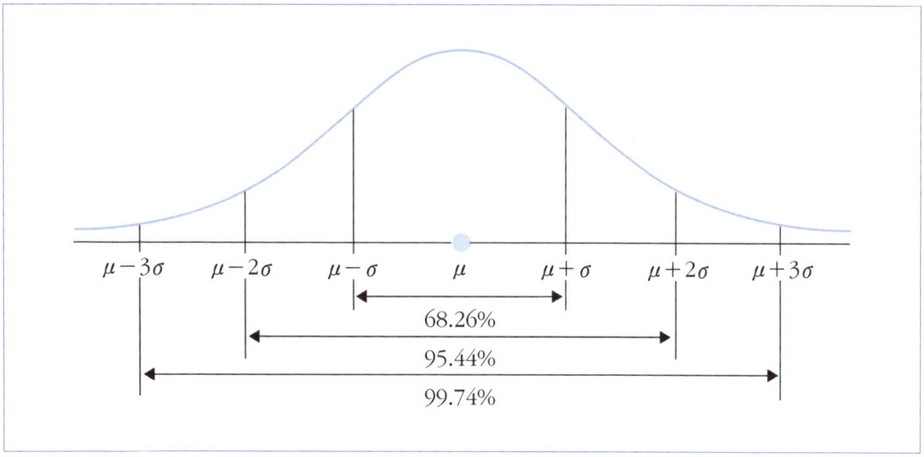

이처럼 정규분포는 평균과 표준편차에 따라 형태가 달라지므로, 서로 다른 정규분포를 직접 비교하기는 어렵다. 이를 해결하기 위해 표준정규분포(standard normal distribution)를 사용한다.

표준정규분포는 '다양한 정규분포를 서로 비교하기 위해 평균이 0이고 표준편차가 1인 정규분포'이다. 아래와 같이 개별값 X에서 평균 μ를 빼고 표준편차 σ로 나누어 주면 된다. 표준화된 값 Z를 사용하기 때문에 Z분포라고도 한다.

표준화된 값 $Z = (X - \mu) / \sigma$

Z값의 분자는 개별값과 평균의 차이, 분모는 표준편차로, Z는 평균에서 떨어진 정도를 표준편차 단위로 나타낸 값이다. 통계에서 정규분포는 매우 중요하다. 왜냐하면 데이터의 분포가 정규분포를 따른다면 표준정규분포로 변환할 수 있고, 표준정규분포를 이용해 특정 사건이 발생할 확률을 계산할 수 있기 때문이다.

▸ 그림 3-4 정규분포와 표준정규분포의 개념

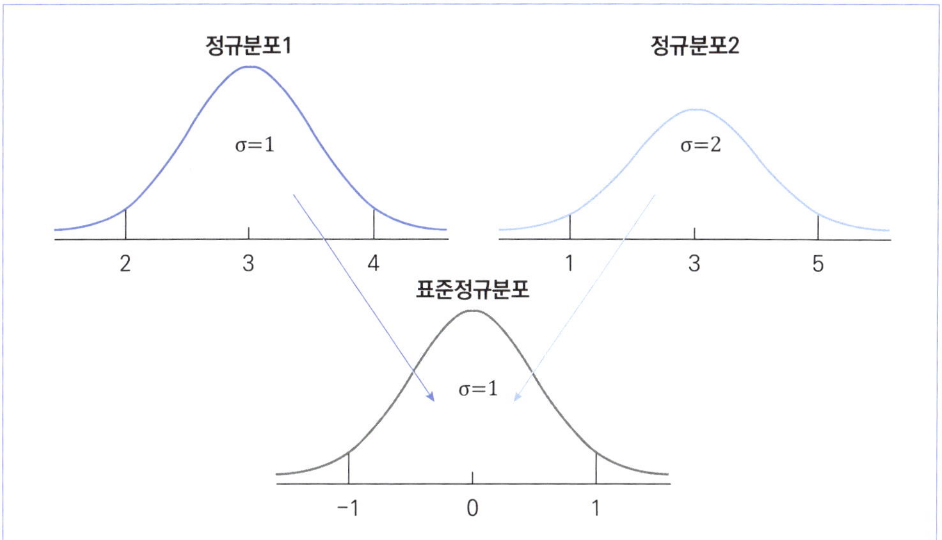

[그림 3-5]은 [표 3-13]의 표준정규분포 확률표를 이용하여 Z값의 확률을 계산한 사례이다.

▸ 그림 3-5 Z값에 따른 확률계산 사례

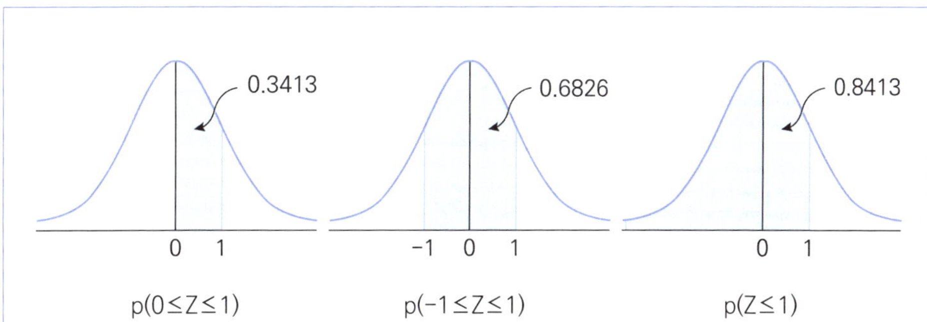

▸ 표 3-13 표준정규분포의 확률표: Z=0에서 특정값 사이의 넓이

Z	0.00	0.01	0.02	0.03	0.04	0.05	0.06	0.07	0.08	0.09
0.0	0.0000	0.0040	0.0080	0.0120	0.0160	0.0199	0.0239	0.0279	0.0319	0.0359
0.1	0.0398	0.0438	0.0478	0.0517	0.0557	0.0596	0.0636	0.0675	0.0714	0.0753

0.2	0.0793	0.0832	0.0871	0.0910	0.0948	0.0987	0.1026	0.1064	0.1103	0.1141
0.3	0.1179	0.1217	0.1255	0.1293	0.1331	0.1368	0.1406	0.1443	0.1480	0.1517
0.4	0.1554	0.1591	0.1628	0.1664	0.1700	0.1736	0.1772	0.1808	0.1844	0.1879
0.5	0.1915	0.1950	0.1985	0.2019	0.2054	0.2088	0.2123	0.2157	0.2190	0.2224
0.6	0.2257	0.2291	0.2324	0.2357	0.2389	0.2422	0.2454	0.2486	0.2517	0.2549
0.7	0.2580	0.2611	0.2642	0.2673	0.2704	0.2734	0.2764	0.2794	0.2823	0.2852
0.8	0.2881	0.2910	0.2939	0.2967	0.2995	0.3023	0.3051	0.3078	0.3106	0.3133
0.9	0.3159	0.3186	0.3212	0.3238	0.3264	0.3289	0.3315	0.3340	0.3365	0.3389
1.0	**0.3413**	0.3438	0.3461	0.3485	0.3508	0.3531	0.3554	0.3577	0.3599	0.3621
	[이하생략]									

모집단이 평균이 μ이고 분산이 σ^2인 정규분포를 따른다고 가정하자. 이 모집단에서 표본의 크기가 n개인 표본을 k개 추출한 표본의 평균을 $\overline{X_1}$, $\overline{X_2}$, $\overline{X_3}$, ... , $\overline{X_k}$라고 할 때, 표본들의 평균 $\overline{X}$의 기댓값 $E(\overline{X})$와 $\overline{X}$의 분산 $V(\overline{X})$을 계산하면 다음과 같다.

표본평균의 기댓값 $E(\overline{X})$는 모집단의 평균 μ와 같고, 표본평균의 분산 $V(\overline{X})$은 모집단의 분산 σ^2을 표본의 크기 n개를 나눈 값이 된다. 즉 표본들의 평균 $\overline{X}$는 평균이 μ이고 분산이 σ^2/n인 정규분포를 언제나 따른다.

[표본평균의 기댓값]

$$E(\overline{X}) = E[\frac{1}{k}(X_1 + X_2 + X_3 + ... + X_k]$$

$$= \frac{1}{k}[E(X_1) + E(X_2) + E(X_3) + ... + E(X_k)]$$

$$= \frac{1}{k}\mu + \frac{1}{k}\mu + \frac{1}{k}\mu + ... + \frac{1}{k}\mu = k\frac{1}{k}\mu = \mu$$

[표본평균의 분산]

$$V(\overline{X}) = \sqrt{\ }[\frac{1}{k}(X_1 + X_2 + X_3 + ... + X_k)]$$

$$= \frac{1}{k^2}V(X_1) + \frac{1}{k^2}V(X_2) + \frac{1}{k^2}V(X_3) + ... + \frac{1}{k^2}V(X_k) = \frac{\sigma^2}{n}$$

이를 표준정규분포로 변환하면 $Z=\frac{\overline{X}-\mu}{\sqrt{\sigma^2/n}}=\frac{\overline{X}-\mu}{\sigma/\sqrt{n}}$이 되고 표준화된 값 Z 또한 평균이 0이고 분산이 1인 표준정규분포를 언제나 따른다.

위에서 살펴본 바와 같이 모집단이 평균이 μ이고 분산이 σ^2인 정규분포를 따른다면 추출한 표본평균은 언제나 정규분포를 따른다. 하지만 모집단이 정규분포가 아닐 경우 표본평균이 정규분포를 따른다고 단정할 수 없다.

그러나 표본의 크기 n이 충분히 크다면 모집단의 분포와 관계없이 표본평균 $\overline{X}$의 분포는 근사적으로 평균이 μ, 분산이 σ^2/n인 정규분포를 따르는데, 이를 중심극한정리(Central Limit Theorem)라 한다. 여기서 중요한 사항은 '표본의 크기 n이 충분히 크다면'은 일반적으로 30개 이상을 말하고, '모집단의 분포와 관계없이'는 모집단의 분포가 정규분포가 아닌 다른 분포라도 상관없다는 의미이다.

중심극한정리는 통계에서 매우 중요한 개념이다. 왜냐하면 표본의 크기가 충분히 크다면 모집단의 분포와 상관없이 표본평균은 정규분포를 따르게 되어 정규분포의 성질을 쉽게 이용할 수 있기 때문이다.

2. t분포

앞서, 모집단의 분산 σ^2을 알고 있다고 가정하고 모집단의 분포가 정규분포일 경우, 표본평균은 항상 정규분포를 따른다고 설명하였다. 또한 모집단의 분포가 정규분포가 아닐지라도 표본의 크기가 충분히 크다면 중심극한정리에 따라 표본평균은 정규분포에 근사한다.

하지만 모집단의 분산 σ^2을 모르는 경우가 더 일반적이다. 이와 같은 상황에서 모집단이 정규분포를 따른다는 가정 하에 표본의 크기가 작아 중심극한정리가 적용되지 않더라도 사용할 수 있도록 새롭게 개발된 것이 t분포이다.

모집단의 분산 σ^2을 알 수 없기 때문에 대신 표본분산 S^2을 사용한다. 이미 알고 있는 표준화된 값 $Z=\frac{\overline{X}-\mu}{\sigma/\sqrt{n}}$에 σ 대신 S를 대입하면 $t=\frac{\overline{X}-\mu}{S/\sqrt{n}}$이 되며, 이때의 t는 정규분포가 아니라 자유도 n−1을 갖는 t분포를 따른다. t분포의 주요 특징은 다음과 같다.

첫째, 표준정규분포와 같이 평균 0을 중심으로 한 좌우대칭의 종모양이다. 둘째, 표준정규분포보다 양쪽 꼬리가 두껍다(fat tail). 셋째, 자유도에 따라 분포의 형태가 달라지며, 자유도가 증가할수록 표준정규분포에 가까워진다. 일반적으로 자유도가 30 이상이면 표준정규분포와 거의 유사하다.

정규분포는 모집단의 분산을 알고 있다는 전제가 필요하지만, t분포는 이를 필요로 하지 않는다. 또한 정규분포는 표본의 크기가 충분히 클 때 사용되지만, t분포는 표본의 크기가 작더라도 사용할 수 있다. 따라서 t분포는 모집단의 분산을 모를 때, 그리고 표본의 크기와 관계없이 사용할 수 있어 평균에 대한 추론통계에서 정규분포보다 많이 사용된다.

▸ 그림 3-6 **자유도에 따른 t분포의 모양**

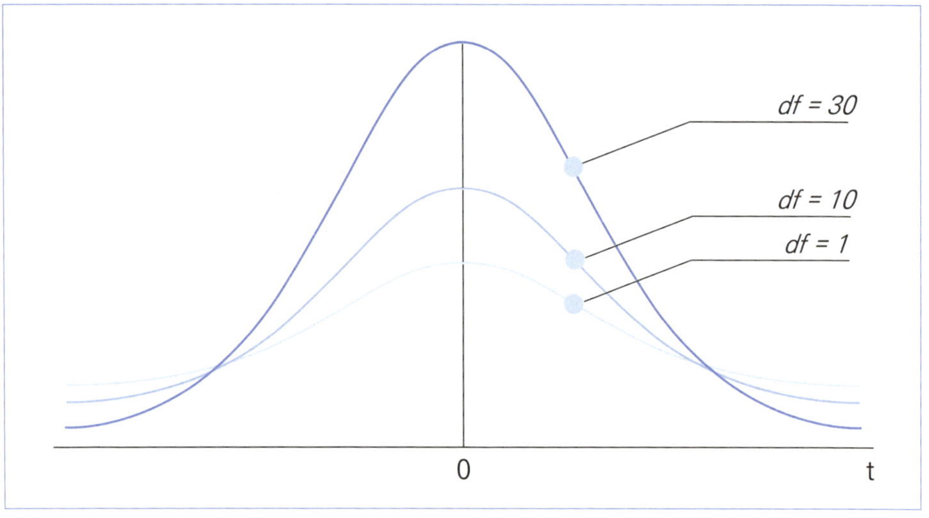

3. χ^2분포

모집단의 분산 σ^2을 추측할 때는 표본분산 S^2을 기반으로 한다. S^2을 구하는 산식은 $S^2 = \frac{1}{n-1}\sum_{i=1}^{n}(X_i - \overline{X})^2$임을 이미 알고 있다. 이 식의 양변에 n－1을 곱하고 σ^2을 나누면 $\frac{(n-1)S^2}{\sigma^2} = \sum_{i=1}^{n}(\frac{X_i - \overline{X}}{\sigma})^2$의 형태가 되며, 이를 χ^2이라고 한다.

이때 표본분산과 모분산의 비율인 $\chi^2 = \frac{(n-1)S^2}{\sigma^2}$은 자유도 n－1인 χ^2분포를 따른다. χ^2분포는 다음과 같은 특성을 가진다.

첫째, 비율 형태이므로 항상 양의 값을 가지며 음의 값은 존재하지 않는다. 둘째, 좌우대칭의 종형이 아닌 오른쪽으로 꼬리가 긴 비대칭 분포 형태를 갖는다. 셋째, 자유도에 따라 분포의 모양이 달라지며 자유도가 커질수록 정규분포에 가까워진다.

▸ 그림 3-7 **자유도에 따른 χ^2분포의 모양**

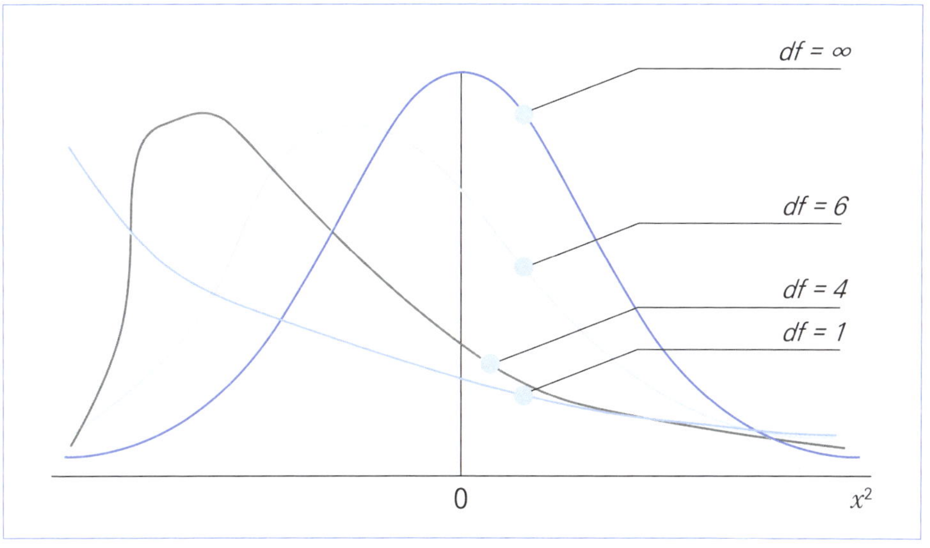

4. F분포

정규분포를 따르는 서로 다른 두 모집단에서 각각 n_1, n_2개의 표본을 추출하여 계산한 표본 분산을 각각 S_1^2, S_2^2이라고 할 때, 이 분산의 비율 S_1^2/S_2^2는 F분포를 따른다. F분포는 다음과 같은 특징을 가진다.

첫째, 비율의 분포이기 때문에 χ^2분포와 마찬가지로 음의 값은 없고, 항상 양의 값만 가진다. 또한 오른쪽으로 긴 꼬리를 가진 비대칭 분포 형태를 띤다. 둘째, 분자의 자유도와 분모의 자유도라는 2개의 자유도를 가지며, 이 두 자유도에 따라 분포의 모양이 달라진다. 셋째, 자유도가 커질수록 정규분포에 가까운 모양을 보인다.

▸ 그림 3-8 자유도에 따른 F분포의 모양

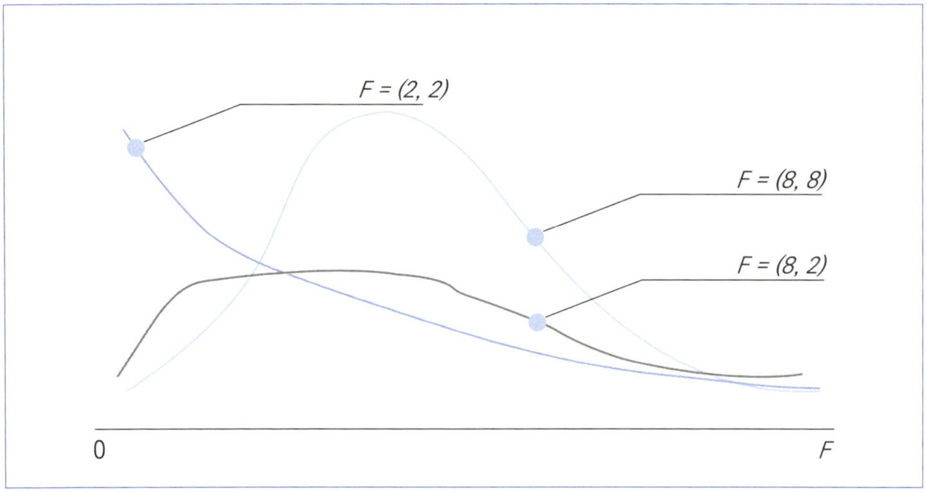

제3절 통계적 추론

통계적 추론(statistical inference)이란 '표본의 특성인 통계량으로 모집단의 특성인 모수를 추론하는 것'을 말하며, 추론에는 추정(estimation)와 가설검정(hypothesis test)이 있다.

1. 추정

추정이란 '모집단의 모수에 대한 지식이 없는 상황에서 표본의 특성인 통계량을 기초로 모집단의 모수를 예측하는 것'을 의미한다. 모수를 추정하는 방법에는 점추정(point estimation)과 구간추정(interval estimation)이 있다.

점추정은 모수를 하나의 수치로 추정하는 방식이다. 예를 들어, "대한민국 성인 남자의 평균 키는 174cm이다"처럼 단일 수치로 나타내는 경우이다. 하지만 실제 모수와 정확히 일치할 가능성이 낮다는 한계가 있다.

구간추정은 모수가 존재할 수 있는 값을 일정한 범위를 정하여 추정하는 방식이다. 예를 들어, "대한민국 성인 남자의 평균 키는 172cm~176cm 사이이다"처럼 구간으로 표현하는 것이다. 이 때문에 일반적으로 점추정 보다 구간추정을 더 많이 사용한다.

여기서, '모수가 존재할 가능성이 있는 구간'을 신뢰구간(confidence interval)이라 하고, '모수가 이 구간에 포함될 확률'을 신뢰수준(confidence level)이라 하며 $1-\alpha$로 표기한다.

이때 α는 '모수가 신뢰구간에 포함되지 않을 확률', 즉 '허용오차수준'을 의미한다. 한편, 가설검정에서는 이 허용오차수준을 유의수준이라 부른다.

신뢰수준은 연구목적에 따라 달라질 수 있지만 일반적으로 0.90(90%), 0.95(95%), 0.99(99%)를 많이 사용되며, 이 중 0.95(95%)가 가장 널리 활용된다. 신뢰수준과 허용오차수준의 관계는 [표 3-14]와 같다.

▸ 표 3-14 신뢰수준과 허용오차수준의 관계

신뢰수준($1-\alpha$)	허용오차수준(α)
모수가 신뢰구간에 포함될 확률	모수가 신뢰구간에 포함되지 않을 확률
0.90(90%) 0.95(95%) 0.99(99%)	0.10(10%) 0.05(5%) 0.01(1%)

2. 가설검정

1) 가설

가설(hypothesis)이란 '임시로 설정한 가정 또는 주장'으로, '학습을 바탕을 한 추측'을 말한다. 가설에는 '모집단에 대해 기존에 일반적으로 인정되어진 사실'을 나타내는 귀무가설(null hypothesis)과, 이에 반하는 '모집단에 대해서 기존에 인정되어진 사실을 반박하는 새로운 사실'인 대립가설(alternative hypothesis)이 있다. 귀무가설과 대립가설은 상호 배타적이고 상반된 주장이다.

먼저, 귀무가설을 살펴본다. 귀무(歸無)는 돌아갈 歸에 없을 無를 사용한다. 이 말은 없음 또는 숫자 0(영)으로 돌아간다는 의미이다. 이런 이유로 영가설이라고도 한다. 일반적으로 '같다', '차이없다', '관계없다', '0이다' 등, '='의 개념으로 표현되며 hypothesis의 이니셜 H와 0을 합쳐 H_0로 표기한다.

반면, 대립가설은 귀무가설과 대립되는 주장이며, 연구자가 설정한 가설이므로 연구가설(research hypothesis)이라고도 한다. 일반적으로 '같지 않다', '차이있다', '관계있다', '0이 아니다' 등 '≠'의 개념으로 표현되며 hypothesis의 이니셜 H와 alternative의 이니셜 a를 합쳐 H_a로 표기한다.

▸ 표 3-15 **귀무가설과 대립가설**

귀무가설	대립가설
기존에 일반적으로 인정되어진 사실	기존에 인정되어진 사실을 반박하는 새로운 사실
영가설, H_0	연구가설, H_a
'='의 개념 같다, 차이없다, 관계없다, 0이다	'≠'의 개념 같지 않다, 차이있다, 관계있다, 0이 아니다

통조림의 예를 들어 가설을 설정해 보자. 귀무가설은 'A사의 통조림 평균 무게는 200g이다'가 된다. 이에 대응하는 대립가설은 'A사의 통조림 평균무게는 200g이 아니다'가 된다.

그러나 소비자들은 'A사의 통조림 평균 무게는 200g보다 적다'고 주장하고 싶어 할 수 있다. 왜냐하면 전자의 경우는 평균 무게가 200g 보다 많을 수도, 적을 수도 있기 때문이다. 이처럼 전자를 비방향성 대립가설, 후자를 방향성 대립가설이라 한다.

비방향성 대립가설과 방향성 대립가설의 차이는 차이의 방향 제시 여부에 있다. 비방향성 가설은 평균의 차이를 가정하지만, 그 방향은 제시하지 않는다. 통조림의 예에서는 'A사의 통조림 평균 무게는 200g이 아니다'라 설정한 대립가설은 차이는 반영하지만 그 차이가 많은지 또는 적은지와 같은 방향은 명시하지 않는다.

반면 방향성 가설은 차이를 가정하면서 그 방향도 함께 제시한다. 예를 들어 'A사의 통조림 평균 무게는 200g 보다 많다' 또는 '200g 보다 적다'라 설정하면, 단순한 차이를 넘어서 그 방향까지 명확히 가정하게 된다.

방향성 대립가설이냐 비방향성 대립가설이냐에 따라 이후 수행할 가설검정 방법이 달라지므로, 대립가설을 설정할 때 이 점을 유념해야 한다.

▸ 표 3-16 **통조림의 귀무가설과 대립가설 설정 예**

귀무가설	대립가설	
	비방향성 가설	방향성 가설
H_0: 평균 무게는 200g이다(μ=200g)	H_1: 평균 무게는 200g이 아니다($\mu \neq$200g)	
H_0: 평균 무게는 많아야 200g이다($\mu \leq$200g)		H_1: 평균 무게는 200g 보다 많다(μ>200g)
H_0: 평균 무게는 적어도 200g이다($\mu \geq$200g)		H_1: 평균 무게는 200g 보다 적다(μ<200g)

2) 가설검정과 가설검정의 오류

이상에서 가설의 정의와 종류, 그리고 어떻게 가설을 설정하느냐에 대해 살펴보았다. 일단 귀무가설과 대립가설이 설정되면, 표본의 통계량을 기초로 모집단의 모수에 대한 가설의 진위여부를 판단하는 검정절차를 거쳐 두 가설 중 하나를 채택하게 된다.

이때 연구자가 주장하는 대립가설은 직접 검정하기 어려운 경우가 많아, 일반적으로 귀무가설을 대상으로 검정을 수행한다. 검정 결과에 따라 귀무가설을 채택하거나 기각하게 되며, 이에 따라 대립가설의 채택 여부도 결정된다.

귀무가설은 통상적으로 '모집단에 대해서 널리 알려진 일반적인 사실'을 의미하며, 검정 과정에서는 이 가설이 항상 옳다는 전제에서 시작한다. 이러한 전제를 바탕으로 귀무가설이 실제로 참인지 거짓인지를 평가하는 절차를 가설검정(test of hypothesis)이라고 한다.

만약 새로운 주장을 받아들이기 위해서는 기존의 귀무가설이 잘못되었다는 충분한 통계적 근거가 필요하다. 그러나 이러한 근거가 부족하면, 귀무가설은 유지되고 대립가설은 기각된다.

이론적으로는 증거에 따라 올바른 가설을 채택하고, 잘못된 가설을 기각하는 것이 바람직하다. 그러나 실제로는 그렇지 못한 경우도 존재한다. 즉, 참인 가설을 기각하거나 거짓된 가설을 채택하는 등의 오류가 발생할 수 있으며, 이러한 오류는 일반적으로 2가지 유형으로 구분된다.

첫째, 귀무가설이 참임에도 불구하고 이를 기각하고 대립가설을 채택하는 오류이다. 이를 제1종 오류라 하고 α로 표시한다. 이는 법정에서 무죄인 사람에게 유죄로 선고하는 상황에 비유할 수 있다.

둘째, 귀무가설이 거짓임에도 불구하고 이를 채택하고 대립가설을 기각하는 오류이다. 이를 제2종 오류라 하고 β로 표시한다. 이는 유죄인 사람에게 무죄를 선고하는 상황과 유사하다.

이 2가지 오류의 관계를 요약하면 [표 3−17]과 같다.

▸ 표 3-17 **2가지 종류의 가설검정 오류**

		실제	
		귀무가설 참	귀무가설 거짓
결정	귀무가설 참 (채택)	옳은 결정 $(1-\alpha)$	제2종 오류 (β)
	귀무가설 거짓 (기각)	제1종 오류 (α)	옳은 결정 $(1-\beta)$

그렇다면 두 오류 중 어떤 것을 더 조심해야 할까? 물론 두 오류 모두 주의해야 하겠지만, 일반적으로 제1종 오류(α)를 더 신중히 다루는 경향이 있다. 이는 무죄인 사람을 유죄로 판단하는 일이 더 큰 사회적 문제를 일으킬 수 있기 때문인 것과 유사한 이치이다.

이러한 이유로, 귀무가설이 참임에도 이를 기각하고 대립가설을 채택하는 제1종 오류를 범할 확률의 최대 한계를 미리 정하는데, 이를 유의수준(significance level)이라 한다. 유의수준 α는 일반적으로 0.10, 0.05, 0.01 등이 있으며, 그중에서도 0.05가 널리 사용된다.

3) 가설검정의 절차

(1) 가설설정과 가설검정의 종류

가설설정은 연구자가 관심 있는 영역에 대해 문제를 제기하면서 시작된다. '모집단에 대해서 기존에 일반적으로 널리 알려진 사실'을 귀무가설로 설정하고, '연구자가 새롭게 주장하고자 하는 내용을 대립가설로 설정한다.

대립가설을 설정할 때 고려해야할 중요한 사항 중 하나는 비방향성으로 할 것인지, 방향성으로 할 것인지를 결정하는 일이다.

비방향성 대립가설은 '같지 않다(≠)'로 표현되며, 이에 대응하는 귀무가설은 '같다(=)'로 표현된다. 반면 방향성 대립가설은 '크다(>)' 또는 '작다(<)'로 표현되고, 이에 대응하는 귀무가설은 '같거나 작다(≤)' 또는 '같거나 크다(≥)'로 표현된다.

가설이 설정되면 이에 따라 가설검정 방법이 결정되며, 가설검정 방법에는 양측 검정(two-sided test)과 단측 검정(one-sided test) 2가지 종류가 있다. 양측 검정은 귀무가설을 기각하고 대립가설을 채택할 수 있는 영역이 [그림 3-9]의 왼쪽과 같이 양쪽에 있는 경우이다. 이는 '같지 않다(≠)'로 표현된 비방향성 대립가설처럼, 값이 작거나 큰 경우 모두가 고려할 때 사용한다.

단측 검정은 귀무가설을 기각할 수 있는 영역이 [그림 3-8]의 오른쪽과 같이 한쪽에 있는 경우로, 방향성 대립가설을 설정했을 때 사용한다. 단측 검정은 다시 오른쪽 꼬리 검정과 왼쪽 꼬리 검정으로 구분된다.

대립가설이 '크다(>)'인 경우에는 귀무가설이 '같거나 작다(≤)'로 설정되어 오른쪽 꼬리 검정을 하고, 반대로 대립가설이 '작다(<)'인 경우에는 귀무가설이 '같거나 크다(≥)'로 설정되어 왼쪽 꼬리 검정을 한다.

▸ 그림 3-9 **양측 검정과 단측 검정**

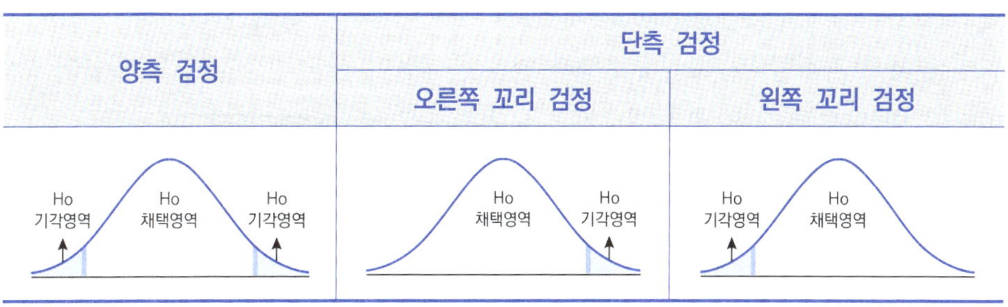

가설설정과 그에 따른 가설검정의 종류를 정리하면 [표 3-18]과 같다.

▸ 표 3-18 **가설 설정과 그에 따른 가설검정의 종류**

구분	가설 설정			가설검정의 종류
	귀무가설(H_0)	대립가설(H_1)		
		비방향성 가설	방향성 가설	
단일 모집단 두 모집단	$\mu=\alpha$ $\mu_1=\mu_2$	$\mu\neq\alpha$ $\mu_1\neq\mu_2$		양측 검정
단일 모집단 두 모집단	$\mu\leq\alpha$ $\mu_1\leq\mu_2$		$\mu>\alpha$ $\mu_1>\mu_2$	단측 검정 중 오른쪽 꼬리 검정
단일 모집단 두 모집단	$\mu\geq\alpha$ $\mu_1\geq\mu_2$		$\mu<\alpha$ $\mu_1<\mu_2$	단측 검정 중 왼쪽 꼬리 검정

(2) 가설의 채택기준

귀무가설을 기각하기 위해서는, 그것이 잘못되었다는 충분한 증거가 필요하며, 그렇지 않다면 귀무가설은 채택된다고 했다. 그렇다면 귀무가설의 채택과 기각을 결정하는 기준은 무엇일까? 가설의 채택여부를 판단하는 기준에는 2가지가 있다.

첫째는 유의수준(α)을 기준으로 하는 판단하는 방법이다. 유의수준이란 제1종 오류, 즉 귀무가설이 실제로 참인데도 이를 기각하고 대립가설을 채택하는 오류를 범할 확률의 최대 허용한계를 말한다.

보통 유의수준은 0.10, 0.05, 0.01 중 하나로 설정되며, 이 가운데 0.05가 가장 일반적으로 사용된다. 예를 들어, 유의수준 0.05으로 설정하다는 것은, 귀무가설이 맞다고 가정할 때, 표본으로부터 얻은 통계량이 극단적인 값이 될 확률이 5% 미만의 매우 드문 경우에만 귀무가설을 기각하겠다는 의미이다.

둘째, 임계치(critical value)를 기준으로 검정 결과를 해석하는 방법이다. 임계치는 검정의 종류(양측 또는 단측)와 유의수준 α에 따라 결정된다.

양측 검정의 경우, 전체 유의수준 α를 1/2로 나누어 양쪽 꼬리에 할당하며, 이때 각 꼬리의 경계가 임계치가 된다. 따라서 양측 검정은 서로 다른 2개의 임계치가 설정된다. 이에 비해 단측 검정에서는 유의수준 α 전체를 하나의 방향(왼쪽 또는 오른쪽) 꼬리에 집중시킨다. 이 경우 임계치는 좌측 또는 우측 한쪽에만 설정된다.

이러한 개념을 시각적으로 표현하면 [그림 3-10]과 같다.

▸ 그림 3-10 **가설검정 종류별 귀무가설 채택영역과 기각영역**

양측 검정	단측 검정	
	오른쪽 꼬리 검정	왼쪽 꼬리 검정
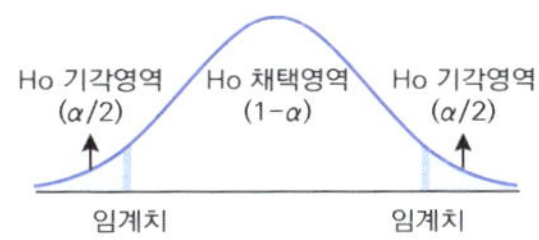	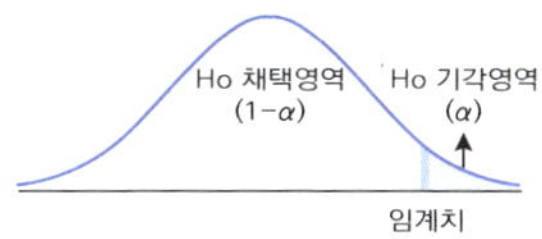	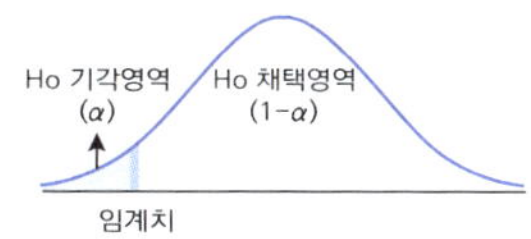

(3) 가설의 채택여부

임계치가 결정되면, 이를 기준으로 표본의 통계량을 비교하여 귀무가설을 기각할지 여부를 판단한다. 만약 표본의 통계량이 유의수준에 따른 임계치보다 더 극단적인 값이라면, 귀무가설은 기각되고 대립가설은 채택된다.

이때 표본의 통계량이 매우 예외적이고 극단적인 값이 나올 확률을 유의확률(p값, p-value)이라고 하며, 이는 귀무가설이 참임에도 불구하고 기각되는 제1종 오류의 확률이기도 하다. 다시 말해 유의확률은 귀무가설 기각 결정이 잘못될 확률이며, 반대로 귀무가설을 채택할 결정이 잘될 확률이기도 하다.

유의확률이 유의수준보다 작을 경우, 귀무가설은 기각되고 대립가설은 채택된다. 유의확률이 작을수록 귀무가설을 기각할 수 있는 강한 증거가 된다고 볼 수 있다.

2가지 기준에 따라 귀무가설을 기각하고 대립가설을 채택하는 경우를 정리하면 [표 3-19]와 같다. 귀무가설을 채택하고 대립가설을 기각하는 경우는 이와 반대이다.

▸ 표 3-19 **귀무가설을 기각하고 대립가설을 채택하는 경우**

구분		검정통계량과 임계치를 비교하는 방법	유의확률 p-value와 유의수준 α를 비교하는 방법
양측 검정		|검정통계량| > |임계치|	p-value < α
단측 검정	오른쪽 꼬리검정	검정통계량 > 임계치	
	왼쪽 꼬리검정	검정통계량 < 임계치	

▸ 그림 3-11 가설검정 절차

1단계 가설설정과 가설검정의 종류 결정

(귀무가설) 기존에 일반적으로 인정되어진 사실
(대립가설) 주장하고자 하는 새로운 사실

→ 양측 검정, 단측 검정 결정

2단계 가설의 채택기준 결정

(유의수준) 제1종 오류를 범할 최대 허용한계 결정: α= 0.10, 0.05, 0.01 등
(임 계 값) 양측 검정은 좌우 양쪽 꼬리에 각 $\alpha/2$씩 할당되는 확률의 경곗값, 단측 검정은 좌우 한쪽 꼬리에 α 모두 할당되는 확률의 경곗값

3단계 표본조사

평균, 표준편차, 유의확률 p값, 검정통계량 등 산출

4단계 가설의 채택여부 결정

검정통계량과 임계치를 비교	유의확률 p와 유의수준 α를 비교

다음은 통조림의 예를 활용해 양측 검정, 왼쪽 꼬리 검정, 오른쪽 꼬리 검정 등 3가지 종류의 가설을 각각 검정해 보았다.

[가설검정 사례: 통조림의 예]

A사는 통조림의 무게를 200g으로 표시해 판매하고 있다. 그러나 소비자들은 통조림의 무게가 200g이 되지 않는다는 불만을 지속적으로 제기했다. 이에 정확한 무게를 확인하기 위해 무작위로 30개의 통조림을 추출하여 무게를 측정한 결과, 다음과 같은 값을 얻었다.

(단위: g) 202, 201, 199, 197, 202, 201, 197, 202, 200, 197, 200, 202, 200, 197, 199, 199, 198, 199, 199, 202, 199, 199, 199, 198, 198, 200, 202, 199, 198, 201

양측 검정

1. 가설설정

o 귀무가설 H_0: 통조림의 평균 무게는 200g이다(μ=200g)

o 대립가설 H_1: 통조림의 평균 무게는 200g이 아니다($\mu \neq$200g)

2. 가설의 채택기준 결정

o 유의수준 α=0.05로 설정

o 평균에 대한 가설검정이므로 표본평균 $\overline{X}$의 표준화된 t값을 검정통계량으로 사용

o 양측 검정이고 유의수준 α=0.05로 설정하였기 때문에 임계치는 ±1.96

구분	검정통계량과 임계치 비교	유의확률과 유의수준 비교
귀무가설 채택영역	-1.96<t<1.96	p≥0.05
귀무가설 기각영역	-1.96>t 또는 1.96<t	p<0.05

3. 표본조사 결과

o 평균 $\overline{X}$=199.5333, 표준편차 σ=1.676065

o 검정통계량인 표본평균 $\overline{X}$의 표준화된 t값=-1.525, 유의확률(p-value)=0.1381

4. 가설의 채택여부 결정

o 검정통계량 t값과 임계치를 비교: t값 -1.525는 임계치 -1.96보다 크고 1.96보다 작으므로 95% 신뢰수준에서 신뢰구간에 포함됨

o 유의확률 p값과 유의수준 α값을 비교: 유의확률 0.1381은 유의수준 0.05보다 크므로 유의확률 또한 신뢰구간에 포함됨

o 두 기준 모두 신뢰구간에 포함되므로 귀무가설을 채택하고 대립가설은 기각

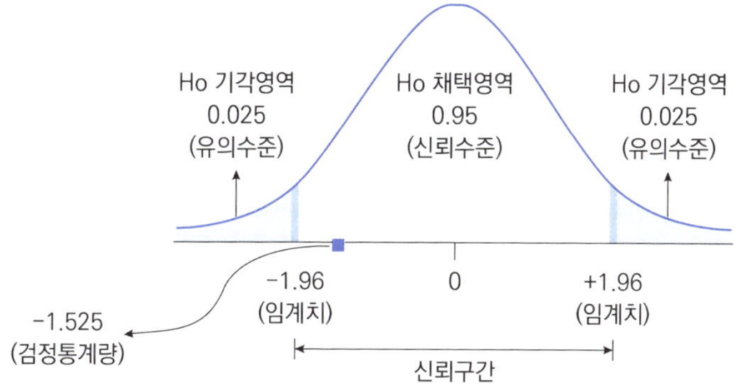

5. 결론

o 통조림의 평균 무게는 200g이라 할 수 있다

왼쪽 꼬리 검정

1. 가설설정

o 귀무가설 H_0: 평균 무게는 적어도 200g이다($\mu \geq$200g)

o 대립가설 H_1: 평균 무게는 200g 보다 적다(μ<200gℓ)

2. 가설의 채택기준 결정

o 유의수준 α=0.05로 설정

o 평균에 대한 가설검정이므로 표본평균 $\overline{X}$의 표준화된 t값을 검정통계량으로 사용

o 왼쪽 꼬리검정이고 유의수준 α=0.05로 설정하였기 때문에 임계치는 -1.96

구분	검정통계량과 임계치 비교	유의확률과 유의수준 비교
귀무가설 채택영역	-1.96<t	p≥0.05
귀무가설 기각영역	-1.96>t	p<0.05

3. 표본조사 결과

o 평균 $\overline{X}$=199.5333, 표준편차 σ=1.676065

o 검정통계량인 표본평균 $\overline{X}$의 표준화된 t값=-1.525, 유의확률(p-value)=0.06904

4. 가설의 채택여부 결정

o 검정통계량 t값과 임계치를 비교: t값 -1.525는 임계치 -1.96보다 크므로 95% 신뢰수준에서 신뢰구간에 포함됨

o 유의확률 p값과 유의수준 α값을 비교: 유의확률 0.06904는 유의수준 0.05보다 크므로 유의확률 또한 신뢰구간에 포함됨

o 두 기준 모두 신뢰구간에 포함되므로 귀무가설을 채택하고 대립가설은 기각

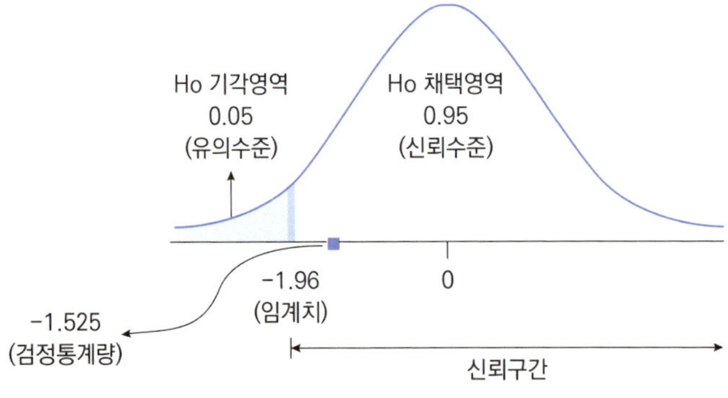

5. 결론

o 통조림의 평균 무게는 적어도 200g이라 할 수 있다

오른쪽 꼬리 검정

1. 가설설정

o 귀무가설 H_0: 평균 무게는 많아야 200g이다($\mu \leq 200g$)

o 대립가설 H_1: 평균 무게는 200g보다 많다($\mu > 200g$)

2. 가설의 채택기준 결정

o 유의수준 α=0.05로 설정

o 평균에 대한 가설검정이므로 표본평균 $\overline{X}$의 표준화된 t값을 검정통계량으로 사용

o 오른쪽 꼬리검정이고 유의수준 α=0.05로 설정하였기 때문에 임계치는 1.96

구분	검정통계량과 임계치 비교	유의확률과 유의수준 비교
귀무가설 채택영역	$t<1.96$	$p \geq 0.05$
귀무가설 기각영역	$t>1.96$	$p<0.05$

3. 표본조사 결과

o 평균 $\overline{X}$=199.5333, 표준편차 σ=1.676065

o 검정통계량인 표본평균 $\overline{X}$의 표준화된 t값=-1.525, 유의확률(p-value)=0.931

4. 가설의 채택여부 결정

o 검정통계량 t값과 임계치를 비교: t값 -1.525는 임계치 -1.96보다 크므로 95% 신뢰수준에서 신뢰구간에 포함됨

o 유의확률 p값과 유의수준 α값을 비교: 유의확률 0.931은 유의수준 0.05보다 크므로 유의확률 또한 신뢰구간에 포함됨

o 두 기준 모두 신뢰구간에 포함되므로 귀무가설을 채택하고 대립가설은 기각

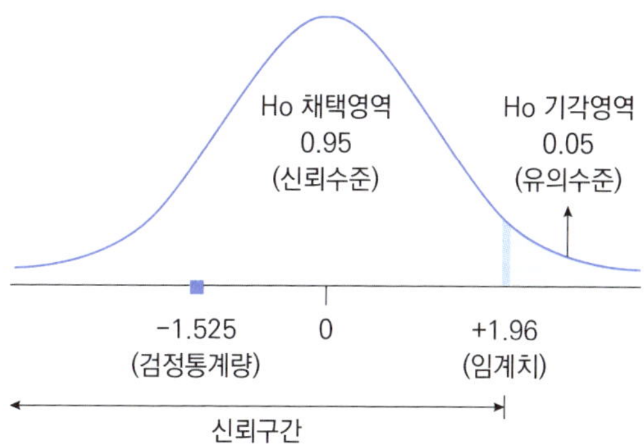

5. 결론

o 통조림의 평균 무게는 많아야 200g이라 할 수 있다

04

전통적 통계 기반 분석 기법

데이터 없이는 단지 또 하나의 의견일 뿐이다.

— 윌리엄 이드워즈 데밍, 『Out of the Crisis』

Chapter 04

전통적 통계 기반 분석 기법

제1절 빈도의 비율 차이 분석

1. 교차분석

빈도의 비율 차이 분석이란 '두 변수 간 빈도의 비율에 차이가 있는지를 분석하는 것'이다. '빈도'라는 용어에서 알 수 있듯이 이 분석은 수치형에는 적용되지 않으며, 범주형에 적합하다. 빈도의 비율 차이를 분석하기 위해서는 교차분석(cross-tabulation analysis)을 수행하면 된다.

교차분석은 두 범주형 변수를 교차시켜 얻은 각 셀의 빈도를 나타내는 교차표를 바탕으로, 두 변수 간 연관성 또는 독립성을 χ^2검정을 통해 검증하는 분석 기법이다.

이때 대표본 가정이 필요하며, 일반적으로 각 셀의 기대빈도가 5 이상일 경우 해당 가정을 만족하는 것으로 본다. 만약 이 기준을 만족하지 못할 경우에는, Fisher의 정확성 검정(exact test)과 같이 초기하분포를 기반으로 한 다른 검정 방법을 사용하는 것이 적절하다.

구체적인 예제를 통해 교차분석 절차와 방법을 살펴본다.

[분석상황] 고속도로는 차량이 100km/h의 빠른 속도로 주행하기 때문에, 교통사고가 발생할 경우 대형사고로 이어질 가능성이 크다. 또한 제동거리가 길어 돌발 상황에 대한 즉각 대응이 어렵다는 특성이 있다. 실제로 지난 5년간 고속도로에서 발생한 교통사고 치사율은 5.8%로, 전체 교통사고 치사율인 1.7% 보다 3.4배 높다. 이와 같은 문제를 해결하기 위해, 고속도로 관리 기관에서는 교통사고 예방을 목적으로 TF팀을 구성하여 다양한 개선방안을 모색하고 있다. 그 일환으로, 과속과 교통사고 발생 간의 연관성을 확인하기 위해 지난 1년간 고속도로 교통사고를 유발한 차량 100대를 대상으로 조사를 진행하였다. 이 차량들이 지난 5년간 고속도로에서 속도위반으로 인해 범칙금 또는 과태료 처분을 받은 경험이 있는지를 확인한 결과가 speed_accident.csv에 수록되어 있다.

먼저, speed_accident.csv 데이터를 불러와 sa라는 이름으로 할당하고, 변수명과 데이터 유형 등을 확인한다.

R 코딩

```
> sa <- read.csv(('speed_accident.csv', header=TRUE)
> head(sa)
```

출력

```
   speeding  accident
1       yes       yes
2       yes       yes
3       yes       yes
4       yes       yes
5       yes       yes
6       yes       yes
```

R 코딩

```
> str(sa)
```

출력

```
'data.frame':       200 obs. of  2 variables:
 $ speeding: chr  "yes" "yes" "yes" "yes" ...
 $ accident: chr  "yes" "yes" "yes" "yes" ...
```

Python 코딩

```
In [ ]  import pandas as pd
In [ ]  sa = pd.read_csv('speed_accident.csv', header='infer')
In [ ]  sa.head()
```

출력

```
Out[ ]
   speeding accident
```

```
0        yes      yes
1        yes      yes
2        yes      yes
3        yes      yes
4        yes      yes
```

Python 코딩

```
In [ ]  sa.info()
```

출력

```
<class 'pandas.core.frame.DataFrame'>
RangeIndex: 200 entries, 0 to 199
Data columns (total 2 columns):
 #   Column     Non-Null   Count     Dtype
 --  -------    -------    -------   -----
 0   speeding   200        non-null  object
 1   accident   200        non-null  object
dtypes: object(2)
memory usage: 3.2+ KB
```

여기서 속도위반 처분경험(speeding)과 교통사고 발생경험(accident)은 모두 범주형 변수이며, 전체 관측치는 200개임을 확인할 수 있다.

1) 교차표 작성

두 변수 간 실제빈도를 확인하기 위해 교차표를 작성한다. [표 4-1]은 해당 데이터를 기반으로 작성한 실제빈도에 대한 교차표이다.

R 코딩

```
> table <- table(sa$speeding, sa$accident)
> table
```

출력

```
      no yes
  no  50  50
  yes 30  70
```

Python 코딩	In [ ] table=pd.crosstab(sa['speeding'], sa['accident']) In [ ] table
출력	Out[ ] accident no yes speeding no 50 50 yes 30 70

▸ 표 4-1 속도위반 처분경험과 교통사고 발생경험 간 교차표

구분	교통사고 발생경험 없음	교통사고 발생경험 있음	행빈도 합
속도위반 처분경험 없음	50	50	100
속도위반 처분경험 있음	30	70	100
열빈도 합	80	120	200

교차표를 보면, 속도위반 처분경험이 없는 차량의 교통사고 발생 비율은 50%(50/100), 속도위반 처분경험이 있는 차량의 교통사고 발생 비율은 70%(70/100)로, 후자의 비율이 더 높은 것을 확인할 수 있다. 이는 과속과 교통사고 간에 연관성이 존재할 가능성을 시사한다.

2) 가설설정

이러한 사실을 기반으로 과속운전과 교통사고 발생 간에 빈도의 비율 차이, 즉 연관성이 있다는 대립가설을 설정할 수 있다. 그러나 이러한 주장을 직접 검정하기는 어려우므로, 연관성이 없다는 귀무가설을 설정하고 이를 검정한다. 이때 유의수준 $\alpha=0.05$로 검정한다고 하자. 대립가설이 비방향성으로 설정되었기 때문에 양측 검정을 수행한다.

귀무가설 H_0: 과속운전과 교통사고발생 간에는 연관성이 없다 대립가설 H_1: 과속운전과 교통사고발생 간에는 연관성이 있다

3) 기대빈도 교차표 작성

교차표를 기반으로 기대빈도 교차표를 작성한다. 기대빈도란 두 변수가 서로 상관이 없고 독립적일 것으로 기대되는 값을 의미한다. 기대빈도 교차표는 [표 4–2]와 같이 '각 셀별로 행빈도 합 × 열빈도합 / 총빈도 합'의 방식으로 계산한다.

▸ 표 4-2 기대빈도 교차표 작성방법

구분	A	B	행빈도 합
1	$S_1 \times S_A$/총빈도합	$S_1 \times S_B$/총빈도합	S_1
2	$S_2 \times S_A$/총빈도합	$S_2 \times S_B$/총빈도합	S_2
열빈도 합	S_A	S_B	총빈도 합

[표 4–1]의 실제빈도 교차표에 대해 [표 4–2]의 방법으로 기대빈도를 구하면 [표 4–3]과 같은 기대빈도 교차표가 작성된다.

▸ 표 4-3 속도위반 처분경험과 교통사고 발생경험 간 기대빈도 교차표

구분	교통사고 발생경험 없음	교통사고 발생경험 있음	행빈도 합
속도위반 처분경험 없음	40	60	100
속도위반 처분경험 있음	40	60	100
열빈도 합	80	120	200

4) 검정통계량 산출

이제 [표 4–1]의 실제빈도와 [표 4–2]의 기대빈도를 기반으로 검정통계량 χ^2값을 산출한다. 각 셀의 기여값은 '(실제빈도 - 기대빈도)^2 / 기대빈도'로 계산되며, 이를 합한 값이 검정통계량이 된다.

계산 결과는 [표 4–4]와 같고, 전체 검정통계량 χ^2값은 8.33이다. 이때 검정통계량 χ^2은 (행의 수 – 1)(열의 수 – 1)의 자유도를 갖는 χ^2분포를 따른다.

▸ 표 4-4 속도위반 처분경험과 교통사고 발생경험 간 χ^2값

구분	교통사고 발생경험 없음	교통사고 발생경험 있음	행 합
속도위반 처분경험 없음	2.50	1.67	4.17
속도위반 처분경험 있음	2.50	1.67	4.17
열 합	5.00	3.33	8.33

5) 가설검정

마지막으로 자유도 1(1=1×1)에 의해 결정된 χ^2분포[6] 상에서 유의수준 α=0.05에 해당하는 오른쪽 꼬리검정 임계치는 3.84이다. 검정통계량 8.33은 임계치 3.84보다 크므로, 귀무가설을 기각하고 대립가설을 채택한다. 따라서 과속운전과 교통사고발생 간에는 연관성이 있다고 판단할 수 있다.

이에 TF팀은 과속운전을 줄이면 교통사고도 줄일 수 있다는 결론을 내리고, 과속운전을 줄이기 위한 계획을 수립하였다.

▸ 그림 4-1 속도위반 처분경험과 교통사고 발생경험 간 가설검정 결과

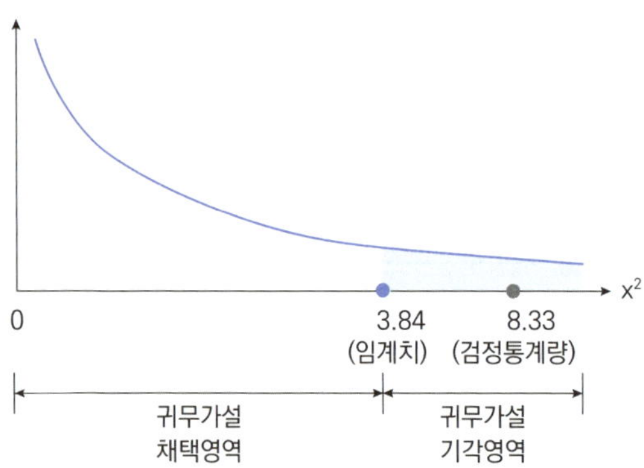

- 유의수준 α=0.05
- 자유도 df=(2−1)(2−1)=1
- 임계치 $\chi^2_{(0.05,1)}$=3.84
- 검정통계량 χ^2=8.33
- 귀무가설 기각, 대립가설 채택

앞의 예제에 대해 R과 Python을 활용하여 χ^2검정을 실시해 본다. R에서는 chisq.test() 함수를 이용하며, 함수 이용법은 다음과 같다.

6) χ^2분포표는 인터넷을 검색하면 된다.

R 함수 사용법

chisq.test(x, y, correct)

요인	설명
x	행 변수명
y	열 변수명
correct	Yates의 연속성 교정(continuity correction) 실시여부[7]. default는 TRUE 이나 연속성 교정을 하지 않을 경우 FALSE로 설정

검정에 앞서 대표본 가정을 만족하는지 확인해야 한다. R에서는 chisq.test (table)$expected를 사용하면 기대빈도 교차표가 생성된다.

R 코딩

```
> chisq.test(table)$expected
```

출력

```
       no  yes
  no   40   60
  yes  40   60
```

R 코딩

```
> chisq.test(sa$speeding, sa$accident, correct=FALSE)
```

출력

```
            Pearson's Chi-squared test


data:  sa$speeding and sa$accident
X-squared = 8.3333, df = 1, p-value = 0.003892
```

다음은, Python에서는 scipy 패키지 stats 모듈의 chi2_contingency() 함수를 사용하며, 함수의 기본적인 사용법은 다음과 같다.

7) Yates의 연속성 교정은 전문가들 사이에 논란이 많아 사용하지 않을 것을 권한다.

Python 함수 사용법

scipy.stats.chi2_contingency(observed, correction)

요인	설명
observed	교차표
correct	Yates의 연속성 교정 실시여부. default는 True

Python 코딩	In [ ] from scipy.stats import chi2_contingency In [ ] chi2_contingency(table, correction=False)
출력	Out[ ] (8.333333333333334, 0.003892417122778637, 1, array([[40., 60.], [40., 60.]]))

첫 번째 줄은 검정통계량 χ^2값, 두 번째 줄은 유의확률 p-value, 세 번째 줄은 자유도, 네 번째와 다섯 번째 줄은 기대빈도 교차표를 나타낸다.

두 환경에서 분석한 결과, 모든 셀의 기대빈도가 5 이상이므로 대표본 가정이 충족되며, 이에 따라 검정 결과를 그대로 신뢰할 수 있다.

검정 결과, 검정통계량 $\chi^2=8.33$이고 유의확률 p-value=0.00389로 나타났다. 이는 검정통계량이 임계치 3.84보다 크고 유의확률이 유의수준 $\alpha=0.05$보다 작기 때문에 귀무가설을 기각하고 대립가설을 채택한다.

한편, R의 chisq.test() 함수는 교차표를 제공하지 않아, gmodels 패키지의 CrossTable() 함수를 사용하면 교차표와 함께 χ^2검정 결과를 확인할 수 있다. 다만 Yates의 연속성 교정에 대한 옵션이 없어 교정전과 교정후의 결과를 동시에 보여준다는 점에서 chisq.test() 함수와 차이가 있다.

CrossTable() 함수 사용하여 χ^2검정을 실시한 결과는 다음과 같다.

R 함수 사용법

gmodels::CrossTable(x, y, chisq, fisher)

요인	설명
x	행 변수명
y	열 변수명
chisq	χ^2검정 실시 여부. default는 FALSE
fisher	대표본 가정 불만족시 정확성 검정 실시 여부. default는 FALSE

R 코딩

```
> install.packages('gmodels')
> library(gmodels)
> CrossTable(sa$speeding, sa$accident, chisq=TRUE)
```

출력

Cell Contents

Total Observations in Table: 200

sa$speeding	sa$accident no	yes	Row Total
no	50 2.500 0.500 0.525 0.250	50 1.667 0.500 0.417 0.250	100 0.500
yes	30 2.500 0.300 0.375 0.150	70 1.667 0.700 0.583 0.350	100 0.500
Column Total	80 0.400	120 0.600	200

Statistics for All Table Factors

```
Pearson's Chi-squared test
------------------------------------------------------------
Chi^2 =  8.333333     d.f. =  1     p =  0.003892417

Pearson's Chi-squared test with Yates' continuity correction
------------------------------------------------------------
Chi^2 =  7.520833     d.f. =  1     p =  0.006098946
```

Yates의 연속성 교정을 적용하지 않은 결과를 보면, chisq.test() 함수를 사용했을 때의 결과와 동일하다.

2. Fisher의 정확성 검정

교차분석을 위한 χ^2검정에서는 대표본 가정이 필요하다. 만약 이 가정을 만족하지 못할 경우, χ^2검정 대신 Fisher의 정확성 검정(Exact Test)을 사용해야 한다. 다음 예제를 통해 Fisher의 정확성 검정을 실시해야 하는 경우를 설명하겠다.

[분석상황] 과속운전과 교통사고 발생 간의 연관성을 확인한 TF팀은 교통사고를 줄이기 위한 방안으로 2가지 방법의 운전자 안전교육을 실시하고 있다. 어떤 교육 방법이 과속운전과 더 연관성이 있는지를 확인하기 위해, 교육을 이수한 운전자 66명을 대상으로 교육 이수 후 2년 이내 고속도로에서 속도위반 범칙금 또는 과태료 처분을 받은 경험이 있는지를 조사하여 method_react.csv를 확보하였다.

다음과 같은 가설을 설정하고 유의수준 $\alpha=0.05$에서 가설을 검정한다. 대립가설이 비방향성으로 설정되었기 때문에 양측 검정이 적용된다.

귀무가설 H_0: 운전자 안전교육 방법론과 과속운전 간에는 연관성이 없다
대립가설 H_1: 운전자 안전교육 방법론과 과속운전 간에는 연관성이 있다

R 코딩

```
> mr <- read.csv('method_react', header=TRUE)
> head(mr)
```

출력

```
  method  react
1      a    yes
2      a    yes
3      a    yes
4      a    yes
5      a    yes
6      a    yes
```

method_react.csv 데이터를 불러와 mr이라는 이름으로 할당한 후, 제목줄과 데이터 유형을 확인한다.

R 코딩	> str(mr)

출력	'data.frame': 66 obs. of 2 variables:
	$ method: chr "a" "a" "a" "a" ...
	$ react : chr "yes" "yes" "yes" "yes" ...

Python 코딩	In [ ] mr = pd.read_csv('method_react.csv', header='infer') In [ ] mr.head()
출력	Out[ ] method react 0 a yes 1 a yes 2 a yes 3 a yes 4 a yes

Python 코딩	In [ ] mr.info()
출력	Out[ ] <class 'pandas.core.frame.DataFrame'> RangeIndex: 66 entries, 0 to 65 Data columns (total 2 columns): # Column Non-Null Count Dtype - ------ -------------- ----- 0 method 66 non-null object 1 react 66 non-null object dtypes: object(2) memory usage: 1.2+ KB

이 데이터는 안전교육 방법론(method)과 속도위반 처분경험(react) 2개의 범주

형 변수로 구성되어 있으며, 총 66개의 관측치가 포함되어 있음을 확인할 수 있다.

다음은, R의 chisq.test() 함수와 gmodels 패키지의 CrossTable() 함수를 이용해 도출한 결과는 다음과 같다.

R 코딩	`> chisq.test(mr$method, mr$react, correct = FALSE)`
출력	Pearson's Chi-squared test data: mr$method and mr$react X-squared = 2.5097, df = 1, p-value = 0.1132 경고메시지(들): chisq.test(df$method, df$react, correct = FALSE)에서: 카이제곱 approximation은 정확하지 않을 수도 있습니다

R 코딩

```
> CrossTable(rm$method, mr$react, chisq = T)
```

출력

Total Observations in Table: 66

mr$method	mr$react no	yes	Row Total
a	7 1.129 0.226 0.700 0.106	24 0.202 0.774 0.429 0.364	31 0.470
b	3 1.000 0.086 0.300 0.045	32 0.179 0.914 0.571 0.485	35 0.530
Column Total	10 0.152	56 0.848	66

Statistics for All Table Factors

Pearson's Chi-squared test

Chi^2 = 2.509651 d.f. = 1 p = 0.113151

```
Pearson's Chi-squared test with Yates' continuity correction
------------------------------------------------------------
Chi^2 =  1.538226     d.f. =  1     p =  0.2148821

경고메시지(들):
1: chisq.test(t, correct = TRUE, ...)에서:
  카이제곱 approximation은 정확하지 않을 수도 있습니다
2: chisq.test(t, correct = FALSE, ...)에서:
  카이제곱 approximation은 정확하지 않을 수도 있습니다
```

R언의 두 함수 모두 붉은색으로 경고메시지를 출력하는데, 이는 대표본 가정을 만족하지 못하기 때문이다.

Python에서는 R과 달리 경고메시지 출력기능이 없어 χ^2검정을 실행한 후 생성된 기대빈도 교차표를 통해 직접 확인해야 한다.

Python 코딩

```
In [ ]  chi2_contingency(table, correction=False)
```

출력

```
Out[ ]
(2.509651086240948,
 0.11315098152472158,
 1,
 array([[ 4.6969697, 26.3030303],
        [ 5.3030303, 29.6969697]]))
```

1행 1열 셀의 기대빈도가 4.69로 나타나 대표본 가정을 만족하지 못한다.

따라서 χ^2검정 대신 Fisher의 정확성 검정으로 검정방법을 바꾸어야 한다. 이때 R에서는 fisher.test() 함수 또는 gmodels 패키지의 CrossTable() 함수를, Python에서는 scipy 패키지 stats 모듈의 fisher_exact() 함수를 사용한다.

R의 fisher.test() 함수를 사용하여 정확성 검정을 실시하면 다음과 같은 결과를 얻을 수 있다.

R 함수 사용법

fisher.test(x, y, alternative, conf.level)

요인	설명
x	행 변수명
y	열 변수명
alternative	검정방법. default는 양측 검정인 'two.sided'
conf.level	신뢰수준(1-α). default는 0.95

R 코딩

```
> fisher.test(mr$method, mr$react)
```

출력

```
                Fisher's Exact Test for Count Data

data:  d
mr$method and mr$react
p-value = 0.1705
alternative hypothesis: true odds ratio is not equal to 1
95 percent confidence interval:
  0.6182516 20.2306217
sample estimates:
odds ratio
  3.058284
```

gmodels 패키지의 CrossTable() 함수에서 fisher=TRUE로 설정하면 fisher.test() 함수와 동일한 결과를 얻을 수 있다.

R 코딩	> CrossTable(mr$method, mr$react, fisher = TRUE)

출력

Total Observations in Table: 66

mr$method	mr$react no	yes	Row Total
a	7	24	31
	1.129	0.202	
	0.226	0.774	0.470
	0.700	0.429	
	0.106	0.364	
b	3	32	35
	1.000	0.179	
	0.086	0.914	0.530
	0.300	0.571	
	0.045	0.485	
Column Total	10	56	66
	0.152	0.848	

```
Fisher's Exact Test for Count Data
------------------------------------------------------------
Sample estimate odds ratio:  3.058284

Alternative hypothesis: true odds ratio is not equal to 1
p =  0.1704938
95% confidence interval:  0.6182516 20.23062

Alternative hypothesis: true odds ratio is less than 1
p =  0.9741979
95% confidence interval:  0 15.03325

Alternative hypothesis: true odds ratio is greater than 1
p =  0.1073763
95% confidence interval:  0.7634903 Inf
```

다음은 Python에서 scipy 패키지의 stats 모듈에 있는 fisher_exact() 함수를 사용하여 정확성 검정을 실시한 결과이다.

Python 함수 사용법

scipy.stats.fisher_exact(table, alternative)

요인	설명
table	교차표
alternative	검정방법. default는 양측 검정인 'two-sided'

Python 코딩	In [ ] table=pd.crosstab(mr['method'], mr['react']) In [ ] from scipy.stats import fisher_exact In [ ] fisher_exact(table)
출력	Out[ ] (3.1111111111111111, 0.17049382813264552)

Fisher의 정확성 검정을 실시한 결과, 유의확률 p-value=0.1705로 유의수준 $\alpha=0.05$보다 큰 것으로 나타나 운전자 안전교육 방법론과 과속운전 간에는 연관성이 없다는 귀무가설을 채택하고 대립가설을 기각한다.

즉, 운전자에게 A와 B 어떤 교육 방법론을 사용하더라도 과속운전에는 차이가 없다고 결론지을 수 있다.

제2절 평균 차이 분석 I : t검정

평균 차이 분석은 두 집단의 평균이 통계적으로 차이가 있는지를 검정하는 기법이며, 이때 사용되는 데이터 유형은 집단은 범주형, 평균은 수치형이다. 모집단의 분산 σ^2을 알 수 없을 때 표본의 분산 S^2을 대신 사용하여 계산한 t값으로 검정하기 때문에 t검정이라고도 한다.

평균 차이 분석은 분석 목적에 따라 [그림 4-2]와 같이 단일표본, 대응표본, 독립표단 평균 차이 검정으로 구분된다.

첫째, 단일표본 평균 차이 검정(one-sample t-test)은 하나의 모집단에서 추출한 표본평균 $\overline{X}$을 이용해 모평균 μ의 특정값과 같은지 또는 차이가 있는지를 검정하는 방법이다. 예를 들면 통조림의 무게가 200g으로 알려져 있을 때, 200g이 맞는지를 표본을 통해 확인하는 경우가 이에 해당한다.

둘째, 대응표본 평균 차이 검정은 같은 모집단에서 일정 시간 간격을 두고 두 번 추출한 표본의 평균을 이용해, 모집단의 두 평균이 같은지 검정하는 방식이다.

두 표본이 같은 모집단에서 추출되었기 때문에 서로 밀접한 관련이 있다. 예를 들어 다이어트 프로그램의 시행 전후 효과나 광고 전후 매출 증대 효과 등이 여기에 해당하며, 쌍체표본 평균 차이 검정이라고도 부른다.

셋째, 독립표본 평균 차이 검정(independent-samples t-test)은 서로 다른 두 모집단에서 추출한 독립적인 두 표본의 평균을 활용하여, 두 모집단의 평균이 같은지를 검정한다. 대응표본 평균 차이 검정과 달리 독립표본 평균 차이 검정의 두 집단은 서로 독립적이며 아무런 관련이 없다.

두 모집단을 비교하는 문제는 일상생활에서 흔히 접하는 경우이다. 예를 들면 같은 학교 학생들의 과목 성적을 비교하거나 지능지수를 서로 비교하는 문제들이 여기에 해당한다.

다음에서는 이 3가지 평균 차이 분석에 대해 구체적인 예제를 통해 살펴본다.

▸ 그림 4-2 **평균 차이 분석의 종류와 개념**

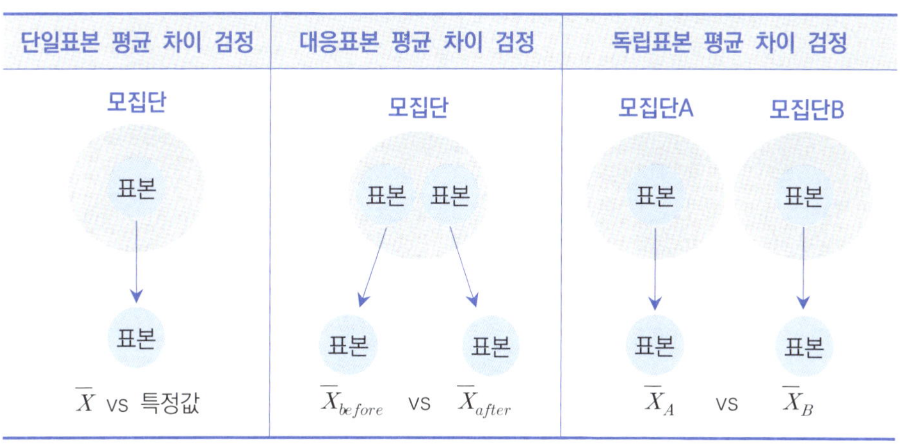

1. 단일표본 t검정

[분석상황] 승용차 기준 고속도로 최고 주행속도는 일반적으로 100km/h이다. 그러나 A 고속도로 I~J구간의 경우 제한속도를 초과해 주행하는 과속차량이 많다는 민원이 지속적으로 제기되었다.
이에 TF팀은 이 주장의 타당성을 확인하고자, 해당 구간을 이용하는 승용차 100대를 표본으로 추출하여 주행속도를 조사하고 line1_speed.csv를 확보하였다. A 고속도로 이용차량의 평균 주행속도가 100km/h를 초과하는지 유의수준 α=0.05에서 검정한다.

1) 데이터 불러와 확인

line1_speed.csv 데이터를 불러와 l1이라는 이름으로 할당한 후, 제목줄과 데이터 유형, 그리고 평균을 확인한다.

R 코딩

```
> l1 <- read.csv('line1_speed.csv', header=TRUE)
> head(l1)
```

출력

```
  speed
1  96.8
2 105.5
3 103.1
4  98.5
5 111.0
6 107.3
```

Python 코딩

```
In [ ]  import pandas as pd
In [ ]  l1 = pd.read_csv('line1_speed.csv', header='infer')
In [ ]  l1.head()
```

출력

```
Out[ ]
    speed
0    96.8
1   105.5
2   103.1
3    98.5
4   111.0
```

R 코딩	> str(l1)
출력	'data.frame': 100 obs. of 1 variable: $ speed: num 96.8 105.5 103.1 98.5 111 ...

Python 코딩	In [ ] l1.info()
출력	<class 'pandas.core.frame.DataFrame'> RangeIndex: 100 entries, 0 to 99 Data columns (total 1 columns): # Column Non-Null Count Dtype – ------ -------------- ----- 0 speed 100 non-null float64 dtypes: float64(1) memory usage: 928.0 bytes

R 코딩	> mean(l1$speed)
출력	[1] 105.9

Python 코딩	In [ ] l1['speed'].mean()
출력	Out[ ] 105.89999999999996

주행속도(speed) 변수로만 구성되어 있으며, 총 100개의 관측치가 있고 데이터 유형은 수치형이다. 또한 평균 주행속도는 105.9km/h이다.

2) 정규분포 검정

t검정은 정규분포를 가정하므로, 먼저 데이터의 분포가 정규분포를 따르는지 확인해야 한다. 정규성 검정방법에는 여러 가지가 있으나 여기서는 Shapiro-Wilks검정을 사용한다.

R에서는 shapiro.test() 함수를, Python에서는 scipy 패키지의 stats 모듈에

포함된 shapiro() 함수를 사용한다. 대립가설이 비방향성이므로 검정은 양측검정이 수행된다. 만약 정규성 가정을 만족하지 못할 경우, t검정 대신 비모수적인 검정인 윌콕슨 부호순위 검정(Wilcoxon signed-rank test)을 사용해야 한다.

귀무가설 H_0: 데이터의 분포는 정규분포이다 대립가설 H_1: 데이터의 분포는 정규분포가 아니다

R 코딩

```
> shapiro.test(l1$speed)
```

출력

```
        Shapiro-Wilk normality test


data:  l1$speed
W = 0.98367, p-value = 0.2538
```

Python 코딩

```
In [ ]  from scipy.stats import shapiro
In [ ]  shapiro(l1['speed'])
```

출력

```
Out[ ]  ShapiroResult(statistic=0.9836730360984802,
        pvalue=0.25383031368255615)
```

정규성 검정결과, 유의확률 p-value=0.2538이 유의수준 $\alpha=0.05$보다 크므로, 데이터의 분포는 정규분포라는 귀무가설을 채택하고 대립가설을 기각한다. 따라서 정규성 가정을 만족하므로 t검정을 실시할 수 있다.

3) 평균 차이 검정

귀무가설 H_0: A 고속도로 이용차량 주행속도는 100km/h 이하이다($\mu \le 100$km/h) 대립가설 H_1: A 고속도로 이용차량 주행속도는 100km/h 초과한다($\mu > 100$km/h)

A 고속도로를 이용하는 차량의 평균 주행속도는 105.9km/h로, 제한속도인 100km/h보다 5.9km/h 높은 수준이다. 이 차이가 통계적으로 유의한지 여부를 확인한다.

R에서는 t.test() 함수를, Python에서는 scipy 패키지의 stats 모듈에 포함된

ttest_1samp() 함수를 사용한다. 대립가설이 방향성을 가지므로 단측 검정을 실시하며, 오른쪽 꼬리검정(greater)이 된다.

단측 검정을 수행할 때에는 검정 방향을 설정해야 하며, 이를 위해 함수의 alternative에 greater 또는 less를 지정한다. 이 선택은 비교하는 값들의 순서에 따라 결정된다. 예를 들어, 먼저 입력한 값이 나중 값보다 클 것으로 예상되면 greater를, 작을 것으로 예상되면 less를 지정한다.

한편, Python의 scipy 패키지는 version 1.6.0 미만에서는 단측 검정을 지원하지 않는다. 따라서 단측 검정을 수행하려면 1.6.0 이상으로 업그레이드해야 한다. pip install --upgrade --user scipy를 입력해 실행하면 최신 버전[8)]으로 업그레이드된다.

Python 코딩	In [ ] pip install --upgrade --user scipy

출력	Collecting scipyNote: you may need to restart the kernel to use updated packages.
	Using cached scipy-1.10.1-cp38-cp38-win_amd64.whl (42.2 MB)
	Requirement already satisfied, skipping upgrade: numpy<1.27.0,>=1.19.5 in c:\users\choic\appdata\roaming\python\python38\site-packages (from scipy) (1.24.4)
	Installing collected packages: scipy
	  Attempting uninstall: scipy
	    Found existing installation: scipy 1.6.0
	    Uninstalling scipy-1.6.0:
	      Successfully uninstalled scipy-1.6.0
	
	Successfully installed scipy-1.10.1

업그레이드가 완료되면 설치된 패키지 버전은 pip list 명령을 통해 확인할 수 있다.

8) 본서에서는 version 1.10.1로 업그레이드되었다.

Python 코딩	In [ ] pip list
출력	scipy 1.10.1

참고로, 3가지 종류의 평균 차이 분석을 할 때 R에서는 t.test() 함수 하나에 검정종류의 옵션을 설정하여 사용한다.

반면, Python에서는 scipy 패키지의 stats 모듈에 검정 종류에 따른 별도의 함수가 제공된다. 구체적으로 단일표본 t검정은 test_1samp(), 대응표본 t검정은 ttest_rel(), 독립표본 t검정은 ttest_ind() 함수를 각각 사용한다.

R 함수 사용법

t.test(x, mu, alternative, paired, var.equal, conf.level)

요인	설명
x	표본의 관측값
mu	표본평균과 비교할 모평균의 특정값
alternative	검정방법('two.sided', 'less', 'greater'). default는 양측 검정인 'two.sided'
paired	대응표본 여부. default는 FALSE
var.equal	등분산 여부. default는 FALSE
conf.level	신뢰수준(1-α). default는 0.95

R 코딩

```
> t.test(l1$speed, mu=100, alternative='greater')
```

출력

```
        One Sample t-test

data:  l1$speed
t = 6.1228, df = 99, p-value = 9.302e-09
alternative hypothesis: true mean is greater than 100
```

```
95 percent confidence interval:
 104.3     Inf
sample estimates:
mean of x
    105.9
```

Python 함수 사용법

scipy.stats.ttest_1samp(x, popmean, alternative)

요인	설명
x	표본의 관측값
popmean	표본평균과 비교할 모형균의 특정값
alternative	검정방법('two-sided', 'less', 'greater'). default는 양측 검정인 'two-sided'

Python 코딩

```
In [ ]  from scipy.stats import ttest_1samp
In [ ]  ttest_1samp(l1['speed'], popmean=100,
        alternative='greater')
```

출력

```
Out[ ]  Ttest_1sampResult(statistic=6.122785008212868,
        pvalue=9.301982448123162e-09)
```

t검정을 실시한 결과, 검정통계량 t=6.1228이고 유의확률 p−value =9.302e−09로 나타났다. 검정통계량 t=6.1228이 임계치 1.96보다 크고, 유의확률 p−value=9.302e−09이 유의수준 $\alpha=0.05$보다 작으므로, 귀무가설을 기각하고 A 고속도로 이용차량 주행속도는 100km/h를 초과한다는 대립가설을 채택한다.

이에 따라 TF팀은 A 고속도로 I~J구간에 과속차량이 많다는 결론을 내리고, 구간 단속 카메라를 설치하기로 결정하였다.

▸ 그림 4-3 A 고속도로 이용차량 주행속도 가설검정 결과

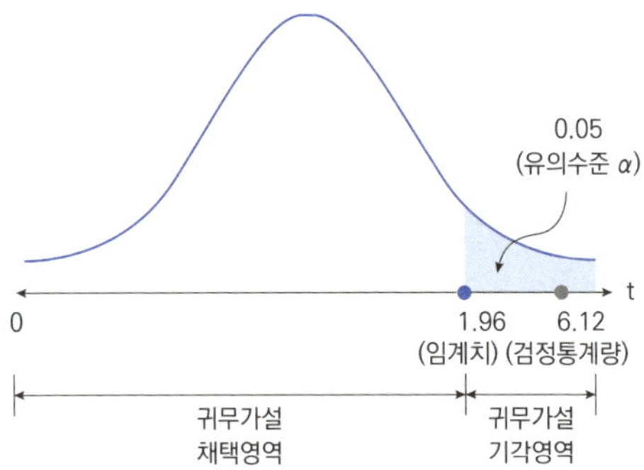

- 유의수준 α=0.05
- 유의확률 p=9.302e-09
- 임계치 t=1.96
- 검정통계량 t=6.12
- 귀무가설 기각, 대립가설 채택

4) 비모수적 방법인 윌콕슨 부호순위 검정

t검정은 정규분포 가정을 필요로 하므로, 이 가정을 만족하지 못할 경우에는 비모수적 검정인 윌콕슨 부호순위 검정(Wilcoxon signed-rank test)을 사용해야 한다.

모수적 t검정은 평균의 차이를 기준으로 검정을 수행하는 반면, 비모수적 방법인 윌콕슨 부호순위 검정은 중앙값을 기준으로 한다. 앞서 사용한 line1_speed.csv 데이터는 정규분포 가정을 만족하는 것으로 확인되었지만, 그렇지 못한 상황을 가정하여 윌콕슨 부호순위 검정을 적용해 본다.

이 검정을 수행하기 위해, R에서는 wilcox.test() 함수를 사용하며, Python에서는 scipy 패키지의 stats 모듈에 포함된 wilcoxon() 함수를 활용한다.

R 함수 사용법

```
wilcox.test(x, mu, alternative, paired, conf.level)
```

요인	설명
x	표본의 관측값
mu	표본평균과 비교할 모평균의 특정값

alternative	검정방법('two.sided', 'less', 'greater'). default는 양측 검정인 'two.sided'
paired	대응표본 여부. default는 FALSE
conf.level	신뢰수준(1-α). default는 0.95

R 코딩	> wilcox.test(l1$speed, mu=100, alternative='greater')
출력	Wilcoxon signed rank test with continuity correction data: l1$speed V = 3956, p-value = 2.95e-08 alternative hypothesis: true location is greater than 100

Python 함수 사용법

scipy.stats.wilcoxon(x - μ, alternative)

요인	설명
x	표본의 관측값
μ	표본평균과 비교할 모평균의 특정값
alternative	검정방법('two-sided', 'less', 'greater'). default는 양측 검정인 'two-sided'

Python 코딩	In [ ] from scipy.stats import wilcoxon In [ ] wilcoxon(l1['speed']-100, alternative='greater')
출력	Out[ ] WilcoxonResult(statistic=3956.0, pvalue=2.9208397256425566e-08)

검정 결과, 유의확률 p-value=2.95e-08이 유의수준 $\alpha=0.05$보다 작으므로 귀무가설을 기각하고, A 고속도로 이용차량 주행속도는 100km/h를 초과한다

는 대립가설을 채택한다.

즉, 정규분포를 가정하지 않은 비모수적 윌콕슨 부호순위 검정 역시, 정규성을 가정한 모수적 t검정과 동일하게 A 고속도로 이용차량 주행속도는 100km/h를 초과한다는 결론을 내릴 수 있다.

▸ 그림 4-4 **단일표본 평균 차이 검정절차**

2. 대응표본 t검정

[분석상황] A 고속도로 I~J구간에 구간 단속 카메라를 설치한지 한 달이 지났다. 이에 TF팀은 구간 단속 카메라 설치효과, 즉 주행속도 감소효과가 있는지를 확인하고자 해당 구간을 이용하는 승용차 100대를 표본으로 추출하여 다시 주행속도를 조사하였고, 그 결과를 police_enforcement.csv 파일로 확보하였다. 구간 단속 카메라 설치로 인한 주행속도 감소효과가 있는지를 유의수준 α=0.05에서 검정한다.

1) 데이터 불러와 확인

police_enforcement.csv 데이터를 불러와 pe라는 이름으로 할당한 다음, 제목줄과 데이터 유형, 그리고 평균 등을 확인한다.

R 코딩

```
> pe <- read.csv('police_enforcement.csv', header=TRUE)
> head(pe)
```

출력

```
  before_speed  after_speed
1        96.8       103.85
2       105.5        93.39
3       103.1        87.85
4        98.5        94.14
5       111.0        91.89
6       107.3        82.71
```

Python 코딩

```
In [ ]  import pandas as pd
In [ ]  pe = pd.read_csv('police_enforcement.csv', header='infer')
In [ ]  pe.head()
```

출력

```
Out[ ]
  before_speed  after_speed
0        96.8       103.85
1       105.5        93.39
2       103.1        87.85
3        98.5        94.14
4       111.0        91.89
```

R 코딩

```
> str(pe)
```

출력

```
'data.frame':     100 obs. of  2 variables:
 $ before_speed: num  96.8 105.5 103.1 98.5 111 ...
 $ after_speed : num  103.8 93.4 87.8 94.1 91.9 ...
```

Python 코딩

```
In [ ]  pe.info()
```

출력

```
<class 'pandas.core.frame.DataFrame'>
RangeIndex: 100 entries, 0 to 99
Data columns (total 2 columns):
```

```
 #   Column         Non-Null Count  Dtype
---  ------         --------------  -----
 0   before_speed   100 non-null    float64
 1   after_speed    100 non-null    float64
dtypes: float64(2)
memory usage: 1.7 KB
```

R 코딩	> mean(pe$before_speed)
출력	[1] 105.9

Python 코딩	In [ ] pe['before_speed'].mean()
출력	Out[ ] 105.89999999999996

R 코딩	> mean(pe$after_speed)
출력	[1] 97.7831

Python 코딩	In [ ] pe['after_speed'].mean()
출력	Out[ ] 97.78309999999998

카메라 설치 전 주행속도(before_speed)와 카메라 설치 후 주행속도(after_speed)의 두개의 변수로 구성되어 있으며, 관측치의 수는 총 100개이다. 두 변수 모두 수치형 데이터이고, 설치 전 평균 주행속도는 105.9km/h, 설치 후 평균 주행속도는 97.7831km/h로 나타나, 설치 전보다 설치 후에 평균 8.1169km/h 만큼 감소하였음을 확인할 수 있다.

2) 정규분포 검정

t검정은 차이값(difference = before_speed - after_speed)이 정규분포를 따른다는 가정을 전제로 한다. 따라서 구간 단속 카메라 설치 전후의 주행속도 차이가

정규분포인지 여부를 먼저 확인해야 한다. 이를 위해, R에서는 shapiro.test() 함수를, Python에서는 scipy 패키지의 stats 모듈에 있는 shapiro() 함수를 이용해 Shapiro_Wilks 검정을 수행한다.

대립가설이 비방향성이므로 양측 검정을 적용한다. 만약 정규성 가정을 만족하지 않을 경우, t검정을 사용할 수 없으며 이 경우에는 비모수적인 검정인 윌콕슨 부호순위 검정을 대신 실시해야 한다.

> 귀무가설 H_0: 데이터의 분포는 정규분포이다
> 대립가설 H_1: 데이터의 분포는 정규분포가 아니다

R 코딩

```
> shapiro.test(pe$before_speed-pe$after_speed)
```

출력

```
        Shapiro-Wilk normality test

data:  pe$before_speed - pe$after_speed
W = 0.9955, p-value = 0.986
```

Python 코딩

```
In [ ]  from scipy.stats import shapiro
In [ ]  shapiro(pe['before_speed']-pe['after_speed'])
```

출력

```
Out[ ]  ShapiroResult(statistic=0.9955035448074341,
          pvalue=0.9860315918922424)
```

정규성 검정결과, 유의확률 p-value=0.8860이 유의수준 $\alpha=0.05$보다 크므로 데이터가 정규분포를 따른다는 귀무가설을 채택하고 대립가설을 기각한다. 따라서 정규성 가정을 충족하므로 t검정을 실시할 수 있다.

3) 평균 차이 검정

> 귀무가설 H_0: 구간 단속 카메라 설치 전후 주행속도는 같다($\mu_{before}-\mu_{after}=0$)
> 대립가설 H_1: 구간 단속 카메라 설치 전이 후보다 주행속도가 빠르다($\mu_{before}-\mu_{after}>0$)

구간 단속 카메라 설치 전과 후의 주행속도 차이는 8.1169km/h가 감소한 것으로 나타났다. 이 차이가 통계적으로 유의한지 여부를 확인하고자 한다.

R에서는 t.test() 함수를, Python에서는 scipy 패키지의 stats 모듈에 있는 ttest_rel() 함수를 사용한다. 대립가설이 방향성을 갖고 있으므로 단측 검정 중 오른쪽 꼬리검정(greater)을 적용한다.

R 함수 사용법

t.test(x_{before}, x_{after}, alternative, paired, var.equal, conf.level)

요인	설명
x_{before}	before집단 관측값
x_{after}	after집단 관측값
alternative	검정방법('two.sided', 'less', 'greater'). default는 양측 검정인 'two.sided'
paired	대응표본 여부. default는 FALSE
var.equal	등분산 여부. default는 FALSE
conf.level	신뢰수준(1-α). default는 0.95

R 코딩

```
> t.test(pe$before_speed, pe$after_speed, paired=TRUE,
  alternative='greater')
```

출력

```
        Paired t-test

data:  pe$before_speed and pe$after_speed
t = 6.2319, df = 99, p-value = 5.65e-09
alternative hypothesis: true mean difference is greater than 0
95 percent confidence interval:
 5.95429      Inf
sample estimates:
mean difference
        8.1169
```

Python 함수 사용법

scipy.stats.ttest_rel(x_{before}, x_{after}, alternative)

요인	설명
x_{before}	before집단 관측값
x_{after}	after집단 관측값
alternative	검정방법('two-sided', 'less', 'greater'). default는 양측 검정인 'two-sided'

Python 코딩

```
In [ ] from scipy.stats import ttest_rel
In [ ] ttest_rel(pe['before_speed']-pe['after_speed'],
       alternative='greater')
```

출력

```
Out[ ] Ttest_relResult(statistic=6.231928206541668,
       pvalue=5.6499783849454335e-09)
```

대응표본 평균 차이를 검정한 결과, 검정통계량 $t=6.2319$이고 유의확률 p-value=5.65e-09로 나타났다. 검정통계량 t가 임계치 1.96보다 크고, 유의확률 p-value가 유의수준 $\alpha=0.05$보다 작으므로 귀무가설을 기각하고 대립가설을 채택한다.

즉, 구간 단속 카메라 설치 전 주행속도가 설치 후보다 유의하게 높으며, 평균 속도 감소분 8.1169km/h는 통계적으로 의미 있는 차이로 확인되었다.

이에 따라 TF팀은 A 고속도로 I~J구간에 설치된 구간 단속 카메라가 주행속도 감소에 효과가 있음을 입증할 수 있었다.

▸ 그림 4-5 구간 단속 카메라 설치 전후 주행속도 차이 가설검정 결과

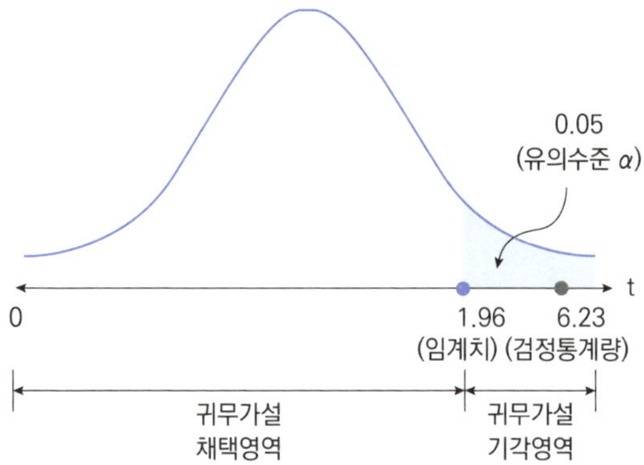

- 유의수준 α=0.05
- 유의확률 p=5.65e-09
- 임계치 t=1.96
- 검정통계량 t=6.23
- 귀무가설 기각, 대립가설 채택

4) 비모수적 방법인 윌콕슨 부호순위 검정

앞서 police_enforcement.csv 데이터에서 구간 단속 카메라 설치 전후 속도 차이 데이터는 정규분포를 따른다고 검정되었지만, 이번에는 따르지 않는다고 가정해 보자.

데이터가 정규분포를 따르지 않는 경우에는 모수적 t검정 대신, 비모수적 윌콕슨 부호순위 검정을 실시해야 한다. 이때 R에서는 wilcox.test() 함수를, Python에서는 scipy 패키지의 stats 모듈에 포함된 wilcoxon() 함수를 사용한다.

R 함수 사용법

wilcox.test(x_{before}, x_{after}, alternative, paired, conf.level)

요인	설명
x_{before}	before집단 관측값
x_{after}	after집단 관측값
alternative	검정방법('two.sided', 'less', 'greater'). default는 양측 검정인 'two.sided'
paired	대응표본 여부. default는 FALSE
conf.level	신뢰수준(1-α). default는 0.95

R 코딩	> wilcox.test(pe$before_speed, pe$after_speed, paired=TRUE, alternative='greater')
출력	Wilcoxon signed rank test with continuity correction data: pe$before_speed and pe$after_speed V = 4089, p-value = 3.811e-08 alternative hypothesis: true location shift is greater than 0

Python 함수 사용법

scipy.stats.wilcoxon(x_{before}, x_{after}, alternative)

요인	설명
x_{before}	before집단 관측값
x_{after}	after집단 관측값
alternative	검정방법('two-sided', 'less', 'greater'). default는 양측 검정인 'two-sided'

Python 코딩	In [ ] from scipy.stats import wilcoxon In [ ] wilcoxon(pe['before_speed'],pe['after_speed'], alternative='greater')
출력	Out[ ] WilcoxonResult(statistic=4089.0, pvalue=3.775270997479 27e-08)

비모수적 검정 결과, 유의확률 p-value=3.811e-08이 신뢰수준 $\alpha=0.05$보다 작게 나타나, 귀무가설을 기각하고 구간 단속 카메라 설치 전이 설치 후보다 주행속도가 빠르다는 대립가설을 채택한다.

정규분포를 가정하지 않은 비모수적 윌콕슨 부호순위 검정 역시, 정규분포를 가정한 모수적 t검정과 동일하게, 구간 단속 카메라 설치 전 주행속도가 설치 후보다 빠르다는 결론을 도출하였다.

▸ 그림 4-6 대응표본 평균 차이 검정절차

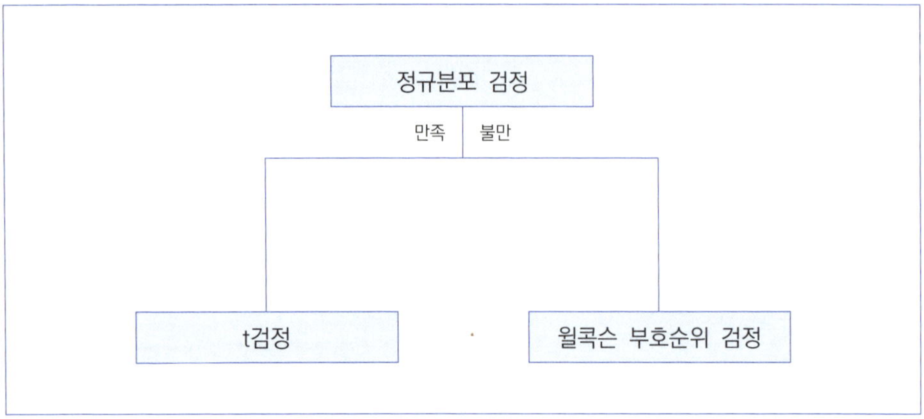

3. 독립표본 t검정

[분석상황] A 고속도로 I~J구간에 구간 단속 카메라 설치 이후 주행속도가 감소하고 교통사고도 줄어들면서, 성과에 대한 긍정적인 평가가 이루어졌다. 한편, B 고속도로 K~L구간은 오르막과 곡선이 많아 주행속도가 원활하지 않아 인근의 A 고속도로에 비해 상대적으로 불편하다는 운전자들의 불만이 제기되었다. 이에 따라 TF팀은 해당 주장이 사실인지 확인하고자 이 구간을 이용하는 승용차 100대를 표본으로 추출하여 주행속도를 조사였고, 기존에 확보한 A 고속도로 I~J구간 주행속도 데이터 100건을 통합하여 line2_speed.csv를 확보하였다. A 고속도로 I~J구간이 B 고속도로 K~L구간보다 주행속도가 유의미하게 빠른지 유의수준 α=0.05에서 검정한다.

1) 데이터 불러와 확인

line2_speed.csv 데이터를 불러와 l2이라는 이름으로 할당한 후, 제목줄과 데이터 유형, 그리고 평균을 확인한다.

R 코딩

```
> l2 = read.csv('line2_speed.csv', header=TRUE)
> head(l2)
```

출력

```
  line  speed
1    a 103.85
2    a  93.39
3    a  87.85
```

```
4    a    94.14
5    a    91.89
6    a    82.71
```

Python 코딩

```
In [ ]  import pandas as pd
In [ ]  l2 = pd.read_csv('line2_speed.csv', header='infer')
In [ ]  l2.head()
```

출력

```
Out[ ]
   line  speed
0    a   103.85
1    a    93.39
2    a    87.85
3    a    94.14
4    a    91.89
```

R 코딩

```
> str(l2)
```

출력

```
'data.frame':      200 obs. of  2 variables:
 $ line  : chr  "a" "a" "a" "a" ...
 $ speed: num  103.8 93.4 87.8 94.1 91.9 ...
```

Python 코딩

```
In [ ]  l2.info()
```

출력

```
<class 'pandas.core.frame.DataFrame'>
RangeIndex: 200 entries, 0 to 199
Data columns (total 2 columns):
 #   Column  Non-Null Count  Dtype
 -   ------  --------------  -----
 0   line    200 non-null    object
 1   speed   200 non-null    float64
dtypes: float64(1), object(1)
memory usage: 6.2+ KB
```

고속도로 노선명(line)과 주행속도(speed) 2개의 변수로 구성되어 있고 200개의 관측치가 있으며, 집단을 구분하는 고속도로 노선명(line)은 범주형이고 관심대상이 되는 주행속도(speed)는 수치형이다.

2) 집단별 데이터 분리

R에서는 dplyr 패키지의 filter() 함수를, Python에서는 loc[ ] 함수를 활용해 A 고속도로와 B 고속도로 데이터를 각각 분리한 다음, 이를 a와 b라는 이름으로 할당한다.

R 코딩

```
> install.packages('dplyr')
> library(dplyr)
> a <- l2 %>% filter(line=='a')
> b <- l2 %>% filter(line=='b')
```

출력

Python 코딩

```
In [ ]  a = l2.loc[l2.line=='a', 'speed']
In [ ]  b = l2.loc[l2.line=='b', 'speed']
```

출력

3) 평균산출 및 상자그림으로 분포 비교

두 집단의 평균 주행속도를 산출한 결과, A 고속도로가 97.7831km/h, B 고속도로가 96.089km/h로 나타났다. 따라서 A 고속도로의 평균 속도가 B 고속도로보다 1.694km/h 만큼 빠르다고 할 수 있다.

R 코딩

```
> mean(a$speed)
```

출력

```
[1] 97.7831
```

R 코딩	> mean(b$speed)
출력	[1] 96.089

Python 코딩	In [ ] a.mean()
출력	Out[ ] 97.78309999999998

Python 코딩	In [ ] b.mean()
출력	Out[ ] 96.08900000000006

상자그림을 활용해 집단별 주행속도 데이터의 분포를 시각적으로 비교한다. 이를 위해, R에서는 boxplot() 함수를, Python에서는 seaborn 패키지의 boxplot() 함수를 사용한다.

R 코딩	> boxplot(a$speed, b$speed)
출력	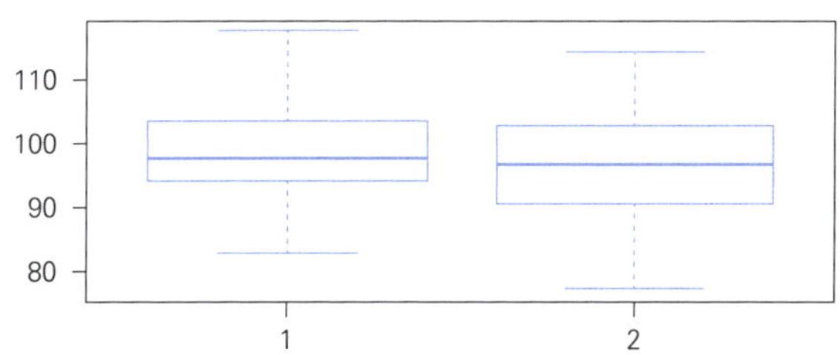

Python 코딩	> import seaborn as sns > sns.boxplot(x='line', y='speed', data=l2)
출력	<AxesSubplot: xlabel='line', ylabel='speed'>

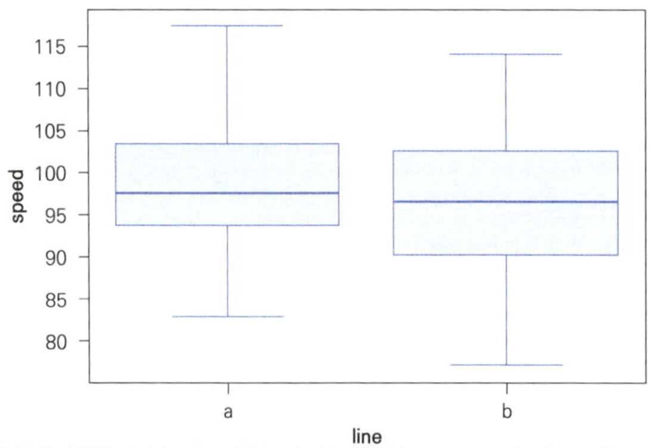

A 고속도로의 주행속도가 B 고속도로보다 약간 더 빠른 것을 시각적으로 확인할 수 있다.

4) 정규분포 검정

A 고속도로와 B 고속도로의 데이터가 각각 정규분포를 따르는지 확인한다. 대립가설이 비방향성이므로 양측 검정을 실시한다.

귀무가설 H_0: 데이터의 분포는 정규분포이다
대립가설 H_1: 데이터의 분포는 정규분포가 아니다

R 코딩	> shapiro.test(a$speed)
출력	Shapiro-Wilk normality test data: a$speed W = 0.98686, p-value = 0.4285

R 코딩	> shapiro.test(b$speed)
출력	Shapiro-Wilk normality test data: b$speed W = 0.9896, p-value = 0.6321

Python 코딩	In [ ] from scipy.stats import shapiro In [ ] shapiro(a)
출력	Out[ ] ShapiroResult(statistic=0.986863911151886, pvalue=0.42853936553001404)

Python 코딩	In [ ] shapiro(b)
출력	Out[ ] ShapiroResult(statistic=0.9895973205566406, pvalue=0.6321109533309937)

정규성 검정 결과, A 고속도로의 유의확률 p-value=0.4285, B 고속도로의 유의확률 p-value=0.6321로 모두 유의수준 $\alpha=0.05$보다 크므로, 두 집단 모두 정규분포를 따른다는 귀무가설을 채택하고 대립가설을 기각한다.

따라서 두 집단 모두 정규분포 가정을 만족하므로 t검정을 실시할 수 있다. 만약 두 집단 중 하나라도 정규성을 만족하지 못할 경우, t검정 대신 비모수적 방법인 윌콕슨 순위합 검정(Wilcoxon rank-sum test)을 사용해야 한다.

5) 등분산성 검정

두 집단의 평균 차이를 검정하기 위한 t검정은 두 집단의 분산이 같은지(등분산성) 또는 다른지(이분산성) 여부를 먼저 확인해야 하며, 이를 등분산성 검정이라 한다. 등분산성 여부는 Levene검정을 통해 확인할 수 있다.

R에서는 car 패키지의 leveneTest() 함수를, Python에서는 scipy 패키지 stats 모듈의 levene() 함수를 활용하여 A 고속도로와 B 고속도로 데이터의 분산이 동일한지를 검정한다, 대립가설은 비방향성이므로 양측 검정을 수행한다.

귀무가설 H_0: A 고속도로와 B 고속도로 주행속도 데이터의 분산은 같다($\sigma_A^2=\sigma_B^2$)
대립가설 H_1: A 고속도로와 B 고속도로 주행속도 데이터의 분산은 다르다($\sigma_A^2\neq\sigma_B^2$)

R 함수 사용법

car::leveneTest(y ~ x, data, center)

요인	설명
y	검정대상 종속변수
x	집단구분 독립변수
data	사용할 데이터
center	중심이 되는 값(median 또는 mean). default는 median

R 코딩

```
> install.packages('car')
> library(car)
> leveneTest(speed ~ line, l2, center=mean)
```

출력

```
Levene's Test for Homogeneity of Variance (center = mean)
        Df   F value   Pr(>F)
group    1   3.1487    0.07753
             198
---
Signif. codes:  0 '***' 0.001 '**' 0.01 '*' 0.05 '.' 0.1 ' ' 1
```

Python 함수 사용법

scipy.stats.levene(a, b, center)

요인	설명
a	a집단 관측값
b	b집단 관측값
center	중심이 되는 값(median 또는 mean). default는 median

Python 코딩	In [ ]	from scipy.stats import levene
	In [ ]	levene(a, b, center='mean')
출력	Out[ ]	LeveneResult(statistic=3.1486570245723953, pvalue=0.07752613384878991)

등분산성 검정 결과, 유의확률 p-value = 0.07753이 유의수준 $\alpha = 0.05$보다 크므로, 두 집단의 주행속도 분산은 같다는 귀무가설을 채택하고 대립가설을 기각한다.

따라서 두 집단은 등분산성을 만족하므로 등분산을 전제로 한 t검정을 실시할 수 있다. 반대로 두 집단의 분산이 다를 경우에는 이분산을 전제로 t검정을 실시해야 한다.

6) 평균 차이 검정

귀무가설 H_0: A와 B 고속도로 이용차량 주행속도는 같다($\mu_A - \mu_B = 0$)
대립가설 H_1: A 고속도로가 B 고속도로보다 이용차량 주행속도가 빠르다($\mu_A - \mu_B > 0$)

A 고속도로 주행속도가 B 고속도로 주행속도 보다 1.694km/h 빠르게 나타났다. 그렇다면 이 차이가 통계적으로 유의한지 여부를 확인한다. R에서는 t.test() 함수를, Python에서는 scipy 패키지 stats 모듈의 ttest_ind() 함수를 사용한다. 대립가설이 방향성이 있는 경우이므로 단측 검정, 그중에서도 오른쪽 꼬리검정(greater)을 적용한다.

또한, 등분산을 전제로 한 t검정이므로 해당 함수의 옵션을 조건에 맞게 설정해야 한다. R의 t.test() 함수는 var.equal의 default가 FALSE이므로 TRUE로 변경해야 하며, Python의 ttest_ind() 함수는 equal_var은 default가 True이기 때문에 별도의 변경 없이 그대로 사용하면 된다.

R 함수 사용법

t.test(a, b, alternative, paired, var.equal, conf.level)

요인	설명
a	a집단 관측값
b	b집단 관측값
alternative	검정방법('two.sided', 'less', 'greater'). default는 양측 검정인 'two.sided'
paired	대응표본 여부. default는 FALSE
var.equal	등분산 여부. default는 FALSE
conf.level	신뢰수준(1-α). default는 0.95

R 코딩

```
> t.test(a$speed, b$speed, alternative='greater', var.equal=TRUE)
```

출력

```
          Two Sample t-test

data:  a$speed and b$speed
t = 1.4971, df = 198, p-value = 0.06797
alternative hypothesis: true difference in means is greater than 0
95 percent confidence interval:
 -0.1758977        Inf
sample estimates:
mean of x mean of y
  97.7831   96.0890
```

Python 함수 사용법

scipy.stats.ttest_ind(a, b, eqaul_var, alternative)

요인	설명
a	a집단 관측값
b	b집단 관측값
eqaul_var	등분산 여부. default는 True
alternative	검정방법('two-sided', 'less', 'greater'). default는 양측 검정인 'two-sided'

Python 코딩	In [ ]	from scipy.stats import ttest_ind
	In [ ]	ttest_ind(a, b, alternative='greater')
출력	Out[ ]	Ttest_indResult(statistic=1.497138532414728, pvalue=0.06797480717139216)

두 집단의 평균 차이를 검정하기 위해 t검정을 실시한 결과, 검정통계량 t=1.4971이고 유의확률 p-value=0.06797로 나타났다. 검정통계량 t는 임계치 1.96보다 작고 유의확률 p-value는 유의수준 $\alpha=0.05$보다 크므로, 귀무가설을 채택하고 대립가설을 기각한다.

즉, A 고속도로가 B 고속도로보다 평균 1.694km/h 빠른 차이는 통계적으로 유의하지 않다는 결론을 낼 수 있다. 이에 따라 TF팀은 두 고속도로 간 주행속도 차이가 통계적으로 유의하지 않음을 확인하였다.

▸ 그림 4-7 두 고속도로 주행속도 차이 가설검정 결과

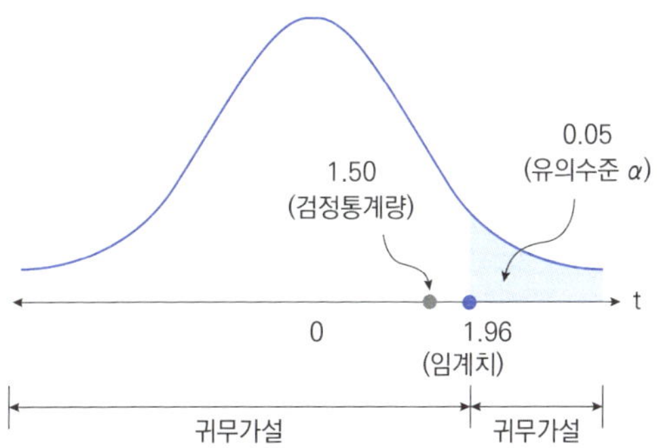

- 유의수준 α=0.05
- 유의확률 p=0.07
- 임계치 t=1.96
- 검정통계량 t=1.50
- 귀무가설 채택, 대립가설 기각

7) 비모수적 방법인 윌콕슨 순위합 검정

앞서 line2_speed.csv 데이터에서 A 고속도로와 B 고속도로 모두 정규분포를 따른다고 검정되었지만, 그렇지 않은 것으로 가정해 보자. 이 경우 모수적 t검정 대신 비모수적 윌콕슨 순위합 검정(Wilcoxon rank-sum test)을 수행해야 하고, 이는 만-휘트니의 U 검정(Mann-Whitney's U test)와 동일한 방법이다.

R에서는 wilcox.test() 함수를, Python에서는 scipy 패키지 stats 모듈의 mannwhitneyu() 함수를 사용한다.

R 함수 사용법

wilcox.test(a, b, alternative. paired, conf.level)

요인	설명
a	a집단 관측값
b	b집단 관측값
alternative	검정방법('two.sided', 'less', 'greater'). default는 양측 검정인 'two.sided'
paired	대응표본 여부. default는 FALSE
conf.level	신뢰수준(1-α). default는 0.95

R 코딩

```
> wilcox.test(a$speed, b$speed, alternative='greater')
```

출력

```
        Wilcoxon rank sum test with continuity correction

data:  a$speed and b$speed
W = 5566, p-value = 0.08353
alternative hypothesis: true location shift is greater than 0
```

Python 함수 사용법

scipy.stats.mannwhitneyu(a, b, alternative)

요인	설명
a	a집단 관측값
b	b집단 관측값
alternative	검정방법('two-sided', 'less', 'greater'). default는 양측 검정인 'two-sided'

Python 코딩	In [ ]	from scipy.stats import mannwhitneyu
	In [ ]	mannwhitneyu(a,b, alternative='greater')
출력	Out[ ]	MannwhitneyuResult(statistic=5566.0, pvalue=0.08352536940151267)

검정 결과, 유의확률 p－value＝0.08353이 유의수준 $\alpha=0.05$보다 크므로, A와 B 고속도로 이용차량의 주행속도는 같다는 귀무가설을 채택하고 대립가설을 기각한다.

정규분포를 가정하지 않은 비모수적 윌콕슨 순위합 검정 역시, 정규분포를 가정한 모수적 t검정과 동일하게 두 고속도로 간 주행속도 차이가 통계적으로 유의하지 않다는 결론을 보여준다.

▸ 그림 4-8 독립표본 평균 차이 검정절차

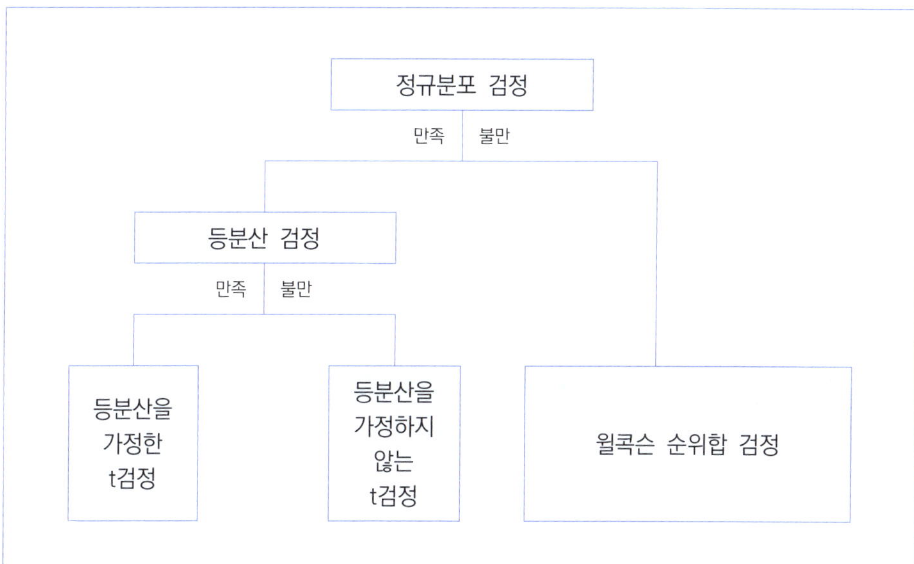

제3절 평균 차이 분석Ⅱ: 분산분석

분산분석(Analysis of Variance, ANOVA)은 t검정과 마찬가지로 집단 간의 평균 차이가 통계학적으로 유의미한지를 검정하는 기법이다. 단, t검정이 두 집단 간 평균 차이를 검정하는 데 반해, 분산분석은 세 이상 집단 간의 평균 차이를 검정할 때 사용된다.

분산의 성질과 원리를 이용하여 평균 차이를 분석하기 때문에 분산분석이라고 하며, 사용되는 데이터 유형은 t검정과 동일하게 집단변수는 범주형이고 평균을 계산하는 변수는 수치형이다.

분석의 원리는 전체 분산(total variance)을 집단 내 분산(within-group variance)과 집단 간 분산(between-group variance)으로 분해하고, 이 둘의 크기를 비교하는 것이다. 집단 간 분산을 집단 내 분산으로 나눈 값이 F값이며, 이 F값은 F분포를 따른다. F값은 분산 간 비율을 나타내므로, 집단 간 분산이 클수록, 집단 내 분산이 작을수록 F값은 커지고, 집단 간 평균 차이는 통계적으로 유의미해질 가능성이 높아진다.

분산분석에서는 가장 기본적인 형식인 일원 분산분석을 비롯하여, 이를 확장한 이원 분산분석, 반복측정 분산분석, 다변량 분산분석 등 다양한 유형이 있다.

일원 분산분석의 F검정 결과를 정리한 표는 [표 4-5]와 같다.

▸ **표 4-5 일원 분산분석표**

변동의 원천	제곱합	자유도	평균제곱	검정통계량(F)
집단 간	집단 간 제곱합	k-1	집단 간 평균제곱 = 집단 간 제곱합/(k-1)	집단 간 평균제곱 / 집단 내 평균제곱
집단 내	집단 내 제곱합	n-k	집단 내 평균제곱 = 집단 내 제곱합/(n-k)	
합 계	총 제곱합	n-1		

1. 일원 분산분석

일원 분산분석(one-way ANOVA)은 분산분석의 가장 기본적인 형식으로, [그림 4-9]와 같이 집단을 구분하는 독립변수가 하나이고, 이 변수의 수준이 3개 이상일 때 집단 간에 종속변수의 평균이 유의하게 차이가 있는지를 검정하는 분석방법이다.

이는 서로 다른 3개 이상의 모집단에서 추출한 독립적인 표본 평균 $\overline{X}_A$와 $\overline{X}_B$, 그리고 $\overline{X}_C$를 비교하여, 모집단의 평균 μ_A와 μ_B, 그리고 μ_C가 모두 같은지 아니면 적어도 하나는 다르다는 것을 검정한다. 즉, 두 집단 간 평균을 비교하는 t검정을 3개 이상 집단으로 확장한 개념이라 볼 수 있다.

▸ 그림 4-9 **일원 분산분석의 개념**

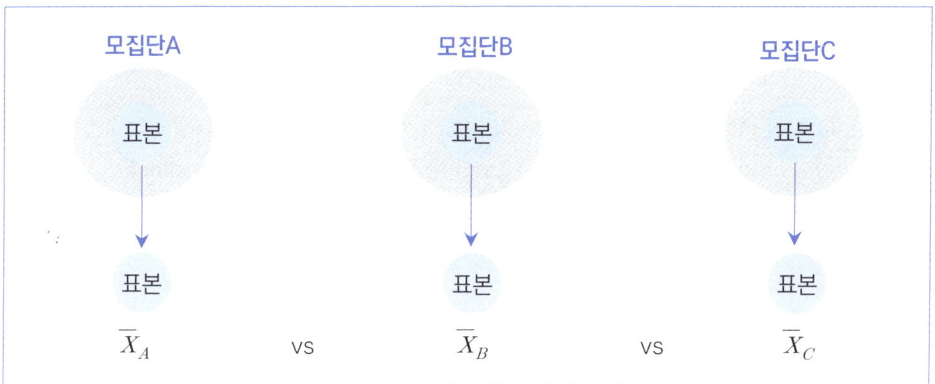

구체적인 예를 들어 일원 분산분석을 알아본다.

[분석상황] 앞서 A와 B 고속도로 이용차량 주행속도 차이가 통계적으로 유의하지 않다는 결론을 내린 후, 이를 근거로 한 홍보와 설득 노력이 이어지면서 B 고속도로 운전자들의 불만은 점차 줄어들었다. 그러나 이번에는 C 고속도로를 이용하는 운전자들로부터 A와 B 고속도로 보다 주행속도가 느리다는 불만이 제기되었다. 이에 TF팀은 이 주장의 타당성을 검증하고자 C 고속도로를 이용하는 승용차 100대를 표본으로 주행속도를 조사한 후, 기존의 A와 B 고속도로 데이터와 함께 통합하여 line3_speed.csv를 확보하였다. 과연 A와 B, 그리고 C 고속도로의 주행속도가 차이가 있는지 유의수준 α=0.05에서 검정한다.

1) 데이터 불러와 확인

line3_speed.csv 데이터를 불러와 owa이라는 이름으로 할당한 후, 제목줄과 데이터 유형, 그리고 평균을 확인한다.

R 코딩

```
> owa = read.csv('line3_speed.csv', header=TRUE)
> head(owa)
```

출력

```
  line  speed
1    a 103.85
2    a  93.39
3    a  87.85
4    a  94.14
5    a  91.89
6    a  82.71
```

Python 코딩

```
In [ ]  import pandas as pd
In [ ]  owa = pd.read_csv('line3_speed.csv', header='infer')
In [ ]  owa.head()
```

출력

```
Out[ ]
  line  speed
0    a 103.85
1    a  93.39
2    a  87.85
3    a  94.14
4    a  91.89
```

R 코딩

```
> str(owa)
```

출력

```
'data.frame':    300 obs. of  2 variables:
 $ line  : chr  "a" "a" "a" "a" ...
 $ speed: num  103.8 93.4 87.8 94.1 91.9 ...
```

Python 코딩

```
In [ ]  owa.info()
```

출력

```
<class 'pandas.core.frame.DataFrame'>
RangeIndex: 300 entries, 0 to 299
Data columns (total 2 columns):
 #   Column  Non-Null Count  Dtype
 -   ------  -------------   -----
 0   line    300 non-null    object
 1   speed   300 non-null    float64
dtypes: float64(1), object(1)
memory usage: 4.8+ KB
```

고속도로 노선명(line)과 주행속도(speed) 2개의 변수로 구성되어 있고 300개의 관측치가 있으며, 집단을 구분하는 고속도로 노선명(line)은 범주형이고 관심대상이 되는 주행속도(speed)는 수치형이다.

2) 집단별 데이터 분리

A, B, C 세 고속도로의 주행속도를 비교하기 위해 각 집단의 데이터를 분리한 다음, a, b, c로 할당한다. 이를 위해 R에서는 dplyr 패키지의 filter() 함수를, Python에서는 loc[ ] 함수를 활용한다.

R 코딩

```
> library(dplyr)
> a <- owa %>% filter(line=='a')
> b <- owa %>% filter(line=='b')
> c <- owa %>% filter(line=='b')
```

Python 코딩

```
In [ ]  a = owa.loc[owa.line=='a', 'speed']
In [ ]  b = owa.loc[owa.line=='b', 'speed']
In [ ]  c = owa.loc[owa.line=='c', 'speed']
```

3) 평균산출 및 상자그림으로 분포 비교

각 고속도로별의 평균 주행속도를 산출한다.

R 코딩	> mean(a$speed)
출력	[1] 97.7831

R 코딩	> mean(b$speed)
출력	[1] 96.089

R 코딩	> mean(c$speed)
출력	[1] 94.748

Python 코딩	In [ ] a.mean()
출력	Out[ ] 97.78309999999998

Python 코딩	In [ ] b.mean()
출력	Out[ ] 96.08900000000006

Python 코딩	In [ ] c.mean()
출력	Out[ ] 94.74867306079997

A 고속도로는 97.7831km/h, B 고속도로는 96.089km/h, 그리고 C 고속도로는 94.748km/h로 나타났다. 이를 통해 A > B > C 고속도로 순으로 평균 주행속도가 빠른 것을 알 수 있다.

다음은, 세 고속도로의 주행속도를 시각적으로 비교하기 위해 상자그림을 활용하였다. 이때 R에서는 boxplot() 함수를, Python에서는 seaborn 패키지의

boxplot() 함수를 사용하면 확인이 가능하다.

R 코딩

```
> boxplot(a$speed, b$speed, c$speed)
```

출력

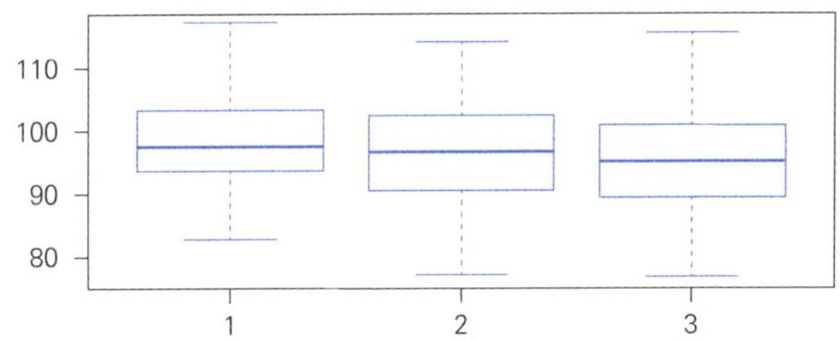

Python 코딩

```
> import seaborn as sns
> sns.boxplot(x='line', y='speed', data=owa)
```

출력

```
<AxesSubplot:xlabel='line', ylabel='speed'>
```

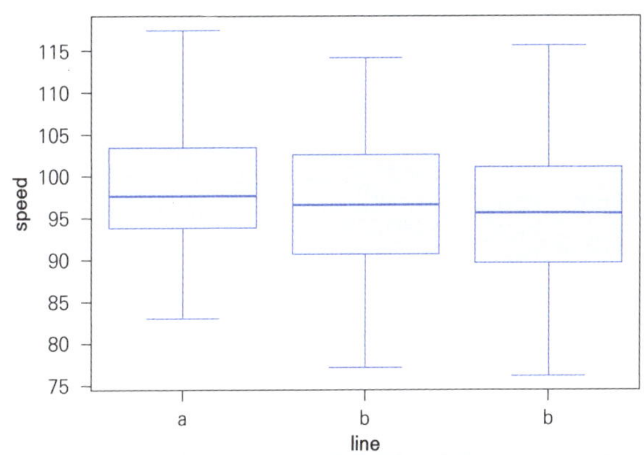

상자그림을 통해 A, B, C 고속도로 순으로 주행속도가 빠른 경향이 있음을 확인할 수 있다.

4) 정규분포 검정하기

분산분석은 정규분포 가정을 전제로 하기 때문에, 각 집단(A, B, C)의 데이터가 정규분포를 따르는지 Shapiro−Wilk 검정을 통해 확인한다. 대립가설이 비방향성이므로 양측 검정을 수행한다.

귀무가설 H_0: 데이터의 분포는 정규분포이다
대립가설 H_1: 데이터의 분포는 정규분포가 아니다

R 코딩	> shapiro.test(a$speed)
출력	Shapiro-Wilk normality test data: a$speed W = 0.98686, p-value = 0.4285

R 코딩	> shapiro.test(b$speed)
출력	Shapiro-Wilk normality test data: b$speed W = 0.9896, p-value = 0.6321

R 코딩	> shapiro.test(c$speed)
출력	Shapiro-Wilk normality test data: c$speed W = 0.99119, p-value = 0.7598

Python 코딩	In [ ] from scipy.stats import shapiro In [ ] shapiro(a)
출력	Out[ ] ShapiroResult(statistic=0.986863911151886, pvalue=0.42853936553001404)

Python 코딩	In [ ] shapiro(b)
출력	Out[ ] ShapiroResult(statistic=0.9895973205566406, pvalue=0.6321109533309937)

Python 코딩	In [ ] shapiro(c)
출력	Out[ ] ShapiroResult(statistic=0.9911882281303406, pvalue=0.7597978711128235)

정규성 검정결과, A, B, C 고속도로의 유의확률 p-value가 각각 0.4285, 0.6321, 0.7598로써 세 집단 모두 유의수준 $\alpha=0.05$보다 크므로, 귀무가설을 채택하여 세 집단의 데이터는 모두 정규분포를 따른다고 판단할 수 있다.

따라서 일원 분산분석을 실시할 수 있다. 만약 이 중 하나라도 정규성 가정을 만족하지 못한다면, 비모수적 방법인 크루스칼 왈리스 검정(Kruskal-Wallis test)을 사용해야 한다.

5) 등분산성 검정

t검정과 마찬가지로 분산분석을 실시하기 위해서는 집단 간 분산이 동일하다는 전제조건을 확인해야 한다. 이를 위해 Levene 검정을 수행하며, R에서는 car 패키지의 leveneTest() 함수를, Python에서는 scipy 패키지 stats 모듈의 levene() 함수를 활용한다. 대립가설이 비방향성이므로 양측 검정을 수행한다.

> 귀무가설 H_0: A, B, C 고속도로 주행속도 데이터의 분산은 같다($\sigma_A^2=\sigma_B^2=\sigma_C^2$)
> 대립가설 H_1: A, B, C 고속도로 주행속도 데이터의 분산은 적어도 하나는 다르다
> (H_0 is not true)

R 코딩

```
> library(car)
> leveneTest(speed ~ line, owa, center=mean)
```

출력

```
Levene's Test for Homogeneity of Variance (center = mean)
        Df F value Pr(>F)
group    2  1.5803 0.2076
       297
```

Python 코딩	In [ ] from scipy.stats import levene
	In [ ] levene(a, b, c)
출력	Out[ ] LeveneResult(statistic=1.5802943120428714, pvalue=0.20764093291798325)

등분산성 검정 결과, 유의확률 p-value=0.2076이 유의수준 $\alpha=0.05$보다 크므로 귀무가설을 채택하고 대립가설을 기각한다. 즉, 세 집단의 주행속도 데이터는 등분산을 만족하므로 일원 분산분석을 실시할 수 있다.

만약 이분산일 경우, 연구를 종료하거나 Welch의 ANOVA 등 등분산성을 가정하지 않는 대안적 방법을 사용해야 한다.

6) 평균 차이 검정

> 귀무가설 H_0: A, B, C 고속도로 이용차량 주행속도는 같다($\mu_A=\mu_B=\mu_C$)
> 대립가설 H_1: A, B, C 고속도로 이용차량 주행속도는 적어도 하나는 다르다
> (H_0 is not true)

세 고속도로 간 주행속도 차이를 비교한다. A는 B 고속도로보다 1.694km/h 만큼 빠르고, B는 C 고속도로보다 1.341km/h 만큼 빠르며, A는 C 고속도로보다 3.034km/h 만큼 빠르다.

그렇다면 이 차이가 과연 통계적으로 의미 있는 차이인지를 검정해야 한다. R에서는 aov() 함수로 모형을 만들고 summary() 함수로 모형을 출력한다. Python에서는 statsmodels 패키지의 formula.api 모듈에 있는 ols() 함수로 모델을 정의한 후, fit() 함수로 모델을 적합시킨다. 이후 statsmodels.stats.anova 모듈의 anova_lm() 함수를 사용해 분산분석 결과를 출력한다.

대립가설이 비방향성이므로 양측 검정이 수행된다.

R 함수 사용법

```
aov(y ~ x, data)
```

요인	설명
y	검정대상 종속변수
x	집단구분 독립변수
data	사용할 데이터

R 코딩

```
> model <- aov(speed ~ line, owa)
> summary(model)
```

출력

```
             Df  Sum Sq  Mean Sq  F value   Pr(>F)
line          2     462   231.24    3.583   0.029*
Residuals   297   19166    64.53
---
Signif. codes:  0 '***' 0.001 '**' 0.01 '*' 0.05 '.' 0.1 ' ' 1
```

Python 함수 사용법

statsmodels.formula.api.ols(y ~ x, data)

요인	설명
y	검정대상 종속변수
x	집단구분 독립변수
data	사용할 데이터

Python 코딩

```
In [ ]  from statsmodels.formula.api import ols
In [ ]  model=ols('speed~line', owa).fit()
In [ ]  from statsmodels.stats.anova import anova_lm
In [ ]  anova_lm(model)
```

출력

```
Out[ ]
              df        sum_sq     mean_sq         F    PR(>F)
line         2.0    462.473265  231.236633  3.583312  0.028991
Residual   297.0  19165.866810   64.531538       NaN       NaN
```

세 집단의 평균 차이를 검정하기 위해 분산분석을 실시한 결과, 검정통계량 $F=3.583$이고 유의확률 p-value=0.029로 산출되었다. 검정통계량이 임계치 $F_{2,297}=3.00$보다 크고, 유의확률이 유의수준 $\alpha=0.05$보다 작으므로 귀무가설을 기각하고 A, B, C 고속도로 이용차량 주행속도는 적어도 하나는 다르다는 대립가설을 채택한다.

▸ 그림 4-10 세 고속도로 주행속도 차이 가설검정 결과

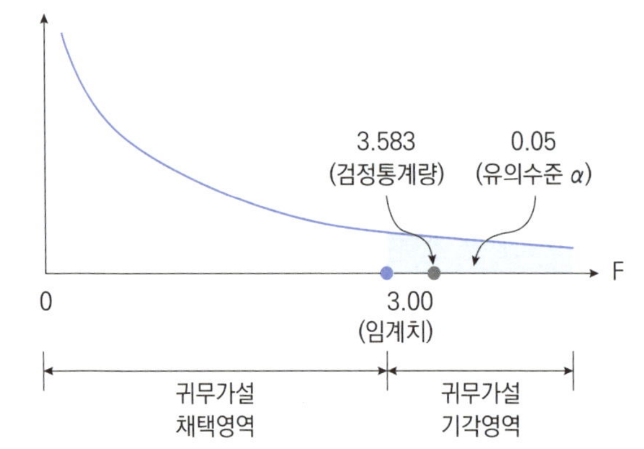

• 유의수준 α=0.050
• 유의확률 p=0.029
• 임계치 F=3.000
• 검정통계량 F=3.583
• 귀무가설 기각, 대립가설 채택

7) 사후검정

분산분석으로 평균 차이가 있는지를 검정한 결과, A, B, C 고속도로 이용차량 주행속도는 적어도 하나는 다르다는 사실을 확인했다. 그러나 어떤 집단 간에 어떻게 다른지는 알 수 없다. 따라서 어떤 집단 간에 어떻게 다른지를 추가적으로 확인해야 하며, 이를 사후검정(post-hoc analysis)이라 한다. 만약 귀무가설이 채택되어 A, B, C 고속도로 이용차량 주행속도는 같다는 사실을 확인되었다면, 사후검정은 할 필요가 없다.

사후검정 기법으로는 Tukey의 HSD, Scheffe, Duncan 등이 있으나 본 예제에서는 Tukey의 HSD을 사용한다. 분산분석 결과 모형을 바탕으로 R에서는 TukeyHSD() 함수를, Python에서는 statsmodels 패키지의 stats.multicomp 모듈에 포함된 pairwise_tukeyhsd() 함수를 활용해 결과를 출력한다.

R 코딩

```
> TukeyHSD(model)
```

출력

```
  Tukey multiple comparisons of means
    95% family-wise confidence level

Fit: aov(formula = speed ~ line, data = owa)

$line
          diff        lwr        upr     p adj
b-a -1.694100  -4.370116  0.9819159  0.2965880
c-a -3.034427  -5.710443 -0.3584111  0.0216966
c-b -1.340327  -4.016343  1.3356889  0.4661588
```

Python 코딩

```
In [ ]  from statsmodels.stats.multicomp import
        pairwise_tukeyhsd
In [ ]  ph=pairwise_tukeyhsd(owa['speed'], owa['line'])
In [ ]  ph.summary()
```

출력

```
Out[ ]
Multiple Comparison of Means - Tukey HSD, FWER=0.05
group1 group2 meandiff  p-adj   lower   upper  reject
     a      b  -1.6941 0.2966 -4.3701  0.9819  False
     a      c  -3.0344 0.0217 -5.7104 -0.3584   True
     b      c  -1.3403 0.4662 -4.0163  1.3357  False
```

고속도로 노선별 속도차이와 차이의 유의확률 p−value를 살펴보면, B는 A보다 1.6941km/h, C는 A보다 3.0344km/h, C는 B보다 1.3403km/h 더 빠르다. 이 중 C와 A 고속도로 차이의 유의확률 p−value=0.0217이 유의수준 $\alpha=0.05$보다 작아 통계적으로 유의미한 차이로 확인되었다.

반면, B와 A, C와 B 고속도로 간의 유의확률 p−value는 각각 0.2966과 0.4662로 나타났으며, 이는 유의수준 보다 큰 값이다. 따라서 이 두 비교에서는 통계적으로 유의한 차이가 없는 것으로 해석된다. 이러한 결과를 종합하면, 각 고속도로 노선의 평균속도 빠르기를 'C>A=B'라는 수식으로 표현할 수 있다.

8) 비모수적 방법인 크루스칼 왈리스 검정

앞서 line3_speed.csv 데이터를 이용한 분석에서는 A, B, C 고속도로의 주행 속도가 모두 정규분포를 따른다고 확인되었다. 그러나 셋 중 하나라도 정규성을 만족하지 않는다면 모수적 분산분석 대신 비모수적 크루스칼 왈리스 검정(Kruskal–Wallis test)을 사용하는 것이 적절하다.

이 검정은 R에서는 kruskal.test() 함수를, Python에서는 scipy 패키지의 stats 모듈에 포함된 kruskal() 함수를 사용하여 수행할 수 있다.

R 함수 사용법

```
kruskal.test(y ~ x, data)
```

요인	설명
y	검정대상 종속변수
x	집단구분 독립변수
data	사용할 데이터

R 코딩

```
> kruskal.test(speed ~ line, owa)
```

출력

```
        Kruskal-Wallis rank sum test

data:  speed by line
Kruskal-Wallis chi-squared = 6.0981, df = 2, p-value = 0.0474
```

Python 함수 사용법

```
scipy.stats.kruskal(a, b, c)
```

요인	설명
a	a집단 관측값
b	b집단 관측값
c	c집단 관측값

Python 코딩	In [ ]	from scipy.stats import kruskal
	In [ ]	kruskal(a,b,c)
출력	Out[ ]	KruskalResult(statistic=6.098113271782829, pvalue=0.04740362218046297)

검정 결과, 유의확률 p-value=0.0474로 나타났으며, 이는 유의수준 α =0.05 보다 작기 때문에 귀무가설을 기각하고 A, B, C 고속도로 이용차량 주행속도는 적어도 하나는 다르다는 대립가설을 채택한다. 즉, 정규분포를 가정하지 않은 크루스칼 왈리스 검정에서도, 정규성을 가정한 분산분석과 동일한 결론에 도달할 수 있었다.

이제 사후검정을 통해 어떤 고속도로 간에 어떻게 다른지를 확인한다. 사후검정으로 Dunn test, Conover test, Nemenyi test, Pairwise Wilcoxon test 등의 기법이 있으나, 본 예제에서는 Dunn test를 사용한다.

R에서는 FSA 패키지의 dunnTest() 함수를, Python에서는 scikit_posthocs 패키지의 posthoc_dunn() 함수를 사용한다.

R 함수 사용법

```
dunnTest(y ~ x, data, two.sided)
```

요인	설명
y	검정대상 종속변수
x	집단구분 독립변수
data	사용할 데이터
two.sided	양측 검정 여부. default는 TRUE

R 코딩

```
> install.packages('FSA')
> library(FSA)
> dunnTest(speed ~ line, owa)
```

출력

```
   Comparison         Z       P.unadj       P.adj
1       a - b  1.415899   0.15680520   0.31361040
2       a - c  2.460093   0.01389009   0.04167028
3       b - c  1.044195   0.29639535   0.29639535
```

Python 함수 사용법

scikit_posthocs.posthoc_dunn(data)

요인	설명
data	사용할 데이터

Python 코딩

```
In [ ]  owa_new=[a,b,c]
In [ ]  pip install --user scikit-posthocs
In [ ]  from scikit_posthocs import posthoc_dunn
In [ ]  posthoc_dunn(owa_new)
```

출력

```
Out[ ]
          1         2         3
1  1.000000  0.156805  0.013890
2  0.156805  1.000000  0.296395
3  0.013890  0.296395  1.000000
```

사후검정 결과, C와 A 고속도로 차이의 유의확률 p-value=0.013890만이 유의수준 $\alpha=0.05$보다 작은 것으로 나타나 통계적으로 유의미한 차이로 검정되었다.

반면, B와 A, C와 B 고속도로 간의 주행속도 차이에 대한 유의확률 p-value는 각각 0.156805와 0.296395로 나타났다. 이 값들은 일반적인 유의수준 $\alpha=0.05$를 초과하므로, 두 비교 모두에서 통계적으로 유의한 차이는 없는 것으로 해석된다.

이러한 분석 결과를 바탕으로 각 고속도로의 속도는 'C > A = B'라는 수식으로 표현할 수 있다.

▸ 그림 4-11 **일원 분산분석 절차**

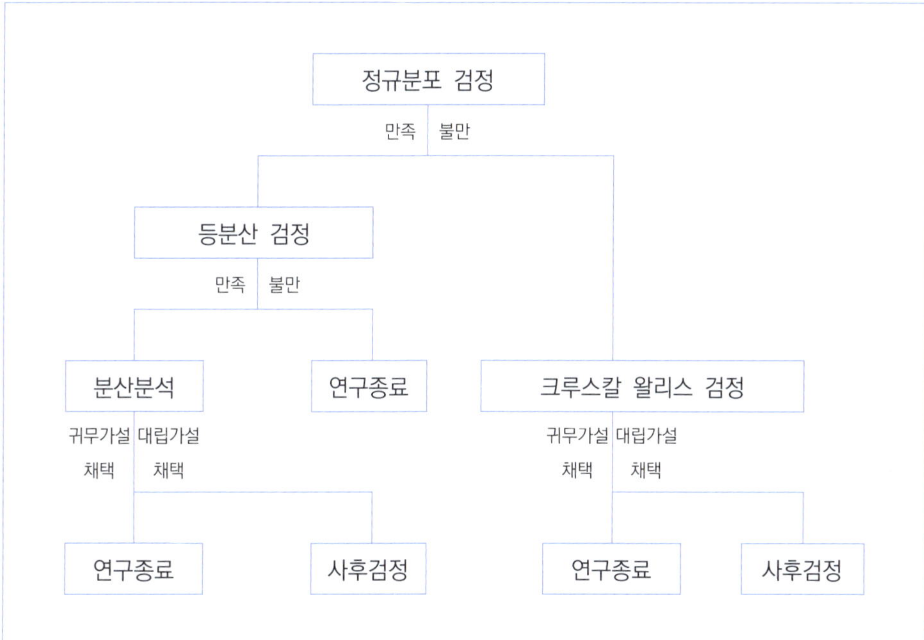

2. 이원 분산분석

이원 분산분석(two-way ANOVA)은 [그림 4-12]에서 보는 바와 같이, 2개의 독립변수가 각각 2수준 이상의 범주를 가질 때 사용하는 분석 기법이다. 이 방법은 두 독립변수가 각각 종속변수에 미치는 영향(주 효과, main effects)뿐만 아니라, 두 변수가 함께 작용하여 종속변수에 미치는 영향(상호작용 효과, interaction effects)까지 함께 분석할 수 있다는 장점이 있다.

일원 분산분석이 주로 주 효과에 초점을 맞춘다면, 이원 분산분석은 상호작용 효과를 포함하여 더 복합적인 구조를 분석하는데 적합하다. 검정 결과, 주 효과 또는 상호작용 효과가 통계적으로 유의미할 경우, 보다 구체적인 집단 간 차이를 파악하기 위해 사후검정을 수행할 수 있다.

▸ 그림 4-12 이원 분산분석의 개념

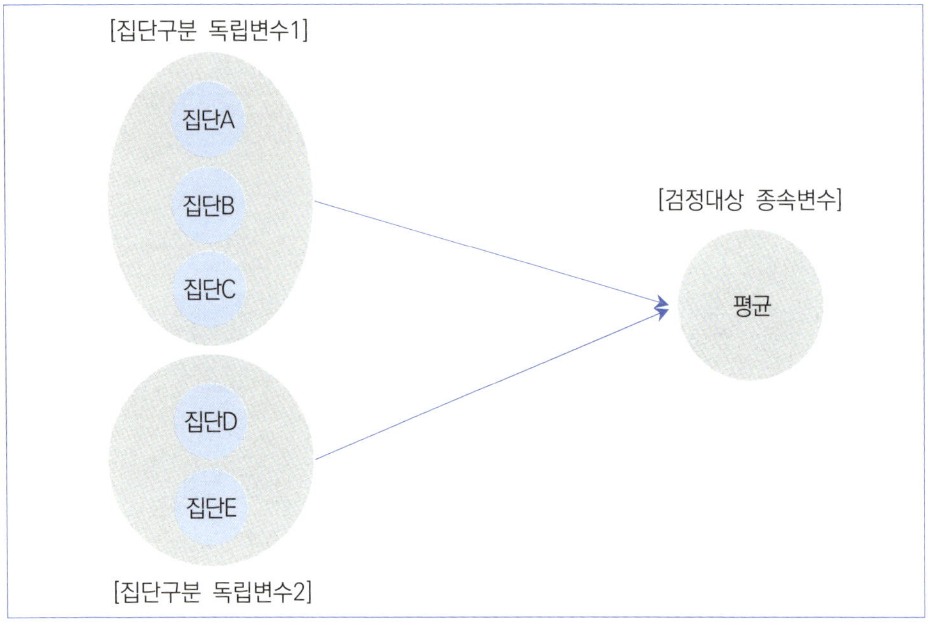

구체적인 예를 통해 이원 분산분석을 알아본다.

[분석상황] A와 B 고속도로가 구간 단속 카메라 설치여부에 따라 주행속도에 차이가 있는지를 확인하고자 한다. 이를 위해 A와 B 고속도로를 이용하는 승용차 중, 구간 단속 카메라 설치구간과 미설치구간에서 각 50대를 추출해 주행속도를 측정한 데이터를 twa.csv로 확보하였다. 고속도로 노선(line), 구간 단속 카메라 설치여부(enforcement), 이 두 독립변수가 각각 또는 동시에 주행속도(speed)에 영향을 미치는지를 유의수준 α=0.05에서 검정한다.

1) 데이터 불러와 확인

twa.csv 데이터를 불러와 twa이라는 이름으로 할당하고, 제목줄과 데이터 유형을 확인한다.

R 코딩

```
> twa <- read.csv('twa.csv', header=TRUE)
> head(twa)
```

출력

```
   line enforcement  speed
1    a          no 103.85
2    a         yes  93.39
3    a         yes  87.85
4    a         yes  94.14
5    a         yes  91.89
6    a         yes  82.71
```

Python 코딩

```
In [ ]  import pandas as pd
In [ ]  twa = pd.read_csv('twa.csv', header='infer')
In [ ]  twa.head()
```

출력

```
Out[ ]
   line enforcement  speed
0    a          no 103.85
1    a         yes  93.39
2    a         yes  87.85
3    a         yes  94.14
4    a         yes  91.89
```

R 코딩

```
> str(twa)
```

출력

```
'data.frame':     200 obs. of  3 variables:
 $ line        : chr  "a" "a" "a" "a" ...
 $ enforcement : chr  "no" "yes" "yes" "yes" ...
 $ speed       : num  103.8 93.4 87.8 94.1 91.9 ...
```

Python 코딩

```
In [ ]  twa.info()
```

출력

```
<class 'pandas.core.frame.DataFrame'>
RangeIndex: 200 entries, 0 to 199
Data columns (total 3 columns):
```

```
 #   Column        Non-Null Count  Dtype
 -   ------        --------------  ------
 0   line          200 non-null    object
 1   enforcement   200 non-null    object
 2   speed         200 non-null    float64
dtypes: float64(1), object(2)
memory usage: 4.8+ KB
```

데이터는 총 200개의 관측치로 구성되어 있으며, 집단을 구분하는 고속도로 노선명(line)과 구간 단속 카메라 설치여부(enforcement)는 범주형 변수, 관심대상이 되는 주행속도(speed)는 수치형 변수이다.

2) 집단별 데이터 분리

R에서는 dplyr 패키지의 filter( ) 함수를, Python에서는 loc[ ] 함수를 사용해 고속도로 노선별과 구간 단속 카메라 설치 여부에 따라 데이터를 분리한 다음, 각각 a_no, a_yes, b_no, b_yes로 할당한다.

R 코딩

```
> library(dplyr)
> a_yes <- twa %>% filter(line=='a' & enforcement=='yes')
> a_no <- twa %>% filter(line=='a' & enforcement=='no')
> b_yes <- twa %>% filter(line=='b' & enforcement=='yes')
> b_no <- twa %>% filter(line=='b' & enforcement=='no')
```

Python 코딩

```
In [ ]  a_yes = twa.loc[(twa.line=='a') & (twa.enforcement=='yes'),
                        ['speed']]
In [ ]  a_no = twa.loc[(twa.line=='a') & (twa.enforcement=='no'),
                       ['speed']]
In [ ]  b_yes = twa.loc[(twa.line=='b') & (twa.enforcement=='yes'),
                        ['speed']]
In [ ]  b_no = twa.loc[(twa.line=='b') & (twa.enforcement=='no'),
                       ['speed']]
```

3) 평균산출

고속도로 노선별과 구간 단속 카메라 설치 여부에 따른 평균 주행속도를 산출한다.

R 코딩	> twa %>% filter(line=='a') %>% summarise(mean=mean(speed))
출력	[1] 97.7831

R 코딩	> twa %>% filter(line=='b') %>% summarise(mean=mean(speed))
출력	[1] 96.089

R 코딩	> twa %>% filter(enforcement=='yes') %>% summarise(mean=mean(speed))
출력	[1] 92.6019

R 코딩	> twa %>% filter(enforcement=='no') %>% summarise(mean=mean(speed))
출력	[1] 101.2702

Python 코딩	In [ ] twa.loc[twa.line=='a', ['speed']].mean()
출력	Out[ ] speed 97.7831 dtype: float64

Python 코딩	In [ ] twa.loc[twa.line=='b', ['speed']].mean()
출력	Out[ ] speed 96.089 dtype: float64

Python 코딩	In [ ] twa.loc[twa.enforcement=='yes', ['speed']].mean()
출력	Out[ ] speed 92.6019 dtype: float64

Python 코딩	In [ ] twa.loc[twa.enforcement=='no', ['speed']].mean()
출력	Out[ ] speed 101.2702 dtype: float64

A는 97.7831km/h, B는 96.089km/h이며, 구간 단속 카메라가 설치된 구간은 92.6019km/h, 구간 단속 카메라가 설치되지 않은 구간은 101.2702km/h로 나타났다.

다음은 각 노선별로 구간 단속 카메라 설치 여부에 따라 구간을 분리한 후, 평균 주행속도를 산출한다.

R 코딩	> twa %>% filter(line=='a' & enforcement=='yes') %>% summarise(mean=mean(speed))
출력	[1] 94.6286

R 코딩	> twa %>% filter(line=='a' & enforcement=='no') %>% summarise(mean=mean(speed))
출력	[1] 100.9376

R 코딩	> twa %>% filter(line=='b' & enforcement=='yes') %>% summarise(mean=mean(speed))
출력	[1] 90.5752

R 코딩	> twa %>% filter(line=='b' & enforcement=='no') %>% summarise(mean=mean(speed))
출력	[1] 101.6028

Python 코딩	In [ ] twa.loc[(twa.line == 'a') & (twa.enforcement=='yes')].mean()
출력	Out[ ] speed 94.6286 dtype: float64

Python 코딩	In [ ] twa.loc[(twa.line=='a') & (twa.enforcement=='no')].mean()
출력	Out[ ] speed 100.9376 dtype: float64

Python 코딩	In [ ] twa.loc[(twa.line=='b') & (twa.enforcement=='yes')].mean()
출력	Out[ ] speed 90.5752 dtype: float64

Python 코딩	In [ ] twa.loc[(twa.line=='b') & (twa.enforcement=='no')].mean()
출력	Out[ ] speed 101.6028 dtype: float64

A 고속도로에서는 구간 단속 카메라가 설치된 구간의 평균 주행속도가 94.6286km/h, 설치되지 않은 구간은 100.9376km/h로 나타났다.

그리고 B 고속도로의 설치된 구간은 90.5752km/h, 설치되지 않은 구간은 101.6028km/h였다.

위에서 산출한 평균 주행속도는 [표 4-6]에 정리하였다.

▸ 표 4-6 **노선별, 구간 단속 카메라 설치여부에 따른 주행속도**

		구간 단속 카메라		평균
		설치구간	미설치구간	
노선	A	94.6286	100.9376	97.7831
	B	90.5752	101.6028	96.0890
평균		92.6019	101.2702	

4) 정규분포 검정

노선별, 구간 단속 카메라 설치여부에 따른 주행속도 데이터가 각각 정규분포를 이루는지 확인한다. 대립가설이 비방향성으로 설정되었기 때문에 양측 검정을 실시한다.

귀무가설 H_0: 데이터의 분포는 정규분포이다 대립가설 H_1: 데이터의 분포는 정규분포가 아니다

R 코딩

```
> shapiro.test(a_yes$speed)
```

출력

```
        Shapiro-Wilk normality test

data:  a_yes$speed
W = 0.95446, p-value = 0.05216
```

R 코딩

```
> shapiro.test(a_no$speed)
```

출력

```
        Shapiro-Wilk normality test

data:  a_no$speed
W = 0.95852, p-value = 0.07705
```

R 코딩

```
> shapiro.test(b_yes$speed)
```

출력

```
        Shapiro-Wilk normality test

data:  b_yes$speed
W = 0.97776, p-value = 0.4619
```

R 코딩

```
> shapiro.test(b_no$speed)
```

출력

```
        Shapiro-Wilk normality test

data:  b_no$speed
W = 0.9553, p-value = 0.05652
```

Python 코딩

```
In [ ]  shapiro(a_yes)
```

출력

```
Out[ ]  ShapiroResult(statistic=0.9544601440429688,
        pvalue=0.05216393619775772)
```

Python 코딩

```
In [ ]  shapiro(a_no)
```

출력

```
Out[ ]  ShapiroResult(statistic=0.9585184454917908,
        pvalue=0.07705474644899368)
```

Python 코딩

```
In [ ]  shapiro(b_yes)
```

출력

```
Out[ ]  ShapiroResult(statistic=0.9777616858482361,
        pvalue=0.4619141221046448)
```

Python 코딩

```
In [ ]  shapiro(b_no)
```

출력

```
Out[ ]  ShapiroResult(statistic=0.9552962183952332,
        pvalue=0.05651643127202988)
```

위와 같이 데이터를 개별적으로 분리하여 정규성 검정을 수행할 수도 있지만, 보다 간편한 방법으로 아래와 같이 한 번에 검정할 수도 있다.

R 코딩

```
> twa_new <- twa %>% group_by(line, enforcement)
> head(twa_new)
```

출력

```
# A tibble: 6 × 3
# Groups:   line, enforcement [2]
  line  enforcement  speed
  <chr> <chr>        <dbl>
1 a     no           104.0
```

```
2 a     yes         93.4
3 a     yes         87.8
4 a     yes         94.1
5 a     yes         91.9
6 a     yes         82.7
```

R 코딩

```
> twa_new %>% summarise(shapiro.p=shapiro.test(speed)$p.value)
```

출력

```
'summarise()' has grouped output by 'line'. You can override
using the '.groups'
argument.
# A tibble: 4 × 3
# Groups:   line [2]
  line  enforcement  shapiro.p
  <chr> <chr>        <dbl>
1 a     no           0.0771
2 a     yes          0.0522
3 b     no           0.0565
4 b     yes          0.4620
```

Python 코딩

```
In [ ]  twa_new = twa.groupby(['line', 'enforcement'])['speed']
In [ ]  from scipy.stats import shapiro
In [ ]  twa_new.apply(shapiro)
```

출력

```
Out[ ]
line  enforcement
a     no           (0.9585184454917908, 0.07705474644899368)
      yes          (0.9544601440429688, 0.05216393619775772)
b     no           (0.9552962183952332, 0.05651643127202988)
      yes          (0.9777616858482361, 0.4619141221046448)
Name: speed, dtype: object
```

정규성 검정 결과, 유의확률 p-value가 각각 0.05216, 0.07705, 0.4619, 0.05652로 모두 유의수준 $\alpha=0.05$보다 큰 것으로 나타났다. 이에 따라 데이터의 분포는 정규분포를 따른다는 귀무가설을 채택하고 대립가설을 기각한다.

따라서 정규성 가정을 모두 만족하므로 분산분석을 실시할 수 있다. 만약 하나라도 만족하지 못했다면, 분산분석 대신 비모수적 방법으로 검정해야 한다.

5) 등분산성 검정

R에서는 car 패키지의 leveneTest() 함수, Python에서는 scipy 패키지 stats 모듈의 levene() 함수를 활용해 등분산성 여부를 검정할 수 있다. 대립가설이 비방향성으로 설정되었기 때문에 양측 검정이 된다.

귀무가설 H_0: 4개 주행속도 데이터의 분산은 같다($\sigma^2_{A-yes}=\sigma^2_{A-no}=\sigma^2_{B-yes}=\sigma^2_{B-no}$)
대립가설 H_1: 4개 주행속도 데이터의 분산은 적어도 하나는 다르다(H_0 is not true)

R 코딩

```
> library(car)
> leveneTest(speed ~ line*enforcement, twa, center=mean)
```

출력

```
Levene's Test for Homogeneity of Variance (center = mean)
        Df F value  Pr(>F)
group    3  0.5987 0.6166
       196
```

Python 코딩

```
In [ ]  from scipy.stats import levene
In [ ]  levene(*(twa_new.apply(list)), center='mean')
```

출력

```
Out[ ]  LeveneResult(statistic=0.5986678798701418,
        pvalue=0.6165961575221415)
```

등분산성 검정 결과, 유의확률 p-value=0.6166이 유의수준 α=0.05 보다 크므로 나타나 귀무가설을 채택하고 대립가설을 기각한다. 따라서 4개 주행속도 데이터는 등분산성을 만족하므로 분산분석을 적용할 수 있다.

만약 등분산성이 만족되지 않았다면, 연구는 종료되거나 등분산성을 가정하지 않는 다른 방법으로 검정해야 한다.

6) 평균 차이 검정

> 귀무가설 H_0: A, B 고속도로 이용차량 주행속도는 같다($\mu_A=\mu_B$)
> 대립가설 H_1: A, B 고속도로 이용차량 주행속도는 다르다($\mu_A \neq \mu_B$)
> 귀무가설 H_0: 구간 단속 카메라 설치여부에 따라 이용차량 주행속도는 같다($\mu_{yes}=\mu_{no}$)
> 대립가설 H_1: 구간 단속 카메라 설치여부에 따라 이용차량 주행속도는 다르다($\mu_{yes} \neq \mu_{no}$)
> 귀무가설 H_0: 노선과 구간 단속 카메라 간 상호작용효과는 없다($\mu_{\text{interaction}}=0$)
> 대립가설 H_1: 노선과 구간 단속 카메라 간 상호작용효과는 있다($\mu_{\text{interaction}} \neq 0$)

[표 4–6]를 보면, 먼저 주 효과와 관련하여 A는 B 고속도로보다 1.694km/h (97.7831km/h – 96.0890km/h) 빠르며, 구간 단속 카메라가 설치된 구간은 설치되지 않은 구간보다 8.668km/h(92.6019km/h – 101.2702km/h) 느리다. 그렇다면 이러한 차이가 통계적으로 유의미한지 검정해야 한다.

또한, 상호작용 효과와 관련하여, 노선별로 구간 단속 카메라 설치여부에 따라 주행속도 차이가 있는지, 즉 노선과 구간 단속 카메라 두 독립변수가 결합하여 주행속도에 영향을 미치는지 여부도 검정해야 한다.

이때, R에서는 aov() 함수로 분산분석 모형을 생성한 뒤 summary() 함수로 결과를 출력한다. Python에서는 statsmodels 패키지 formula.api 모듈에 있는 ols() 함수로 모형을 정의하고, fit() 함수로 적합화한 후 statsmodels 패키지 stats.anova 모듈의 anova_lm() 함수로 결과를 출력한다. 대립가설이 비방향성으로 설정되었기 때문에 양측 검정이 수행된다.

이원 분산분석 모형을 생성할 때는 두 독립변수뿐만 아니라 이들 간의 상호작용 항도 함께 포함해야 한다. R과 Python 모두에서 '독립변수 * 독립변수' 형식으로 지정한다.

R 코딩

```
> model <- aov(speed ~ line+enforcement+line*enforcement, twa)
> summary(model)
```

출력

```
                  Df Sum Sq Mean Sq F value  Pr(>F)
line               1    143     143   3.255  0.0727 .
enforcement        1   3757    3757  85.219  <2e-16 ***
line:enforcement   1    278     278   6.313  0.0128 *
```

```
Residuals          196     8641          44
---
Signif. codes:  0 '***' 0.001 '**' 0.01 '*' 0.05 '.' 0.1 ' ' 1
```

Python 코딩

```
In [ ]  from statsmodels.formula.api import ols
In [ ]  model=ols('speed ~ line+enforcement+line*enforcement', twa).fit()
In [ ]  from statsmodels.stats.anova import anova_lm
In [ ]  anova_lm(model)
```

출력

```
Out[ ]

                     df     sum_sq    mean_sq        F       PR(>F)
line                1.0   143.4987   143.4987   3.2549   7.2743e-02
enforcement         1.0  3756.9712  3756.9712  85.2185   4.4095e-17
line:enforcement    1.0   278.3148   278.3148   6.3129   1.2792e-02
Residual          196.0  8640.9203    44.0863      NaN          NaN
```

분산분석 실시 결과를 보면, 먼저 주 효과와 관련하여 노선별 주행속도 차이의 유의확률 p−value=0.0727로 산출되어 유의수준 $\alpha=0.05$보다 큰 것으로 나타났다. 이에 따라 A, B 고속도로 이용차량 주행속도는 같다는 귀무가설을 채택하고 대립가설을 기각한다.

다음으로, 구간 단속 카메라 설치여부에 따른 주행속도 차이의 유의확률 p−value= <2e−16으로 나타났다. 여기서 '<' 기호는 이 값보다 작음을 의미하며, 유의확률이 유의수준 $\alpha=0.05$ 보다 충분히 작음을 뜻한다. 따라서 귀무가설을 기각하고, 구간 단속 카메라 설치여부에 따라 이용차량 주행속도는 다르다는 대립가설을 채택한다.

마지막으로, 상호작용 효과에 대해, 유의확률 p−value=0.0128로 나타났으며, 이는 유의수준 $\alpha=0.05$보다 작기 때문에 귀무가설을 기각한다. 즉, 노선과 구간 단속 카메라 설치여부가 결합되어 주행속도에 영향을 미친다는 대립가설을 채택한다.

7) 사후검정

주 효과와 상호작용 효과 모두 통계적으로 유의미한 것으로 나타났기 때문에, Tukey의 HSD을 사용해 사후검정을 수행한다.

R에서는 TukeyHSD() 함수를 활용하여 주 효과와 상호작용 효과 모두에 대한 사후검정 결과를 얻을 수 있다.

R 코딩

```
> TukeyHSD(model)
```

출력

```
  Tukey multiple comparisons of means
    95% family-wise confidence level

Fit: aov(formula = speed ~ line + enforcement + line *
enforcement, data = twa)

$line
          diff       lwr       upr     p adj
b-a  -1.6941  -3.545946  0.1577465  0.0727435

$enforcement
            diff       lwr       upr   p adj
yes-no  -8.6683  -10.52015  -6.816454       0

$'line:enforcement'
                  diff        lwr         upr      p adj
b:no-a:no       0.6652   -2.775796   4.1061959  0.9587684
a:yes-a:no     -6.3090   -9.749996  -2.8680041  0.0000231
b:yes-a:no    -10.3624  -13.803396  -6.9214041  0.0000000
a:yes-b:no     -6.9742  -10.415196  -3.5332041  0.0000023
b:yes-b:no    -11.0276  -14.468596  -7.5866041  0.0000000
b:yes-a:yes    -4.0534   -7.494396  -0.6124041  0.0136692
```

Python의 경우, 우선 twa에 line 변수와 enforcement 변수의 조합을 포함하는 새로운 열을 추가하고, head() 함수로 결과를 확인하면 line*enforcement 변수가 새롭게 생성된 것을 확인할 수 있다.

Python 코딩

```
In [ ] twa['line*enforcement'] = twa['line'] + '–' +
       twa['enforcement']
In [ ] twa.head()
```

출력

```
Out[ ]
  line  enforcement   speed  line*enforcement
0   a            no  103.85              a-no
1   a           yes   93.39             a-yes
2   a           yes   87.85             a-yes
3   a           yes   94.14             a-yes
4   a           yes   91.89             a-yes
```

이제 Python에서도 statsmodels 패키지의 stats.multicomp 모듈에 있는 pairwise_tukeyhsd() 함수를 활용하여, 상호작용 항(line*enforcement)에 대한 사후검정 결과를 출력할 수 있다.

Python 코딩

```
In [ ] from statsmodels.stats.multicomp import
       pairwise_tukeyhsd
In [ ] ph = pairwise_tukeyhsd(twa['speed'], twa['line*enforcement'])
In [ ] ph.summary()
```

출력

```
Out[ ]
Multiple Comparison of Means - Tukey HSD, FWER=0.05
group1 group2 meandiff  p-adj    lower    upper  reject
 a-no  a-yes   -6.309    0.0    -9.75   -2.868   True
 a-no   b-no   0.6652 0.9588  -2.7758   4.1062  False
 a-no  b-yes -10.3624    0.0 -13.8034  -6.9214   True
a-yes   b-no   6.9742    0.0   3.5332  10.4152   True
a-yes  b-yes  -4.0534 0.0137  -7.4944  -0.6124   True
 b-no  b-yes -11.0276    0.0 -14.4686  -7.5866   True
```

상호작용 항(line*enforcement)에 대한 사후검정 결과, 6개 조합 중 a–no와 b–no 간을 제외한 나머지 5개 비교에서 통계적으로 유의한 차이가 있는 것으로 나타났다.

그중에서도 B 고속도로의 구간 단속 카메라 설치 유무에 따른 구간, 즉 b-no와 b-yes 간의 차이가 -11.0276km/h로 가장 컸다. 따라서 B 고속도로는 구간 단속 카메라 설치로 인한 주행속도 감소효과가 가장 큰 것으로 해석할 수 있다.

▸ 그림 4-13 **이원 분산분석 절차**

3. 반복측정 분산분석

반복측정 분산분석(repeated measures ANOVA)은 [그림 4-14]와 같이 동일 집단을 대상으로 시간에 따라 3회 이상 반복 측정된 경우, 이들 측정값 간 평균의 차이를 분석하는 방법이다.

▸ 그림 4-14 **반복측정 분산분석의 개념**

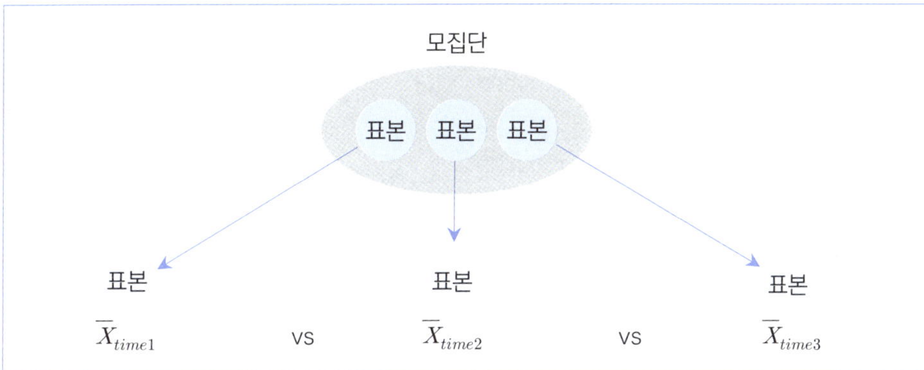

일반적인 분산분석은 서로 다른 집단에 속한 대상들 간의 평균 차이를 검정하지만, 반복측정 분산분석은 동일한 집단 내에서 반복 측정된 값들 간의 차이를 검정한다. 이는 대응표본 t검정의 확장된 개념으로 볼 수 있다.

이제 구체적인 예를 통해 반복측정 분산분석에 대해 살펴본다.

[분석상황] A 고속도로 I~J구간에 구간 단속 카메라를 설치한지 1개월이 지난 시점에서, 설치 전과 후의 주행속도 감소효과를 확인하였다. 이후 3개월이 지난 현재, 추가적인 주행속도 감소 효과가 있는지를 확인하고자, 해당 구간을 이용하는 승용차 100대의 주행속도를 조사하여 rm_anova.csv를 확보하였다. 이제 시간의 흐름에 따라 측정된 주행속도(time1, time2, time3)가 같은지 다른지 유의수준 α=0.05에서 검정한다.

1) 데이터 불러와 확인

rm_anova.csv 데이터를 불러와 rm이라는 이름으로 할당하고, 제목줄과 데이터 유형, 그리고 관측치 수 등을 확인한다.

R 코딩	> rm <- read.csv('rm_anova.csv', header=TRUE) > head(rm)
출력	``` id time1 time2 time3 1 1 96.8 103.85 107.90 2 2 105.5 93.39 100.75 3 3 103.1 87.85 97.79 4 4 98.5 94.14 94.45 5 5 111.0 91.89 92.71 6 6 107.3 82.71 105.64 ```

```
> rm <- read.csv('rm_anova.csv', header=TRUE)
> head(rm)
```

```
  id time1  time2  time3
1  1  96.8 103.85 107.90
2  2 105.5  93.39 100.75
3  3 103.1  87.85  97.79
4  4  98.5  94.14  94.45
5  5 111.0  91.89  92.71
6  6 107.3  82.71 105.64
```

Python 코딩

```
In [ ]  import pandas as pd
In [ ]  rm = pd.read_csv('rm_anova.csv', header='infer')
In [ ]  rm.head()
```

출력

```
Out[ ]
   id time1  time2  time3
0  1  96.8 103.85 107.90
1  2 105.5  93.39 100.75
2  3 103.1  87.85  97.79
3  4  98.5  94.14  94.45
4  5 111.0  91.89  92.71
```

R 코딩

```
> str(twa)
```

출력

```
'data.frame':       100 obs. of  4 variables:
 $ id   : int  1 2 3 4 5 6 7 8 9 10 ...
 $ time1: num  96.8 105.5 103.1 98.5 111 ...
 $ time2: num  103.8 93.4 87.8 94.1 91.9 ...
 $ time3: num  107.9 100.8 97.8 94.5 92.7 ...
```

일련번호(id)와 구간 단속 카메라 설치 전(time1), 설치 1개월 후(time2), 설치 3개월 후(time3)의 총 4개 변수로 구성되어 있으며, 각각 100개의 관측치를 포함하고 있다. 모든 변수는 수치형 데이터로 구성되어 있다.

Python 코딩	In [ ] rm.info()
출력	<class 'pandas.core.frame.DataFrame'> RangeIndex: 100 entries, 0 to 99 Data columns (total 4 columns): # Column Non-Null Count Dtype - ------ -------------- ----- 0 id 100 non-null int64 1 time1 100 non-null float64 2 time2 100 non-null float64 3 time3 100 non-null float64 dtypes: float64(3), int64(1) memory usage: 3.2 KB

2) 평균산출

먼저, 시간의 흐름에 따른 평균 주행속도를 각각 산출한다.

R 코딩	> mean(rm$time1)
출력	[1] 105.9

R 코딩	> mean(rm$time2)
출력	[1] 97.7831

R 코딩	> mean(rm$time3)
출력	[1] 96.8235

Python 코딩	In [ ] rm['time1'].mean()
출력	Out[ ] 105.9

Python 코딩	In [ ] rm['time2'].mean()
출력	Out[ ] 97.78309999999999

Python 코딩	In [ ] rm['time3'].mean()
출력	Out[ ] 96.82350000000001

구간 단속 카메라 설치 전, 설치 1개월 후, 설치 3개월 후의 평균 주행속도는 각각 105.9km/h, 97.7831km/h, 96.8235km/h로 나타났다.

3) 데이터 프레임 형식 변경

rm 데이터는 현재 넓은 형식(wide format)의 데이터 프레임 구조를 가지고 있다. 하지만 분석의 편의성을 높이기 위해서는 이를 긴 형식(long format)으로 변환하는 것이 유용하다. 형식 변환은 R에서는 reshape2 패키지의 melt() 함수를, Python에서는 pandas 패키지의 melt() 함수를 사용하여 수행할 수 있다.

변환된 데이터는 rm_new라는 이름으로 할당하고, 제목줄과 각 데이터 유형 등을 확인한다.

R 함수 사용법

reshape2::melt(data, id.vars, variable.name, value.name)

요인	설명
data	사용할 데이터
id.vars	일련번호 변수
variable.name	반복측정 변수
value.name	관심대상 종속변수

R 코딩

```
> install.packages('reshapes2')
> library(reshape2)
> rm_new <- melt(rm, id.vars='id', variable.name='time',
                   value.name='speed')
> head(rm_new)
```

출력

```
   id  time  speed
1   1 time1   96.8
2   2 time1  105.5
3   3 time1  103.1
4   4 time1   98.5
5   5 time1  111.0
6   6 time1  107.3
```

Python 함수 사용법

pandas.melt(data, id_vars, var_name, value_name)

요인	설명
data	데이터
id_vars	일련번호 변수
var_name	반복측정 변수
value_name	관심대상 종속변수

Python 코딩

```
In [ ]  rm_new = rm.melt(id_vars='id', var_name='time',
                          value_name='speed')
In [ ]  rm_new.head()
```

출력

```
   id  time  speed
0   1 time1   96.8
1   2 time1  105.5
2   3 time1  103.1
3   4 time1   98.5
4   5 time1  111.0
```

R 코딩	> str(rm_new)

출력	$ id : int 1 2 3 4 5 6 7 8 9 10 ...
	$ time : Factor w/ 3 levels "time1","time2",..: 1 1 1 1 1 1 ...
	$ speed: num 96.8 105.5 103.1 98.5 111 ...

Python 코딩	> rm_new.info()
출력	<class 'pandas.core.frame.DataFrame'> RangeIndex: 300 entries, 0 to 299 Data columns (total 3 columns): # Column Non-Null Count Dtype – -------- -------------- -------- 0 id 300 non-null int64 1 time 300 non-null object 2 speed 300 non-null float64 dtypes: float64(1), int64(1), object(1) memory usage: 7.2+ KB

긴 형식으로 변환된 결과, 일련번호와 주행속도는 수치형이고 시간은 요인형으로 구성되어 있음을 확인할 수 있다.

이때 주의해야 할 점은 R에서는 일련번호가 수치형 상태로 남아 있으면, 이후 분석에 오류가 발생할 수 있다. 따라서 as.factor() 함수를 이용해 이를 요인형으로 변환해 주는 것이 필요하다. 변환 후 데이터 유형을 확인해 보면, 해당 변수는 요인형으로 제대로 설정되었음을 확인할 수 있다.

R 코딩	> rm_new$id <- as.factor(rm_new$id) > str(rm_new)

출력	'data.frame': 300 obs. of 3 variables:
	$ id : Factor w/ 100 levels "1","2","3","4",..: 1 2 3 4 5 6 ...
	$ time : Factor w/ 3 levels "time1","time2",..: 1 1 1 1 1 1 ...
	$ speed: num 96.8 105.5 103.1 98.5 111 ...

4) 정규분포 검정

구간 단속 카메라 설치 전, 설치 1개월 후, 설치 3개월 후 주행속도 데이터가 각각 정규분포를 따르는지를 Shapiro-Wilks 검정으로 확인한다. 대립가설이 비방향성이므로 양측 검정이 된다.

귀무가설 H_0: 데이터의 분포는 정규분포이다
대립가설 H_1: 데이터의 분포는 정규분포가 아니다

R 코딩

```
> library(dplyr)
> rm_new %>% group_by(time) %>%
                    summarise(shapiro.p=shapiro.test(speed)$p.value)
```

출력

```
# A tibble: 3 × 2
  time   shapiro.p
  <fct>      <dbl>
1 time1      0.254
2 time2      0.429
3 time3      0.823
```

Python 코딩

```
In [ ]  from scipy.stats import shapiro
In [ ]  rm_new.groupby(['time'])['speed'].apply(shapiro)
```

출력

```
time
time1     (0.9836732149124146, 0.25383707880973816)
time2     (0.9868636727333069, 0.4285244345664978)
time3     (0.9920256733894348, 0.8230841755867004)
Name: speed, dtype: object
```

정규성 검정 결과, 유의확률 p-value가 각각 0.254, 0.429, 0.823으로 나타났으며, 모두 유의수준 $\alpha=0.05$보다 크다. 따라서 데이터의 분포는 정규분포라는 귀무가설을 채택하고 대립가설을 기각한다. 이로써 분산분석의 전제조건 중 하나인 정규분포 가정을 만족하므로 반복측정 분산분석을 실시할 수 있다.

만약 이들 중 하나라도 정규성 가정을 만족하지 못한다면, 분산분석 대신 비

모수적 방법을 사용해야 한다.

5) 구형성 검정과 평균 차이 검정

구형성(Sphericity)이란 반복 측정된 데이터 간의 분산과 공분산 구조가 동일하다는 가정으로, 반복측정 분산분석에서 반드시 확인해야 하는 중요한 전제조건이다. 즉, 각 조건 간의 차이 분산이 일정해야 한다는 것이 핵심이다.

이 구형성 가정을 검정하는 데는 일반적으로 Mauchly 검정을 사용하며, 검정통계량 W값이 1에 가까울수록 구형성 가정이 잘 만족됨을 의미한다. 만약 구형성 가정을 만족하지 못하면, 반복측정 분산분석 결과의 t값과 유의확률이 부정확해질 수 있으므로, 이 경우 Greenhouse－Geisser나 Huynh－Feldman 등의 보정된 자유도를 적용해야 한다.

R에서는 ez 패키지의 ezANOVA() 함수를 사용하면 Mauchly 검정 결과와 반복측정 분산분석 결과를 동시에 출력해 준다. 반면, Python에서는 pingouin 패키지의 sphericity() 함수로 Mauchly 검정을 먼저 수행하여 구형성 가정의 만족 여부를 확인한 후, rm_anova() 함수로 반복측정 분산분석을 실시한다. 이때 구형성 가정 만족 여부에 따라 분석 옵션을 설정해야 한다.

먼저, 구형성 가정의 만족여부를 확인하며 이때 사용하는 가설은 다음과 같다. 대립가설이 비방향성이므로 양측 검정이 적용된다.

귀무가설 H_0: 반복측정 데이터 간 분산과 공분산 구조가 동일하다
대립가설 H_1: 반복측정 데이터 간 분산과 공분산 구조가 동일하지 않다

R 함수 사용법

```
ez::ezANOVA(data, dv, wid, within, detailed)
```

요인	설명
data	사용할 데이터
dv	관심대상 종속변수
wid	일련번호 변수
within	반복측정 변수. dot-notation형식인 .(변수명)으로 사용
detailed	추가적인 통계정보 제공여부. default는 FALSE

R 코딩

```
> linstall.packages('ez')
> library(ez)
> ezANOVA(rm_new, dv=speed, wid=id, within=.(time),
          detailed=TRUE)
```

출력

```
$ANOVA
      Effect DFn DFd          SSn       SSd            F            p p<.05       ges
1 (Intercept)   1  99 3010140.555  5449.932 54680.29885 1.336096e-137     * 0.9936995
2        time   2 198    4972.925 13635.620    36.10541  4.278430e-14     * 0.2067016

$'Mauchly's Test for Sphericity'
  Effect         W          p p<.05
2   time 0.9159269 0.01352632     *

$'Sphericity Corrections'
  Effect      GGe        p[GG] p[GG]<.05       HFe        p[HF] p[HF]<.05
2   time 0.922447 3.448648e-13         * 0.9391653 2.198822e-13         *
```

Python 함수 사용법

pingouin.sphericity(data, dv, subject, within)

요인	설명
data	사용할 데이터
dv	관심대상 종속변수
subject	일련번호 변수
within	반복측정 변수. ['변수명']형식으로 사용

Python 코딩

```
In [ ]  from pingouin import sphericity
In [ ]  sphericity(rm_new, dv='speed', subject='id', within=['time'])
```

출력

```
Out[ ]  SpherResults(spher=False, W=0.9159268846061157,
                     chi2=8.606236303696036, dof=2,
                     pval=0.013526316079009067)
```

구형성 검정 결과, 통계량 W=0.9159269, 유의확률 p-value=0.01352632로 유의수준 α=0.05보다 작게 나타났다. 따라서 귀무가설을 기각하고 반복측정 데이터 간 분산과 공분산이 동일하지 않다는 대립가설을 채택한다. 즉, 구형성 가정을 만족하지 않으므로 분산분석 결과의 통계량이 부정확해질 수 있어 보정된 통계량을 사용해야 한다.

다음으로, 반복측정 분산분석을 통해 다음의 가설을 검정한다. 가설이 비방향성으로 설정되었기 때문에 양측 검정이 된다.

> 귀무가설 H_0: 구간 단속 카메라 설치 전, 설치 1개월 후, 설치 3개월 후 주행속도는 같다($\mu_{time1}=\mu_{time2}=\mu_{time3}$)
>
> 대립가설 H_1: 구간 단속 카메라 설치 전, 설치 1개월 후, 설치 3개월 후 주행속도는 어느 하나라도 다르다(H_0 is not true)

앞서 설명한 바와 같이, 구형성 가정을 만족하지 못하므로 보정된 통계량을 사용해야 한다. R에서는 ez 패키지의 ezANOVA() 함수를 사용해 출력한 결과 중 $Sphericity Corrections 부분을 참고하고, Python에서는 pingouin 패키지의 rm_anova() 함수에서 correction=True로 설정해 보정된 통계량을 사용해야 한다.

Python 함수 사용법

pingouin.rm_anova(data, dv, subject, within, correction, detailed)

요인	설명
data	사용할 데이터
dv	관심대상 종속변수
subject	일련번호 변수
within	반복측정 변수
correction	통계량 보정 여부. default는 False
detailed	추가적인 통계정보 제공여부. default는 False

Python 코딩

```
In [ ]  from pingouin import rm_anova
In [ ]  rm_anova(rm_new, dv='speed', subject='id', within='time',
                 correction=True, detailed=True)
```

출력

Out[ ]

	Source	SS	DF	MS	F	p-unc	p-GG-corr	ng2	eps	sphericity	W-spher	p-spher
0	time	4972.925001	2	2486.462500	36.105406	4.278430e-14	3.448648e-13	0.206702	0.922447	False	0.915927	0.013526
1	Error	13635.619533	198	68.866765	NaN	NaN	NaN	NaN	NaN	NaN	NaN	NaN

각 언어별 가설검정 결과를 확인하는 방법은 다음과 같다. R의 $Sphericity Corrections에 있는 GGe와 HFe는 각각 Greenhouse−Geisser, Huynh−Foldman 방식의 보정 통계량을 의미한다. R에서는 2가지 보정 방식 모두를 제공하지만, Python에서는 Greenhouse−Geisser 방식만 제공한다.

따라서 본 예제에서는 두 언어가 공통으로 제공하는 Greenhouse−Geisser 방식을 기준으로 가설을 검정한다.

그 결과, 보정 통계량은 0.922447, 유의확률 p−value는 3.448648e−13으로 나타났으며, 이는 유의수준 $\alpha=0.05$보다 작다. 따라서 귀무가설을 기각하고 구간 단속 카메라 설치 전, 설치 1개월 후, 설치 3개월 후 주행속도는 어느 하나라도 다르다는 대립가설을 채택한다.

6) 사후 검정

대립가설이 채택되었으므로, 사후검정을 통해 어느 시점 간 평균 주행속도에 차이가 있는지를 확인해야 한다. R에서는 pairwise.t.test() 함수를, Python에서는 pingouin 패키지의 pairwise_ttests() 함수를 사용한다.

이때 다중비교로 인한 제1종 오류를 방지하기 위해 p−value 보정이 필요하며, 여러 가지가 방법 중 보수적인 방법인 bonferroni를 사용한다.

R 함수 사용법

```
pairwise.t.test(x, g, p.adjust.method, paired)
```

요인	설명
x	관심대상 종속변수
g	반복측정 변수
p.adjust.method	p-value 조정방법. default는 holm
paired	반복측정 여부. default는 FALSE

R 코딩

```
> pairwise.t.test(rm_new$speed, rm_new$time,
                  p.adjust.method='bonferroni', paired=TRUE)
```

출력

```
        Pairwise comparisons using paired t tests

data:  rm_new$speed and rm_new$time

      time1   time2
time2 3.4e-08 -
time3 5.1e-11 1

P value adjustment method: bonferroni
```

Python 함수 사용법

pingouin.pairwise_ttests(data, dv, subject, within, padjust)

요인	설명
data	사용할 데이터
dv	관심대상 종속변수
subject	일련번호 변수
within	반복측정 변수
padjsut	p-value 조정방법. default는 none

Python 코딩

```
In [ ] from pingouin import pairwise_ttests
In [ ] pairwise_ttests(rm_new, dv='speed', subject='id', within='time',
         padjust='bonferroni')
```

출력

Out[ ]

	Contrast	A	B	Paired	Parametric	T	dof	alternative	p-unc	p-corr	p-adjust	BF10	hedges
0	time	time1	time2	True	True	6.231928	99.0	two-sided	1.129996e-08	3.389987e-08	bonferroni	9.829e+05	0.945110
1	time	time1	time3	True	True	7.601421	99.0	two-sided	1.696401e-11	5.089203e-11	bonferroni	5.087e+08	1.083692
2	time	time2	time3	True	True	0.954925	99.0	two-sided	3.419415e-01	1.000000e+00	bonferroni	0.172	0.135242

▸ 그림 4-15 **이원 분산분석 절차**

측정된 세 시점 간 주행속도에 대한 사후 검정결과는 다음과 같다.

첫째, 구간 단속 카메라 설치 전(time1)과 설치 1개월 후(time2) 간에는 유의확률 p-value=3.4e-08로 유의수준 α=0.05보다 작아, 주행속도 차이 8.117km/h는 통계적으로 유의하다.

둘째, 구간 단속 카메라 설치 전(time1)과 설치 3개월 후(time3) 간에는 유의확률 p-value=5.1e-11로 유의수준 α=0.05보다 작아, 주행속도 차이 9.0765km/h 역시 통계적으로 유의하다.

셋째, 구간 단속 카메라 설치 1개월 후(time2)와 설치 3개월 후(time3) 간에는 유의확률 p-value=1로 유의수준 α=0.05보다 크기 때문에, 주행속도 차이 0.9595km/h는 통계적으로 유의하지 않다.

결론적으로, 구간 단속 카메라 설치로 인해 주행속도는 유의미하게 감소하였으나, 설치 1개월 후와 설치 3개월 후 사이에는 추가적인 감소는 없었다. 즉, '설치 전 > 설치 1개월 후 = 설치 3개월 후'로 표현할 수 있다.

제4절 상관분석

상관분석(correlation analysis)이란 독립적인 두 변수 간에 선형적(linear)인 관계가 있는지를 분석하는 방법이다. 선형관계를 분석하기 때문에 기본적으로 범주형 변수 보다는 수치형 변수에 적합하다.

두 변수 간 선형관계를 수치로 정량화하여 표현한 것을 상관계수(correlation coefficient)라고 한다. 상관계수를 구하는 방법에는 피어슨(Pearson), 스피어만(Spearman), 그리고 켄달(Kendall) 3가지가 있으며 이 중 피어슨의 상관계수를 가장 많이 사용한다. 상관계수는 일반적으로 기호 r로 표현하고 -1에서 1 사이의 값을 가지며 '선형관계의 방향과 정도'를 나타낸다.

먼저, 상관계수로 '선형관계의 방향'을 해석하는 방법을 살펴본다. 첫째, 한 변수가 커질 때(또는 작아질 때) 다른 변수 또한 커지는(또는 작아지는) 비례 관계의 경우로, 이때는 $r>0$, 즉 양(+)의 상관관계를 갖는다고 한다.

둘째, 한 변수가 커질 때(또는 작아질 때) 다른 변수는 작아지는(또는 커지는) 반비례 관계의 경우로, 이때는 $r<0$, 즉 음(-)의 상관관계를 갖는다고 한다.

셋째, 한 변수의 변화와 상관없이 다른 변수는 일정한 경향이 없는 경우를 관계가 없는 경우라고 하며, 이때는 $r=0$, 즉 무상관 관계를 갖는다고 한다.

다음으로, 상관계수로 '선형관계의 정도'을 해석하는 일반적인 기준은 다음과 같다.

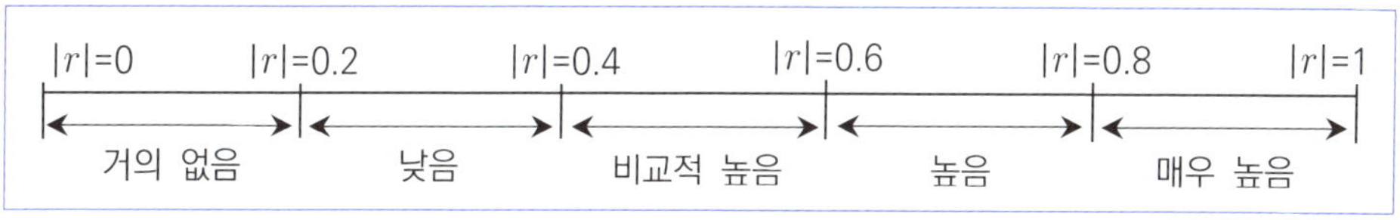

마지막으로, 상관계수가 과연 통계적으로 유의한지 여부를 확인해야 한다. 통계적 유의성을 확보해야만 두 변수 간 상관관계를 일반화할 수 있기 때문이다. 이때 사용하는 가설은 다음과 같고 대립가설이 비방향성이므로 검정방법은 양측검정을 실시한다.

> 귀무가설 H_0: 두 변수 간 선형적인 관계가 없다, 즉 상관계수는 0이다
> 대립가설 H_1: 두 변수 간 선형적인 관계가 있다, 즉 상관계수는 0이 아니다

구체적인 예를 들어 상관분석의 절차와 방법을 살펴본다.

[분석상황] 겨울철 도로 표면에 살얼음이 발생할 경우, 미끄럼 사고로 인해 다중 추돌사고가 유발되고 이로 인해 다수의 인명피해가 발생할 수 있다. 만약 도로 살얼음 발생 가능성을 사전에 예측할 수 있다면, 제설제 살포 등 선제적 대응을 통해 사고를 예방할 수 있을 것이다. 이에 TF팀은 도로 살얼음 발생에 영향을 주는 변수들이 무엇인지, 그리고 변수들 간 어떤 상관관계가 있는지를 조사해 blackice.csv 데이터를 확보하였다.

1. 데이터 불러와 확인

blackice.csv 데이터를 불러와 bi라는 이름으로 할당한 후, 제목줄과 데이터 유형을 확인한다.

R 코딩

```
> bi <- read.csv('blackice.csv', header=TRUE)
> head(bi)
```

출력

```
    humid  press  temp  temp_d  friction
1      63   1015   -15     2.7       9.0
2      74   1012   -15     2.4      10.8
3      85    999    -3     2.0      19.7
4      49    996   -15     3.9      28.5
5      67    989     5     2.7      35.6
6      32    967   -13     5.8      44.4
```

Python 코딩

```
In [ ] import pandas as pd
In [ ] bi = pd.read_csv('blackice.csv', header='infer')
In [ ] bi.head()
```

출력

```
Out[ ]
    humid  press  temp  temp_d  friction
0      63   1015   -15     2.7       9.0
1      74   1012   -15     2.4      10.8
2      85    999    -3     2.0      19.7
3      49    996   -15     3.9      28.5
4      67    989     5     2.7      35.6
5      32    967   -13     5.8      44.4
```

R 코딩

```
> str(bi)
```

출력

```
'data.frame':     23 obs. of  5 variables:
 $ humid    : int  63 74 85 49 67 32 47 9 29 32 ...
 $ press    : int  1015 1012 999 996 989 967 970 970 970...
 $ temp     : int  -15 -15 -3 -15 5 -13 -3 -11 5 5 ...
 $ temp_d   : num  2.7 2.4 2 3.9 2.7 5.8 5.5 8 6 5.9 ...
 $ friction : num  9 10.8 19.7 28.5 35.6 44.4 49.7 62.1...
```

Python 코딩

```
In [ ]  bi.info()
```

출력

```
Out[ ]
<class 'pandas.core.frame.DataFrame'>
RangeIndex: 23 entries, 0 to 22
Data columns (total 5 columns):
 #   Column    Non-Null Count  Dtype
 -   ------    --------------  -------
 0   humid     23 non-null     int64
 1   press     23 non-null     int64
 2   temp      23 non-null     int64
 3   temp_d    23 non-null     float64
 4   friction  23 non-null     float64
dtypes: float64(2), int64(3)
memory usage: 1.0 KB
```

분석에 활용된 blackice.csv 데이터는 총 5개의 변수와 23개의 관측치로 구성되어 있으며, 모든 변수는 수치형으로 되어 있다. 각 변수의 의미는 다음과 같다.

첫째, friction은 도로 표면의 마찰력을 나타내는 지표로, 단위는 없으며 수치가 낮을수록 미끄러운 상태, 높을수록 마찰력이 큰 상태를 의미한다. 따라서 도로 살얼음 발생 가능성과 밀접하게 관련된 핵심 변수라 할 수 있다.

둘째, humid는 도로 표면의 수분 상태를 반영하는 습도(%)이며, 도로 표면의 수증기의 정도를 나타낸다.

셋째, press는 대기압(hPa)을 의미하며, '공기가 단위 면적당 가하는 힘'을 나타내는 기상 지표이다.

넷째, temp는 도로 표면의 온도(°C)를 나타내며, 도로 살얼음이 생성될 수 있는 직접적인 조건이다.

다섯째, temp_d는 도로 표면의 온도와 대기 온도 간 차이(°C)를 나타낸다.

2. 상관분석 실시

상관분석을 실시하기 위해, R에서는 cor( ) 함수를, Python에서는 corr( ) 함수를 활용하며, 각 언어별 함수 사용법은 다음과 같다.

R 함수 사용법

cor(data, method)	
요인	**설명**
data	사용할 데이터
method	상관계수를 계산할 유형('pearson', 'kendall', 'spearman'). default는 'pearson'

R 코딩

```
> cor(bi)
```

출력

```
             humid      press       temp     temp_d   friction
humid    1.0000000  0.7930108 -0.1659806 -0.9815734 -0.7856986
press    0.7930108  1.0000000 -0.6433643 -0.7964517 -0.9620644
temp    -0.1659806 -0.6433643  1.0000000  0.1460701  0.7222709
temp_d  -0.9815734 -0.7964517  0.1460701  1.0000000  0.7771070
friction -0.7856986 -0.9620644  0.7222709  0.7771070  1.0000000
```

Python 함수 사용법

data.corr(method)	
요인	**설명**
data	사용할 데이터
method	상관계수를 계산할 유형('pearson', 'kendall', 'spearman'). default는 'pearson'

Python 코딩	In [ ] bi.corr()
출력	Out[ ]

	humid	press	temp	temp_d	friction
humid	1.0000000	0.7930108	-0.1659806	-0.9815734	-0.7856986
press	0.7930108	1.0000000	-0.6433643	-0.7964517	-0.9620644
temp	-0.1659806	-0.6433643	1.0000000	0.1460701	0.7222709
temp_d	-0.9815734	-0.7964517	0.1460701	1.0000000	0.7771070
friction	-0.7856986	-0.9620644	0.7222709	0.7771070	1.0000000

상관분석 결과는 상관행렬(correlation matrix)로 표현되며, 각 셀에 해당변수 간의 상관계수가 표시된다.

마찰력(friction)을 기준으로 다른 변수들과의 상관계수를 살펴보면, 대기압(press)과의 상관계수가 -0.9620644이라는 -1에 가까운 값을 보여 가장 강한 음의 상관관계를 나타낸다.

다음으로 습도(humid)는 -0.7856986의 상관계수를 보여 강한 음의 상관관계를 보이고 있다.

반면, 노면온도와 대기온도 차이(temp_d)는 0.7771070, 노면온도(temp)는 7222709의 상관계수를 보여 두 변수 모두 마찰력과 강한 양의 상관관계를 가진다.

상관계수를 해석하는 일반적인 기준에 따르면, 마찰력은 노면온도와는 높은 상관관계, 나머지 세 변수와는 매우 높은 상관관계를 가진다고 볼 수 있다.

한편, R의 cor() 함수와 Python의 corr() 함수는 상관계수만 제공하며, 검정통계량과 유의확률을 제공하지 않는다. 따라서 상관계수의 통계적 유의성을 검정하기 위해서는 다른 함수를 사용해야 한다.

R에서는 cor.test() 함수를 사용하며, Python에서는 scipy 패키지의 stats 모듈에 포함된 pearsonr() 함수를 사용한다. 두 언어 모두 각 변수 쌍에 대해 상관계수의 유의성 검정을 별도로 개별 수행해야 한다.

이제, 마찰력과 노면습도 간의 상관계수와 그 통계적 유의성을 검정한다.

R 함수 사용법

cor.test(x, y, alternative, method, conf.level)

요인	설명
x	대상 변수
y	대상 변수
alternative	검정방법('two.sided', 'less', 'greater'). default는 양측 검정(two-sided)
method	상관계수 유형('pearson', 'kendall', 'spearman'). default는 pearson
conf.level	신뢰수준(1-α). default는 0.95

R 코딩

```
> cor.test(bi$friction, bi$humid)
```

출력

```
        Pearson's product-moment correlation

data:  bi$friction and bi$humid
t = -5.8203, df = 21, p-value = 8.894e-06
alternative hypothesis: true correlation is not equal to 0
95 percent confidence interval:
 -0.9048500 -0.5524006
sample estimates:
       cor
-0.7856986
```

Python 함수 사용법

scipy.stats.pearsonr(x, y, alternative)

요인	설명
x	대상 변수
y	대상 변수
alternative	검정방법('two-sided', 'greater', 'less'). default는 양측 검정인 'two-sided'

Python 코딩	In [ ] from scipy.stats import pearsonr In [ ] pearsonr(bi['friction'], bi['humid'])
출력	Out[ ] PearsonRResult(statistic=-0.7856986150651084, pvalue=8.893911610545365e-06)

유의확률 p-value=8.894e-06은 유의수준 $\alpha=0.05$보다 작으므로, 두 변수 간에 선형적인 관계가 있다(상관계수는 0이 아니다)는 대립가설을 채택한다. 즉, 마찰력과 노면습도 간의 상관계수인 -0.8316398의 통계적으로 유의하며, 이로써 두 변수 간의 상관관계는 일반화할 수가 있다.

이와 같은 방식으로, 마찰력과 나머지 세 변수인 대기압, 노면온도, 온도차이 간 상관계수인 -0.9620644, 0.7222709, 0.7771070 역시 각각의 유의확률 p-value가 유의수준 $\alpha=0.05$보다 작게 나타나, 모두 통계적 유의성을 확보했다.

마찰력과 나머지 세 변수 간의 상관계수에 대한 통계적 유의성 검정은 직접 수행해보기를 권장한다.

3. 상관분석 결과 표현

상관분석 결과를 상관계수로만으로 해석할 경우 왜곡이 발생할 우려가 있다. 왜냐하면 상관계수가 두 변수 간 선형관계만 표현하고, 비선형관계를 표현하기 못하기 때문이다. 예를 들어, 두 변수 간에 강한 비선형 관계가 존재하더라도 상관계수는 0에 가까운 값으로 나타나 관계가 없는 것처럼 오해될 수 있다.

따라서 상관계수로만 해석하기보다는, 산점도를 함께 활용하여 두 변수 간의 관계 형태를 시각적으로 확인하는 것이 바람직하다.

산점도를 그리기 위해서 R에서는 plot() 함수를, Python에서는 seaborn 패키지의 pairplot() 함수를 사용한다.

R 코딩	> plot(bi)
출력	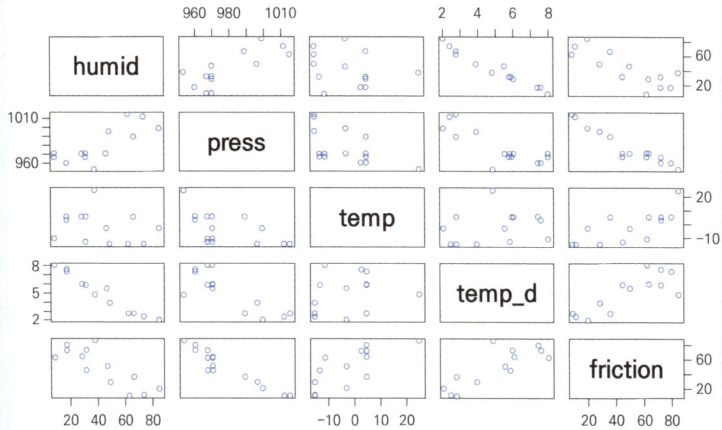

Python 코딩	In [ ] import seaborn as sns In [ ] sns.pairplot(bi)
출력	Out[ ] 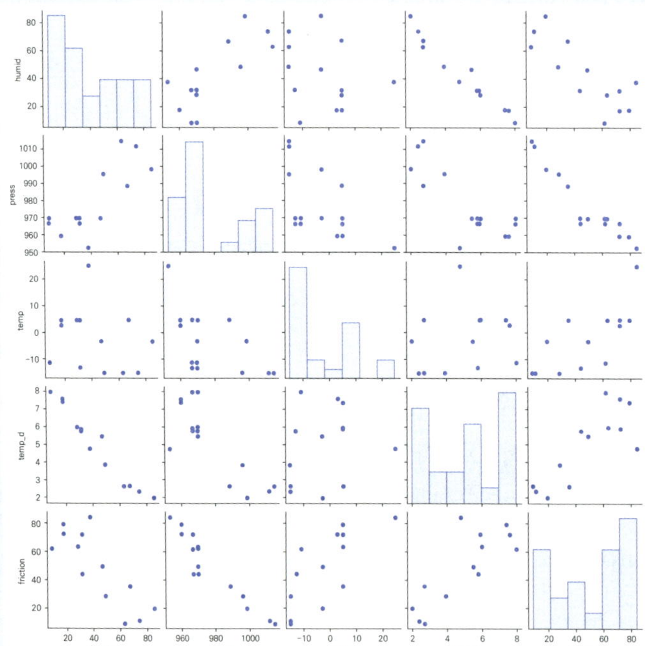

산점도를 통해 변수간의 선형관계를 시각적으로 확인할 수 있다. 그 결과, 마찰력과 노면습도, 대기압 간에는 높은 음의 선형관계가 존재하는 것으로 보인다. 반면, 마찰력과 노면온도, 온도차이 간에는 높은 양의 선형관계가 나타나는 것으로 확인된다.

제5절 회귀분석

앞서 상관분석이란 독립적인 2개의 변수 간 선형관계를 분석하는 방법이라 설명했다. 상관분석과 선형 회귀분석(linear regression analysis)은 변수 간 선형관계를 분석한다는 점에서 공통점이 있다.

그러나 두 방법은 목적과 해석에서 차이가 있다. 상관분석은 두 독립변수 간의 단순 상관관계를 파악하는 데 초점을 두는 반면, 선형 회귀분석은 한 개 이상의 독립변수와 한 개의 종속변수 간의 인과관계를 분석한다.

선형 회귀분석은 줄여서 회귀분석이라고 하고, 원인이 되는 한 개 이상의 독립변수(independent variable, x)와 결과가 되는 한 개의 종속변수(dependent variable, y)로 구성된다. 이 분석은 독립변수와 종속변수 간 관계를 선형으로 가정하고, 주어진 데이터를 바탕으로 이를 잘 표현할 수 있는 선형 방정식을 추정하는 기법이다.

▸ 표 4-7 **상관분석과 회귀분석**

상관분석	구분	회귀분석
선형관계 (상관관계)	분석목적	선형관계 (인과관계)
독립변수와 독립변수	관련변수	독립변수와 종속변수
기본적으로 수치형	변수유형	기본적으로 수치형

변수 간 선형관계를 분석하기 때문에, 독립변수와 종속변수 모두 기본적으로 수치형 변수를 사용한다. 다만 독립변수가 범주형일 경우에는 이를 수치형으로 변

환한 후 사용하는 더미(dummy) 회귀분석을 활용하며, 종속변수가 범주형일 경우에는 로지스틱(logistic) 회귀분석을 사용한다. 두 분석기법 모두 기본형 회귀분석에서 변형된 기법이라 할 수 있다.

그렇다면, 상관관계와 인과관계는 어떻게 다를까? 예를 들어, 여름철 지속적인 기온상승으로 휴가자 수와 에어컨 판매량이 모두 증가한다고 가정하자. 이때, 휴가자 수와 에어컨 판매량 간에는 관계가 있다고 할 수 있지만, 휴가자 수가 증가해서 에어컨 판매량이 증가하거나, 에어컨 판매량이 증가해서 휴가자 수가 증가한다고 말할 수 없다.

왜냐하면 두 변수 모두 기온 상승이라는 공통 원인에 의해 결과로 발생했기 때문이다. 즉 휴가자 수와 에이컨 판매량 간에는 상관관계는 있지만 인과과계는 없다. 반면에, 기온과 휴가자 수, 에어컨 판매량 간에는 상관관계뿐만 아니라 인과관계도 존재한다.

결론적으로 상관관계가 있다고 해서 인과관계가 있다고 할 수는 없지만, 인과관계가 있다면 상관관계도 존재한다고 할 수 있다.

이와 같이, 회귀분석은 원인이 되는 독립변수가 결과가 되는 종속변수에 미치는 영향관계, 구체적으로 영향력의 방향과 크기를 분석하는데 사용한다. 이 영향관계는 함수식으로 표현할 수 있으며, 이를 회귀방정식이라 한다. 회귀방정식을 활용하여 독립변수와 종속변수 간의 영향관계를 설명하거나, 특정 독립변수의 값으로 종속변수의 값을 예측할 수 있다.

회귀분석은 독립변수의 수에 따라 크게 2가지로 분류된다. 독립변수가 하나일 경우에는 단순(simple) 회귀분석이라 하고, 2개 이상일 경우에는 다중(multi) 회귀분석이라 한다.

이상의 내용을 정리하면 다음과 같다

[회귀분석]

1. 변수 간 선형관계를 분석하는 방법 중의 하나로, 독립변수와 종속변수 간 관계를 선형으로 가정하고, 데이터로부터 이를 잘 표현할 수 있는 방정식을 추출한다.
2. 회귀방정식을 활용해 독립변수가 종속변수에 미치는 영향관계(영향력의 방향과 크기)를 분석하고, 이를 설명하거나 예측한다.
3. 독립변수의 수에 따라 단순(simple) 또는 다중(multi)으로 분류한다.

1. 단순 선형회귀

1) 기본개념 이해

우선 단순 회귀분석의 예제를 통해 기본 개념을 살펴본다. A건물과 B건물에 각각 5개씩 오피스텔을 보유한 건물주가, 거주자 수(명)에 따라 전력소비량(kw)이 어떻게 변하는지 알고자 전수조사를 실시하였고, 그 결과는 다음 [표 4-8]과 같다고 하자.

▸ 표 4-8 **거주자 수에 따른 전력소비량**

A건물		구분	B건물	
거주자 수	전력소비량		거주자 수	전력소비량
0명	1kw	1호	0명	0.8kw
1명	2kw	2호	1명	1.5kw
2명	3kw	3호	2명	2.5kw
3명	4kw	4호	3명	2.9kw
4명	5kw	5호	4명	4.5kw

거주자 수를 x, 전력소비량을 y라 할 때, 이들 간의 관계를 그래프로 나타내면 [그림 4-16]과 같다.

▸ 그림 4-16 **거주자 수에 따른 전력소비량 간 그래프**

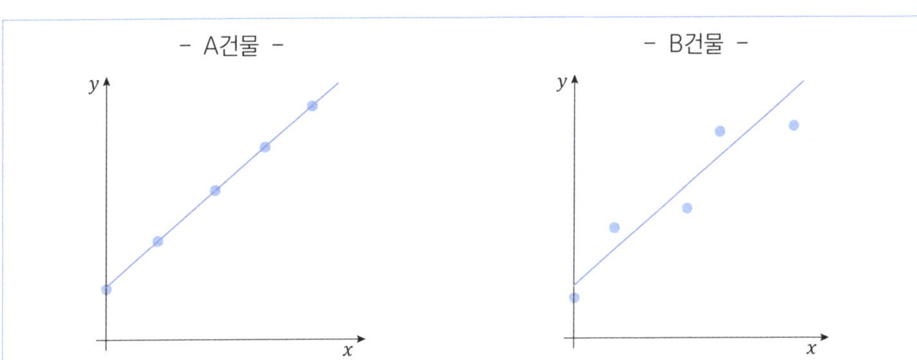

[그림 4-16]의 왼쪽을 보면 A건물은 모든 데이터가 하나의 직선 위에 정확히 놓이는 이상적인 모형으로, 수학적으로는 선형방정식이라 하며 $y=a+bx$의 형태로 표현된다. 이때 a는 절편, b는 기울기이다.

이에 비해 [그림 4-16]의 오른쪽 B건물은 대부분의 데이터가 직선 위가 아닌 그 주변에 분포하고 있으며, 하나의 대표 직선을 찾은 현실적인 모형이다. 이는 통계학적으로 회귀방정식이라 하며, $y=\beta_0+\beta_1x+\varepsilon$로 표현된다. 여기서 β_0은 절편, β_1은 기울기로 각각 선형방정식의 a와 b에 해당되며 회귀계수(regression coefficient)라 한다. 이 회귀계수는 독립변수가 종속변수에 미치는 영향력의 방향과 크기를 나타낸다.

한편 ε는 선형방정식에는 없는 요소로, 오차라 하며 관측값마다 하나씩 존재한다. 회귀분석의 목적은 바로 이 오차를 고려해 모든 데이터를 대표할 수 있는 하나의 직선, 즉 $y=\beta_0+\beta_1x+\varepsilon$를 찾는 것이며, 이 식을 결정하는 핵심요인이 바로 오차 ε이다. 이때, 오차의 합이 0이 되고 오차제곱의 합을 최소화한 방식이 회귀방정식의 추정원리이다.

참고로 모집단의 회귀방정식은 $y=\beta_0+\beta_1x+\varepsilon$라 표현하고, 표본으로부터 구한 회귀방정식은 $\hat{y}=b_0+b_1x+e$로 나타낸다. 여기서 모집단의 ε는 오차(error), 표본의 e는 잔차(residual)라 하며, 실제 분석에서는 대부분 표본을 이용하므로 이후에는 잔차라 표현한다.

▸ 그림 4-17 **회귀모형**

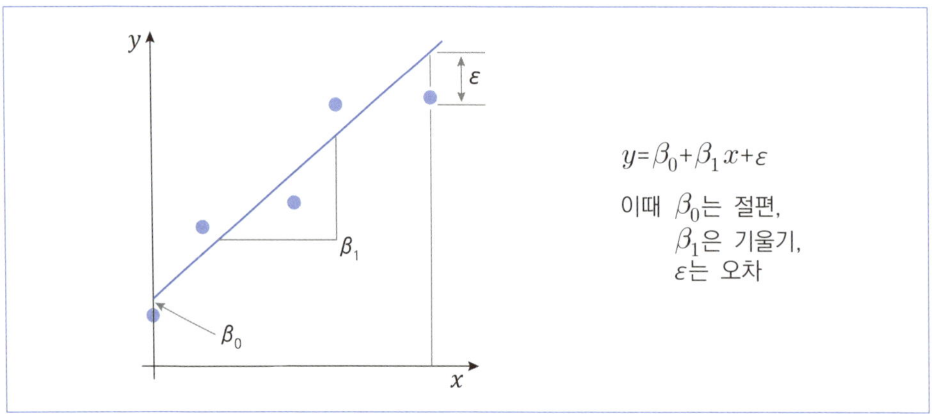

다음으로 회귀분석에서 중요한 개념 중 하나는 결정계수(coefficient of determination)이다. 결정계수는 회귀방정식이 전체 데이터를 얼마나 잘 설명하는 지를 나타내는 지표로, 일반적으로 설명력이라 한다. 결정계수는 R^2로 표기하며, $0 \leq R^2 \leq 1$의 값을 갖는다. 이는 상관계수(r)의 제곱과 같으며, 회귀모형의 적합도를 수치로 나타낸다.

일반적으로 자연과학 분야에서는 R^2 값이 70% 이상을 요구하는 반면, 사회과학 분야에서는 인간의 심리나 행동의 복잡성 때문에 좀 더 낮은 수준의 값도 수용된다.

2) 회귀분석의 가정

대부분의 경우, 회귀분석 실시 후 그 결과를 해석하거나 예측하는데 관심이 많다. 어쩌면 이러한 접근이 당연할지 모르지만, 그에 앞서 몇 가지 전제조건이 충족되어야만 회귀분석이 가능하며, 그 결과를 신뢰할 수 있다. 만약 이러한 전제조건이 충족되지 않는다면, 회귀분석 자체를 수행할 수 없고, 그 결과 또한 신뢰하기 어렵다.

회귀분석에서 충족되어야 할 전제조건은 크게 2가지 측면이 있다.

첫째는 '사용하려는 데이터가 회귀분석에 적합한가?'에 대한 조건이고, 둘째는 회귀분석이 가능한 데이터로 확인되었다면, '도출된 회귀방정식이 실제 데이터를 얼마나 잘 표현하는가?'에 대한 조건이다.

(1) 회귀분석 실시 가능성에 대한 전제조건

① 독립변수와 종속변수 간 선형성

회귀분석의 근본 목적은 독립변수와 종속변수 간의 선형관계를 찾는 것이다. 따라서 두 변수 간에 선형관계가 존재해야만 회귀분석을 수행할 수 있다.

만약 두 변수 간에 선형관계가 아닌 곡선관계가 존재한다면 회귀분석 자체를 수행할 수가 없다. 이 경우 log, 제곱, 제곱근($\sqrt{\ }$) 등을 통해 선형관계로 변환한 후 회귀분석을 실시하거나, 비선형 회귀분석(non-linear regression) 기법을 사용해야 한다.

선형관계는 산점도를 그려 시각적으로 확인하거나, 상관계수를 통해 간접적으로 판단할 수 있다.

② 종속변수값들의 독립성

앞서 언급했듯이, 회귀분석은 독립변수의 변화에 따라 종속변수가 어떻게 변하는지를 분석하는 것이 목적이다. 하지만 종속변수값들 간에 서로 영향을 주고받는 경우, 즉, 자기상관(autocorrelation)이 존재할 경우에는 독립변수와 종속변수 간의 명확한 선형관계를 추정하기 어렵다.

자기상관은 주로 시간적 연속성을 가지는 자료에서 발생하며, 대표적으로 주가 데이터가 있다. 따라서 회귀분석에 사용되는 데이터의 종속변수값들, 정확히는 회귀분석 결과로 계산된 잔차들은 서로 독립적이어야 한다.

자기상관의 존재 여부는 durbin−watson 검정을 통해 확인한다. 검정통계량을 durbin−watson 지수라 하며, 일반적으로 d라 표현한다. durbinwatson.xlsx 파일에 수록된 d_L과 d_U 값을 기준으로, 유의수준 $\alpha = 0.05$에서 $d_U < d < 4 - d_U$에 해당할 경우, 자기상관이 없는 것으로 판단한다.

반면, 이 범위를 벗어난다면 자기상관이 존재한다고 해석하며, 이 경우에는 회귀분석을 할 수 없으며, 자기상관 발생 원인을 분석한 후, 표본수를 늘리거나 시계열 분석 등 적절한 분석 기법으로 전환해야 한다.

③ 독립변수들 간의 독립성

독립변수가 2개 이상인 다중 회귀분석의 경우, 독립변수들 간에는 서로 상관관계 없이 독립적이어야 한다. 만약 상관관계가 높다면, 독립적인 개념이라기보다 종속적인 개념일 가능성이 높다. 마치 동일한 값을 가진 독립변수를 동시에 2개의 독립변수로 사용하는 것과 같은 이치이다.

'독립변수들 간에 강한 상관관계가 존재하는 것'을 다중공선성(multicollinearity)이라 한다. 다중공선성이 존재할 경우 회귀방정식이 잘못 추정될 가능성이 높고, 설명력 또한 그만큼 감소한다.

그렇다면 다중공선성 존재를 어떻게 판단할까? 기본적인 방법은 상관계수를 확인하는 것이다. 일반적으로 상관계수의 절댓값이 0.6 이상이면 다중공선성을 의심하고, 0.8 이상이면 다중공선성이 존재한다고 판단한다. 하지만 상관계수는 다중공선성을 판단하는데 몇 가지 문제점이 있어, 보조적인 수단으로만 활용해야 한다.

다중공선성을 판단하는 보다 적합한 방법은 분산팽창지수(variance inflation factor, VIF)를 활용하는 것이다. VIF가 1에 가까울수록 다중공선성이 존재하지 않는 것으로 판단하며, 10을 초과하면 존재하는 것으로 본다.

만약 다중공선성이 존재한다면 회귀분석을 그대로 수행할 수 없다. 이 경우 변수 중 일부를 제거하거나, 변수들을 결합하거나, 아니면 다른 분석방법을 선택해야 한다.

(2) 회귀분석 결과의 신뢰성에 대한 전제조건

사용할 데이터가 회귀분석에 적합하다고 판단되었다면, 다음으로는 회귀분석을 통해 도출된 회귀방정식이 해당 데이터를 얼마나 잘 설명하고 있는지를 확인해야 한다. 회귀모형이 데이터를 잘 설명하고 있다면, 회귀분석 결과로 계산된 잔차는 정규분포를 따르며 분산도 동일하게 나타난다.

이러한 2가지 조건은 '모형의 적합성'을 의미하며, 두 조건이 모두 만족할 때 비로소 회귀분석 결과를 신뢰할 수 있다. 만약 이 조건들이 충족되지 않는다면 결과를 신뢰할 수 없으므로, 그 원인을 명확히 파악한 후 적절한 조치를 취해야 한다.

일반적으로 이 두 전제조건이 만족된다는 묵시적인 전제하에 회귀분석을 진행하는 경우가 많다. 하지만 본서에서는 두 조건을 실제로 검정하는 방법을 소개하고자 한다.

① 잔차값들의 정규성

잔차값들의 정규성을 검정하는 방법은 2가지가 있다. 첫째, Q-Q plot을 활용한 시각적인 방법이다. [그림 4-18]의 왼쪽과 같이 잔차값들이 45도 각도의 직선을 따라 분포한다면, 정규분포를 따른다고 판단할 수 있다.

▸ 그림 4-18 **잔차값들의 정규성과 등분산성 그래프**

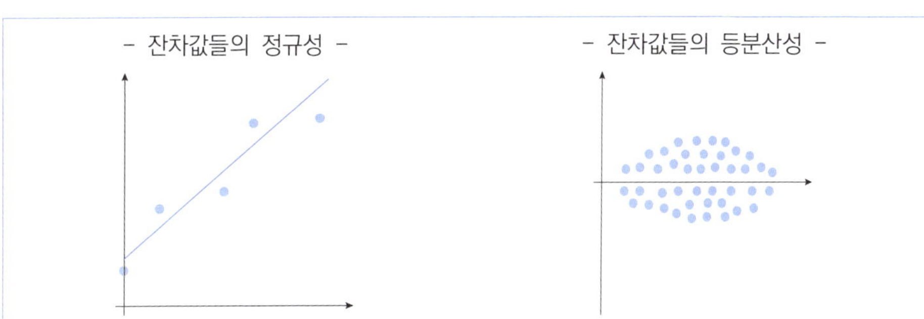

둘째, Shapiro-Wilks 검정을 활용한 통계적인 방법이다. 이때 가설은 다음과 같으며, 유의확률 p-value가 유의수준 $\alpha=0.05$보다 클 경우 귀무가설이 채택되어 정규분포를 따른다고 본다.

> 귀무가설 H_0: 잔차값들은 정규분포다
> 대립가설 H_1: 잔차값들은 정규분포가 아니다

② 잔차값들의 등분산성

잔차값들의 등분산성을 검정하는 방법은 2가지가 있다. 첫째, scale-location plot을 활용한 시각적인 방법이다. [그림 4-19]의 오른쪽과 같이 잔차값들이 특정한 추세, 경향, 주기 없이 무작위로 고르게 분포한다면, 분산이 일정하다고 판단할 수 있다.

둘째, Breusch-Pagon 검정을 활용한 통계적인 방법이다. 이때 가설은 다음과 같으며, 유의확률 p-value가 유의수준 $\alpha=0.05$보다 클 경우 귀무가설이 채택되어 분산이 동일하다고 볼 수 있다.

> 귀무가설 H_0: 잔차값들의 분산은 같다
> 대립가설 H_1: 잔차값들의 분산은 같지 않다

이상으로 회귀분석에 요구되는 전제조건과 각 조건을 검정방법을 정리하면 다음의 [표 4-9]와 [표 4-10]과 같다.

▸ 표 4-9 회귀분석 실시 가능성에 대한 전제조건과 검정방법

전제조건	검정방법	판단기준
독립변수와 종속변수 간 선형성	산점도	직선형태
	상관계수	r의 유의성 p > 0.05
종속변수값들의 독립성	Durbin-Watson 검정	$d_U < d < 4\text{-}d_U$
다중회귀분석 시 독립변수 간 독립성	상관계수	$\lvert r \rvert < 0.6$

▸ 표 4-10 **회귀분석 결과의 신뢰성에 대한 전제조건과 검정방법**

전제조건	검정방법	판단기준
잔차값들의 정규성	Q-Q plot	45도 각도의 직선형태
	Shapiri-Wilks 검정	p > 0.05
잔차값들의 등분산성	scale-location plot	무작위로 고루 분포
	Breusch-Pagon 검정	p > 0.05

3) 분석 예제

예제를 통해 회귀분석을 수행해 본다. 상관분석에서 사용했던 blackice.csv을 bi라는 이름으로 할당한 데이터를 이용한다. 4개의 독립변수 중 하나인 노면온도(temp)와 종속변수 마찰력(friction) 두 변수만 대괄호 [ ]를 사용해 추출한다.

추출된 데이터는 new_bi라는 이름으로 할당하고, head() 함수를 이용해 출력하면, 분석에 필요한 두 변수가 있는 것을 확인할 수 있다.

R 코딩

```
> new_bi <- bi[, c('temp', 'friction')]
> head(new_bi)
```

출력

```
    temp  friction
1    -15       9.0
2    -15      10.8
3     -3      19.7
4    -15      28.5
5      5      35.6
6    -13      44.4
```

Python 코딩

```
In [ ]  new_bi = bi[['temp', 'friction']]
In [ ]  new_bi.head()
```

출력

```
Out[ ]
    temp  friction
0    -15       9.0
```

1	-15	10.8
2	-3	19.7
3	-15	28.5
4	5	35.6

(1) 산점도와 상관계수 확인

회귀분석을 실시하기 앞서, 산점도와 상관계수를 통해 독립변수와 종속변수 간 선형관계와 이상치 존재여부를 확인한다.

① 산점도

산점도는 두 변수 사이의 관계를 시각적으로 표현하는데 효과적인 도구이며, 변수 간 선형관계의 존재여부를 확인하는데 특히 유용하다. R에서는 plot() 함수를, Python에서는 seaborn 패키지의 pairplot() 함수를 사용해 산점도를 그릴 수 있다.

R 코딩

```
> plot(new_bi)
```

출력

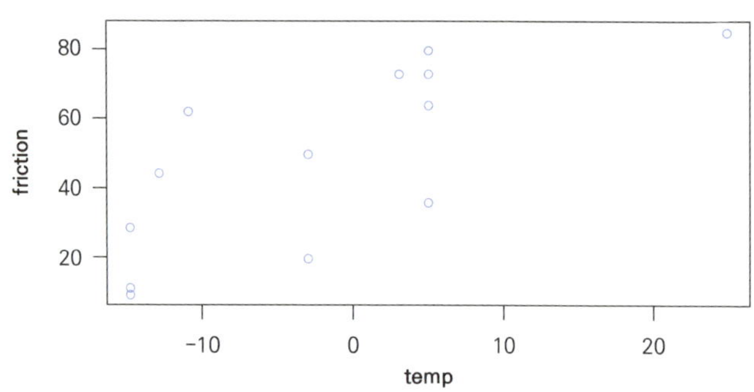

산점도를 통해 확인해 보면, 노면온도가 높아질수록 마찰력도 증가하는 경향이 뚜렷하게 나타난다. 이는 두 변수 간에 양(+)의 선형관계가 존재함을 시사하며, 우상향의 직선 형태의 분포를 보인다.

또한 데이터 점들이 직선으로부터 크게 벗어나지 않기 때문에, 이상치는 존재하지 않는 것으로 판단된다.

Python 코딩	In [ ] sns.pairplot(new_bi)
출력	Out[ ]

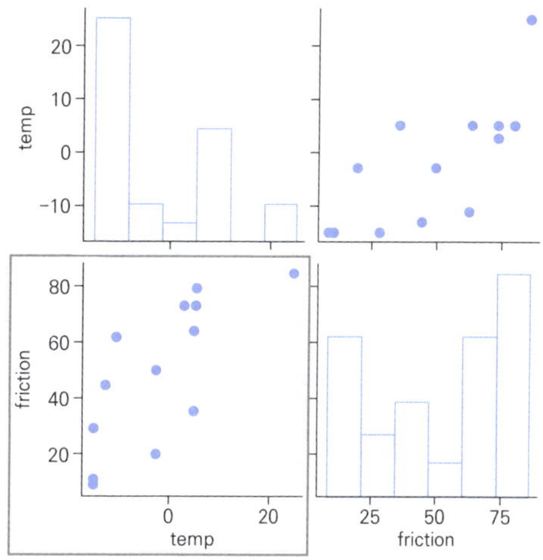

② 상관계수

변수 간 선형 관계의 정도를 수치적으로 확인하기 위해 상관계수를 구한다. 이를 위해 R에서는 cor() 함수를, Python에서는 corr() 함수를 사용한다.

R 코딩	> cor(new_bi)		
출력		temp	friction
	temp	1.0000000	0.7222709
	friction	0.7222709	1.000000

Python 코딩	In [ ] new_bi.corr()		
출력	Out[ ]		
		temp	friction
	temp	1.0000000	0.7222709
	friction	0.7222709	1.000000

노면온도와 마찰력 간 상관계수는 0.7222709로 나타났으며, 이는 일반적 기준으로 해석할 때 상당히 강한 양의 상관관계를 가진다고 할 수 있다.

산점도와 상관계수 두 기준을 통해 간접적으로 선형관계를 확인한 결과, 두 변수 간에는 선형 관계가 존재하는 것으로 판단되며, 회귀분석을 통해 이 관계를 보다 구체적으로 분석할 수 있다.

(2) 회귀분석 실시

회귀분석을 수행해 보면, R에서는 lm() 함수로 모형을 생성한 후, summary() 함수로 결과를 확인한다.

R 함수 사용법

```
lm(y ~ x, data)
```

요인	설명
y	종속변수
x	독립변수. 다중회귀분석의 경우 $x_1+x_2+...+x_n$ 형태로 지정하고 독립변수 모두를 지정할 때 온점(.) 형태로도 가능
data	사용할 데이터

R 코딩

```
> model <- lm(friction ~ temp, new_bi)
> summary(model)
```

출력

```
Call:
lm(formula = friction ~ temp, data = new_bi)

Residuals:
     Min       1Q   Median      3Q      Max
 -31.244  -15.399    0.501  14.445   23.510

Coefficients:
             Estimate  Std. Error  t value   Pr(>|t|)
(Intercept)   55.5773     4.0366   13.768   5.55e-12 ***
```

```
temp            1.5443      0.3227     4.786  9.96e-05 ***
---
Signif. codes:  0 '***' 0.001 '**' 0.01 '*' 0.05 '.' 0.1 ' ' 1

Residual standard error: 18.54 on 21 degrees of freedom
Multiple R-squared:  0.5217, Adjusted R-squared:  0.4989
F-statistic:  22.9 on 1 and 21 DF,  p-value: 9.956e-05
```

Python에서는 statsmodels 패키지 formula.api 모듈에서 ols() 함수를 사용해 회귀모형을 생성하고, fit() 함수로 모형을 적합화한 다음, summary() 함수로 결과를 출력한다.

Python 함수 사용법

statsmodels.formula.api.ols('y ~ x', data)

요인	설명
y	종속변수
x	독립변수. 다중회귀분석의 경우 $x_1+x_2+...+x_n$ 형태로 지정
data	사용할 데이터

Python 코딩

```
In [ ]  from statsmodels.formula.api import ols
In [ ]  model = ols('friction ~ temp', new_bi)
In [ ]  result = model.fit()
In [ ]  result.summary()
```

출력

```
Out[ ]
OLS Regression Results
     Dep. Variable:          friction             R-squared:     0.522
             Model:               OLS        Adj. R-squared:     0.499
            Method:     Least Squares           F-statistic:     22.90
              Date:  Fri,13 Dec 2024   Prob (F-statistic):  9.96e-05
```

```
          Time:        11:18:25    Log-Likelihood:   -98.743
No. Observations:            23               AIC:     201.5
   Df Residuals:             21               BIC:     203.8
       Df Model:              1
Covariance Type:      nonrobust
             coef   std err        t    P>|t|   [0.025   0.975]
Intercept  55.5773    4.037   13.768   0.000   47.183   63.972
temp        1.5443    0.323    4.786   0.000    0.873    2.215

         Omnibus:  4.298         Durbin-Watson:  1.493
   Prob(Omnibus):  0.117      Jarque-Bera (JB):  1.706
            Skew: -0.262              Prob(JB):  0.426
        Kurtosis:  1.773             Cond. No.    13.1
Notes:
[1] Standard Errors assume that the covariance matrix of the
    errors is correctly specified.
```

회귀분석 결과를 해석하기 전에, 이상치 존재 여부와 전제조건 만족 여부를 검정해야 한다. 회귀분석을 먼저 실시하는 이유는, 회귀모형 결과를 바탕으로 이러한 전제조건을 검정할 수 있기 때문이다.

(3) 이상치 검정

앞서 산점도를 통해 이상치가 보이지 않는다는 시각적 판단을 내렸다. 그러나 이는 해석자의 주관이 개입될 수 있으므로, 통계적인 검정을 통해 이상치 여부를 확인하는 것이 바람직하다.

이때 가설은 다음과 같다. 회귀분석 결과로 얻은 표준화된 잔차의 절댓값이 ± 3 이상이면서, 유의확률 p-value가 유의수준 $\alpha = 0.05$보다 작을 경우 대립가설이 채택되어 이상치로 간주한다.

귀무가설 H_0: 이상치가 아니다
대립가설 H_1: 이상치이다

먼저, R에서는 car 패키지 outlierTest() 함수를 사용한다. 이 함수는 표준화된 잔차(rstudent) 값이 가장 큰 하나의 관측치만 출력한다.

R 코딩

```
> library(car)
> outlierTest(model)
```

출력

```
No Studentized residuals with Bonferroni p < 0.05
Largest |rstudent|:
      rstudent   unadjusted p-value   Bonferroni p
3   -1.815366             0.084493             NA
```

'Bonferroni p-value가 0.05보다 작은 표준화된 잔차는 없다'는 메시지와 함께, 가장 큰 잔차값은 3번째 관측치의 -1.815366이며 절댓값이 ±3 미만이다. Bonferroni p-value는 NA인 이유는, 이상치가 없으면 보정이 적용되지 않기 때문이다.

따라서 귀무가설이 채택되어 이상치가 아닌 것으로 판단한다. 가장 큰 잔차도 이상치가 아니므로 그보다 작은 다른 잔차들도 이상치가 아닐 가능성이 높다.

Python에서는 outlier_test() 함수를 사용하며, R과 달리 모든 관측치의 이상치 검정 결과를 제공해 준다. 검정결과를 o_test라는 이름으로 할당한 후 출력하면, 각 관측치에 대한 표준화된 잔차(student_resid), 비보정 p값(unadj_p), 그리고 Bonferroni 보정된 p값(bonf(p))이 함께 출력된다.

Python 코딩

```
In [ ]  o_test = result.outlier_test()
In [ ]  o_test
```

출력

```
Out[ ]
      student_resid     unadj_p   bonf(p)
0         -1.343956    0.194011       1.0
1         -1.232429    0.232081       1.0
2         -1.815366    0.084493       1.0
3         -0.215337    0.831685       1.0
4         -1.602926    0.124627       1.0
  ..................................................... [이하생략]
```

관측치 수가 적을 경우에는 하나하나 눈으로 확인할 수 있지만, 관측치가 많을 경우에는 조건을 부여해 이상치로 의심되는 값만 필터링하는 것이 효율적이다.

이때 loc[ ] 함수를 사용해 Bonferroni 보정된 p-value가 유의수준 $\alpha=0.05$보다 작은 경우만 추출할 수 있다.

Python 코딩	`In [ ] o_test.loc[o_test['bonf(p)']<0.05]`
출력	Out[ ] student_resid unadj_p bonf(p)

조건에 부합하는 관측치가 없어 출력이 '공란'으로 나타났으므로, 모든 관측치가 대립가설을 채택하여 이상치가 아닌 것으로 검정되었다.

(4) 종속변수값들의 독립성 검정

종속변수값들이 서로 독립적이라면 자기상관이 존재하지 않는다. 자기상관 여부를 확인하기 위해서는 잔차에 대한 Durbin-Watson 검정을 수행한다. 이때 R에서는 car 패키지의 durbinWatsonTest() 함수를, Python에서는 statsmodels 패키지 stats.stattools 모듈에 포함된 durbin_watson() 함수를 사용한다.

참고로, 회귀분석 결과로 얻은 잔차는 R에서는 'residuals', Python에서는 'resid'로 제공된다.

R 코딩	`> durbinWatsonTest(model$residuals)`
출력	1.49338

Python 코딩	`In [ ] from statsmodels.stats.stattools import durbin_watson` `In [ ] durbin_watson(result.resid)`
출력	Out[ ] 1.4933796902751049

회귀분석 결과 객체에 포함된 속성들(components)이 무엇인지 확인하고자 할 때, R에서는 names() 함수를, Python에서는 dir() 함수를 사용한다. Python에서는 훨씬 더 많은 속성들이 출력되나, 여기서는 일부만 예시로 제시한다.

R 코딩

```
> names(model)
```

출력

```
 [1] "coefficients"  "residuals"  "effects"  "rank"  "fitted.values"
 [6] "assign"  "qr"  "df.residual"  "xlevels"  "call"
[11] "terms"  "model"
```

Python 코딩

```
In [ ]  dir(result)
```

출력

```
Out[ ]
['HC0_se', 'HC1_se', 'HC2_se', 'HC3_se', 'fittedvalues', 'resid', ......]
```

Durbin－Watson 통계량 $d = 1.49338$로 산출되었으며, 이 값이 유의수준 $\alpha=0.05$에서 $d_U < d < 4-d_U$ 범위에 존재하는지 여부를 검정한다.

durbinwatson.xlsx 파일의 표에서 표본 수 $n=23$, 독립변수의 수 $k=1$일 때, 얻은 $d_U=1.43747$로부터 $4-d_U=2.56253$을 계산할 수 있다.

Durbin－Watson 값 1.49338은 다음 범위에 해당하므로, 귀무가설이 채택되어 잔차 간 자기상관이 존재하지 않으며, 종속변수값들은 독립적인 것으로 판단된다. 따라서 본 데이터는 회귀분석에 적합하다.

$$d_U=1.43747 < d=1.49338 < 4-d_U=2.56253$$

(5) 잔차값들의 정규성 검정

먼저, Q－Q plot을 통해 잔차의 정규성을 시각적으로 검정한다. R에서는 plot() 함수를 사용하면 회귀모형의 진단을 위한 4개의 plot이 순서대로 출력된다.

한 번에 모두 출력되지 않기 때문에, 콘솔창에 나타나는 메시지 '다음 플롯을 보기 위해서는 <Return>키를 치세요' 옆에 커서(cursor)를 두고 Enter 키를 눌러야 다음 plot이 출력된다. 이 중 Normal Q-Q가 정규성 검정이 된다.

R 코딩

```
> plot(model)
```

출력

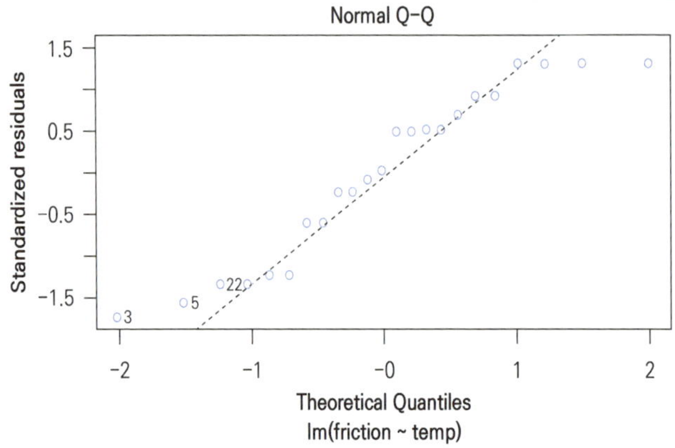

Python에서는 statsmodels 패키지의 api 모듈에 포함된 qqplot() 함수를 사용하여 Q-Q plot을 생성한다.

Python 코딩

```
In [ ]  from statsmodels.api import qqplot
In [ ]  qqplot(result.resid, line='q')
```

출력

Out[ ]

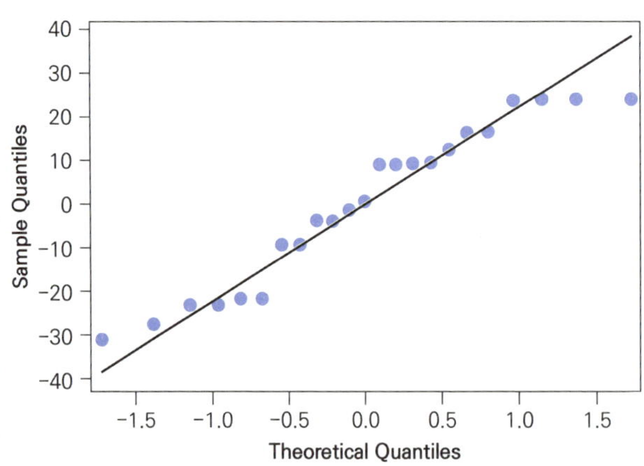

그래프를 살펴보면, 잔차값들이 45도 각도의 직선에 가까운 형태로 분포하고 있어, 정규분포를 따를 가능성이 높아 보인다.

그러나 이러한 시각적 판단은 주관적일 수 있으므로, 이를 통계적으로 검증하기 위해 Shapiro-Wilks 검정을 수행한다. R에서는 shapiro.test() 함수를, Python에서는 scipy 패키지의 stats 모듈에 포함된 shapiro() 함수를 사용한다.

R 코딩	`> shapiro.test(model$residuals)`
출력	Shapiro-Wilk normality test data: model$residuals W = 0.91937, p-value = 0.06458

Python 코딩	In [ ] from scipy.stats import shapiro In [ ] shapiro(result.resid)
출력	Out[ ] ShapiroResult(statistic=0.9193693399429321, pvalue=0.0645812377333641)

두 결과 모두에서 유의확률 p-value=0.06458로 나타났으며, 이는 유의수준 $\alpha=0.05$보다 크다. 따라서 귀무가설이 채택되어, 잔차값들은 정규성을 만족하는 것으로 판단할 수 있다.

(6) 잔차값들의 등분산성 검정

다음으로는 잔차값들이 등분산성을 갖는지 확인한다. 이를 위해 먼저 scale-location plot을 활용해 시각적으로 검토할 수 있다. 이 그래프는 x축에는 예측값(fitted values)을, y축에는 표준화된 잔차의 절댓값의 제곱근을 표시한다.

그래프 상에서 점들이 일정한 폭으로 고르게 퍼져 있다면, 등분산성 가정이 충족되는 것으로 판단할 수 있다.

R에서는 이미 plot() 함수를 사용하면 회귀 진단용 plot 4개가 출력되며, 이 중 Scale-Location plot을 통해 등분산성을 확인한다.

R 코딩	〉plot(model)
출력	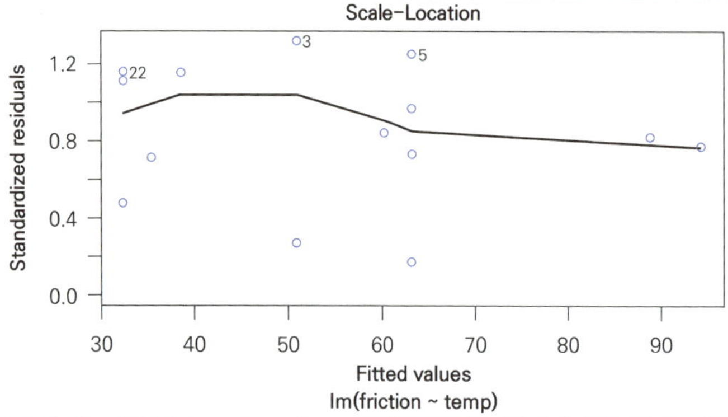

Python에서는 seaborn 패키지의 regplot() 함수를 활용한다.

Python 함수 사용법

seaborn.regplot(x, y, lowess)

요인	설명
y	x축
x	y축
lowess	경향선 추가여부. default는 False

이때 x축인 예측값(fitted values)은 회귀분석 결과의 속성으로 제공되기 때문에 바로 사용 가능하지만, y축인 표준화된 잔차의 절댓값의 제곱근은 다음과 같이 별도로 계산을 해야 한다.

첫째, scipy.stats.zscore() 함수로 잔차를 표준화한다. 둘째, numpy.abs() 함수로 표준화된 잔차의 절댓값을 구한다. 셋째, numpy.sqrt() 함수로 절댓값의 제곱근을 취한다. 마지막으로 seaborn.regplot() 함수로 결과를 출력한다.

Python 코딩

```
In [ ] from scipy.stats import zscore
       sr = zscore(result.resid)
In [ ] import numpy as np
       qrt_sr = np.sqrt(np.abs(sr))
In [ ] sns.regplot(result.fittedvalues, sqrt_sr, lowess=True)
```

출력

Out[ ]

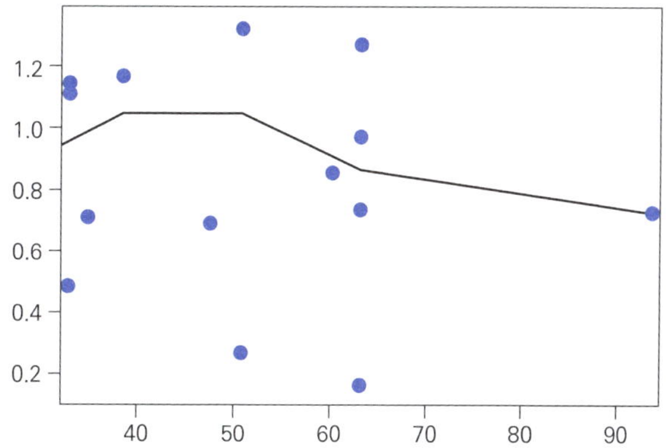

그래프에서 점들이 특정한 추세나 주기 없이 무작위로 고르게 분포하고 있으므로, 분산은 일정한 것으로 보이며 등분산성이 확보된 것으로 판단할 수 있다.

이번에는 Breusch－Pagon 검정으로 통계적인 검정을 한다. 이때 R에서는 lmtest 패키지의 bptest() 함수를 사용한다.

R 코딩

```
> library(lmtest)
> bptest(model)
```

출력

```
        studentized Breusch-Pagan test

data:  model
BP = 1.945, df = 1, p-value = 0.1631
```

Python에서는 statsmodels 패키지의 stats.diagnostic 모듈에 포함된 het_breusch－pagan() 함수를 사용하며, 함수 사용법은 다음과 같다.

Python 함수 사용법

statsmodels.stats.diagnostic.het_breuschpagan(resid, exog_het)

요인	설명
resid	회귀분석 모형의 잔차(resid)
exog_het	독립변수 행렬(model.exog)

Python 코딩

```
In [ ] from statsmodels.stats.diagnostic import
        het_breuschpagan
In [ ] het_breuschpagan(result.resid, result.model.exog)
```

출력

```
Out[ ]
(1.944993989198589,    ❶
 0.16312731895665566,  ❷
 1.9399127101752691,   ❸
 0.17824955123369018)  ❹
```

참고로 het_breuschpagan() 함수는 ❶ 검정통계량, ❷ 검정통계량에 대한 p-value, ❸ F-검정통계량, ❹ F-검정통계량에 대한 p-value 등 4가지 값을 제공한다.

검정 결과, 유의확률 p-value=0.1631으로 나타났으며, 이는 유의수준 α =0.05보다 큰 값이다. 따라서 귀무가설이 채택되어 잔차의 분산은 동일하다고 판단할 수 있다, 즉 등분산성 가정이 확보되었다고 해석된다.

결론적으로, 잔차값들에 대해 정규성과 등분산성을 각각 시각적 방법과 통계적 검정을 통해 확인한 결과, 2가지 전제조건이 모두 만족된 것으로 나타났다. 이러한 조건들이 충족되었기 때문에, 도출된 회귀모형은 데이터에 적합한 모형으로 판단된다. 따라서 이 회귀식을 통해 변수 간의 관계를 설명하거나 예측에 활용하더라도 결과를 신뢰할 수 있다.

(7) 결과 해석

전제조건이 모두 만족되었으므로, 앞서 도출한 회귀분석 결과를 기반으로 해석을 진행할 수 있다. 이때 회귀계수의 유의성, 변수 간 관계의 방향성, 예측력 등을 종합적으로 고려하여 해당 모형의 실질적 의미와 활용 가능성을 평가하게 된다.

R 코딩

```
> model <- lm(friction ~ temp, new_bi)
> summary(model)
```

출력

```
Call:
lm(formula = friction ~ temp, data = new_bi)

Residuals:
    Min       1Q   Median       3Q      Max
-31.244  -15.399    0.501   14.445   23.510

Coefficients:
            Estimate    Std. Error   t value    Pr(>|t|)
(Intercept) 55.5773       4.0366     13.768     5.55e-12***
temp         1.5443 ❹     0.3227      4.786     9.96e-05*** ❸
---
Signif. codes:  0 '***' 0.001 '**' 0.01 '*' 0.05 '.' 0.1 ' ' 1

Residual standard error: 18.54 on 21 degrees of freedom
Multiple R-squared:  0.5217,  Adjusted R-squared:  0.4989 ❷
F-statistic:  22.9 on 1 and 21 DF,  p-value: 9.956e-05 ❶
```

Python 코딩

```
In [ ]  from statsmodels.formula.api import ols
In [ ]  model = ols('friction ~ temp', new_bi)
In [ ]  result = model.fit()
In [ ]  result.summary()
```

출력

```
Out[ ]
OLS Regression Results
```

Dep. Variable:	friction	❷ R-squared:	0.522
Model:	OLS	Adj. R-squared:	0.499
Method:	Least Squares	❶ F-statistic:	22.90
Date:	Fri,13 Dec 2024	Prob (F-statistic):	9.96e-05
Time:	11:18:25	Log-Likelihood:	-98.743
No. Observations:	23	AIC:	201.5
Df Residuals:	21	BIC:	203.8
Df Model:	1		
Covariance Type:	nonrobust		

	coef	std err	t	P>|t|	[0.025	0.975]
Intercept	55.5773	4.037	13.768	0.000	47.183	63.972
temp	1.5443 ❹	0.323	4.786	0.000 ❸	0.873	2.215

Omnibus:	4.298	Durbin-Watson:	1.493
Prob(Omnibus):	0.117	Jarque-Bera (JB):	1.706
Skew:	-0.262	Prob(JB):	0.426
Kurtosis:	1.773	Cond. No.	13.1

Notes:
[1] Standard Errors assume that the covariance matrix of the errors is correctly specified.

회귀모형 해석은 크게 '전체 회귀모형에 관한 사항'과 '독립변수에 관한 사항'으로 나눌 수 있다.

① 전체 회귀모형에 관한 사항

전체 회귀모형에 관한 사항은 회귀모형의 유의성과 회귀모형의 설명력으로 나눌 수 있다.

첫째, 회귀모형이 얼마나 잘 만들어졌는지를 판단하는 회귀모형의 유의성이다. 회귀모형이 관계를 설명하거나 예측할 수 있어야만 실질적으로 유용하게 활용될 수 있다. 이를 판단하기 위해 다음과 같은 가설을 설정하여 검정한다.

귀무가설 H_0: 회귀모형은 유의하지 않다
대립가설 H_1: 회귀모형은 유의하다

검정결과, ❶에서 유의확률 p−value=9.956e−05로 유의수준 α=0.05보다 작게 나타났다. 따라서 대립가설이 채택되어 회귀모형은 유의한 것으로 검정되었다.

둘째, 회귀모형이 전체 현상을 얼마나 잘 설명하는지를 나타내는 회귀모형의 설명력이다. ❷에서와 같이 R^2=0.522, adjusted R^2= 0.499로 나타나, 이 회귀모형은 전체 현상의 52.2%, 49.9%를 각각 설명한다 할 수 있다.

② 독립변수에 관한 사항

독립변수에 관한 사항은 독립변수의 유의성과 독립변수의 영향력으로 나눌 수 있다.

첫째, 독립변수가 종속변수에 영향을 미치는지 여부를 판단하는 독립변수의 유의성이다. ❸에서와 같이 유의확률 p−value=0.000으로 유의수준 α=0.05보다 작게 나타나, 독립변수는 종속변수에 영향을 미친다($\beta_1 \neq 0$)는 대립가설이 채택되었다. 따라서 독립변수의 유의성은 확보된 것으로 판단할 수 있다.

둘째, 독립변수가 종속변수에 영향을 미치는 방향과 정도를 의미하는 독립변수의 영향력이다. 이는 독립변수가 한 단위 증감할 때 종속변수가 얼마나, 어떤 방향(−, +)으로 변화하는지를 나타낸다.

❹에서 회귀계수 β_1=1.5443으로 나타났으며, 이는 정(+)의 방향으로 1.5443만큼 영향을 미친다는 의미이다. 즉, 노면온도가 1°C 증가할 때 마찰력은 1.5443만큼 증가한다고 해석할 수 있다.

회귀분석으로 도출된 노면온도와 마찰력 간 관계는 다음과 같은 회귀모형으로 표현된다.

마찰력 = 55.5773 + 1.5443노면온도

(8) 회귀모형을 활용한 예측

회귀모형을 활용하면 노면온도가 새로운 값을 가질 때 마찰력이 얼마나 되는지 예측할 수 있다. 예를 들어, 노면온도가 -3°C, 0°C, 2°C인 3가지 경우를 가정한다.

우선, 이 값을 포함한 새로운 온도 데이터를 생성하여 new_x라는 이름으로 할당하고 출력하면, 데이터가 잘 생성되어 있음을 확인할 수 있다. 이때 새로운 데이터는 반드시 data frame 형태여야 한다는 점에 유의해야 한다.

R 코딩

```
> new_x = data.frame(temp=c(-3, 0, 2))
> new_x
```

출력

```
     temp
1      -3
2       0
3       2
```

Python 코딩

```
In [ ]  new_x = pd.DataFrame({'temp' : [-3, 0, 2]})
In [ ]  new_x
```

출력

```
Out[ ]
      temp
0       -3
1        0
2        2
```

예측을 위해 R에서는 predict() 함수를 사용하며, 함수 사용법은 다음과 같다.

R 함수 사용법

predict(model, new_data, interval, level)

요인	설명
model	회귀분석 결과로 얻은 회귀모형
new_data	예측을 수행할 새로운 독립변수 데이터
interval	추정방식. 'none'은 점추정, 'confidence'는 구간추정, 'prediction'은 오차까지 감안한 구간추정(default는 'none')
level	신뢰수준. default는 0.95

interval의 3가지 옵션을 각각 실행해 결과를 확인한다.

먼저 interval='none'으로 지정하면 점추정이 수행되어 각 경우에 대해 하나의 예측값만 산출된다. 예를 들어, -3°C 일 때 마찰력은 50.94437로 예측된다.

R 코딩
```
> predict(model, new_x, interval = 'none')
```
출력
```
       1        2        3
50.94437 55.57734 58.66599
```

다음으로 interval='confidence'를 지정한다. 이때 fit은 점추정 값, lwr는 구간추정의 하한, upr은 구간추정의 상한을 의미한다. 예를 들어 -3°C일 때 마찰력은 50.94437로 예측되며, 이 값이 42.89631 ~ 58.99243 사이에 존재할 확률은 95%라 할 수 있다.

R 코딩
```
> predict(model, new_x, interval = 'confidence')
```
출력
```
       fit      lwr      upr
1 50.94437 42.89631 58.99243
2 55.57734 47.18275 63.97193
3 58.66599 49.79067 67.54130
```

마지막으로 interval='prediction'으로 지정하면, 오차까지 감한한 예측이 이루어진다. 따라서 confidence 보다 더 넓은 범위를 갖는다.

예를 들어 -3°C 일 때 마찰력 값은 50.94437로 예측되며 이 값이 11.56577 ~ 90.32297에 존재할 확률은 95%라고 해석할 수 있다.

R 코딩
```
> predict(model, new_x, interval = 'prediction')
```
출력
```
       fit      lwr      upr
1 50.94437 11.56577 90.32297
2 55.57734 16.12646 95.02822
3 58.66599 19.11003 98.22194
```

Python을 활용해 예측해 본다. Python에서는 get_prediction() 함수를 사용해 예측하고, 이어서 summary_frame() 함수를 통해 결과를 출력한다.

R과 달리 Python에서는 interval을 개별적으로 지정하지 않아도 3가지 추정 방식의 결과가 모두 포함되어 출력된다.

Python 함수 사용법

```
model.get_prediction(new_data).summary_frame(alpha)
```

요인	설명
model	회귀분석 결과로 얻은 회귀모형
new_data	예측을 수행할 새로운 독립변수 데이터
alpha	신뢰수준. default는 0.95

Python 코딩

```
In [ ] result.get_prediction(new_x).summary_frame()
```

출력

Out[ ]

	mean	mean_se	mean_ci_lower	mean_ci_upper	obs_ci_lower	obs_ci_upper
0	50.944371	3.869979	42.896308	58.992434	11.565774	90.322967
1	55.577340	4.036610	47.182749	63.971931	16.126463	95.028217
2	58.665987	4.267769	49.790675	67.541299	19.110030	98.221944

mean은 점추정을 통해 예측된 값이다. mean_ci_lower와 mean_ci_upper는 각각 구간추정의 하한과 상한을 의미하며, obs_ci_lower와 obs_ci_upper는 예측 구간의 하한과 상한으로 오차까지 감안한 보다 넓은 범위를 나타낸다.

비록 R과 Python은 출력 형식에 차이가 있지만, 결과를 해석하는 방법은 같다.

▸ 그림 4-19 **단순 회귀분석 절차**

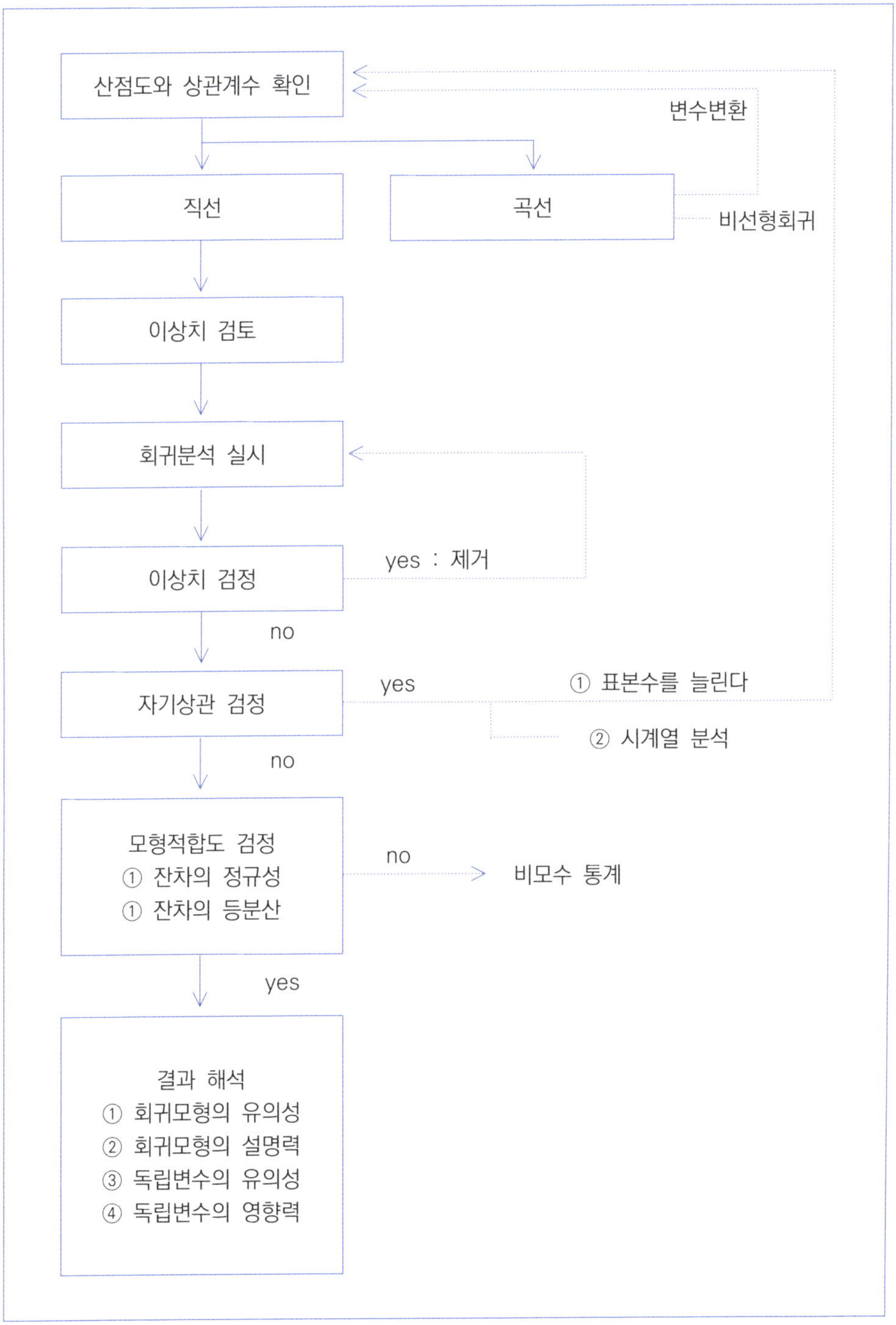

2. 다중 선형회귀

회귀분석의 목적은 원인이 되는 독립변수가 결과가 되는 종속변수에 미치는 영향관계를 파악하는데 있다. 이때 결과에 영향을 주는 원인이 하나가 아니라 2개 이상인 경우가 일반적이다.

이처럼 2개 이상의 독립변수를 사용하는 분석방법을 다중 회귀분석이라 하며, 독립변수가 n개일 경우 회귀모형은 $y=\beta_0+\beta_1 x_1+\beta_2 x_2+\ldots+\beta_n x_n+\varepsilon$으로 표현된다.

다중 회귀분석은 기본 개념 면에서는 단순 회귀분석과 유사하지만, 몇 가지 중요한 차이점이 존재한다. 이들의 공통점과 차이점은 [표 4-11]에 정리되어 있다.

▸ 표 4-11 **단순 회귀분석과 다중 회귀분석**

단순 회귀분석	구분	다중 회귀분석
1개	(독립변수의 수)	2개 이상
1개	(종속변수의 수)	1개
$y=\beta_0+\beta_1 x_1+\varepsilon$	(회귀모형)	$y=\beta_0+\beta_1 x_1+\beta_2 x_2+\ldots+\beta_n x_n+\varepsilon$
	(전제조건)	
만족	독립변수와 종속변수 간 선형성	만족
만족	종속변수값들의 독립성	만족
해당 없음	독립변수들 간 독립성	만족
만족	잔차값들의 정규성	만족
만족	잔차값들의 등분산	만족
	(결과해석)	
F-statistic의 p < 0.05	회귀모형의 유의성	F-statistic의 p < 0.05
R^2 또는 adjusted R^2	회귀모형의 설명력	R^2 또는 adjusted R^2
p < 0.05이면 $\beta_1 \neq 0$	독립변수의 유의성	p < 0.05이면 $\beta_i \neq 0$
크기와 방향	독립변수의 영향력	크기와 방향

앞서 상관분석에 사용했던 blackice.csv을 bi라는 이름으로 할당한 데이터를 다시 이용하여 다중 회귀분석을 실시한다.

1) 산점도와 상관계수 확인

다중 회귀분석을 실시하기 전에, 산점도와 상관계수를 통해 독립변수와 종속변수 간 선형성 여부, 이상치 존재 여부, 그리고 독립변수들 간 독립성 여부 등 3가지 사항을 먼저 확인한다.

(1) 산점도

산점도는 R에서는 plot() 함수를, Python에서는 seaborn 패키지의 pairplot() 함수를 사용하여 변수 간 관계를 행렬 형태로 시각화할 수 있다.

R 코딩

```
> plot(bi)
```

출력

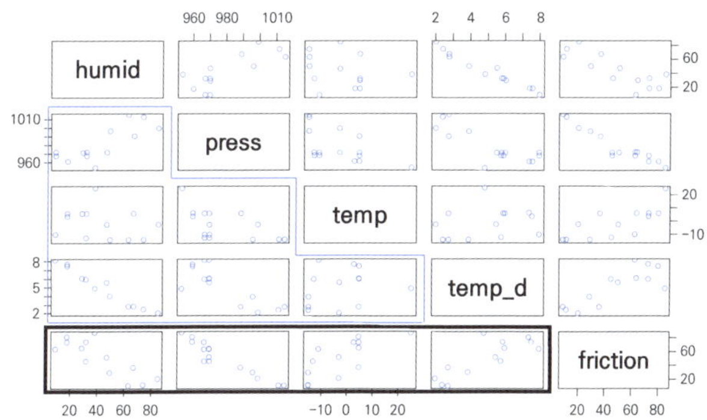

첫째, 검정색 박스로 표시된 4개의 독립변수와 종속변수 간 산점도를 통해 선형관계 및 이상치 존재 여부를 개략적으로 판단한다. 4개 모두 어느 정도 직선 형태가 나타나 회귀분석이 가능한 것으로 보인다. 또한, 직선으로부터 멀리 떨어진 점이 없어 이상치도 존재하지 않는 것으로 보인다.

둘째, 파란색 박스로 표시된 4개의 독립변수 간 산점도를 통해 다중공선성 존재 여부를 개략적으로 판단한다. 노면습도와 온도차이 간에는 직선 형태가 강하게 나타나 다중공선성이 의심된다.

Python 코딩	In [ ] sns.pairplot(bi)
출력	Out[ ]

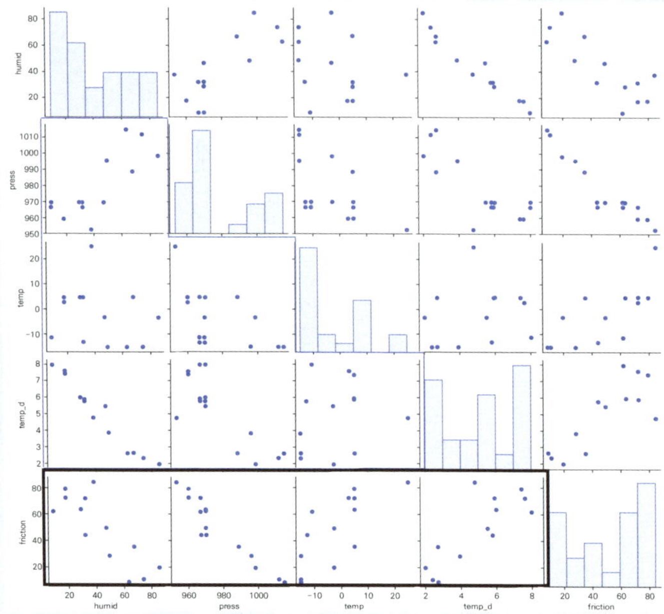

(2) 상관계수

앞서 산점도를 통해 시각적으로 판단한 변수 간 관계를 상관계수를 산출하여 수치적으로 보다 명확하게 확인한다. 이를 위해 R에서는 cor() 함수를, Python에서는 corr() 함수를 사용한다.

R 코딩

```
> cor(bi)
```

출력

	humid	press	temp	temp_d	friction
humid	1.0000000	0.7930108	-0.1659806	-0.9815734	-0.7856986
press	0.7930108	1.0000000	-0.6433643	-0.7964517	-0.9620644
temp	-0.1659806	-0.6433643	1.0000000	0.1460701	0.7222709
temp_d	-0.9815734	-0.7964517	0.1460701	1.0000000	0.7771070
friction	-0.7856986	-0.9620644	0.7222709	0.7771070	1.0000000

Python 코딩	In [ ] bi.corr()
출력	Out[ ]

	humid	press	temp	temp_d	friction
humid	1.0000000	0.7930108	-0.1659806	-0.9815734	-0.7856986
press	0.7930108	1.0000000	-0.6433643	-0.7964517	-0.9620644
temp	-0.1659806	-0.6433643	1.0000000	0.1460701	0.7222709
temp_d	-0.9815734	-0.7964517	0.1460701	1.0000000	0.7771070
friction	-0.7856986	-0.9620644	0.7222709	0.7771070	1.0000000

첫째, 독립변수와 종속변수 간 상관관계를 보면, 마찰력을 기준으로 노면습도(-0.7856986), 대기압(-0.9620644)과는 음의 상관관계가 있으며, 노면온도(0.7222709), 온도차이(0.7771070)와는 양의 상관관계가 존재하는 것을 확인할 수 있다. 이와 같이 상관관계가 높을 경우, 다중회귀분석에서 해당 독립변수들이 종속변수에 유의한 영향을 미칠 가능성이 높다.

둘째, 독립변수 간 상관관계를 보면, 노면습도와 대기압(0.7930108), 노면습도와 온도차이(-0.9815734), 대기압과 온도차이(-0.7964517)의 상관계수가 상당히 높게 나타났다. 이는 다중공선성이 존재할 가능성이 높다는 것을 의미하기 때문에 추후 분산팽창지수(VIF)를 통해 반드시 확인해야 한다.

2) 회귀분석 실시

회귀분석을 실제로 실시해 보면, R에서는 lm() 함수를 이용해 회귀모형을 생성한 다음, 그 결과를 summary() 함수로 출력한다.

R 코딩

```
> model <- lm(friction ~ humid + press + temp + temp_d, bi)
> summary(model)
```

출력

```
Call:
lm(formula = friction ~ humid + press + temp + temp_d, data = bi)

Residuals:
    Min      1Q  Median      3Q     Max
-3.6497 -1.7270 -0.9719  2.0569  6.2179

Coefficients:
            Estimate Std. Error t value Pr(>|t|)
(Intercept) 280.2475   118.4483   2.366   0.0294 *
humid        -0.2814     0.1547  -1.820   0.0855 .
press        -0.2405     0.1158  -2.077   0.0524 .
temp          1.0989     0.1198   9.175  3.3e-08 ***
temp_d        3.7891     1.9074   1.987   0.0624 .
---
Signif. codes:  0 '***' 0.001 '**' 0.01 '*' 0.05 '.' 0.1 ' ' 1

Residual standard error: 3.212 on 18 degrees of freedom
Multiple R-squared:  0.9877,Adjusted R-squared:  0.985
F-statistic: 361.1 on 4 and 18 DF,  p-value: < 2.2e-16
```

Python에서는 statsmodels 패키지의 ols() 함수로 회귀모형을 정의하고 fit() 함수로 적합시킨 후, summary() 함수를 통해 결과를 출력한다.

Python 코딩

```
In [ ]  model = ols('friction ~ humid + press + temp + temp_d', bi)
In [ ]  result = model.fit()
In [ ]  result.summary()
```

출력

```
Out[ ]
OLS Regression Results
        Dep. Variable:        friction          R-squared:   0.988
               Model:              OLS     Adj. R-squared:   0.985
              Method:    Least Squares         F-statistic:   361.1
```

```
               Date: Fri,13 Dec 2024   Prob (F-statistic):  9.96e-05
               Time:        11:18:25      Log-Likelihood:   -56.654
   No. Observations:              23                 AIC:     123.3
       Df Residuals:              18                 BIC:     129.0
           Df Model:               4
    Covariance Type:       nonrobust

                 coef   std err        t   P>|t|   [0.025    0.975]
Intercept    280.2475   118.448    2.366   0.029   31.397   529.098
humid         -0.2814     0.155   -1.820   0.085   -0.606     0.043
press         -0.2405     0.116   -2.077   0.052   -0.484     0.003
temp           1.0989     0.120    9.175   0.000    0.847     1.351
temp_d         3.7891     1.907    1.987   0.062   -0.218     7.796

       Omnibus:  2.673          Durbin-Watson:      2.589
Prob(Omnibus):  0.263       Jarque-Bera (JB):      2.144
          Skew:  0.727               Prob(JB):      0.342
      Kurtosis:  2.652              Cond. No.   1.73e+05

Notes:
[1] Standard Errors assume that the covariance matrix of the
    errors is correctly specified.
[2] The condition number is large, 1.73e+05. This might indicate
    that there are strong multicollinearity or other numerical
    problems.
```

3) 이상치 검정

앞서 산점도를 통해 이상치가 없어 보였으나, 통계적인 방법으로 이를 검정해 본다. 먼저, R의 car 패키지에서 제공하는 outlierTest() 함수를 사용하면 표준화된 잔차를 기준으로 이상치를 검정할 수 있다.

R 코딩	> outlierTest(model)
출력	No Studentized residuals with Bonferroni p < 0.05 Largest |rstudent|: rstudent unadjusted p-value Bonferroni p 10 2.211823 0.04096 0.94208

검정 결과, 'Bonferroni p-value가 0.05보다 작은 표준화된 잔차는 없다'는 메시지와 함께, 표준화된 잔차값이 가장 큰 10번째 관측치는 2.211823이고 Bonferroni p-value는 0.94208로 나타났다.

이는 표준화된 잔차의 절댓값이 ±3보다 작고, Bonferroni p-value가 유의수준 $\alpha=0.05$보다 크므로 귀무가설이 채택되어 해당 관측치는 이상치가 아닌 것으로 검정되었음을 의미한다. 또한 가장 큰 잔차를 가진 관측치가 조차 이상치가 아니므로, 그보다 잔차가 작은 나머지 관측치들 역시 이상치가 아닌 것으로 판단할 수 있다.

다음은 Python에서는 outlier_test() 함수와 loc[ ] 함수를 조합해 Bonferroni p-value가 유의수준보다 작은 관측치를 필터링할 수 있다.

Python 코딩	In [ ] b_test = result.outlier_test() In [ ] b_test.loc[b_test['bonf(p)']<0.05]
출력	Out[ ] student_resid unadj_p bonf(p)

그 결과, 조건에 맞는 관측치가 없어 '공란'으로 출력되었고, 이는 모든 관측치의 p-value가 유의수준 $\alpha=0.05$보다 크다는 의미이다. 따라서 귀무가설이 채택되어 이상치는 없는 것으로 판단된다.

4) 독립변수들 간의 독립성

앞서 노면습도와 대기압, 노면습도와 온도차이, 대기압과 온도차이 간의 상관계수가 높게 나타나 이들 변수 간 다중공선성이 의심되었다. 따라서 VIF를 활용하여 다중공선성 존재 여부를 판단한다.

R에서는 car 패키지의 vif() 함수에 회귀모형을 포함시켜 4개의 독립변수에 대한 VIF를 확인할 수 있다.

R 코딩

```
> vif(model)
```

출력

```
     humid      press       temp     temp_d
 27.792537  12.220779   4.588563  34.358814
```

다음은 Python을 활용해 VIF를 산출해 본다. statsmodels 패키지의 stats.outliers_influence 모듈에 포함된 variance_inflation_factor() 함수를 이용하며, R과 달리 Python에서는 모든 독립변수의 VIF를 한 번에 출력하지 않고 각 변수별로 개별 산출해야 한다.

Python 함수 사용법

```
statsmodels.stats.outliers_influence.variance_inflation_factor(model.exog, exog_idx)
```

요인	설명
model	ols() 함수로 생성한 회귀모형의 이름
exog_idx	독립변수 인덱스

Python 코딩

```
In [ ]  from statsmodels.stats.outliers_influence import
        variance_inflation_factor
In [ ]  variance_inflation_factor(model.exog, 1)
```

출력

```
Out[ ]
27.79253705888
```

Python 코딩

```
In [ ]  variance_inflation_factor(model.exog, 2)
```

출력

```
Out[ ]
12.220778663588371
```

Python 코딩

```
In [ ]  variance_inflation_factor(model.exog, 3)
```

출력

```
Out[ ]
4.5885631069018
```

Python 코딩

```
In [ ]  variance_inflation_factor(model.exog, 4)
```

출력

```
Out[ ]
34.35881381147048
```

VIF는 노면습도 27.79, 대기압 12.22, 노면온도 4.58, 온도차이 34.35로 나타났다. 이 중 기준치인 10을 초과하는 변수들이 있으므로 다중공선성이 존재함을 확인할 수 있다. 특히 온도차이와 노면습도의 VIF가 가장 높아 이들 간의 다중공선성이 강하게 의심된다.

이에 따라 VIF가 더 큰 온도차이 변수를 제거하고, 나머지 노면습도, 대기압, 노면온도 3개의 독립변수만을 포함하여 회귀분석을 다시 수행한 뒤, 다중공선성 존재여부를 재검토한다.

R 코딩

```
> new_model <- lm(friction ~ humid + press + temp, bi)
> summary(new_model)
```

출력

```
Call:
lm(formula = friction ~ humid + press + temp, data = bi)

Residuals:
       Min        1Q    Median        3Q       Max
```

```
-3.9778   -2.8441    0.0135    2.3861    6.3748

Coefficients:
             Estimate   Std. Error   t value    Pr(>|t|)
(Intercept)  410.2808   106.0983     3.867     0.00104 **
humid         -0.5540     0.0767    -7.223    7.38e-07 ***
press         -0.3425     0.1116    -3.070     0.00630 **
temp           0.9971     0.1163     8.571    5.93e-08 ***
---
Signif. codes:  0 '***' 0.001 '**' 0.01 '*' 0.05 '.' 0.1 ' ' 1

Residual standard error: 3.452 on 19 degrees of freedom
Multiple R-squared:  0.985,  Adjusted R-squared:  0.9826
F-statistic: 415.6 on 3 and 19 DF,  p-value: < 2.2e-16
```

R 코딩

```
> vif(new_model)
```

출력

```
   humid      press       temp
5.918134   9.819596   3.747631
```

Python 코딩

```
In [ ]  new_model = ols('friction ~ humid + press + temp', bi)
In [ ]  new_result = new_model.fit()
In [ ]  new_result.summary()
```

출력

```
Out[ ]
OLS Regression Results
    Dep. Variable:          friction          R-squared:      0.985
            Model:               OLS      Adj. R-squared:      0.983
           Method:     Least Squares         F-statistic:      415.6
             Date:  Fri,13 Dec 2024   Prob (F-statistic):   1.70e-17
             Time:          11:18:25      Log-Likelihood:    -58.934
No. Observations:                23                 AIC:      125.9
     Df Residuals:                19                 BIC:      130.4
         Df Model:                 3
  Covariance Type:         nonrobust
```

	coef	std err	t	P>|t|	[0.025	0.975]
Intercept	410.2808	106.098	3.867	0.001	188.214	632.347
humid	-0.5540	0.077	-7.223	0.000	-0.715	-0.393
press	-0.3425	0.112	-3.070	0.006	-0.576	-0.109
temp	0.9971	0.116	8.571	0.000	0.754	1.241

Omnibus:	1.734	Durbin-Watson:	2.153
Prob(Omnibus):	0.420	Jarque-Bera (JB):	1.430
Skew:	0.457	Prob(JB):	0.489
Kurtosis:	2.191	Cond. No.	1.44e+05

Notes:

[1] Standard Errors assume that the covariance matrix of the errors is correctly specified.

[2] The condition number is large, 1.44e+05. This might indicate that there are strong multicollinearity or other numerical problems.

Python 코딩

```
In [ ] variance_inflation_factor(new_model.exog, 1)
```

출력

```
Out[ ]
5.918134358994028
```

Python 코딩

```
In [ ] variance_inflation_factor(new_model.exog, 2)
```

출력

```
Out[ ]
9.81959644149555
```

Python 코딩

```
In [ ] variance_inflation_factor(new_model.exog, 3)
```

출력

```
Out[ ]
3.7476307820155728
```

노면습도, 대기압, 노면온도로 구성된 새로운 회귀모형의 다중공선정 여부를 판단하기 위해 VIF를 산출한 결과, 노면습도 5.92, 대기압 9.82, 노면온도 3.75로 모두 기준치인 10 미만으로 나타났다.

이에 따라 독립변수 간 다중공선성 문제는 없어 상호 독립성이 확보되었으므로 회귀분석을 수행할 수 있다.

5) 종속변수값들의 독립성 검정

종속변수의 잔차 간 자기상관 여부를 판단하기 위해 Durbin−Watson 검정을 실시하였다. R에서는 car 패키지의 durbinWatsonTest() 함수를, Python에서는 statsmodels.stats.stattools 모듈의 durbin_watson() 함수를 사용하였다.

R 코딩	> durbinWatsonTest(new_model$residuals)
출력	2.153009

Python 코딩	In [ ] durbin_watson(new_result.resid)
출력	Out[ ] 2.1530086755665705

Durbin−Watson 통계량 d는 2.153009로 산출되었다. durbinwatson.xlsx 파일을 보면, 유의수준 $\alpha=0.05$에서 표본 수 $n=23$, 독립변수의 수 $k=3$인 경우, $d_U=1.65974$이므로, 이를 활용하여 $4-d_U=2.34026$을 계산할 수 있다.

$$d_U=1.65974 < d=2.153009 < 4-d_U=2.34026$$

이에 따라, 위의 부등식이 성립하므로 잔차 간에 자기상관이 없다는 귀무가설이 채택된다. 즉, 잔차값들은 서로 독립적이라고 판단되며, 회귀분석을 진행하는데

문제가 없다.

6) 잔차값들의 정규성 검정

잔차값들의 정규성을 확인하기 위해 Q–Q plot과 Shapiro–Wilk 검정을 실시한다. 시각적 검정을 위해 R의 plot() 함수와 Python의qqplot() 함수를 이용하여 Q–Q plot을 그린다.

R 코딩

```
> plot(new_model)
```

출력

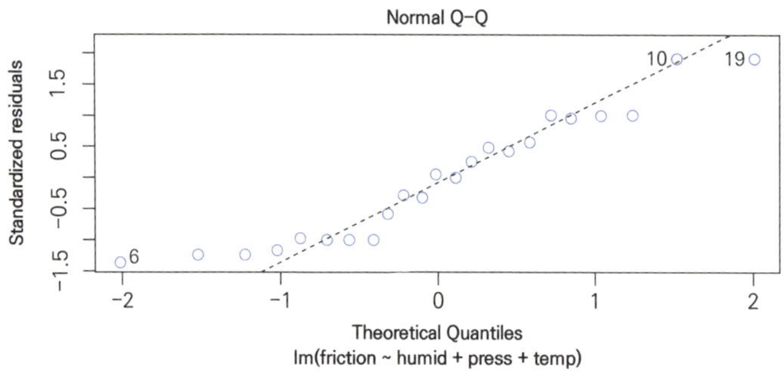

Python 코딩

```
In [ ]  qqplot(new_result.resid, line='q')
```

출력

Out[ ]

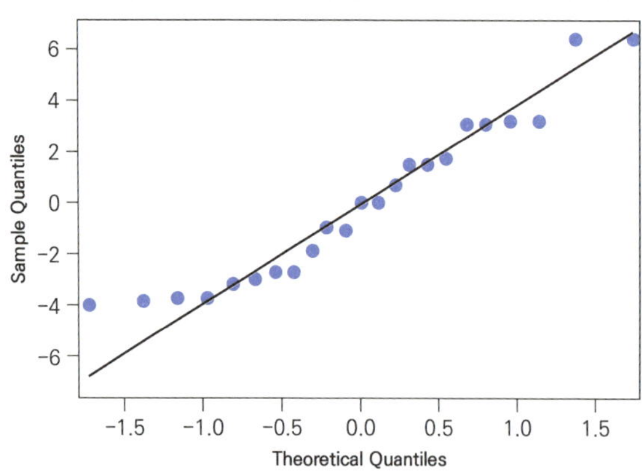

그 결과, 점들이 45도 직선을 따라 분포하는 양상을 보여 정규분포를 따를 가능성이 있음을 시사한다.

이어서 Shapiro-Wilks 검정을 통해 정규성을 통계적으로 검정한다. R에서는 shapiro.test() 함수를, Python에서는 scipy 패키지 stats 모듈의 shapiro() 함수를 사용한다.

R 코딩	> shapiro.test(new_model$residuals)
출력	Shapiro-Wilk normality test data: new_model$residuals W = 0.92083, p-value = 0.06939

Python 코딩	In [ ] shapiro(new_result.resid)
출력	Out[ ] ShapiroResult(statistic=0.9208256602287292, pvalue=0.0693899616599083)

분석 결과, 유의확률 p-value=0.06939로 나타나 유의수준 $\alpha=0.05$보다 크므로, 귀무가설이 채택되어 잔차값들은 정규분포를 따른다고 판단할 수 있다.

7) 잔차값들의 등분산성 검정

먼저, scale-location plot을 활용하여 잔차값들의 등분산성을 시각적으로 확인한다. R에서는 이미 plot() 함수 실행 시 자동으로 생성되는 그래프 중 Scale-Location plot을 통해 확인할 수 있고, Python에서는 seaborn 패키지의 regplot() 함수를 이용해 잔차의 표준화 절댓값의 제곱근을 종속 축으로 설정하여 시각화한다.

R 코딩

```
> plot(model)
```

출력

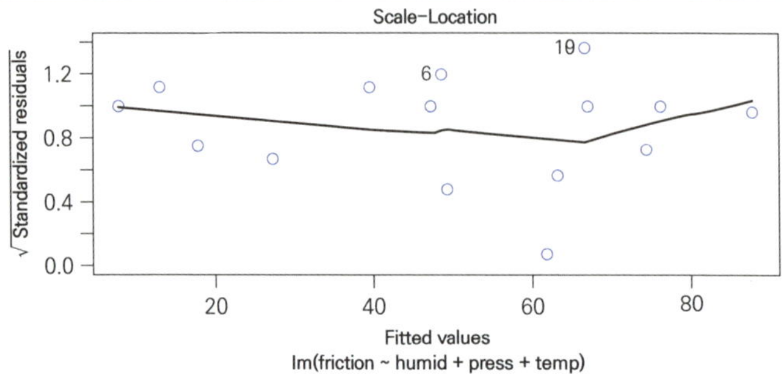

Python 코딩

```
In [ ] sr = zscore(new_result.resid)
In [ ] sqrt_sr = np.sqrt(np.abs(sr))
In [ ] sns.regplot(new_result.fittedvalues, sqrt_sr, lowess=True)
```

출력

Out[ ]

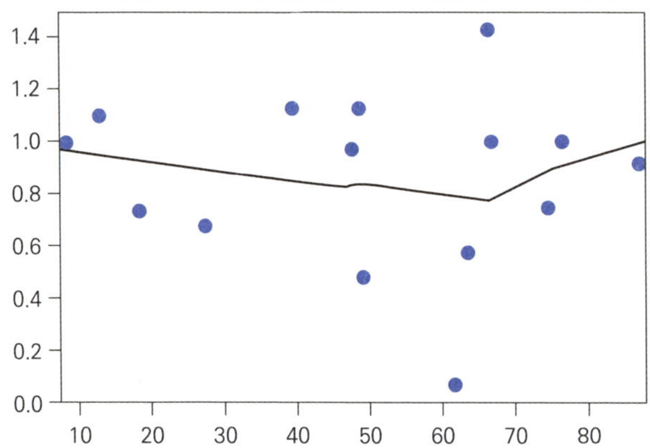

해당 그래프에서 점들이 일정한 패턴 없이 무작위로 고르게 분포되어 있는 것으로 나타나 잔차들의 분산이 일정하다는 등분산성이 시각적으로 확인되었다.

다음으로 Breusch-Pagon 검정을 통해 잔차값들의 등분산성을 통계적으로 검정한다. R에서는 lmtest 패키지의 bptest() 함수를, Python에서는 statsmodels.stats.diagnostic 모듈의 het_breuschpagan() 함수를 사용한다.

R 코딩	> bptest(new_model)
출력	studentized Breusch-Pagan test data: new_model BP = 1.8815, df = 3, p-value = 0.5974

Python 코딩	In [ ] het_breuschpagan(new_result.resid, new_result.model.exog)
출력	Out[ ] (1.8815397426891938, 0.5973536930563346, 0.5642654921416277, 0.6451806722607857)

검정 결과, 유의확률 p-value=0.5974로 나타났으며, 이는 유의수준 α=0.05보다 크므로 귀무가설이 채택되었다. 즉, 잔차값들의 분산은 같다는 등분산성이 통계적으로도 확보되었다.

결론적으로, 잔차값들의 정규성과 등분산성 두 조건 모두 만족되었으므로, 본 회귀모형은 분석에 적합한 것으로 평가된다. 따라서 이 모형은 변수 간의 관계를 설명하거나 향후 예측에 활용할 수 있을 만큼 신뢰할 수 있다.

8) 결과 해석

회귀분석에 필요한 전제조건이 모두 충족되었으므로, 앞서 노면습도, 대기압, 노면온도 세 독립변수를 활용해 구축한 회귀모형의 결과를 해석할 수 있다.

R 코딩	> new_model <- lm(friction ~ humid + press + temp, bi) > summary(new_model)
출력	Call: lm(formula = friction ~ humid + press + temp, data = bi) Residuals:

```
    Min       1Q    Median      3Q     Max
-3.9778  -2.8441    0.0135  2.3861  6.3748

Coefficients:
             Estimate  Std. Error  t value   Pr(>|t|)
(Intercept)  410.2808    106.0983    3.867    0.00104  **
humid         -0.5540      0.0767   -7.223   7.38e-07  ***
press         -0.3425      0.1116   -3.070    0.00630  **
temp           0.9971      0.1163    8.571   5.93e-08  ***
                  ❹                              ❸
---
Signif. codes:  0 '***' 0.001 '**' 0.01 '*' 0.05 '.' 0.1 ' ' 1

Residual standard error: 3.452 on 19 degrees of freedom
Multiple R-squared:  0.985,   Adjusted R-squared:  0.9826 ❷
F-statistic: 415.6 on 3 and 19 DF,  p-value: < 2.2e-16 ❶
```

Python 코딩

```
In [ ] new_model = ols('friction ~ humid + press + temp', bi)
In [ ] new_result = new_model.fit()
In [ ] new_result.summary()
```

출력

```
Out[ ]
OLS Regression Results
     Dep. Variable:          friction   ❷ R-squared:        0.985
             Model:               OLS     Adj. R-squared:   0.983
            Method:     Least Squares   ❶ F-statistic:      415.6
              Date:  Fri,13 Dec 2024    Prob (F-statistic): 1.70e-17
              Time:          11:18:25   Log-Likelihood:     -58.934
 No. Observations:                 23   AIC:                125.9
      Df Residuals:                19   BIC:                130.4
          Df Model:                 3
   Covariance Type:         nonrobust

                coef   std err       t   P>|t|   [0.025   0.975]
Intercept   410.2808   106.098   3.867   0.001  188.214    632.3
    humid    -0.5540     0.077  -7.223   0.000   -0.715    0.393
```

press	-0.3425	0.112	-3.070	0.006	-0.576	-0.109
temp	0.9971	0.116	8.571	0.000	0.754	1.241
	❹			❸		

Omnibus:	1.734	Durbin-Watson:	2.153
Prob(Omnibus):	0.420	Jarque-Bera (JB):	1.430
Skew:	0.457	Prob(JB):	0.489
Kurtosis:	2.191	Cond. No.	1.44e+05

Notes:

[1] Standard Errors assume that the covariance matrix of the errors is correctly specified.

[2] The condition number is large, 1.44e+05. This might indicate that there are strong multicollinearity or other numerical problems.

(1) 전체 회귀모형에 관한 사항

귀무가설 H_0: 회귀모형은 유의하지 않다($\beta_1=\beta_2=\beta_3=0$)
대립가설 H_1: 회귀모형은 유의하다(적어도 하나의 β는 0이 아니다)

첫째, 회귀모형의 유의성을 검정한 결과, ❶에서와 같이 유의확률 p-value =1.70e-17로 나타났다. 이는 유의수준 $\alpha=0.05$보다 작은 값이므로 귀무가설이 기각되고 대립가설이 채택된다. 즉 이 회귀모형은 통계적으로 유의미하며, 분석에 포함된 3개의 독립변수 중 적어도 하나는 종속변수에 영향을 미친다는 결론을 도출할 수 있다.

둘째, 회귀모형의 설명력을 나타내는 지표인 R^2과 adjusted R^2은 ❷에서와 같이 각각 0.985, 0.983로 나타났다. 이는 본 회귀모형이 전체 현상의 98.5%, 98.3%를 설명한다는 것을 의미하며, 독립변수가 종속변수에 대해 매우 높은 설명력을 가지고 있음을 알 수 있다.

(2) 독립변수에 관한 사항

앞서 회귀모형의 유의성이 검정되었으므로, 이제는 어떤 독립변수가 종속변수에 어떤 방식으로 영향을 미치는지를 확인해 볼 수 있다.

먼저, 각 독립변수의 유의성을 검정하기 위해 각 독립변수의 회귀계수에 대한 t검정을 실시한 결과, ❸에서와 같이 모든 변수의 유의확률 p−value가 유의수준 $\alpha=0.05$보다 작게 나타났다. 따라서 세 변수 모두가 종속변수에 유의한 영향을 미치는 것으로 판단할 수 있다.

다음으로, 독립변수의 영향력을 나타내는 회귀계수를 살펴보면, ❹에서와 같이 노면습도 $\beta_1=-0.5540$, 대기압 $\beta_2=-0.3425$, 노면온도 $\beta_3=0.9971$으로 나타났다. 이를 통해 노면습도와 대기압이 낮을수록, 노면온도가 높을수록 마찰력이 증가함을 알 수 있다.

이러한 결과를 바탕으로 다음과 같은 회귀모형을 도출할 수 있다.

마찰력 = 410.2808 - 0.5540노면습도 - 0.3425대기압 + 0.9971노면온도

이 회귀모형을 활용하면 특정 조건에서의 마찰력 수준을 예측할 수 있다. 그러나 각 독립변수가 종속변수에 미치는 영향력의 크기를 단순히 회귀계수의 절댓값 만으로 비교하는 것은 적절하지 않다. 이는 각 독립변수마다 단위가 서로 달라 직접적인 비교가 어렵기 때문이다.

이러한 경우에는 모든 변수를 평균 0, 표준편차 1로 표준화한 후 회귀분석을 수행하야 하며, 이렇게 해서 얻은 표준화된 회귀계수를 통해 변수 간 상대적 영향력을 비교할 수 있다.

R에서는 QuantPsyc 패키지의 lm.beta() 함수를 이용하여 모든 독립변수의 표준화 회귀계수를 쉽게 구할 수 있다.

R 코딩

```
> install.packages('QuantPsyc')
> library(QuantPsyc)
> lm.beta(new_model)
```

출력

```
     humid      press      temp
-0.4938586 -0.2704108 0.4663273
```

반면, Python은 모든 독립변수의 표준화 회귀계수를 자동으로 제공하는 함수가 없기 때문에, 사용자가 데이터를 직접 표준화한 후 회귀분석을 수행해야 한다.

먼저 회귀분석에 사용할 3개의 독립변수와 종속변수를 대괄호 [ ]로 추출해 new1_bi라는 이름으로 할당한 다음, sklearn. 패키지 preprocessing 모듈의 StandardScaler() 함수를 이용해 데이터를 표준화하면, 결과가 array 배열로 출력된다.

Python 코딩

```
In [ ] new1_bi = bi[['humid', 'press', 'temp', 'friction']]
In [ ] from sklearn.preprocessing import StandardScaler
In [ ] scaler = StandardScaler()
In [ ] standardized = scaler.fit_transform(new1_bi)
In [ ] standardized
```

출력

```
Out[ ]
array([[ 1.05701439,  1.80638896, -0.95107494, -1.60115407],
       [ 1.53886059,  1.65800701, -0.95107494, -1.53086696],
       [ 2.0207068 ,  1.01501856,  0.0508208 , -1.18333622],
       [ 0.44375559,  0.86663661, -0.95107494, -0.83971032],
                              "중략"
       [ 1.05701439,  1.80638896, -0.95107494, -1.60115407],
       [-0.03809061, -1.26017134,  2.38857752,  1.36652414]])
```

다음으로, 열 이름을 지정한 후 DataFrame() 함수를 이용해 array 배열을 데이터 프레임으로 변환하고 그 결과를 출력하면, 원하는 데이터가 생성된 것을 확인할 수 있다.

Python 코딩

```
In [ ] column_names = ['humid', 'press', 'temp', 'friction']
In [ ] standardized_bi = pd.DataFrame(standardized,
           columns=column_names)
In [ ] standardized_bi.head()
```

출력

```
Out[ ]
```

	humid	press	temp	friction
0	1.057014	1.806389	-0.951075	-1.601154
1	1.538861	1.658007	-0.951075	-1.530867
2	2.020707	1.015019	0.050821	-1.183336
3	0.443756	0.866637	-0.951075	-0.839710
4	1.232231	0.520412	0.718751	-0.562467

마지막으로, ols() 함수와 fit() 함수를 사용해 회귀모형을 생성하고 summary() 함수를 통해 결과를 출력하면 표준화 회귀계수를 얻을 수 있다.

Python 코딩

```
In [ ] new1_model = ols('friction ~ humid + press + temp',
       standardized_bi)
In [ ] new1_result = new1_model.fit()
In [ ] new1_result.summary()
```

출력

Out[ ]

OLS Regression Results

Dep. Variable:	friction	R-squared:	0.985
Model:	OLS	Adj. R-squared:	0.983
Method:	Least Squares	F-statistic:	415.6
Date:	Fri,13 Dec 2024	Prob (F-statistic):	1.70e-17
Time:	11:18:25	Log-Likelihood:	15.654
No. Observations:	23	AIC:	-23.31
Df Residuals:	19	BIC:	-18.77
Df Model:	3		
Covariance Type:	nonrobust		

	coef	std err	t	P>|t|	[0.025	0.975]
Intercept	-2.134e-16	0.028	-7.59e-15	1.000	-0.05	0.059
humid	-0.4939	0.068	-7.223	0.000	-0.637	-0.351
press	-0.2704	0.088	-3.070	0.006	-0.455	-0.086
temp	0.4663	0.054	8.571	0.000	0.352	0.580

Omnibus:	1.734	Durbin-Watson:	2.153
Prob(Omnibus):	0.420	Jarque-Bera (JB):	1.430
Skew:	0.457	Prob(JB):	0.489

```
                Kurtosis:  2.191              Cond. No.       6.13
Notes: [1] Standard Errors assume that the covariance matrix of
           the errors is correctly specified.
```

세 독립변수의 표준화 회귀계수는 노면습도 -0.4939, 대기압 -0.2704, 노면온도 0.4663으로 나타나, 노면습도, 노면온도, 대기압 순으로 종속변수에 영향을 미치는 것을 알 수 있다.

9) 회귀모형을 활용한 예측

회귀모형을 활용하면 3개의 독립변수가 새로운 값을 가질 때 마찰력이 얼마나 되는지 예측할 수 있다. 예를 들어, 노면습도 9%, 대기압 970hPa, 노면온도 −11°C인 경우를 가정한다. 예측에 활용하는 회귀모형은 표준화하기 전, 즉 원래 단위로 생성된 모형이어야 한다.

이때 새로운 독립변수 값으로 종속변수를 예측하려면, 기존 독립변수와 동일한 이름의 열을 가진 데이터 프레임을 생성해야 한다. 이 새로운 데이터를 new1_x라는 이름으로 할당해 출력하면 원하는 결과를 얻을 수 있다.

R 코딩

```
> new1_x = data.frame(humid=9, press=970, temp=-11)
> new1_x
```

출력

```
  humid press temp
1     9   970  -11
```

Python 코딩

```
In [ ]  new1_x = pd.DataFrame({'humid' : [9], 'press' : [970],
                               'temp' : [-11]})
In [ ]  new1_x
```

출력

```
Out[ ]
   humid press temp
0      9   970  -11
```

먼저, R에서는 predict() 함수를 활용하면 새로운 값에 대한 마찰력을 예측할 수 있다. 이때 interval='none'으로 설정하면 점추정 값이 제공된다.

R 코딩	> predict(new_model, new1_x, interval = 'none')
출력	1 62.08653

다음으로, interval='confidence'로 설정하면 구간추정을 할 수 있다.

R 코딩	> predict(new_model, new1_x, interval = 'confidence')
출력	fit lwr upr 1 62.08653 59.17192 65.00113

이때 예측값 62.08653는 신뢰수준 95%에서 59.17192 ~ 65.00113 사이에 존재한다.

마지막으로, interval='prediction'로 설정하면 오차까지 감안한 구간추정이 가능하다.

R 코딩	> predict(new_model, new1_x, interval = 'prediction')
출력	fit lwr upr 1 62.08653 54.29592 69.87714

이때 예측값은 62.08653이며, 95% 확률로 54.29592 ~ 69.87714 사이에 존재한다.

Python에서는 get_prediction() 함수와 summary_frame() 함수를 활용하면 3가지 추정방식의 예측값을 한 번에 확인할 수 있다.

Python 코딩	In [ ] new_result.get_prediction(new1_x).summary_frame()
출력	Out[ ]

	mean	mean_se	mean_ci_lower	mean_ci_upper	obs_ci_lower	obs_ci_upper
0	62.086529	1.392533	59.171924	65.001134	54.295923	69.877135

결과를 해석하는 방법은 R의 경우와 동일하다.

Tip

(다중회귀분석에서 독립변수를 선택 방법) 다중회귀분석에서는 분석 목적과 데이터 특성을 고려하여 적절한 독립변수 선택 방법을 활용해야 한다. 대표적인 방법은 다음과 같다.

- 모두선택법(all selection): 가장 많이 사용하는 방법으로, 분석에 사용 가능한 변수 모두를 회귀모형에 투입
- 전진선택법(forward selection): 가장 영향력 큰 독립변수부터 하나씩 추가
- 후진제거법(backward elimination): 앞의 예제와 같이 모든 독립변수를 투입한 후, 가장 영향력이 적은 독립변수부터 차례로 제거
- 단계선택법(stepwise regression): 전진선택법으로 변수를 추가한 후 불필요한 변수를 제거

▸ 그림 4-20 다중 회귀분석 절차

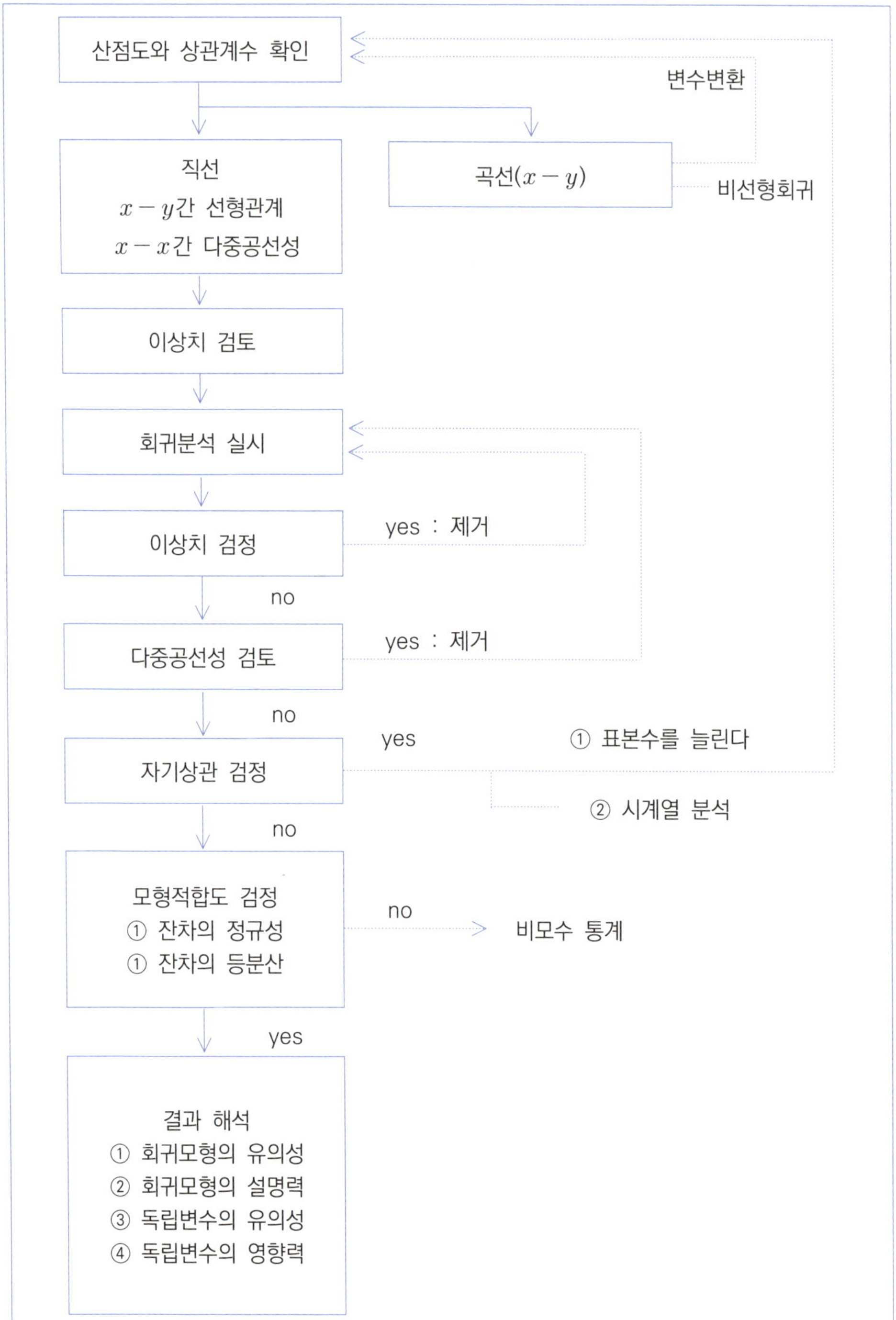

3. 로지스틱 회귀

앞서 회귀분석은 독립변수와 종속변수 간의 선형관계를 분석하는 기법이며 종속변수는 수치형이어야 한다고 했다. 하지만 종속변수가 수치형이 아닌 범주형일 경우에는 일반적인 회귀분석을 적용하기 어렵다. 왜냐하면 수치형 변수는 그 값의 범위가 -∞에서 +∞까지 이르지만 범주형 변수는 그렇지 않기 때문이다.

예를 들어, 재구매 여부와 같은 변수는 '실패'와 '성공' 2가지 값만 가질 수 있다. 그렇다면 종속변수가 범주형일 때 회귀분석을 하려면 어떻게 해야 할까? 이 경우 범주형 값을 수치형으로 변환해 예측값의 범위를 -∞에서 +∞까지 이르게 하는 방법을 사용하면 된다. 이를 가능하게 해주는 기법이 바로 로지스틱 회귀분석이다.

종속변수 y 값의 범위를 변경 : [실패, 성공] → [-∞ ~ +∞]

범주형을 수치형으로 변환하는 과정은 [표 4-12]와 같다.

▸ 표 4-12 **범주형의 수치형 변환과정**

① 특정값 y=성공을 특정값을 가질 확률 p=(y=성공)으로 변환한다.
② 특정값이 가질 확률 p와 이를 갖지 못할 확률 1-p의 비율로 변환한다. 비율을 odds(승산)이라 하고 odds=$p/(1-p)$이 된다. 하지만 odds는 0에서 100까지 값을 가지기 때문에 회귀분석의 종속변수로 불충분하다.
  - odds=1: 사건이 odds와 무관하게 발생
  - odds>1: 사건이 odds만큼 더 높게 발생
  - odds<1: 사건이 odds만큼 더 낮게 발생

③ odds=$p/(1-p)$에 로그의 밑은 e로 하는 자연로그를 취해 $\log$ odds=$\log_e p/(1-p)$로 변환한다. 이때 $\log$ odds는 -∞에서 +∞까지 값을 가지기 때문에 회귀분석의 종속변수로 충분하다.
④ 회귀방정식은 $\log_e p/(1-p)=\beta_0+\beta_1x_1+\beta_2x_2+....+\beta_px_p$로 표현한다. 이 방정식을 종속변수 y가 특정한 범주값(예를 들어 성공)을 가질 확률인 $p(y$=성공)을 중심으로 다시 정리하면 $p(y$=성공)=$\frac{1}{1+e^{-(\beta_0+x_1\beta_1+x_2\beta_2+...+x_p\beta_p)}}$이 된다.

로지스틱(logistic) 회귀분석은 일반적인 회귀분석과 다르게 종속변수가 범주형일 경우 특정한 값을 가질 확률의 오즈(odds = p / (1-p))에 자연로그를 취한 로그 오즈(log odds = log$_e$(p / (1-p)))를 종속변수로 사용하는 회귀분석을 말한다.

로지스틱 회귀분석은 종속변수가 가지는 범주의 수에 따라 2가지로 분류하며 범주가 2개인 경우이면 이항(binomial) 로지스틱 회귀분석이라 하고, 3개 이상인 경우는 다항(multinomial) 로지스틱 회귀분석이라 한다.

일반적인 회귀분석과 이항 로지스틱 회귀분석을 비교하면 [표 4-13]과 같다.

▸ **표 4-13 일반 회귀분석과 이항 로지스틱 회귀분석**

일반 회귀분석	구분	이항 로지스틱 회귀분석
수치형, 범주형	독립변수 유형	수치형, 범주형
수치형	종속변수 유형	범주형
$y=\beta_0+\beta_1 x_1+\beta_2 x_2+...+\beta_p x_p+\varepsilon$ (직선으로 표시되는 선형함수)	회귀모형	$p(y=1)=\dfrac{1}{1+e^{-(\beta_0+x_1\beta_1+x_2\beta_2+...+x_p\beta_p)}}$ (S자형 곡선으로 표시되는 로지스틱함수)
연속값	종속변수 예측값	확률값
설명력 R^2	모형적합성 평가	우도비 검정, 분류정확도 등
독립변수가 종속변수에 미치는 절대적 영향(기울기)	주요관심사항	독립변수가 범주에 속할 확률에 미치는 상대적 영향(오즈비)

구체적인 예제를 활용해 로지스틱 회귀분석을 설명하겠다.

[분석상황] 특정 구조물이 제 성능을 발휘하는지 여부를 평가하기 위해, 3개 부문의 품질수준을 기준으로 데이터를 수집하였다. 이를 위해 test.csv 데이터를 확보하였으며, 각 부문의 품질수준이 구조물의 성능발휘 여부에 어떤 영향을 미치는지 분석한다.

test.csv 데이터 파일을 불러와 l_reg라는 이름으로 할당한 후, 제목줄을 확인한다.

R 코딩

```
> l_reg <- read.csv('test.csv', header = TRUE)
> head(l_reg)
```

출력

```
      part1     part2     part3   result
1  69.81013  52.65060  31.02888     fail
2  54.62025  79.75904  21.44404     fail
3  53.29114  81.20482  34.60289     fail
4  85.18987  58.91566  36.22744     fail
5  13.60759  11.92771  51.17329     fail
6  55.00000  51.92771  23.39350     fail
```

Python 코딩

```
In [ ]  import pandas as pd
In [ ]  l_reg = pd.read_csv('test.csv', header='infer')
In [ ]  l_reg.head()
```

출력

```
Out[ ]
      part1     part2     part3   result
0  69.81013  52.65060  31.02888     fail
1  54.62025  79.75904  21.44404     fail
2  53.29114  81.20482  34.60289     fail
3  85.18987  58.91566  36.22744     fail
4  13.60759  11.92771  51.17329     fail
```

독립변수인 3개 부문의 품질수준(part1, part2, part3)과 종속변수인 성능발휘 여부, 총 4개의 변수로 구성되어 있다. 다음은 관측치 수와 데이터 유형 등을 확인한다.

R 코딩

```
> str(l_reg)
```

출력

```
'data.frame':      2000 obs. of  4 variables:
 $ part1  : num  69.8 54.6 53.3 85.2 13.6 ...
 $ part2  : num  52.7 79.8 81.2 58.9 11.9 ...
 $ part3  : num  31 21.4 34.6 36.2 51.2 ...
 $ result : chr  "fail" "fail" "fail" "fail" ...
```

Python 코딩	In [ ] l_reg.info()
출력	Out[ ]

```
<class 'pandas.core.frame.DataFrame'>
RangeIndex: 2000 entries, 0 to 1999
Data columns (total 4 columns):
 #   Column   Non-Null Count  Dtype
---  ------   --------------  ------
 0   part1    2000 non-null   float64
 1   part2    2000 non-null   float64
 2   part3    2000 non-null   float64
 3   result   2000 non-null   object
dtypes: float64(3), object(1)
memory usage: 62.6+ KB
```

4개 변수와 2,000개의 관측치로 구성되어 있고, 데이터 유형은 독립변수인 3개 부문의 품질수준은 모두 수치형이고 종속변수인 성능발휘 여부는 범주형이다.

두 언어를 사용해 로지스틱 회귀분석을 할 때 종속변수가 범주형이면 에러가 발생하기 때문에 주의해야 할 기능적 측면이 있다. R에서는 as.factor() 함수를 이용해 요인형으로 변환해야 하고, Python에서는 map() 함수를 이용해 수치형으로 변환해야 한다.

R 코딩	> l_reg$result <- as.factor(l_reg$result) > str(l_reg)
출력	

```
'data.frame':    2000 obs. of  4 variables:
 $ part1: num  69.8 54.6 53.3 85.2 13.6 ...
 $ part2: num  52.7 79.8 81.2 58.9 11.9 ...
 $ part3: num  31 21.4 34.6 36.2 51.2 ...
 $ result: Factor w/ 2 levels "fail","pass": 1 1 1 1 1 1 1 1 ...
```

Python 코딩	In [ ] l_reg['result'] = l_reg['result'].map({'pass':1, 'fail':0}) In [ ] l_reg.head()
출력	Out[ ]

```
<class 'pandas.core.frame.DataFrame'>
RangeIndex: 2000 entries, 0 to 1999
Data columns (total 4 columns):
 #   Column  Non-Null Count  Dtype
 -   ------  -------------  ------
 0   part1   2000 non-null   float64
 1   part2   2000 non-null   float64
 2   part3   2000 non-null   float64
 3   result  2000 non-null   int64
dtypes: float64(3), int64(1)
memory usage: 62.6 KB
```

출력결과를 보면 성능발휘 여부가 R에서는 fail과 pass의 2 levels이 존재하는 요인형으로 변환되었고, Python에서는 fail이 0, pass가 1인 수치형(int)으로 변환되었다. 종속변수의 범주가 두개이므로 이항 로지스틱 회귀분석이 된다.

1) 분석 실시

R에서는 glm() 함수를 사용하고 함수 사용법은 다음과 같다.

R 함수 사용법

glm(y ~ x, data, family)

요인	설명
y	종속변수
x	독립변수. $x_1+x_2+...+x_n$ 형태로 지정하고 독립변수 모두를 지정할 때 온점(.) 형태로도 가능
data	사용할 데이터
family	분포의 종류(선형 회귀는 gaussian, 이항 로지스틱회귀는 binomial 등). default는 gaussian

R 코딩	`> full_model <- glm(result ~ part1 + part2 + part3, l_reg,`
	`family = binomial)`
	`> summary(full_model)`

출력	(output below)

```
Call:
glm(formula = result ~ part1 + part2 + part3,
    family = binomial, data = l_reg)

Deviance Residuals:
     Min        1Q    Median       3Q      Max
-2.95305  -0.57252   0.04845  0.61511  2.27670

Coefficients:
              Estimate  Std. Error  z value  Pr(>|z|)
(Intercept) -10.909643   0.546928   -19.95   <2e-16 ***
part1         0.076477   0.006132    12.47   <2e-16 ***
part2         0.040961   0.003521    11.63   <2e-16 ***
part3         0.072787   0.003351    21.72   <2e-16 ***
---
Signif. codes:  0 '***' 0.001 '**' 0.01 '*' 0.05 '.' 0.1 ' ' 1

(Dispersion parameter for binomial family taken to be 1)

    Null deviance: 2772.6  on 1999  degrees of freedom
Residual deviance: 1574.6  on 1996  degrees of freedom
AIC: 1582.6

Number of Fisher Scoring iterations: 5
```

Python에서는 statsmodels 패키지 formula.api 모듈의 logit() 함수로 모형을 생성한 후 fit() 함수로 생성된 모형을 최적화한 다음, 최적화된 모형을 summary() 함수로 출력한다.

Python 함수 사용법

statsmodels.formula.api.logit('y ~ x', data)

요인	설명
y	종속변수
x	독립변수. $x_1+x_2+...+x_n$ 형태로 지정
data	사용할 데이터

Python 코딩

```
In [ ]  from statsmodels.formula.api import logit
In [ ]  full_model = logit('result ~ part1 + part2 + part3', l_reg)
In [ ]  full_result = full_model.fit()
In [ ]  full_result.summary()
```

출력

```
Out[ ]
OLS Regression Results
     Dep. Variable:           result   No. Observation:        2000
            Model:             Logit   Df Residuals:           1996
           Method:               MLE   Df Model:                  3
             Date: Fri,13 Dec 2024     Pseudo R-squ.:       0.43215
             Time:          11:18:25   Log-Likelihood:      -787.28
        converged:              True   LL-Null:            -1386.35
  Covariance Type:         nonrobust   LLR p-value:      1.959e-259

                coef  std err        z  P>|z|   [0.025  0.975]
Intercept   -10.9096    0.547  -19.944  0.000  -11.982  -9.838
part1         0.0765    0.006   12.471  0.000    0.064   0.088
part2         0.0410    0.004   11.633  0.000    0.034   0.048
part3         0.0728    0.003   21.717  0.000    0.066   0.079
```

2) 결과 해석

(1) 회귀모형의 유의성

회귀모형이 잘 만들어졌는지에 대한 회귀모형의 유의성을 검정한다. 이때 사용하는 가설은 다음과 같다.

> 귀무가설 H_0: 회귀모형은 유의하지 않다
> 대립가설 H_1: 회귀모형은 유의하다

유의성을 검정하기 위해 우도비(Likelihood Ratio) 테스트를 사용하여 χ^2검정을 수행한다. 우도비 테스트란 독립변수들을 사용하여 모형이 얼마나 잘 데이터를 설명하는지 평가하는 방법이다.

독립변수가 없는 null 모형과 모든 독립변수를 포함한 full 모형을 비교해 χ^2 값의 유의확률 p−value가 유의수준 $\alpha=0.05$ 보다 작을 경우 대립가설이 채택되어 유의성은 확보된다.

먼저 R로 검정해 본다. glm() 함수로 null 모형을 생성한 후 anova() 함수로 앞서 생성한 full 모형과 χ^2검정을 하면 된다. χ^2검정을 수행한 결과 p−value =2.2e−16로 나타나 유의수준 $\alpha=0.05$보다 작으므로 대립가설이 채택되어 회귀모형은 유의한 것으로 검정되었다.

R 코딩

```
> null_model <- glm(result ~ 1, l_reg, family = binomial)
> anova(null_model, full_model, test = "Chisq")
```

출력

```
Call:
Analysis of Deviance Table

Model 1: result ~ 1
Model 2: result ~ part1 + part2 + part3
    Resid. Df  Resid. Dev  Df  Deviance    Pr(>Chi)
1        1999      2772.6
2        1996      1574.6   3      1198 < 2.2e-16 ***
---
Signif. codes:  0 '***' 0.001 '**' 0.01 '*' 0.05 '.' 0.1 ' ' 1
```

다음은 Python으로 검정해 본다. R과 달리 몇 가지 단계를 거쳐야 한다.

먼저 statsmodels 패키지 formula.api 모듈의 logit() 함수와 fit() 함수로 null 모형을 생성한다.

Python 코딩	

```
In [ ]  null_model = logit('result ~ 1', data=l_reg)
In [ ]  null_result = null_model.fit()
```

다음은 산식에 따라 χ^2 통계량을 산출한다.

Python 코딩

```
In [ ]  chi_square = 2 * (full_result.llf - null_result.llf)
In [ ]  chi_square
```

출력

```
Out[ ]
1198.0322709009235
```

그 다음은 full 모형과 null 모형의 자유도 차이를 계산한다.

Python 코딩

```
In [ ]  df_diff = 4 - 1
In [ ]  df_diff
```

출력

```
Out[ ]
3
```

마지막으로 카이제곱값과 자유도 차이를 이용해 유의확률을 계산한다.

Python 코딩

```
In [ ]  from scipy.stats import chi2
In [ ]  chi2.sf(chi_square, df_diff)
```

출력

```
Out[ ]
1.9594499569334244e-259
```

null 모형과 full 모형 간 우도비 테스트를 사용하여 χ^2검정을 수행한 결과, p−value = 1.9594499569334244e−259로 나타나 유의수준 $\alpha = 0.05$보다 작으므로 대립가설이 채택되어 회귀모형은 유의한 것으로 검정되었다.

(2) 회귀모형의 설명력

회귀모형이 전체 현상을 얼마나 잘 설명하는 지에 관한 회귀모형의 설명력을 산출한다. 설명력을 나타내는 지표에는 여러 가지가 있으나 일반적으로 Maximum Likelihood Pseudo R–squared와 Cragg and Uhler's pseudo R–squared가 널리 사용된다. 참고로 Cragg and Uhler's pseudo R–squared는 Nagelkerke's pseudo R–squared와 동일한 지표이다.

두 지표 모두 0에서 1 사이의 값을 가지며 값이 클수록 모형의 설명력이 높다고 해석한다. 하지만 일반 회귀모형에서 사용하는 R^2보다 낮은 값을 가지며 값을 해석하는 기준은 일반적으로 다음과 같은 기준을 따른다.

1. 0.4 이상: 매우 좋은 적합도(모형이 데이터를 매우 잘 설명한다고 평가)
2. 0.2 ~ 0.4: 보통 수준의 적합도(모형이 데이터를 잘 설명한다고 평가)
3. 0.2 미만: 낮은 적합도(모형이 데이터를 설명하는 데 한계가 있다고 평가)

R에서는 pscl 패키지의 pR2() 함수를 이용하면 여러 가지 지표가 출력된다. 그중에서 Likelihood Pseudo R–squared인 r2ML와 Cragg and Uhler's pseudo R–squared인 r2CU를 확인하면 된다.

R 코딩

```
> install.packages('pscl')
> library(pscl)
> pR2(full_model)
```

출력

```
fitting null model for pseudo-r2
          llh          llhNull           G2     McFadden
-787.2782257    -1386.2943611  1198.0322709   0.4320988
        r2ML             r2CU
   0.4506481        0.6008642
```

Python의 경우 R과 달리 산식에 따라 관측치 수 2,000개를 활용해 직접 계산해야 한다.

Python 코딩	In [ ] import numpy as np In [ ] r2ml = 1-np.exp((null_result.llf-full_result.llf)*2/2000) In [ ] r2ml
출력	Out[ ] 0.4506481418837758

Python 코딩	In [ ] r2cu = cox_snell_r2 / (1 - np.exp(2 * null_result.llf / 2000)) In [ ] r2cu
출력	Out[ ] 0.6008641891783677

설명력을 산출한 결과, Likelihood Pseudo R-squared은 45.06481%, Cragg and Uhler's pseudo R-squared는 60.08642%로 나타났다.

(3) 회귀계수의 유의성과 odds

로지스틱 회귀분석 결과를 다시 본다.

R 코딩

```
> full_model <- glm(result ~ part1 + part2 + part3, l_reg, family =
  binomial)
> summary(full_model)
```

출력

```
Call:
glm(formula = result ~ part1 + part2 + part3, family = binomial, data = l_reg)

Deviance Residuals:
      Min         1Q     Median        3Q       Max
 -2.95305   -0.57252    0.04845   0.61511   2.27670

Coefficients:
              Estimate  Std. Error  z value    Pr(>|z|)
(Intercept) -10.909643    0.546928   -19.95    <2e-16 ***
part1         0.076477    0.006132    12.47    <2e-16 ***
part2         0.040961    0.003521    11.63    <2e-16 ***
part3         0.072787    0.003351    21.72    <2e-16 ***
---
```

```
Signif. codes:  0 '***' 0.001 '**' 0.01 '*' 0.05 '.' 0.1 ' ' 1

(Dispersion parameter for binomial family taken to be 1)

    Null deviance: 2772.6  on 1999  degrees of freedom
Residual deviance: 1574.6  on 1996  degrees of freedom
AIC: 1582.6

Number of Fisher Scoring iterations: 5
```

Python 코딩

```
In [ ]  from statsmodels.formula.api import logit
In [ ]  full_model = logit('result ~ part1 + part2 + part3', l_reg)
In [ ]  full_result = full_model.fit()
In [ ]  full_result.summary()
```

출력

```
Out[ ]
OLS Regression Results
     Dep. Variable:            result   No. Observation:        2000
            Model:              Logit    Df Residuals:          1996
           Method:                MLE        Df Model:             3
             Date:  Fri,13 Dec 2024   Pseudo R-squ.:        0.43215
             Time:           11:18:25  Log-Likelihood:       -787.28
        converged:               True         LL-Null:      -1386.35
  Covariance Type:          nonrobust    LLR p-value:   1.959e-259

                 coef   std err        z   P>|z|    [0.025  0.975]
Intercept    -10.9096     0.547  -19.944   0.000   -11.982  -9.838
    part1      0.0765     0.006   12.471   0.000     0.064   0.088
    part2      0.0410     0.004   11.633   0.000     0.034   0.048
    part3      0.0728     0.003   21.717   0.000     0.066   0.079
```

세 독립변수 모두 유의확률 p－value＝0.000으로 유의수준 α＝0.05 보다 작은 것으로 나타나 독립변수는 종속변수에 영향을 미친다는 대립가설이 채택되었다.

성능유지에 미치는 영향력의 크기는 part1(0.0765), part3(0.0728), part2(0.0410) 순으로 나타났다. 따라서 무엇보다도 part1의 품질수준을 향상시키기 위해 많은 노력을 기울여야 할 필요가 있다.

로지스틱 회귀분석으로 도출된 부문별 품질수준과 성능발휘 여부 간 관계를 모형으로 표현하면 다음과 같다.

$$p(y=pass)=\frac{1}{1+e^{-(-10.9096+0.0765part1+0.0410part2+0.0728part3)}}$$

다음은 두 언어 모두 exp() 함수를 이용해 odds를 구한다.

R 코딩	> exp(full_model$coefficients)
출력	(Intercept) part1 part2 part3 0.0000182811 1.0794772855 1.0418113595 1.0755017897

Python 코딩	In [ ] np.exp(full_result.params)
출력	Intercept 0.000018 part1 1.079477 part2 1.041811 part3 1.075502 dtype: float64

odds, 즉 상대적 비율을 보면 품질수준이 1점 증가할수록 제 성능을 발휘할 확률은 part1이 1.079477배, part3은 1.075502배, 그리고 part2가 1.041811배 증가하는 것으로 나타났다.

(4) 회귀모형을 활용한 예측

로지스틱 회귀모형을 활용해 독립변수, 즉 부문별 품질수준이 새로운 값을 가질 때 성능발휘 여부를 예측해 보자. 새로운 부문별 품질수준은 임의로 part1이 85, part2가 57 그리고 part3이 74인 경우를 가정한다.

먼저, 새로운 값을 가진 독립변수 데이터를 만들어야 한다. 여기서 주의해야 할 점은 기존 독립변수와 동일한 이름의 열을 가진 데이터 프레임 형태로 만들어야 한다는 것이다.

새로운 독립변수 데이터를 new2_x라는 이름으로 할당한다.

R 코딩	> new2_x <- data.frame(part1=85, part2=57, part3=74) > new2_x
출력	part1 part2 part3 1 85 57 74

Python 코딩	In [ ] new2_x = pd.DataFrame({'part1' : [85], 'part2' : [57], 'part3' : [74]}) In [ ] new2_x
출력	Out[ ] part1 part2 part3 0 85 57 74

다음, new2_x를 이미 도출해 놓은 로지스틱 회귀모형[9]을 활용해 성능발휘 여부를 예측한다. R에서는 predict() 함수를 사용하되 0과 1 사이의 확률값을 예측하기 때문에 type에 'response'를 사용해야 한다.

R 코딩	> predict(full_model, new2_x, type = 'response')
출력	1 0.9648358

Python에서는 get_prediction() 함수를 사용해 예측한 다음 summary_frame() 함수로 결과를 출력한다.

9) R은 full_model, Python은 full_result로 명명했다.

Python 코딩	In [ ] full_result.get_prediction(new2_x).summary_frame()
출력	Out[ ]

```
   predicted        se  ci_lower  ci_upper
0   0.964836  0.005969  0.951066  0.974834
```

결론적으로 part1이 85, part2가 57 그리고 part3이 74의 품질수준일 때 제품이 제 성능을 발휘할 확률은 96.48358%라 할 수 있다.

05

머신러닝 기반 분석 기법

인간은 데이터로 학습하고, 기계는 데이터로 진화한다.

— 앤드루 응, 『Machine Learning Yearning』

Chapter

05 머신러닝 기반 분석 기법

제1절 머신러닝 개요

1. 개념

인공지능(Artificial Intelligence)이라는 용어를 최초로 사용한 존 매카시(John McCarthy)는 인공지능을 “기계가 인간처럼 지능을 가지고 행동하도록 만드는 과학이자 공학”이라고 정의하였다. 즉, 인공지능은 인간의 지적 능력을 기계가 모방하고 구현할 수 있도록 하는 기술이라 할 수 있다.

인공지능을 구현하는 대표적인 기술로는 퍼지 시스템(Fuzzy System), 전문가 시스템(Expert System), 유전 알고리즘(Genetic Algorithm), 머신러닝(Machine Learning) 등이 있다. 이 중 머신러닝은 빅데이터 환경에서 데이터 기반으로 자동 학습을 수행하며, 이를 통해 문제 해결 능력을 고도화할 수 있다는 점에서 주목받고 있다.

머신러닝은 ‘인간의 명시적 개입 없이 기계가 데이터를 통해 학습함으로써 지능을 획득하는 기술 또는 방법론’으로, 그 개념과 활용 방식을 도식화하면 [그림 5-1]과 같다.

▸ 그림 5-1 **머신러닝의 개념과 활용 방식**

(행위의 대상)	(행위의 주체)	(행위)	(행위의 결과)	(결과 활용)
			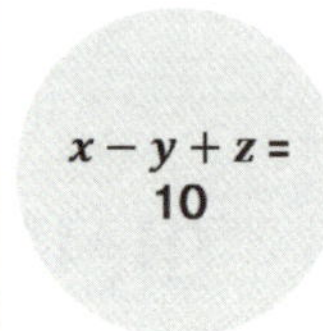	
기존 데이터	기계	학습	지능을 가진 모델	예측 (새로운 데이터)

2. 활용 방식

머신러닝의 활용 방식을 보다 구체적으로 이해하기 위해 예를 들어 살펴본다. 앞서 다중 선형회귀분석에서 사용한 도로 살얼음 데이터는 독립변수인 온도(℃), 습도(%) 및 기압(hPa)에 따라 종속변수인 노면 마찰력의 정도가 어떻게 달라지는지를 측정한 자료이다.

온도, 습도, 기압을 각각 x_1, x_2, x_3이라고 하고 노면 마찰력의 정도를 y라고 하면 x와 y간 관계는 [그림 5-2]의 왼쪽과 같이 표현된다. 이때 y는 0에서 100 사이의 연속적인 값을 가지므로 종속변수의 데이터 유형은 수치형에 해당한다.

▸ 그림 5-2 **종속변수의 유형에 따른 머신러닝 구분**

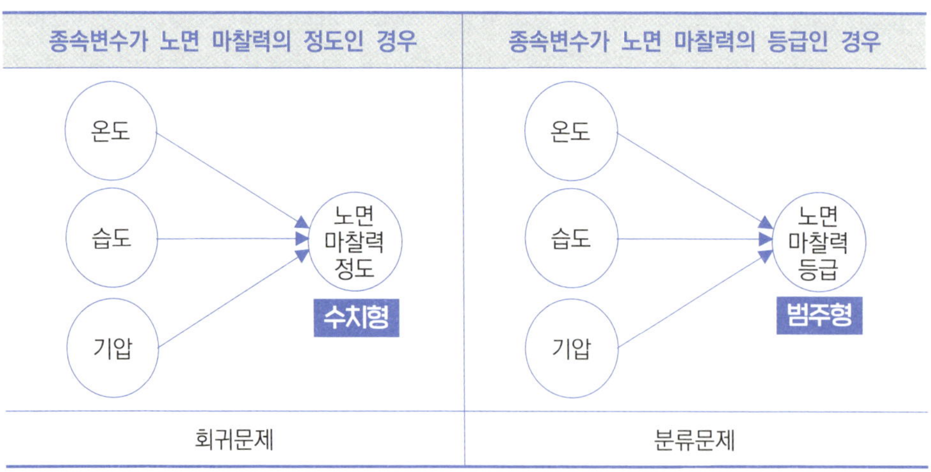

반면, 동일한 독립변수 x_1, x_2, x_3을 사용하되 종속변수 y가 노면 마찰력의 정도에 따라 '관찰', '주의', '경계'의 3등급으로 구분된다면 이 관계를 [그림 5-2]의 오른쪽과 같이 표현할 수 있다. 이 경우 y는 범주형 데이터에 해당한다.

이처럼 머신러닝에서는 예측하고자 하는 종속변수의 데이터 유형에 따라 문제 유형을 2가지로 구분한다. 수치형 데이터를 예측하는 경우는 '회귀문제', 범주형 데이터를 예측하는 경우는 '분류문제'라 한다.

회귀문제와 분류문제의 대표적인 사례는 [표 5-1]에 정리되어 있으므로, 이해를 돕기 위한 참고 자료로 활용하기 바란다.

▸ 표 5-1 **머신러닝에서 회귀문제와 분류문제의 예**

회귀문제	분류문제
온도, 습도, 기압 등으로 노면 마찰력 정도 예측 교통량, 이격거리, 매장면적 등으로 매출액 예측 교육수준, 나이, 근무연수 등으로 연봉 예측	온도, 습도, 기압 등으로 노면 마찰력 등급 예측 이용한도, 나이, 차종 등으로 하이패스 이용여부 예측 내용연수, 직원의 숙련도 등으로 기계의 고장여부 예측
y가 수치형(값을 예측)	y가 범주형(종류를 예측)

3. 주요 기법

머신러닝 기법은 크게 단일 모델과 앙상블 모델로 구분할 수 있다. 단일 모델은 하나의 모델이 독립적으로 학습하고 예측을 수행하는 방식으로, 나이브 베이즈(Naive Bayes), K-최근접 이웃(K-Nearest Neighbor, KNN), 결정 트리(Decision Tree), 서포트 벡터 머신(Support Vector Machine, SVM) 등의 전통적인 지도 학습 기반 모델이 이에 포함된다.

이 외에도 인공신경망(Artificial Neural Network, ANN)과 심층신경망(Deep Neural Network, DNN) 등과 같은 신경망 기반 모델 또한 단일 모델로 분류된다.

본서에서는 이 중 K-최근접 이웃, 결정 트리, 서포트 벡터 머신, 인공신경망, 심층신경망의 5가지 기법을 중심으로 다룬다.

한편, 앙상블(Ensemble) 모델은 성능이 낮은 여러 개의 모델을 상호 독립적으로 학습시킨 후, 이들의 예측결과를 종합하여 성능을 향상시키는 방식이다. 대표적인 앙상블 방식으로는 배깅(Bagging)과 부스팅(Boosting)이 있다.

배깅은 부트스트랩 샘플링(Bootstrap Sampling)[10]을 통해 여러 개의 데이터를 생성하고, 각 데이터에 대해 개별 모델을 학습시킨 후 이들의 예측을 통합해 최종 결과를 도출하는 방식이다. 대표적인 기법으로는 배깅 결정 트리(Bagged Decision Trees)와 랜덤 포레스트(Random Forest)가 있다.

부스팅은 예측력이 약한 모델을 순차적으로 학습시켜 오류를 보완하며 점진적으로 성능을 향상시키는 방식이다. 대표적인 기법으로는 AdaBoost(Adaptive Boosting), GBM(Gradient Boosting Machine), XGBoost(eXtreme Gradient Boost), LightGBM 등이 있다.

본서에서는 앙상블 모델 중 배깅 방식에 속하는 배깅 결정 트리와 랜덤 포레스트, 그리고 부스팅 방식에 속하는 GBM과 XGBoost의 4가지를 중심으로 다룬다.

▸ 그림 5-3 **머신러닝 기법의 종류**

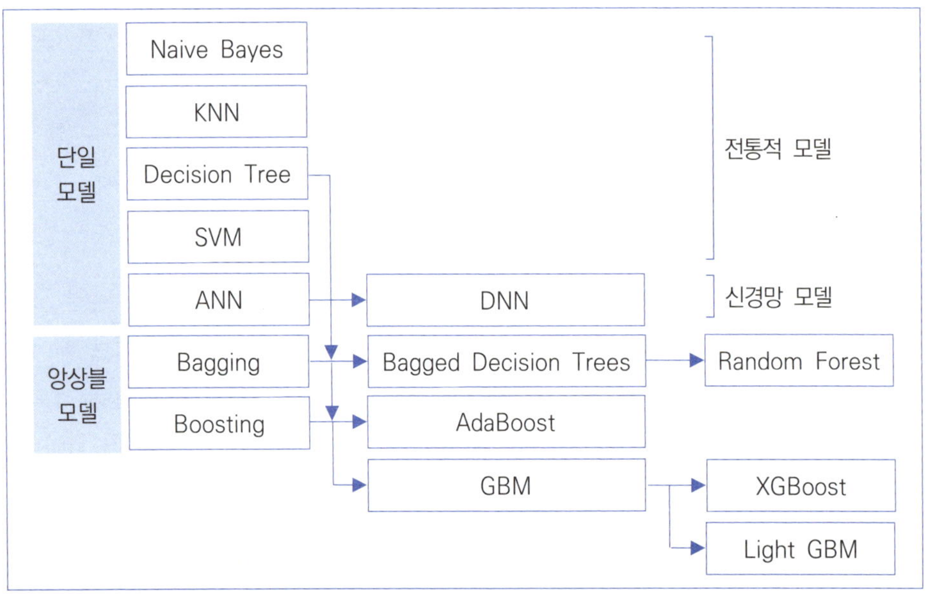

뒤에서 9가지 머신러닝 기법에 대한 R과 Python의 사용법을 자세히 다루겠

10) 중복을 허용하여 원 데이터에서 여러 개의 샘플을 무작위로 추출하는 방법

지만, 여기서는 두 언어의 함수 사용법을 간단히 소개하겠다.

R에서는 회귀문제와 분류문제를 대부분 동일한 함수로 구현하되 옵션만 달리 하는 반면, Python에서는 이를 ~Regressor, ~Classifier와 같이 별도의 함수로 구분한다.

4. 분석 절차

머신러닝을 진행하는 절차는 [그림 5-4]과 같이 크게 5단계로 구분한다.

▸ 그림 5-4 **머신러닝 절차**

(1단계)	(2단계)	(3단계)	(4단계)	(5단계)
데이터 전처리	데이터 분할	데이터 학습 및 모델생성	모델성능평가 및 최종모델선정	최종모델을 활용한 예측
데이터 가공 이상치 제거 결측치 처리	학습용과 평가용 데이터	학습용 데이터	평가용 데이터	새로운 데이터

1) (1단계) 데이터 전처리

분석에 필요한 데이터를 불러와 목적에 적합한 형태로 변수를 선택하거나 새로운 파생변수를 추가하는 등 데이터를 가공하는 단계이다. 이상치와 결측치를 처리하고 데이터를 스케일링하는 작업도 이 단계에서 진행된다.

'Garbage in, garbage out!'이란 말이 있듯이, 어떤 데이터를 사용하느냐에 따라 결과가 달라지기 때문에 전체 과정 중 시간과 비용이 가장 많이 소요되면서도 중요한 단계라 할 수 있다.

2) (2단계) 데이터 분할

데이터를 학습용(train)과 평가용(test)으로 나누는 단계이다. 학습용은 모델을 학습하기 위한 데이터이고, 평가용은 학습된 모델의 성능을 평가하기 위한 데이터를 말한다.

전체에서 7:3 또는 8:2의 비율로 학습용과 평가용으로 분할하는 것이 일반적이다. 데이터를 분할하는 세부적인 방법에 대해서는 추후 별도의 지면을 활용해 설명하겠다.

3) (3단계) 데이터 학습 및 모델 생성

학습용 데이터를 활용해 다양한 머신러닝 기법으로 학습한 후 최적의 모델을 생성하는 단계이다. TOEIC에 비유하면 10회분의 기출문제가 있을 경우, 모의고사에 대비해 7~8회분 기출문제로 충분히 학습하는 것과 유사하다.

4) (4단계) 모델의 성능평가 및 최종모델 선정

학습을 통해 생성된 모델의 성능을 평가하고 그중 성능이 가장 우수한 모델을 최종모델로 선정하는 단계이다. 평가용 데이터를 모델에 적용시켜 예측한 결과값과 실제값을 비교해 평가한다. TOEIC에 비유하면 나머지 2~3회분 기출문제로 모의고사를 쳐서 얻은 점수로 능력을 평가하는 것과 유사하다.

모델의 성능을 어떻게 평가하는지 구체적인 평가지표에 대한 사항은 별도의 지면을 통해 설명하겠다.

5) (5단계) 최종모델을 활용한 예측

성능이 가장 우수한 최종모델에 새로운 데이터를 적용해 결과를 예측하는 단계이다. 예측 결과를 활용해 미래를 대응 또는 대비하는 것이 머신러닝을 활용하는 근본적인 목적이라 할 수 있다.

5. 데이터 분할 방법

데이터를 학습용과 평가용으로 분할하는 세부적인 방법에 대해 알아본다. 머신러닝에서는 데이터를 분할할 때 입력(X)과 타깃(y)을 명확히 분리해야 한다. 모델은 X을 활용하여 y를 예측하도록 설계되었기 때문이다. 패키지 활용관점에서도 X와 y의 분리는 필요하다.

예를 들어 Python의 scikit-learn은 model.fit(X, y) 구조를 사용하므로 X와 y는 명확히 분리해서 제공해야 한다. 반면, R은 formula 방식을 지원하기 때문에 X와 y를 항상 분리할 필요는 없다. y~$x_1 + x_2$와 같은 형태로 입력하면 내부적으로 X와 y를 자동 분리해 처리할 수 있다.

데이터를 분할할 때 R에서는 caret 패키지의 createDataPartition() 함수를 사용하고, Python에서는 scikit-learn패키지 model_selection 모듈의 train_test_split() 함수를 이용한다. 두 함수는 층화 샘플링(stratified sampling) 방식을 사용하고 주로 분류문제에서 종속변수의 비율을 유지하면서 데이터를 분할할 때 유용하다.

실습을 위해 각 프로그래밍 언어에 내장되어 있는 iris 데이터를 사용해 전체를 학습용 80%, 평가용 20%로 분할한다. 재현성을 확보하기 위해 R에서는 set.seed(1234)을 사용하고 Python에서는 train_test_split() 함수의 random_state에 1234를 지정한다.

R 함수 사용법

caret 패키지의 createDataPartition(y, p, list)

요인	설명
y	분할기준이 되는 종속변수. 데이터명$종속변수명으로 표현
p	학습 데이터로 사용할 비율
list	TRUE이면 list로 변환, FALSE이면 matrix로 변환. default는 list

R 코딩

```
> data(iris)
> library(caret)
> set.seed(1234)
> index <- createDataPartition(iris$Species, p=0.8, list=F)
> train <- iris[index,]
> dim(train)
```

출력

```
[1] 120   5
```

R 코딩	> test <- iris[-index,] > dim(test)
출력	[1] 30 5

Python 코딩	In [ ] import seaborn as sns In [ ] iris = sns.load_dataset('iris') In [ ] X = iris[['sepal_length', 'sepal_width', 'petal_length', 'petal_width']] In [ ] y = iris['species'] In [ ] from sklearn.model_selection import train_test_split In [ ] X_train, X_test, y_train, y_test = train_test_split(X, y, test_size=0.2, random_state=1234) In [ ] print(X_train.shape)
출력	Out[ ] (120, 4)

Python 함수 사용법

sklearn.model_selection.train_test_split(data, test_size, stratify, random_state)

요인	설명
data	data
test_size	평가 데이터로 사용할 비율
stratify	분할기준이 되는 종속변수. 데이터명['종속변수명']으로 표현
random_state	재현성 확보를 위한 난수 고정

Python 코딩	In [ ] print(X_test.shape)
출력	Out[ ] (30, 4)

Python 코딩	In [ ] print(y_train.shape)
출력	Out[ ] (120,)

Python 코딩	In [ ] print(y_test.shape)
출력	Out[ ] (30,)

총 150개의 관측치 중 120개는 학습용, 30개는 평가용으로 분할되었다.

6. 모델 성능 평가

1) 평가 지표

앞서, 예측하고자 하는 종속변수 y의 데이터 유형에 따라 회귀문제와 분류문제로 구분할 수 있다고 설명했다. 이때 y가 수치형일 경우 회귀문제, 범주형일 경우 분류문제에 해당한다.

▸ 표 5-2 **회귀문제와 분류문제에서 실제값과 예측값의 차이**

회귀문제

노면 마찰력의 정도		오차
실제값	예측값	
85	85	0
24	25	-1
25	24	1
76	76	0
10	10	0

분류문제

노면 마찰력의 등급		정오
실제값	예측값	
관찰	주의	False
주의	주의	True
관찰	관찰	True
경계	경계	True
주의	주의	True

도로 살얼음 데이터의 예제에서 y가 노면 마찰력의 '정도'일 경우와 '등급'일 경우, 평가용 데이터를 활용해 예측한 결과를 [표 5-2]와 같다고 하자. 이때 모델의 성능을 어떻게 평가하는지 회귀문제와 분류문제로 구분해 살펴보겠다.

(1) 회귀모델의 성능평가

회귀모델의 예측결과는 수치로 나타난다. 따라서 [표 5-2]의 왼쪽과 같이 실제값과 예측값을 비교해 두 값의 차이인 오차를 다양한 방법으로 활용해 성능을 평가할 수 있다.

'오차'란 용어에서 알 수 있듯이 오차 값이 작을수록 - 즉, 0에 가까울수록 - 모델의 성능이 우수하다고 할 수 있다. 오차를 활용한 성능평가 지표들은 [표 5-3]에 제시되어 있으며, 이 중 실무에서는 평균제곱근오차(RMSE)가 널리 사용된다.

▸ 표 5-3 **회귀모델의 성능평가지표**

지표명	내용	산식 (y_i: 실제값, $\hat{y}_i$: 예측값)
평균절대오차 (MAE: Mean Absolute Error)	오차를 절댓값을 취해 평균한 값	$\frac{1}{n}\sum_{i=1}^{n}\lvert y_i - \hat{y}_i\rvert$
평균제곱오차 (MSE: Mean Squared Error)	오차의 제곱을 평균한 값	$\frac{1}{n}\sum_{i=1}^{n}(y_i - \hat{y}_i)^2$
평균제곱근오차 (RMSE: Root Mean Squared Error)	평균제곱오차(MSE)에 제곱근을 취한 값	$\sqrt{\frac{1}{n}\sum_{i=1}^{n}(y_i - \hat{y}_i)^2}$
평균절대백분율오차 (MAPE: Mean Absolute Percentage Error)	평균절대오차(MAE)를 %로 변환한 값	$\frac{100}{n}\sum_{i=1}^{n}\lvert y_i - \hat{y}_i\rvert$

또한 선형 회귀분석에서 설명했던 결정계수 R^2을 활용해 성능을 평가할 수 있다. 결정계수는 회귀모형이 주어진 데이터를 얼마나 효과적으로 설명하는지를 나타내는 지표이다. 일반적으로 이 값이 1에 가까울수록 모델의 성능이 우수하다고

할 수 있다.

(2) 분류모델의 성능평가

분류모델은 관측값을 특정한 범주, 예를 들면 Positive 또는 Negative, True 또는 False 등으로 예측하는 데 목적이 있으며, 그 결과는 범주형 변수로 표현된다.

이때 예측값이 실제값과 얼마나 일치하는지가 모델 성능의 주요 판단 기준이 된다. 즉, 예측이 실제와 일치하는 비율이 높을수록 모델의 정확도가 높다고 할 수 있다.

[표 5-4]은 예측값과 실제값 간의 관계를 요약한 표로, 이를 혼동행렬(Confusion Matrix)이라 부른다. 혼동행렬은 분류모델의 성능을 다각도로 평가할 수 있는 기초 자료로 활용된다.

▸ 표 5-4 **혼동행렬**

		실제값	
		Positive	Negative
예측값	Positive	True Positive(TP)	False Positive(FP)
	Negative	False Negative(FN)	True Negative(TN)

[표 5-4]에 제시된 혼동행렬을 바탕으로 도출할 수 있는 주요 성능평가 지표들은 [표 5-5]에 정리되어 있다.

▸ 표 5-5 **분류모델의 성능평가지표**

지표명	설명	산식
정확도(Accuracy)	전체 예측 중에서 맞게 예측한 비율	$\frac{TP+TN}{TP+TN+FP+FN}$
정밀도(Precision)	Positive로 예측한 것 중 실제로 Positive인 비율	$\frac{TP}{TP+FP}$
재현율(Recall) 또는 민감도(Sensitivity)	실제 Positive 중에서 Positive로 잘 맞춘 비율	$\frac{TP}{TP+FN}$
F1-score	정밀도와 재현율의 조화 평균	$\frac{Precision \times Recall}{Precision + Recall}$

그렇다면 어떤 경우에 어떤 지표를 사용하는 것이 적절한지 살펴본다. 먼저 정확도(Accuracy)는 전체적인 모델 성능을 빠르게 파악하고 싶을 때나 초기 분석 단계에서 주로 사용된다.

정밀도(Precision)는 스팸 메일 필터링과 같은 상황에서 중요하게 고려된다. 이 경우 정상 메일이 스팸 메일로 분류되면 중요한 메일을 놓칠 수 있기 때문에 잘못된 양성(False Positive)을 줄이는 것이 핵심이다.

반면, 재현율(Recall)은 암 환자 진단과 같은 분야에서 중요하게 사용된다. 만약 발견하지 못하고 놓치게 되면 환자의 생명에 위협이 될 수 있으므로, 놓친 양성(False Negative)을 최소화하는 것이 중요하다.

F1－score는 정밀도와 재현율 두 지표 간의 균형이 필요할 때 사용된다. 예를 들어 신입사원 채용과정에서 정밀도만 높고 재현율이 낮다면 채용된 인재는 대부분 우수하겠지만, 많은 우수한 지원자를 놓칠 수 있다. 반대로 재현율만 높고 정밀도가 낮다면 우수한 인재는 대부분 채용되지만, 부적절한 지원자도 포함될 수 있다. 이처럼 두 지표 사이의 균형이 필요한 경우 F1－score가 유용하다.

정리하자면, 정확도를 기본 성능지표로 사용하되 문제해결의 목적에 따라 정밀도, 재현율, F1－score를 보완지표로 함께 고려하는 것이 바람직하다.

2) 과대적합과 과소적합

머신러닝 모델은 단순히 과거 데이터를 설명하는데서 그치지 않고, 그 데이터를 바탕으로 앞으로 무슨 일이 일어날지를 예상하는데 사용된다.

이 모델이 유용하기 위해서는 학습에 사용한 데이터뿐 아니라, 처음 보는 데이터에 대해서도 비슷한 수준의 예측을 할 수 있어야 한다. 이러한 능력을 일반화라고 한다. 하지만 모델이 일반화되지 않으면 문제가 생긴다. 대표적으로 과대적합과 과소적합이 있다.

과대적합은 '모델이 학습 데이터에 너무 민감하게 반응하여, 학습된 데이터에는 매우 높은 성능을 보이지만, 새로운 데이터에서는 성능이 급격히 저하되는 현상'을 말한다. 이는 마치 학생이 연습 문제는 잘 풀지만, 실제 시험에서는 낮은 점수를 받는 것과 같은 현상이다.

과대적합이 발생하는 주요 원인은 모델의 구조가 지나치게 복잡하거나 학습 데이터에 잡음(noise)이 많이 포함되어 있는 경우이다. 이를 해결하기 위한 방법으로는 드롭아웃(Dropout), 정규화(Regularization), 교차 검증(Cross-validation), 조기 종료(Early stopping) 등의 기법이 있으며 불필요하게 복합한 모델보다는 적절한 수준의 복잡도를 가진 모델을 선택하는 것이 중요하다.

반대로 과소적합은 모델이 학습 데이터의 패턴을 제대로 학습하지 못하여 학습 데이터와 새로운 데이터 모두에서 낮은 성능을 보이는 현상이다. 이는 마치 학생이 공부를 충분히 하지 않아 기본적인 개념조차 이해하지 못하고 시험에서 낮은 점수를 받는 경우와 같다.

과소적합의 원인은 모델이 지나치게 단순하거나 학습이 충분히 이루어지지 않았을 때 발생한다. 이를 해결하기 위해서는 더 복잡한 모델을 사용하거나 더 많은 학습 데이터 또는 학습 횟수를 제공하고 유용한 특징을 추가하는 등의 방법이 효과적이다.

따라서 머신러닝 모델을 성공적으로 개발하기 위해서는 단순히 학습 데이터에 잘 맞는 모델을 만드는데 그치지 않고, 다양한 상황에서도 안정적으로 예측할 수 있는 일반화 능력을 갖추는 것이 중요하다.

머신러닝 모델의 성능을 평가할 때 과대적합과 과소적합 여부는 학습용 데이터와 평가용 데이터 간의 성능 차이를 비교하여 판단한다. 그러나 이때 하나의 지표만으로 평가하는 것은 적절하지 않다. 각 지표는 서로 다른 관점에서 성능을 측정하기 때문에, 단일 지표에만 의존하면 모델의 문제점을 놓칠 수 있기 때문이다.

회귀문제에서는 보통 R^2, MSE, RMSE, MAE 등이 사용된다. R^2은 설명력을 보여주지만 과대적합 여부까지는 판단하기 어려우므로, MAE나 RMSE 등과 함께 분석해야 한다.

분류문제에서는 정확도가 널리 사용되지만, 클래스 불균형이 심할 경우 오해의 소지가 있다. 따라서 정밀도, 재현율, F1-score 등의 보조지표도 함께 고려해야 한다.

또한 수치 지표뿐만 아니라, 교차검증 결과의 일관성, 학습 과정에서의 손실 곡선 변화, 예측값과 실제값의 차이를 분석하는 잔차 분석도 함께 고려하면 모델의 신뢰도를 판단하는데 도움이 된다.

[표 5-6]로 제시되는 지표별 수치 기준은 절대적 판단기준은 아니지만, 모델의 성능을 평가하고 과대적합이나 과소적합 여부를 판단할 때 참고할 수 있는 유용한 기준점이 될 수 있다.

▸ 표 5-6 **과대적합, 과소적합 등 판단기준**

구분	지표명	학습값	검증값	두 값 차이	판단
회귀문제	R^2	높음	낮음	큼(0.10 이상)	과대적합 의심
		낮음	낮음	작음	과소적합 의심
		높음	높음	작음(0.05 이하)	적절한 학습
	MSE RMSE	매우 낮음	높음	큼(0.02 이상)	과대적합 의심
		높음	높음	작음 또는 중간	과소적합 의심
		낮음	낮음	작음(0.01 이하)	적절한 학습
분류문제	정확도	높음	낮음	큼(0.10 이상)	과대적합 의심
		낮음	낮음	작음	과소적합 의심
		높음	높음	작음(0.05 이하)	적절한 학습

7. 예제 데이터

9가지 머신러닝 기법을 활용하여 회귀문제와 분류문제를 각각 해결하고자 한다. 이 예제에 공통적으로 활용된 데이터는 도로 살얼음 발생과 관련된 자료로, 모델 학습과 성능 평가를 위해 학습용과 평가용 데이터로 나누어 사용한다. 각 데이터의 구성은 [표 5-7]에 제시되어 있다.

아울러 각 변수의 구성과 해당 변수들이 가지는 데이터 유형은 [표 5-8]에 상세히 정리되어 있다.

▸ 표 5-7 **머신러닝 기법에 활용할 예제 데이터**

구분	학습용	평가용
회귀문제	blackice_r_train.csv (데이터 수 21,000개)	blackice_r_test.csv (데이터 수 9,000개)
분류문제	blackice_c_train.csv (데이터 수 21,000개)	blackice_c_test.csv (데이터 수 9,000개)

▸ 표 5-8 머신러닝 기법에 활용할 예제 데이터의 변수 구성과 데이터 유형

독립변수(수치형)	종속변수	
	회귀문제(수치형)	분류문제(범주형)
humid : 노면습도(%) press : 대기압(hPa) temp : 노면온도(°C) temp_d : 노면온도와 대기온도의 차이(°C)	노면 마찰력의 정도 (0~100)	노면 마찰력의 등급 (관찰, 주의, 경계 3등급)

먼저, [표 5-7]의 학습용 데이터와 평가용 데이터를 로드한다. 이후 분석을 위해 입력변수(X)과 타깃변수(y)를 구분하며, X와 y가 각각 분리되어 있는 데이터는 [표 5-10]에 있으니 해당 구조를 사용하는 함수에 활용할 수 있다.

반면, $y \sim x_1 + x_2$와 같은 formula를 사용하는 R의 일부 함수는 X와 y를 따로 분리하지 않고, [표 5-7]의 학습용 데이터와 평가용 데이터를 로드한 후 그대로 할당한 [표 5-9]의 데이터를 사용할 수 있다.

▸ 표 5-9 formula 형식의 함수에 사용할 데이터

구분	학습용	평가용
회귀문제	train_r	test_r
분류문제	train_c	test_r

1) 회귀문제에 사용할 데이터

(1) 학습용 데이터와 평가용 데이터 로드

지금까지 R에서는 줄을 바꾸어, Python에서는 각 셀에서 코드를 입력하고 실행했지만, 이제부터는 코드 실행 방식을 조금 다르게 적용한다.

Python은 여러 줄의 코드를 하나의 셀에 입력해 한 번에 실행할 수 있다. 이때 줄바꿈 규칙은 이전과 동일하며, 실행방식이 달라도 결과는 동일하다.

단, R은 이러한 기능이 없으므로 기존처럼 줄 단위로 코드를 실행해야 한다.

R 코딩

```
> train_r <- read.csv('blackice_r_train.csv', header = T)
> test_r <- read.csv('blackice_r_test.csv', header = T)
```

Python 코딩

```
In [ ]  import pandas as pd
        train_r = pd.read_csv('blackice_r_train.csv', header='infer')
        test_r = pd.read_csv('blackice_r_test.csv', header='infer')
```

(2) 입력변수(X)과 타깃변수(y) 분리

R 코딩

```
> X_train_r <- train_r[, 1:4]
> y_train_r <- train_r[, 5]
> X_test_r <- test_r[, 1:4]
> y_test_r <- test_r[, 5]
```

Python 코딩

```
In [ ]  X_train_r = train_r.iloc[:, 0:4]
        y_train_r = train_r.iloc[:, 4]
        X_test_r = test_r.iloc[:, 0:4]
        y_test_r = test_r.iloc[:, 4]
```

2) 분류문제에 사용할 데이터

(1) 학습용 데이터와 평가용 데이터 로드

R 코딩

```
> train_c <- read.csv('blackice_c_train.csv', header=T,
                       stringsAsFactors=T)
> test_c <- read.csv('blackice_c_test.csv', header=T,
                      stringsAsFactors= T)
```

Python 코딩

```
In [ ]  train_c = pd.read_csv('blackice_c_train.csv', header='infer')
        test_c = pd.read_csv('blackice_c_test.csv', header='infer')
```

Tip R에서 read.csv() 함수의 stringsAsFactors는 문자형(character) 데이터를 요인형으로 자동 변환할지를 결정하는 옵션이다.

(2) 입력변수(X)과 타깃변수(y) 분리

R 코딩

```
> X_train_c = train_c[, 1:4]
> y_train_c = train_c[, 5]
> X_test_c = test_c[, 1:4]
> y_test_c = test_c[, 5]
```

Python 코딩

```
In [ ]    X_train_c = train_c.iloc[:, 0:4]
          y_train_c = train_c.iloc[:, 4]
          X_test_c = test_c.iloc[:, 0:4]
          y_test_c = test_c.iloc[:, 4]
```

▸ 표 5-10 **X, y 구조의 함수에 사용할 데이터**

구분	학습용		평가용	
	입력변수(X)	타깃변수(y)	입력변수(X)	타깃변수(y)
회귀문제	X_train_r	y_train_r	X_test_r	y_test_r
분류문제	X_train_c	y_train_c	X_test_c	y_test_c

제2절 전통적 모델

1. K-최근접 이웃

K-최근접 이웃(K-Nearest Neighbor, KNN)은 새로운 데이터를 예측할 때 가장 가까운 이웃의 특성을 참고하는 방식으로 작동한다. 이 알고리즘은 유유상종(類類相從), 즉 유사한 데이터는 서로 가까이 존재한다는 전제를 바탕으로 한다. 알고

리즘의 작동원리는 그 명칭 자체에서 유추할 수 있으며 다음과 같은 절차로 설명할 수 있다.

첫째, k는 새로운 데이터가 참고할 이웃의 개수를 의미하며 사용자가 직접 지정해야 한다. 일반적으로 분류문제에서는 동점 상황을 피하기 위해 짝수보다는 홀수를 사용하는 것이 권장된다.

둘째, 최근접(Nearest)은 입력 데이터와 거리가 가장 가까운 데이터를 의미한다. 거리 계산 방식에는 유클리드(Euclidean), 맨해튼(Manhattan), 민코프스키(Minkowski) 등이 있으며 이 중 유클리드가 가장 널리 사용된다.

셋째, 이웃(Neighbor)은 비교의 기준이 되는 주변 데이터를 지칭한다.

이러한 개념에 따라 K-최근접 이웃은 새로운 데이터가 주어졌을 때 거리상 가장 가까운 k개의 이웃을 참조하여 예측을 수행하는 알고리즘이라고 정의할 수 있다. 이때 회귀문제의 경우 이웃들의 평균으로 값을 예측하고, 분류문제의 경우 다수결로 범주를 결정한다.

예를 들어, A라는 사람이 어느 음식을 선호하는지를 예측하는 분류문제를 가정해 보자. [그림 5-5]에서 A와 가까운 이웃의 순서는 ① 짬뽕, ② 자장, ③ 자장, ④ 짬뽕, ⑤ 짬뽕 순이다.

이때 k=1인 경우, 가장 가까운 이웃이 짬뽕이므로 A는 짬뽕을 선호하는 것으로 예측된다.

k=2인 경우, 짬뽕과 자장이 각각 하나씩으로 동수가 되어 예측이 모호해진다.

k=3인 경우, 자장이 2표, 짬뽕이 1표로 A는 자장을 선호하는 것으로 분류된다.

이와 같이 k의 설정에 따라 예측 결과가 달라질 수 있기 때문에 적절한 k값의 선택은 모델 성능에 있어 매우 중요하다. 실무에서는 경험적으로 k=3 또는 교차검증을 통해 적정 k값을 선정하는 방식이 자주 사용된다.

▸ 그림 5-5 K-최근접 이웃의 작동원리

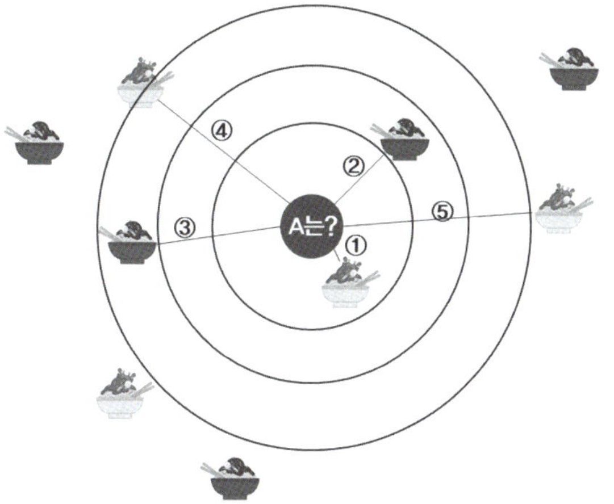

1) 회귀문제

회귀문제 분석에 사용할 데이터를 불러온 후, formula 형식을 지원하지 않는 함수를 사용하기 위해 입력변수(X)와 타깃변수(y)를 분리하여 구성한다.

R 코딩

```
> train_r <- read.csv('blackice_r_train.csv', header = T)
> test_r <- read.csv('blackice_r_test.csv', header = T)
> X_train_r <- train_r[, 1:4]
> y_train_r <- train_r[, 5]
> X_test_r  <- test_r[, 1:4]
> y_test_r <- test_r[, 5]
```

Python 코딩

```
In [ ] import pandas as pd
       train_r = pd.read_csv('blackice_r_train.csv', header='infer')
       test_r = pd.read_csv('blackice_r_test.csv', header='infer')
In [ ] X_train_r = train_r.iloc[:, 0:4]
       y_train_r = train_r.iloc[:, 4]
       X_test_r = test_r.iloc[:, 0:4]
       y_test_r = test_r.iloc[:, 4]
```

먼저, 학습용 데이터를 사용해 모델을 학습한 후 예측을 수행한다. 이때 R에서는 FNN 패키지의 knn.reg() 함수를, Python에서는 scikit-learn의 neighbors 모듈에 포함된 KNeighborsRegressor() 함수를 사용해 KNN 회귀를 수행할 수 있다.

두 언어 모두 입력변수 X와 타깃변수 y 구조를 따르지만, 함수 사용 방식은 다소 차이가 있다.

R 함수 사용법

FNN::knn.reg(X_train, X_test, y_train, k, algorithm)

요인	설명
X_train	학습용 입력변수 데이터
X_test	평가용 입력변수 데이터
y_train	학습용 타깃변수 데이터
k	사용할 이웃의 수. default는 3
algorithm	최근접 이웃 탐색 방법('kd_tree', 'cover_tree', 'brute'). default는 'cover_tree'

Python 함수 사용법

sklearn.neighbors.KNeighborsRegressor(n_neighbors, algorithm).fit(X_train, y_train)

요인	설명
n_neighbors	사용할 이웃의 수. default는 5
algorithm	최근접 이웃 탐색 방법('auto', 'ball_tree', 'kd_tree', 'brute'). default는 'auto'(데이터에 따라 자동으로 최적 알고리즘 선택)
X_train	학습용 입력변수 데이터
y_train	학습용 타깃변수 데이터

R에서 FNN 패키지를 설치하고 불러오면, knn.reg() 함수를 이용하여 K-최근접이웃 회귀모델을 구현할 수 있다. 일반적으로 R에서는 학습용 데이터를 이용해 모델을 먼저 학습한 후, 별도의 평가용 데이터에 대해 예측을 수행하나, knn.reg() 함수는 이와 달리 이 두 과정을 동시에 수행하는 방식으로 작동한다.

이때 이웃의 수 k는 실무에서 자주 사용되는 값인 3으로 설정한다. 생성된 객체의 예측값은 pred 항목에 저장되며, 객체의 구성 요소 이름을 확인하려면 names() 함수를 사용한다.

R 코딩

```
> install.packages('FNN')
> library(FNN)
> y_pred_knn_r <- knn.reg(X_train_r, X_test_r, y_train_r, k = 3)
> names(y_pred_knn_r)
```

출력

```
[1] "call"  "k"  "n"  "pred"  "residuals"  "PRESS"  "R2Pred"
```

pred 항목에 저장된 예측값을 출력하면 다음과 같다.

R 코딩

```
> y_pred_knn_r$pred
```

출력

```
 [1] 0.8160238 0.8200001 0.8096495 0.6693052 0.8200001
 [6] 0.4470489 0.8169072 0.8200001 0.8200001 0.8200001
[11] 0.8200001 0.8200001 0.8180211 0.8200001 0.8148338
[16] 0.8200001 0.8196294 0.7958152 0.8200001 0.8200001
 ............................................................ [이하생략]
```

Python에서는 sklearn.neighbors.KNeighborsRegressor() 함수로 모델을 정의하며, R과 마찬가지로 이웃의 수 k는 3으로 설정한다. 이후 fit() 함수를 사용하여 모델을 학습용 데이터에 적합시킨다.

Python 코딩

```
In [ ]  from sklearn.neighbors import KNeighborsRegressor
        knn_r = KNeighborsRegressor(n_neighbors = 3)
        knn_r.fit(X_train_r, y_train_r)
```

출력

```
Out[ ]
▾ KNeighborsClassifier ⓘ ?
▸ Parameters
```

이때, 출력된 결과에서 ▶ Parameters 항목을 클릭하면 아래와 같이 팝업이 펼쳐지며 파라미터가 어떻게 설정되었는지 확인할 수 있다.

Python 코딩

```
In [ ]  from sklearn.neighbors import KNeighborsRegressor
        knn_r = KNeighborsRegressor(n_neighbors = 3)
        knn_r.fit(X_train_r, y_train_r)
```

출력

```
Out[ ]
▾ KNeighborsClassifier ⓘ ?
▾ Parameters
```

	n_neighbors	3
	weights	'uniform'
	algorithm	'auto'
	leaf_size	30
	p	2
	metric	'minkowski'
	metric_params	None
	n_jobs	None

모델 학습이 완료되면, 이를 바탕으로 평가용 데이터의 입력값 X에 대한 예측값 y를 계산하고 해당 결과를 확인할 수 있다.

Python 코딩	In [ ] y_pred_knn_r = knn_r.predict(X_test_r) y_pred_knn_r
출력	Out[ ] array([0.8160238 , 0.8200001 , 0.80964947, ..., 0.68736247, 0.77817187, 0.8119648])

다음 단계에서는 예측값과 실제값을 비교하여 모델의 성능을 평가한다. 본 예제에서는 실무에서 자주 활용되는 RMSE와 R^2을 평가지표로 사용한다.

R의 경우, caret 패키지의 postResample() 함수를 이용하면 두 지표를 동시에 산출할 수 있다. 반면, Python에서는 sklearn 패키지 metrics 모듈에 있는 mean_squared_error()와 r2_score() 함수를 각각 사용해 이들 지표를 각각 개별적으로 계산해야 한다.

두 언어의 함수 사용법은 유사하지만 요인의 전달 순서에 차이가 있으므로 사용 시 주의가 필요하다.

R 함수 사용법

```
caret::postResample(y_predicted, y_actual)
```

요인	설명
y_predicted	y 예측값
y_actual	y 실제값(평가용 출력변수)

Python 함수 사용법

sklearn,metrics.mean_squared_error(y_actual, y_predicted)
sklearn,metrics.r2_score(y_actual, y_predicted)

요인	설명
y_actual	y 실제값(평가용 출력변수)
y_predicted	y 예측값

R의 postResample() 함수를 사용할 때는 예측값과 실제값 순서로 요인을 전달한다.

R 코딩

```
> library(caret)
> postResample(y_pred_knn_r$pred, y_test_r)
```

출력

```
      RMSE   Rsquared        MAE
0.05523976 0.95935085 0.01302756
```

그러나 Python의 mean_squared_error() 함수와 r2_score() 함수를 사용할 때는 실제값과 예측값 순서로 요인을 전달해야 한다,

Python 코딩

```
In [ ]  from sklearn.metrics import mean_squared_error
        import numpy as np
        np.sqrt(mean_squared_error(y_test_r, y_pred_knn_r))
```

출력

```
Out[ ]  0.055239755317857506
```

Python 코딩

```
In [ ]  from sklearn.metrics import r2_score
        r2_score(y_test_r, y_pred_knn_r)
```

출력

```
Out[ ]  0.9590261258632806
```

성능을 평가한 결과, R과 Python 두 언어 모두에서 RMSE는 0.055, R^2은 0.959로 측정되었다. 다만, R^2의 경우 소수점 넷째 자리부터 값에 차이가 있는 것이 확인되었다.

이처럼 같은 데이터를 사용하더라도 R에서 FNN 패키지의 knn.reg() 함수와 Python의 KNeighborsRegressor() 함수는 내부 구현 방식과 기본 설정값의 차이로 인해 예측 결과와 성능 지표에 차이가 발생할 수 있다.

이러한 차이는 [표 5-11]과 같이 거리 계산 방식, 이웃 선택 시 동점 처리 방식, 평균 계산 방식, 데이터 정렬 순서, 그리고 각 언어의 패키지별 구현 세부 사항 등이 다르기 때문이다.

▸ 표 5-11 **K-최근접이웃 구현함수의 주요 요인별 기본 설정값**

knn.reg()	구분	KNeighborsRegressor()
k=3	이웃의 수(k)	n_neighbors=5
없음	가중치	weights='uniform'
algorithm='cover_tree'	이웃탐색방식	algorithm='auto'

이와 같은 차이는 이후에 다룰 다른 머신러닝 기법을 구현할 때 사용하는 함수들에서도 마찬가지로 나타날 수 있음을 인지하기 바란다.

Tip K-최근접 이웃을 포함한 머신러닝 기법은 알고리즘 특성상 초깃값이 어떻게 설정되느냐에 따라 예측결과가 달라지기 때문에 본서의 예제 결과와 독자의 실습 결과가 다를 수 있다.

2) 분류문제

분류문제 분석을 위해 먼저 데이터를 불러온 뒤, formula 형식을 지원하지 않는 함수에서 사용할 수 있도록 입력변수(X)와 타깃변수(y)를 구분하여 구성한다.

R 코딩

```
> train_c <- read.csv('blackice_c_train.csv', header=T,
                      stringsAsFactors=T)
> test_c <- read.csv('blackice_c_test.csv', header=T,
                     stringsAsFactors= T)
> X_train_c = train_c[, 1:4]
> y_train_c = train_c[, 5]
> X_test_c = test_c[, 1:4]
> y_test_c = test_c[, 5]
```

Python 코딩

```
In [ ] train_c = pd.read_csv('blackice_c_train.csv', header='infer'])
       test_c = pd.read_csv('blackice_c_test.csv', header='infer')
In [ ] X_train_c = train_c.iloc[:, 0:4]
       y_train_c = train_c.iloc[:, 4]
       X_test_c = test_c.iloc[:, 0:4]
       y_test_c = test_c.iloc[:, 4]
```

먼저, 학습용 데이터를 바탕으로 모델을 학습하고 예측을 수행한다. R에서는 회귀문제와 분류문제를 대부분 같은 함수로 처리하되, 설정 옵션을 달리하여 문제 유형에 맞게 적용하는 방식이 일반적이다.

그러나 K-최근접 이웃의 경우에는 예외적으로 class 패키지에 포함된 분류 전용 함수인 knn()을 활용해야 한다.

Python에서는 scikit-learn 패키지의 neighbors 모듈에 포함된 KNeighbors Classifier() 함수를 사용하며, 회귀문제에서와 마찬가지로 두 언어의 함수 모두 기본적으로 X, y 구조를 따른다. 각 함수의 사용법은 다음과 같다.

R 함수 사용법

```
class::knn(X_train, X_test, y_train, k)
```

요인	설명
X_train	학습용 입력변수 데이터
X_test	평가용 입력변수 데이터
y_train	학습용 타깃변수 데이터
k	사용할 이웃의 수. default는 없기 때문에 반드시 지정

Python 함수 사용법

```
sklearn.neighbors.KNeighborsClassifier(n_neighbors, algorithm).fit(X_train, y_train)
```

요인	설명
n_neighbors	사용할 이웃의 수. default는 5
algorithm	최근접 이웃 탐색 방법('auto', 'ball_tree', 'kd_tree', 'brute'). default는 'auto'(데이터에 따라 자동으로 최적 알고리즘 선택)
X_train	학습용 입력변수 데이터
y_train	학습용 타깃변수 데이터

R에서 class 패키지를 설치하고 불러온 후, 분류 전용 knn() 함수를 사용하여 학습용 데이터로 모델을 학습하고, 평가용 데이터에 대해 예측을 수행한다. 이때 이웃의 수 k는 회귀문제에서와 마찬가지로 실무에서 자주 사용되는 값인 3으로 설정한다.

class 패키지의 knn() 함수는 FNN 패키지의 knn.reg()와 달리 예측된 분류 결과를 바로 반환하므로, names() 함수를 사용해 구성 요소를 확인할 수 없다.

R 코딩

```
> install.packages('class')
> library(class)
> y_pred_knn_c <- knn(X_train_c, X_test_c, y_train_c, k = 3)
> y_pred_knn_c
```

출력

```
 [1] observation observation observation observation observation
 [6] alert       observation observation observation observation
[11] observation observation observation observation observation
  ........................................................................ [이하생략]
```

Python에서는 sklearn 패키지의 neighbors에 있는 KNeighborsClassifier() 함수로 모델을 정의하며, R과 마찬가지로 이웃의 수 k는 3으로 설정한다. 이후 fit() 함수를 사용하여 모델을 학습용 데이터에 적합시킨다.

Python 코딩

In [ ]
```
from sklearn.neighbors import KNeighborsClassifier
knn_c = KNeighborsClassifier(n_neighbors=3)
knn_c.fit(X_train_c, y_train_c)
```

출력

Out[ ]
```
▾ KNeighborsClassifier ⓘ ?
▶ Parameters
```

이렇게 적합된 모델을 활용하여 평가용 데이터의 입력값 X를 기반으로 출력값 y를 예측한 후 그 결과를 출력한다.

Python 코딩

In [ ]
```
y_pred_knn_c = knn_c.predict(X_test_c)
y_pred_knn_c
```

출력

Out[ ]
```
array(['observation', 'observation', 'observation', ..., 'caution',
       'caution', 'caution'], dtype=object)
```

다음 단계에서는 실제값과 예측값을 비교하여 혼동행렬을 생성하고, 이를 바탕으로 정확도를 계산하여 모델의 성능을 평가한다.

R에서는 caret 패키지의 confusionMatrix() 함수를, Python에서는 sklearn 패키지 metrics 모듈의 confusion_matrix() 함수와 classification_report() 함수를 사용한다.

두 언어의 함수 사용법은 다음과 같으며, 회귀문제에서와 마찬가지로 R과 Python은 요인의 전달 순서에 차이가 있으므로 사용 시 주의가 필요하다.

R 함수 사용법

caret::confusionMatrix(y_predicted, y_actual)

요인	설명
y_predicted	y 예측값
y_actual	y 실제값(평가용 타깃변수)

R 코딩

```
> library(caret)
> confusionMatrix(y_pred_knn_c, y_test_c)
```

출력

```
Confusion Matrix and Statistics
                 Reference
Prediction      alert   caution   observation
  alert          2946        27            85
  caution          38      2898           173
  observation      16        75          2742
Overall Statistics
                       Accuracy :  0.954
                         95% CI :  (0.9495, 0.9582)
            No Information Rate :  0.3333
            P-Value [Acc > NIR] :  < 2.2e-16

                          Kappa :  0.931

         Mcnemar's Test P-Value :  2.2e-16

Statistics by Class:
                        Class: alert   Class: caution   Class: observation

Sensitivity                   0.9820           0.9660               0.9140
Specificity                   0.9813           0.9748               0.9848
Pos Pred Value                0.9634           0.9321               0.9679
Neg Pred Value                0.9909           0.9827               0.9582
Prevalence                    0.3333           0.3333               0.3333
Detection Rate                0.3272           0.3220               0.3047
Detection Prevalence          0.3398           0.3454               0.3148
Balanced Accuracy             0.9817           0.9654               0.9494
```

Python 함수 사용법

sklearn,metrics.confusion_matrix(y_actual, y_predicted)

요인	설명
y_actual	y 실제값(평가용 타깃변수)
y_predicted	y 예측값

Python 코딩

```
In [ ]    from sklearn.metrics import confusion_matrix
          confusion_matrix(y_test_c, y_pred_knn_c)
```

출력

```
Out[ ] array([[2948,   36,   16],
              [  29, 2896,   75],
              [  88,  172, 2740]], dtype=int64)
```

Python 함수 사용법

sklearn,metrics.classification_report(y_actual, y_predicted)

요인	설명
y_actual	y 실제값(평가용 타깃변수)
y_predicted	y 예측값

Python 코딩

```
In [ ]    from sklearn.metrics import classification_report
          result = classification_report(y_test_c, y_pred_knn_c)
          print(result)
```

출력

```
Out[ ]
                 precision    recall  f1-score   support
          alert       0.96      0.98      0.97      3000
        caution       0.93      0.97      0.95      3000
    observation       0.97      0.91      0.94      3000
       accuracy                           0.95      9000
      macro avg       0.95      0.95      0.95      9000
   weighted avg       0.95      0.95      0.95      9000
```

R과 Python을 활용하여 모델의 정확도를 평가한 결과, 정확도는 R에서는 0.954, Python에서는 0.95로 나타나 두 환경 모두 유사한 수준의 성능을 보였다.

2. 결정 트리

결정 트리(Decision Tree)는 트리 구조를 이용해 단계별로 결정규칙을 만들어 분할해 나가면서 최종적으로 수치를 예측하거나 범주로 분류하는 기법이다. 어릴 적 놀든 스무고개놀이와 작동원리가 매우 유사하다. 가장 정보가 많은 질문부터 시작해 매 단계마다 질문의 범위를 좁혀 나가면서 최종결과를 도출한다.

▸ 그림 5-6 **결정 트리의 작동원리**

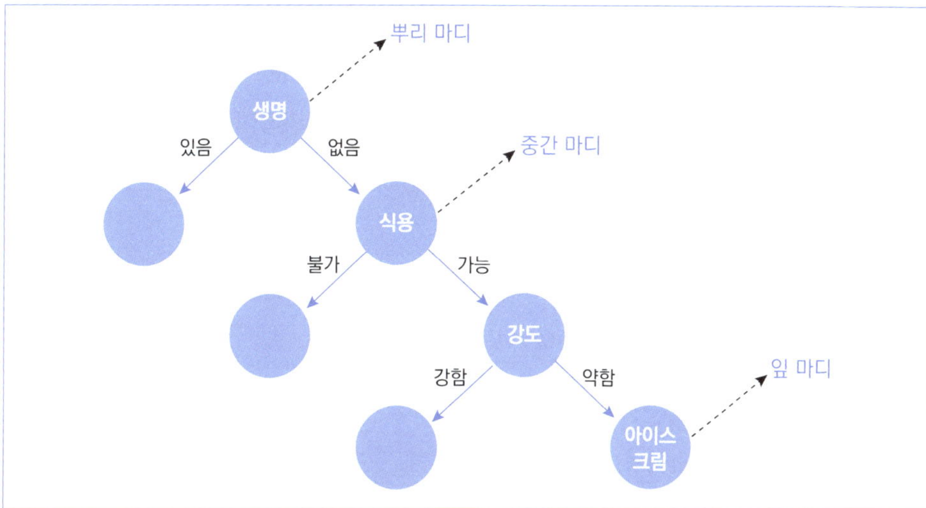

핵심은 각 마디마다 데이터를 가장 잘 분할할 수 있는 기준으로 분할하는 것이다. 데이터를 분할할 때 순수도(Purity) 개념을 사용한다. 순수도란 데이터들이 얼마나 서로 유사한지를 의미한다. 따라서 순수도가 높으면 높을수록 같은 특징을 가진 데이터들이라 볼 수 있다.

순수도를 측정하는 방법은 분리목적에 따라 다르다. 수치예측일 경우 분산분석에서의 F 통계량, 분산의 감소량 등을 사용해 오차를 최소화한다. 이에 비해 범주분류일 경우 지니지수, 엔트로피지수, 카이제곱 통계량 등을 사용해 불순도를 낮춘다.

결정방법도 분리목적에 따라 다르다. 수치예측일 경우 최종 잎 마디에 포함된 데이터들의 평균을 예측값으로 사용하고, 분류목적일 경우 최종 잎 마디에 포함된 데이터들의 빈도가 가장 많은 범주로 분류한다.

트리의 구조는 뿌리 마디(Root Node), 중간 마디(Intermediate Node), 잎 마디(Leaf Node)로 구성된다. 뿌리 마디는 나무가 시작되는 마디로 가장 중요한 분류기준이 된다. 중간 마디는 뿌리마디와 잎 마디의 중간에 있는 마디이고, 잎 마디는 최종 끝마디이다.

결정 트리는 나중에 다룰 배깅과 부스팅 같은 앙상블 모델의 기반이 되므로 개념을 잘 이해하는 것이 중요하다.

1) 회귀문제

회귀문제 분석에 사용할 데이터를 불러온 후, formula 형식을 지원하지 않는 함수를 사용하기 위해 입력변수(X)와 타깃변수(y)를 분리하여 구성한다.

R 코딩

```
> train_r <- read.csv('blackice_r_train.csv', header = T)
> test_r <- read.csv('blackice_r_test.csv', header = T)
> X_train_r <- train_r[, 1:4]
> y_train_r <- train_r[, 5]
> X_test_r <- test_r[, 1:4]
> y_test_r <- test_r[, 5]
```

Python 코딩

```
In [ ] import pandas as pd
       train_r = pd.read_csv('blackice_r_train.csv', header='infer')
       test_r = pd.read_csv('blackice_r_test.csv', header='infer')
In [ ] X_train_r = train_r.iloc[:, 0:4]
       y_train_r = train_r.iloc[:, 4]
       X_test_r = test_r.iloc[:, 0:4]
       y_test_r = test_r.iloc[:, 4]
```

먼저, R에서는 rpart 패키지의 rpart() 함수를, Python에서는 scikit-learn 패키지의 tree 모듈에 있는 DecisionTreeRegressor() 함수를 사용해 학습용 데이터로 모델을 학습한다. 이때 R의 rpart() 함수는 formula 형식을 사용하기 때문에 학습용 데이터와 평가용 데이터를 그대로 사용할 수 있다.

한편, Python의 DecisionTreeRegressor() 함수는 X, y 형태의 입력을 요구하므로, 입력변수와 타깃변수를 별도로 분리하여 사용해야 한다. 각 언어에서의 함수 사용법은 다음과 같다.

R 함수 사용법

```
rpart::rpart(y ~ x, train_data, control=rpart.control())
```

요인	설명
y	타깃변수
x	입력변수. x_1+x_2+...+x_n 형태로 지정하고 모두를 지정할 때 온점(.) 형태로도 가능
train_data	학습용 데이터
control= rpart.control()	rpart 알고리즘의 세부사항 제어. minsplit(최소분할 샘플수, default는 2), cp(복잡도 매개변수, default는 0.01), maxdepth(트리 최대 깊이, default는 30) 등이 있음

Python 함수 사용법

```
sklearn.tree.DecisionTreeRegressor(ccp_alpha).fit(X_train, y_train)
```

요인	설명
max_depth	트리 최대 깊이. default는 None
min_samples_split	최소분할 샘플수. default는 2
ccp_alpha	결정 트리의 분할 정도를 조절하는 복잡도 매개변수. default는 0
X_train	학습용 입력변수 데이터
y_train	학습용 타깃변수 데이터

R에서는 먼저 rpart 패키지를 설치하고 불러온 다음, rpart() 함수를 통해 학습용 데이터를 기반으로 모델을 구축한다. 이때 결정 트리의 분할 복잡도를 조절하는 cp(complexity parameter)는 기본값이 0.01로 설정되어 있으며, 이는 트리가 과도하게 깊어지는 것을 방지하는 역할을 한다.

반면, Python의 DecisionTreeRegressor()는 기본적으로 제한 없이 트리를 완전 분할(fully grown)하도록 0으로 설정되어 있다. 따라서 두 모델이 동일한 조건을 갖도록 R의 cp 값을 0으로 조정한다.

R 코딩

```
> install.packages('rpart')
> library(rpart)
> dt_r <- rpart(friction ~ press+humid+temp+temp_d, train_r,
              control = rpart.control(cp = 0))
```

Python 코딩

```
In [ ]   from sklearn.tree import DecisionTreeRegressor
         dt_r = DecisionTreeRegressor()
         dt_r.fit(X_train_r, y_train_r)
```

출력

```
Out[ ]
  ▾ DecisionTreeRegressor ⓘ ?
  ▶ Parameters
```

이어서 두 언어 모두 predict() 함수로 이렇게 적합된 모델을 활용하여 평가용 데이터의 입력값 X를 기반으로 출력값 y를 예측한다.

R 코딩

```
> y_pred_dt_r <- predict(dt_r, test_r)
> y_pred_dt_r
```

출력

```
        1         2         3         4         5
0.8200001 0.8200001 0.8163476 0.3343826 0.8200001
        6         7         8         9        10
0.6155284 0.8125841 0.8181364 0.8150084 0.8200001
       11        12        13        14        15
0.8200001 0.8192337 0.7999174 0.8172927 0.8067350
       16        17        18        19        20
0.8200001 0.7469163 0.8166070 0.8174097 0.8200001
  ........................................................................ [이하생략]
```

Python 코딩

```
In [ ]    y_pred_dt_r = dt_r.predict(X_test_r)
          y_pred_dt_r
```

출력

```
Out[ ]
array([0.8200001, 0.8200001, 0.8108634, ..., 0.8004929,
       0.7833982, 0.8123749])
```

마지막으로 실제값과 예측값을 비교해 모델 성능을 평가한다.

R 코딩

```
> library(caret)
> postResample(y_pred_dt_r, test_r$friction)
```

출력

```
      RMSE   Rsquared        MAE
0.07720841 0.92021441 0.02495613
```

Python 코딩

```
In [ ]  from sklearn.metrics import mean_squared_error
        import numpy as np
        np.sqrt(mean_squared_error(y_test_r, y_pred_dt_r))
```

출력

```
Out[ ]  0.06883258593208098
```

Python 코딩	In [ ]	from sklearn.metrics import r2_score r2_score(y_test_r, y_pred_dt_r)
출력	Out[ ]	0.9363802866711309

두 언어를 사용해 성능을 평가한 결과, RMSE는 R에서 0.077, Python에서 0.068로 나타났으며, R^2은 각각 0.920과 0.936으로 측정되었다.

복잡도 매개변수를 0으로 조정하여 분석 조건을 통일함에 따라, R과 Python 간의 예측 결과가 유사하게 수렴하였다. 그러나 여전히 차이가 발생하는 이유는 트리의 최대 깊이, 최소 분할 샘플 수 등의 기본 설정값이 언어별로 [표 5-12]와 같이 다르기 때문이다. 이러한 설정값을 동일하게 맞추면 결과도 거의 동일하게 나타난다.

▸ **표 5-12 결정 트리 구현함수의 주요 요인별 기본 설정값**

rpart()	구분	DecisionTreeRegressor()
method='anova'	분할기준	criterion='squared_error'
maxdepth=30	트리 최대깊이	max_depth=None
minsplit=20	최소분할 샘플수	min_samples_split=2
cp=0.01	복잡도 매개변수	ccp_alpua=0

2) 분류문제

분류문제 분석에 사용할 데이터를 불러온 후, formula 형식을 지원하지 않는 함수를 사용하기 위해 입력변수(X)와 타깃변수(y)를 분리하여 구성한다.

R 코딩

```
> train_c <- read.csv('blackice_c_train.csv', header=T,
                      stringsAsFactors=T)
> test_c <- read.csv('blackice_c_test.csv', header=T,
                     stringsAsFactors= T)
> X_train_c = train_c[, 1:4]
```

```
> y_train_c = train_c[, 5]
> X_test_c = test_c[, 1:4]
> y_test_c = test_c[, 5]
```

Python 코딩

```
In [ ] train_c = pd.read_csv('blackice_c_train.csv', header='infer')
        test_c = pd.read_csv('blackice_c_test.csv', header='infer')
In [ ] X_train_c = train_c.iloc[:, 0:4]
        y_train_c = train_c.iloc[:, 4]
        X_test_c = test_c.iloc[:, 0:4]
        y_test_c = test_c.iloc[:, 4]
```

R에서는 분류와 회귀 모두에 사용 가능한 rpart 패키지의 rpart() 함수를 이용하여 학습용 데이터로 모델을 학습한다. 이 함수는 formula 형식을 따르므로 학습용 데이터와 평가용 데이터를 별도로 분리하지 않고 그대로 사용할 수 있다.

또한, 회귀문제와 마찬가지로 Python의 DecisionTreeClassifier()를 사용할 때에도 동일한 조건을 맞추기 위해 복잡도 매개변수(ccp_alpha)를 0으로 설정한다.

R 코딩

```
> library(rpart)
> dt_c <- rpart(level ~ press+humid+temp+temp_d, train_c,
                control = rpart.control(cp = 0))
```

한편, Python에서는 scikit-learn 패키지의 tree 모듈에 포함된 DecisionTreeClassifier() 함수를 이용하여 모델을 학습한다. 이 함수는 입력변수와 타깃변수를 각각 X와 y로 나누어 제공해야 하며, 함수 사용법은 회귀용 함수인 DecisionTreeRegressor()와 동일하다.

먼저, DecisionTreeRegressor() 함수로 모델을 생성한 후 fit() 함수를 사용하여 학습용 데이터에 모델을 적합시킨다.

Python 코딩	In [ ] from sklearn.tree import DecisionTreeClassifier dt_c = DecisionTreeClassifier() dt_c.fit(X_train_c, y_train_c)
출력	Out[ ] ▾ DecisionTreeClassifier ⓘ ? ▶ Parameters

이렇게 학습된 모델을 활용하여 평가용 데이터의 입력값 X를 기반으로 출력값 y를 예측한다. 이때 R에서는 분류문제임을 명시하기 위해 type에 class를 설정하여 예측값을 범주형으로 출력하게 한다.

반면 Python에서는 모델이 회귀용인지 분류용인지에 따라 predict() 함수가 자동으로 적절한 형식의 예측값을 반환하므로 별도로 명시할 필요가 없다.

R 코딩

```
> y_pred_dt_c <- predict(dt_c, test_c, type = 'class')
> y_pred_dt_c
```

출력

```
          1           2           3           4
observation observation observation       alert
          5           6           7           8
observation observation observation observation
          9          10          11          12
observation observation observation observation
.......................................................... [이하생략]
```

Python 코딩

```
In [ ]  y_pred_dt_c = dt_c.predict(X_test_c)
        y_pred_dt_c
```

출력

```
Out[ ]
array(['observation', 'observation', 'observation', ..., 'caution',
       'caution', 'caution'], dtype=object)
```

다음 단계에서는 실제값과 예측값을 비교하여 정확도를 기준으로 모델의 성능을 평가한다.

R 코딩

```
> library(caret)
> confusionMatrix(y_pred_knn_c, y_test_c)
```

출력

```
Confusion Matrix and Statistics

             Reference
Prediction     alert  caution  observation
  alert         2859       37          104
  caution         64     2713          246
  observation     77      249         2650

Overall Statistics

               Accuracy :  0.9136
                 95% CI :  (0.9076, 0.9193)
    No Information Rate :  0.3333
    P-Value [Acc > NIR] :  < 2e-16

                  Kappa :  0.8703

 Mcnemar's Test P-Value :  0.01363

Statistics by Class:

                     Class: alert  Class: caution  Class: observation


Sensitivity                0.9530          0.9043              0.8833
Specificity                0.9763          0.9483              0.9457
Pos Pred Value             0.9527          0.8975              0.8905
Neg Pred Value             0.9765          0.9520              0.9419
Prevalence                 0.3333          0.3333              0.3333
Detection Rate             0.3177          0.3014              0.2944
Detection Prevalence       0.3334          0.3357              0.3307
Balanced Accuracy          0.9647          0.9263              0.9145
```

Python 코딩	In [ ]	from sklearn.metrics import confusion_matrix confusion_matrix(y_test_c, y_pred_dt_c)
출력	Out[ ]	array([[2904, 30, 66], [30, 2813, 157], [96, 168, 2736]], dtype=int64)

Python 코딩	In [ ]	from sklearn.metrics import classification_report result = classification_report(y_test_c, y_pred_dt_c) print(result)
출력	Out[ ]	

```
              precision    recall  f1-score   support

       alert       0.96      0.97      0.96      3000
     caution       0.93      0.94      0.94      3000
 observation       0.92      0.91      0.92      3000

    accuracy                           0.94      9000
   macro avg       0.94      0.94      0.94      9000
weighted avg       0.94      0.94      0.94      9000
```

두 언어를 사용해 모델의 정확도를 평가한 결과, R에서는 0.913, Python에서는 0.94로 측정되어 Python이 조금 더 높은 정확도를 보였다. 그러나 모델의 하이퍼파라미터(Hyperparameter)[11] 등 설정값을 동일하게 조정할 경우, 두 환경 모두 유사한 성능을 발휘할 수 있다.

3. 서포트 벡터 머신

일반적인 머신러닝 기법이 오류 최소화를 중심으로 설계된 것과 달리, 서포트 벡터 머신(Support Vector Machine)은 클래스 간 여백(Margin)의 최대화를 목표로

11) 파라미터(Parameter)는 모델이 학습을 통해 자동으로 결정하는 값을 말하고 반면, 하이퍼파라미터(Hyperparameter)는 사용자가 직접 결정하는 값을 말한다.

한다.

예를 들어 자장과 짬뽕 중 어느 쪽을 선호하는지를 분류한다고 가정해 보자. 이때 두 집단을 가장 잘 구분할 수 있는 결정경계(Decision Boundary)는 [그림 5-7]과 같이 두 클래스 간 여백이 가장 넓은 위치에 형성된다.

즉, 서포트 벡터 머신은 각 클래스에 가장 가까운 데이터를 기준으로 최대한 넓은 여백을 확보하는 결정경계를 찾음으로써 일반화 성능을 극대화하는 방식으로 작동한다.

▸ 그림 5-7 서포트 벡터 머신의 작동원리

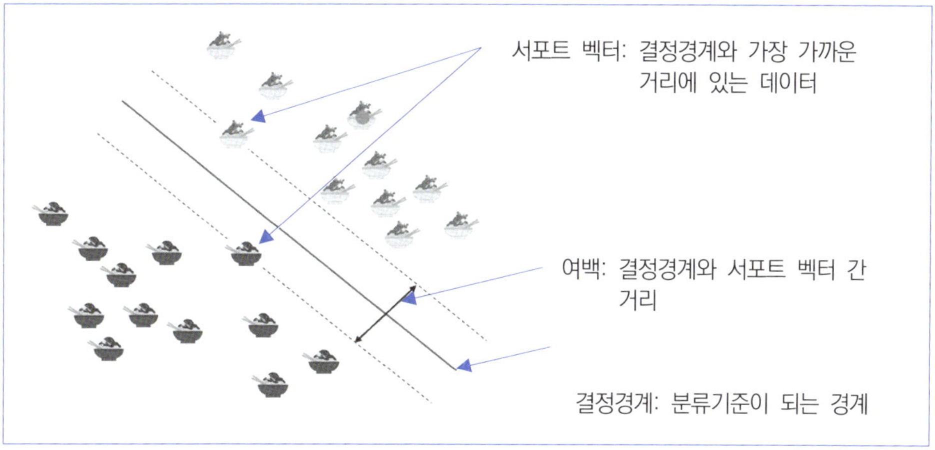

이러한 작동원리에 따라 서포트 벡터 머신은 여백이 최대화되는 결정경계를 찾는 것을 목표로 한다. 이때 결정경계는 기본적으로 선형이다.

그러나 [그림 5-8]의 왼쪽과 같이 선형 결정경계로는 구분이 어려운 데이터의 경우, [그림 5-8]의 오른쪽처럼 데이터를 고차원으로 변환하면 선형적으로 분리 가능한 결정경계를 설정할 수 있다.

이처럼 데이터를 저차원에서 고차원으로 변환하여 성능을 향상시키는 기법을 커널 트릭(Kernel Trick)이라 하며, 이때 사용되는 함수를 커널 함수(Kernel Function)라고 한다.

대표적인 커널 함수에는 RBF(Radial Basis Function) 커널, 다항식(Polynomial) 커널, 시그모이드(Sigmoid) 커널 등이 있으며, 각 커널 함수는 데이터의 특성에 따라 선택적으로 사용된다.

▸ 그림 5-8 서포트 벡터 머신의 커널 트릭

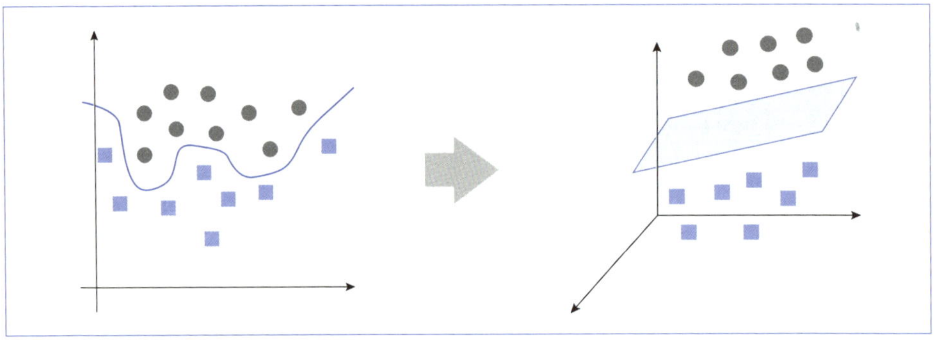

1) 회귀문제

회귀문제 분석에 사용할 데이터를 불러온 후, formula 형식을 지원하지 않는 함수를 사용하기 위해 입력변수(X)와 타깃변수(y)를 분리하여 구성한다.

R 코딩

```
> train_r <- read.csv('blackice_r_train.csv', header = T)
> test_r <- read.csv('blackice_r_test.csv', header = T)
> X_train_r <- train_r[, 1:4]
> y_train_r <- train_r[, 5]
> X_test_r  <- test_r[, 1:4]
> y_test_r <- test_r[, 5]
```

Python 코딩

```
In [ ] import pandas as pd
       train_r = pd.read_csv('blackice_r_train.csv', header='infer')
       test_r = pd.read_csv('blackice_r_test.csv', header='infer')
In [ ] X_train_r = train_r.iloc[:, 0:4]
       y_train_r = train_r.iloc[:, 4]
       X_test_r = test_r.iloc[:, 0:4]
       y_test_r = test_r.iloc[:, 4]
```

먼저, R에서는 e1071 패키지의 svm() 함수를, Python에서는 scikit-learn 패키지의 svm 모듈에 있는 SVR() 함수를 사용해 학습용 데이터로 모델을 학습한다. 이때 R의 svm() 함수는 formula 형식을 사용하기 때문에 학습용 데이터와 평가용 데이터를 그대로 사용할 수 있다.

하지만, Python의 SVR() 함수는 X, y 구조를 따르기 때문에 분리된 데이터를 사용해야 한다. 각 함수의 사용법은 다음과 같다.

R 함수 사용법

```
e1071::svm(y ~ x, train_data, scale, type, kernel)
```

요인	설명
y	타깃변수
x	입력변수. x_1+x_2+...+x_n 형태로 지정하고 모두를 지정할 때 온점(.) 형태로도 가능
train_data	학습용 데이터
scale	데이터 스케일링(표준화) 여부. default는 TRUE
type	문제 유형('C-classification', 'eps-regression'). 지정하지 않으면 y 데이터 유형에 따라 자동으로 회귀 또는 분류를 선택
kernel	linear, radial, polynomial, sigmoid가 있음. default는 radial

Python 함수 사용법

```
sklearn.svm.SVR(kernel, gamma).fit(X_train, y_train)
```

요인	설명
kernel	linear, rbf, poly, sigmoid가 있음. default는 rbf
gamma	rbf커널에서 곡률을 결정하는 것으로 scale=1/(n_features*X.var())과 auto=1/(n_features*X)가 있음. default는 scale
X_train	학습용 입력변수 데이터
y_train	학습용 타깃변수 데이터

R에서는 e1071 패키지를 설치하고 불러온 후, svm() 함수를 사용하여 학습용 데이터로 모델을 학습한다. 이때 type을 eps-regression으로 지정한다. 만약 지정하지 않으면 y의 데이터 유형에 따라 자동으로 회귀(C-classification) 또는 분류(eps-regression)를 선택한다. 하지만 자동결정이 모호한 경우를 대비에 명시적으로 type를 지정하는 것이 안전하다.

또한, 서포트 벡터 머신과 같이 거리를 기반으로 하는 모델의 경우, 변수 간 단위나 범위의 차이로 인한 왜곡을 방지하기 위해 스케일링이 권장된다. 기본적으로 scale=TRUE로 설정되어 있어, 별도로 지정하지 않아도 자동으로 스케일링이 적용된다.

R 코딩

```
> install.packages('e1071')
> library(e1071)
> svm_r <- svm(friction ~ press+humid+temp+temp_d, train_r,
               type = 'eps-regression')
```

Python에서는 sklearn.svm.SVR() 함수를 사용하여 서포트 벡터 회귀모델을 정의한다. 이때 R과 Python 간에 스케일링 방식과 하이퍼파라미터(C, epsilon, gamma) 지정의 차이로 인해 성능차이가 발생할 수 있다. 이러한 차이를 최소화하려면 두 환경에서 유사한 조건으로 맞추는 것이 필요하다.

Python의 SVR() 함수는 R의 svm() 함수와 달리 내장된 스케일링 옵션이 없기 때문에, 모델을 정의하기 전에 StandardScaler()를 사용하여 데이터를 표준화해야 한다.

Python 코딩

```
In [ ]  from sklearn.preprocessing import StandardScaler
        scaler = StandardScaler()
        X_train_r = scaler.fit_transform(X_train_r)
        X_test_r = scaler.transform(X_test_r)
```

또한 gamma는 R과 동일하게 설정하기 위해 auto로 지정하는 것이 바람직하다. 왜냐하면 R의 svm() 함수는 gamma의 기본값을 1/n_features로 설정하는 반면, Python의 SVR() 함수는 기본값을 scale로 두며, 이는 입력 데이터의 분산까지 고려하여 1/(n_features*X.var())로 계산되어 때문이다.

이러한 설정 후, fit() 함수를 사용하여 모델을 학습용 데이터에 적합시킨다.

Python 코딩	In [ ]	from sklearn.svm import SVR svm_r = SVR(gamma='auto') svm_r.fit(X_train_r, y_train_r)
출력	Out[ ]	▾ SVR ⓘ ? ▶ Parameters

▸ **표 5-13 서포트 벡트 머신 구현함수의 주요 요인별 기본 설정값**

svm()	구분	SVR()
TRUE	scale	기능 없음(필요시 별도시행)
radial	kernel	rbf(이름만 상이)
1/n_features	gamma	scale=1/(n_features*X.var())
cost=1	오차 허용 비용	C=1.0
0.1	epsilon	0.1

이렇게 적합된 모델을 활용하여 평가용 데이터의 입력값 X를 기반으로 출력값 y를 예측한 후, 그 결과를 출력한다.

R 코딩

```
> y_pred_svm_r <- predict(svm_r, test_r)
> y_pred_svm_r
```

출력

```
        1         2         3         4         5
0.6536982 0.8427247 0.8018687 0.5500103 0.6910627
        6         7         8         9        10
0.2230523 0.7887234 0.7822895 0.8080549 0.7978132
       11        12        13        14        15
0.8015756 0.5687475 0.8149599 0.7988157 0.7869158
.............................................. [이하생략]
```

Python 코딩

```
In [ ]   y_pred_svm_r = svm_r.predict(X_test_r)
         y_pred_svm_r
```

출력

```
Out[ ]
array([0.59554895, 0.8698298 , 0.77724961, ..., 0.71978376,
       0.7768968, 0.75322087])
```

다음 단계에서는 실제값과 예측값을 비교해 모델 성능을 평가한다.

R 코딩

```
> library(caret)
> postResample(y_pred_svm_r, test_r$friction)
```

출력

```
      RMSE   Rsquared        MAE
0.11624065 0.81965957 0.06179821
```

Python 코딩

```
In [ ]   from sklearn.metrics import mean_squared_error
         import numpy as np
         np.sqrt(mean_squared_error(y_test_r, y_pred_svm_r))
```

출력

```
Out[ ]   0.11458431132870163
```

Python 코딩

```
In [ ]   from sklearn.metrics import r2_score
         r2_score(y_test_r, y_pred_svm_r)
```

출력

```
Out[ ]   0.8236993739850075
```

Python의 gamma를 auto로 설정하여 분석 조건을 통일한 후, 두 언어 간 성능을 비교한 결과 RMSE는 R에서 0.116, Python에서 0.114로 나타났으며, R^2은 각각 0.819와 0.823으로 측정되었다.

이는 R과 Python의 기본 설정값 차이로 인해 약간의 성능 차이가 발생할 수 있음을 보여준다. 그러나 주요 하이퍼파라미터와 전처리 방식을 동일하게 설정하면 두 환경에서 유사한 예측 성능을 얻을 수 있다.

2) 분류문제

분류문제 분석에 사용할 데이터를 불러온 후, formula 형식을 지원하지 않는 함수를 사용하기 위해 입력변수(X)와 타깃변수(y)를 분리하여 구성한다.

R 코딩

```
> train_c <- read.csv('blackice_c_train.csv', header=T,
                      stringsAsFactors=T)
> test_c <- read.csv('blackice_c_test.csv', header=T,
                      stringsAsFactors= T)
> X_train_c = train_c[, 1:4]
> y_train_c = train_c[, 5]
> X_test_c = test_c[, 1:4]
> y_test_c = test_c[, 5]
```

Python 코딩

```
In [ ] train_c = pd.read_csv('blackice_c_train.csv', header='infer')
       test_c = pd.read_csv('blackice_c_test.csv', header='infer')
In [ ] X_train_c = train_c.iloc[:, 0:4]
       y_train_c = train_c.iloc[:, 4]
       X_test_c = test_c.iloc[:, 0:4]
       y_test_c = test_c.iloc[:, 4]
```

R에서는 분류와 회귀 모두에 사용할 수 있는 e1071 패키지의 svm() 함수를 이용하여 학습용 데이터로 모델을 학습할 수 있다. 이 함수는 formula 형식을 따르므로, 학습용 데이터와 평가용 데이터를 별도로 분리하지 않아도 사

용할 수 있다. 분류문제임을 명시하기 위해 type에 C-classification을 지정한다.

R 코딩

```
> library(e1071)
> svm_c <- svm(level ~ press+humid+temp+temp_d, train_c,
                          type = 'C-classification')
```

한편, Python에서는 scikit-learn 패키지의 svm 모듈에 포함된 SVC() 함수를 사용하여 학습용 데이터로 모델을 학습할 수 있다. 이 함수는 X, y 형식을 따르므로 사전에 입력변수와 타깃변수를 분리한 데이터를 사용해야 한다. 함수 사용 방식은 SVR() 함수와 동일하다.

또한 R의 svm() 함수와 조건을 맞추기 위해 회귀문제에서와 마찬가지로 StandardScaler()를 사용해 표준화하고 gamma를 auto로 설정한다.

먼저, SVR() 함수를 사용하여 모델을 정의한 뒤 fit() 함수를 통해 학습용 데이터에 모델을 적합시킨다.

Python 코딩

```
In [ ]    from sklearn.preprocessing import StandardScaler
          scaler = StandardScaler()
          X_train_c = scaler.fit_transform(X_train_c)
          X_test_c = scaler.transform(X_test_c)
```

Python 코딩

```
In [ ]    from sklearn.svm import SVC
          svm_c = SVC(gamma='auto')
          svm_c.fit(X_train_c, y_train_c)
```

출력

```
Out[ ]
  ▾ SVC ⓘ ?
  ▶ Parameters
```

이렇게 학습된 모델을 활용하여 평가용 데이터의 입력값 X를 기반으로 출력값 y를 예측한다. 이때 R에서는 분류문제임을 명시하기 위해 type에 class를 설정하여 예측값을 범주형으로 출력하게 한다.

반면 Python에서는 모델이 회귀용인지 분류용인지에 따라 predict() 함수가 자동으로 적절한 형식의 예측값을 반환하므로 별도로 명시할 필요가 없다.

R 코딩

```
> y_pred_svm_c <- predict(svm_c, test_c, type = 'class')
> y_pred_svm_c
```

출력

```
          1           2           3           4
observation     caution     caution       alert
          5           6           7           8
observation       alert observation     caution
          9          10          11          12
observation observation observation observation
.................................................. [이하생략]
```

Python 코딩

```
In [ ]  y_pred_svm_c = svm_c.predict(X_test_c)
        y_pred_svm_c
```

출력

```
Out[ ]
array(['observation', 'caution', 'caution', ..., 'caution', 'caution',
       'caution'], dtype=object)
```

다음 단계에서는 실제값과 예측값을 비교하여 정확도를 기준으로 모델의 성능을 평가한다.

R 코딩

```
> library(caret)
> confusionMatrix(y_pred_svm_c, test_c$level)
```

출력

```
Confusion Matrix and Statistics

             Reference
```

```
Prediction       alert  caution  observation
  alert          2703     112          251
  caution         154    2533          401
  observation     143     355         2348

Overall Statistics

               Accuracy :  0.8427
                 95% CI :  (0.835, 0.8501)
    No Information Rate :  0.3333
    P-Value [Acc > NIR] :  < 2.2e-16

                  Kappa :  0.764

 Mcnemar's Test P-Value :  1.707e-08

Statistics by Class:

                     Class: alert  Class: caution  Class: observation

Sensitivity                0.9010          0.8443              0.7827
Specificity                0.9395          0.9075              0.9170
Pos Pred Value             0.8816          0.8203              0.8250
Neg Pred Value             0.9499          0.9210              0.8941
Prevalence                 0.3333          0.3333              0.3333
Detection Rate             0.3003          0.2814              0.2609
Detection Prevalence       0.3407          0.3431              0.3162
Balanced Accuracy          0.9203          0.8759              0.8498
```

Python 코딩

```
In [ ]   from sklearn.metrics import confusion_matrix
         confusion_matrix(y_test_c, y_pred_svm_c)
```

출력

```
Out[ ] array([[2705,  154,  141],
              [ 112, 2533,  355],
              [ 253,  401, 2346]], dtype=int64)
```

Python 코딩	In [ ]

```
from sklearn.metrics import classification_report
result = classification_report(y_test_c, y_pred_svm_c)
print(result)
```

출력 Out[ ]

```
              precision    recall  f1-score   support

       alert       0.88      0.90      0.89      3000
     caution       0.82      0.84      0.83      3000
 observation       0.83      0.78      0.80      3000

    accuracy                           0.84      9000
   macro avg       0.84      0.84      0.84      9000
weighted avg       0.84      0.84      0.84      9000
```

두 언어를 사용해 모델의 정확도를 평가한 결과, R에서는 0.8427, Python에서는 0.84로 측정되어 유사한 정확도를 보였다.

제3절 앙상블 모델

1. 배깅 결정 트리

배깅 결정 트리(Bagged Decision Trees)는 결정 트리를 기반으로 배깅 방식을 적용한 앙상블 모델로, 배깅의 전형적인 형태이다. 하나의 결정 트리에 의존하지 않고 다수의 결정 트리를 생성해 학습시킨 뒤, 이들의 예측결과를 통합함으로써 보다 안정적이고 정확한 예측이 가능하다.

▸ 그림 5-9 배깅 결정 트리의 작동원리

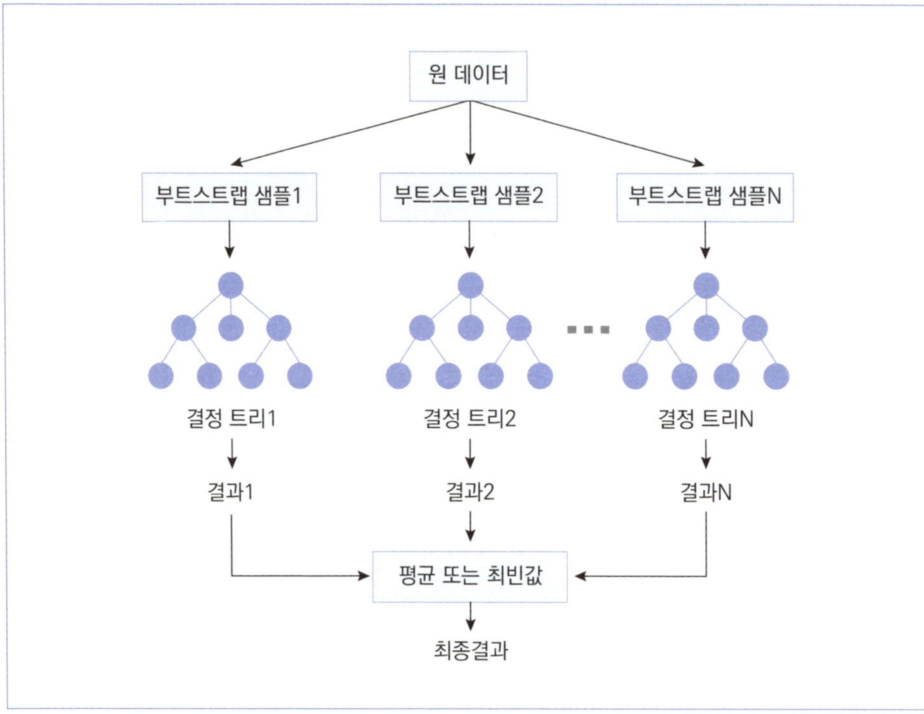

이 알고리즘의 핵심은 Bagging에 있으며, 이는 Bootstrap과 Aggregating의 결합 개념으로 작동원리를 설명할 수 있다. [그림 5-9]와 같이 먼저 원 데이터로부터 부트스트랩 샘플링을 통한 여러 개의 데이터를 생성한 뒤, 각 데이터를 기반으로 개별 결정 트리를 학습시킨다. 이후 회귀문제에서는 개별 결정 트리의 예측값을 평균내고, 분류문제에서는 다수결로 최빈값을 집계해 최종결과를 결정한다.

이처럼 데이터 샘플에 무작위성을 부여해 여러 결정 트리를 학습시키고, 이를 집계해 예측성능을 향상시키는 것이 배깅 결정 트리의 핵심적인 작동방식이다.

1) 회귀문제

회귀문제 분석에 사용할 데이터를 불러온 후, formula 형식을 지원하지 않는 함수를 사용하기 위해 입력변수(X)와 타깃변수(y)를 분리하여 구성한다.

R 코딩

```
> train_r <- read.csv('blackice_r_train.csv', header = T)
> test_r <- read.csv('blackice_r_test.csv', header = T)
> X_train_r <- train_r[, 1:4]
> y_train_r <- train_r[, 5]
> X_test_r  <- test_r[, 1:4]
> y_test_r <- test_r[, 5]
```

Python 코딩

```
In [ ] import pandas as pd
       train_r = pd.read_csv('blackice_r_train.csv', header='infer')
       test_r = pd.read_csv('blackice_r_test.csv', header='infer')
In [ ] X_train_r = train_r.iloc[:, 0:4]
       y_train_r = train_r.iloc[:, 4]
       X_test_r = test_r.iloc[:, 0:4]
       y_test_r = test_r.iloc[:, 4]
```

먼저, R에서는 ipred 패키지의 bagging() 함수를, Python에서는 sci-kit-learn의 ensemble 모듈에 포함된 BaggingRegressor() 함수를 사용하여 학습용 데이터로 모델을 학습한다.

R에서 bagging() 함수는 formula 형식을 지원하므로, 입력변수와 타깃변수를 별도로 분리하지 않고도 학습용 데이터를 바로 활용할 수 있다. 반면, Python의 BaggingRegressor()는 입력값을 X와 y 형태의 입력을 요구하므로, 사전에 데이터를 분리하여 구조화한 뒤 전달해야 한다.

각 언어에서의 기본적인 함수 사용법은 다음과 같다.

R 함수 사용법

```
ipred::bagging(y ~ x, train_data, nbagg, control=rpart.control())
```

요인	설명
y	타깃변수
x	입력변수. $x_1+x_2+...+x_n$ 형태로 지정하고 모두를 지정할 때 온점(.) 형태로도 가능
train_data	학습용 데이터
nbagg	배깅 횟수. default는 25
control= rpart.control()	rpart 알고리즘의 세부사항 제어. minsplit(분할 가능성을 위한 노드 내 최소 관측값 수, default는 2), cp(복잡도 매개변수, default는 0.01), maxdepth(노드의 최대 깊이, default는 30) 등이 있음

Python 함수 사용법

```
sklearn.ensemble.BaggingRegressor(estimator=DecisionTreeRegressor(),
n_estimators).fit(X_train, y_train)
```

요인	설명
estimator	DecisionTreeRegressor() 세부사항 설정. max_depth(트리 최대 깊이, default는 None), min_samples_split(최소분할 샘플수, default는 2), ccp_alpha(복잡도 매개변수. default는 0) 등
n_estimators	배깅 횟수. default는 10
X_train	학습용 입력변수 데이터
y_train	학습용 타깃변수 데이터

R에서는 ipred 패키지를 설치한 후, bagging() 함수를 활용해 모델을 학습시킨다. 이때 기본적으로 배깅 반복 횟수인 nbagg는 25회로 설정되어 있으나, 모델의 안정성과 성능을 향상시키기 50회로 조정하였다.

bagging() 함수는 내부적으로 여러 개의 결정 트리를 학습시킨 후, 이들의 예측값을 평균내어 최종 결과를 도출하는 방식으로 작동한다. 따라서 기본 추정기로 사용되는 rpart() 회귀 트리의 구조를 어떻게 설정하느냐에 따라 전체 모델의 성능에 직접적인 영향을 미친다. 이에 따라 먼저 rpart.control() 함수를 통해 개별 회귀 트리의 하이퍼파라미터를 설정하는 과정이 선행되어야 한다.

본 예제에서는 다음과 같은 방식으로 트리의 복잡도를 제어하였다, 노드 분할 가능성을 확보하기 위한 최소 관측값 수(minsplit)는 기본값인 2로 유지하였고, 트리의 불필요한 분할을 방지하기 위한 복잡도 매개변수(cp)는 기본값 0.01에서 0으로 조정하였다. 또한 트리의 깊이(maxdepth)는 과대적합을 방지하기 위해 기본값 30에서 10으로 제한하였다.

이러한 설정은 각 개별 트리의 과도한 성장과 과대적합을 방지하고, 전체 배깅 모델의 일반화 성능을 향상시키는데 목적이 있다.

R 코딩

```
> install.packages('ipred')
> library(ipred)
> library(rpart)
> bag_r <- bagging(friction~press+humid+temp+temp_d, train_r,
                   nbagg=50, control=rpart.control(minsplit=2,
                   cp=0, maxdepth=10))
```

이와 같은 접근은 Python에서도 유사하게 적용할 수 있다. Python에서는 sklearn.ensemble 모듈의 BaggingRegressor() 함수를 사용하여 배깅 모델을 구성하고, fit() 함수를 통해 이를 학습용 데이터에 적합시킨다.

이때 기본 추정기로는 DecisionTreeRegressor()가 사용되며, 이는 여러 개의 결정 트리를 학습시킨 다음, 개별 예측 결과의 평균을 산출하는 방식으로 작용된다. R과 동일하게 각 결정 트리의 구조를 어떻게 설정하느냐에 따라 모델의 복잡도와 성능이 달라진다.

이에 따라 DecisionTreeRegressor()를 정의할 때, R에서 설정한 조건과 동일하게 구성하였다. 트리의 최대 깊이(max_depth)를 10으로 제한하고, 최소 분할 샘플 수(min_samples_split)는 2로 설정하였다. 또한 복잡도 제어(ccp_alpha)는 0으로 지정하여 트리의 성장을 제어하였다.

더 많은 트리를 기반으로 예측 안정성을 확보하고자 배깅 반복 횟수(n_estimators)를 기본값 10에서 R과 동일하게 50으로 늘렸다.

Python 코딩	In [ ]

```
from sklearn.tree import DecisionTreeRegressor
base_estimator = DecisionTreeRegressor(max_depth=10,
    min_samples_split=2, ccp_alpha=0)

from sklearn.ensemble import BaggingRegressor
bag_r = BaggingRegressor(estimator=base_estimator,
    n_estimators=50)
bag_r.fit(X_train_r, y_train_r)
```

출력 Out[ ]

```
▾ BaggingRegressor ⓘ ?

▾        estimator :
DecisionTreeRegressor
▾ BaggingRegressor ⓘ ?
▶ Parameters
```

모델 학습이 완료된 후에는 predict() 함수를 이용하여 평가용 데이터의 입력값 X를 바탕으로 출력값 y를 예측한 다음, 그 결과를 출력한다.

R 코딩

```
> y_pred_bag_r <- predict(bag_r, test_r)
> y_pred_bag_r
```

출력

```
 [1] 0.7969986 0.8030677 0.8004679 0.5639102 0.8097397
 [6] 0.6140794 0.8085468 0.7399124 0.8117754 0.8197203
[11] 0.8171486 0.5964638 0.8017244 0.8184947 0.7963414
[16] 0.8196250 0.7925688 0.8067659 0.8130989 0.8176338
..................................................... [이하생략]
```

Python 코딩	In [ ]	y_pred_bag_r = bag_r.predict(X_test_r) y_pred_bag_r
출력	Out[ ] array([0.77711271, 0.80313202, 0.80156917, ..., 0.7517401, 0.77745351, 0.80911055])	

마지막으로 실제값과 예측값을 비교해 모델 성능을 평가한다.

R 코딩	> library(caret) > postResample(y_pred_bag_r, test_r$friction)
출력	RMSE Rsquared MAE 0.06655701 0.94094076 0.02943809

Python 코딩	In [ ]	from sklearn.metrics import mean_squared_error import numpy as np np.sqrt(mean_squared_error(y_test_r, y_pred_bag_r))
출력	Out[ ]	np.float64(0.066345034730171 35)

Python 코딩	In [ ]	from sklearn.metrics import r2_score r2_score(y_test_r, y_pred_bag_r)
출력	Out[ ]	0.9408955217197731

두 언어를 사용해 모델 성능을 평가한 결과, RMSE는 0.066, R^2은 0.940로 측정되어 R과 Python 모두에서 거의 동일한 결과를 보였다.

▸ 표 5-14 배깅 결정 트리 구현함수의 주요 요인별 기본 설정값

bagging()	구분	BaggingRegressor()
rpart() (maxdepth=30) minsplit=2 cp=0.001	기본 추정기 (노드 최대깊이) (노드내 최소관측치 수) 복잡도 매개변수	DecisionTreeRegressor() (max_depth=None) min_samples_split=2 ccp_alpha=0
nbag=25	배깅횟수	n_estimators=10
coob=TRUE	OOB 평가	oob_score=True
bootstrap=TRUE(고정)	샘플링 방식	bootstrap=True/False 선택
불가	병렬처리	n_job=-1로 가능

2) 분류문제

분류문제 분석에 사용할 데이터를 불러온 후, formula 형식을 지원하지 않는 함수를 사용하기 위해 입력변수(X)와 타깃변수(y)를 분리하여 구성한다.

R 코딩

```
> train_c <- read.csv('blackice_c_train.csv', header=T,
                      stringsAsFactors=T)
> test_c <- read.csv('blackice_c_test.csv', header=T,
                     stringsAsFactors= T)
> X_train_c = train_c[, 1:4]
> y_train_c = train_c[, 5]
> X_test_c = test_c[, 1:4]
> y_test_c = test_c[, 5]
```

Python 코딩

```
In [ ] train_c = pd.read_csv('blackice_c_train.csv', header='infer')
       test_c = pd.read_csv('blackice_c_test.csv', header='infer')
In [ ] X_train_c = train_c.iloc[:, 0:4]
       y_train_c = train_c.iloc[:, 4]
       X_test_c = test_c.iloc[:, 0:4]
       y_test_c = test_c.iloc[:, 4]
```

R에서는 분류와 회귀문제 모두에 활용 가능한 ipred 패키지의 bagging() 함수를 이용하여 학습용 데이터를 기반으로 모델을 구축할 수 있다. 이 함수는 formula 형식을 따르므로, 입력변수와 타깃변수를 별도로 분리하지 않아도 모델 학습이 가능하다.

예측 안정성을 확보하기 위해 모델을 학습할 때 배깅 반복 횟수(nbag)를 기본값인 25회에서 50회로 늘렸다. 또한 rpart.control() 함수를 활용하여 트리 구조를 조정하였다. 이때, 노드 분할을 위한 최소 관측값 수(monsplit)는 기본값인 2로 하고, 분할이 보다 적극적으로 이루어지도록 복잡도 매개변수(cp)는 기본값 0.01에서 0으로 변경하였다. 트리의 최대 깊이(maxdepth)는 과도한 성장 방지를 위해 기본값 30에서 20으로 줄였다.

R 코딩

```
> library(ipred)
> bag_c <- bagging(level ~ press+humid+temp+temp_d, train_c,
                   nbagg = 50, control = rpart.control(minsplit=2,
                   cp=0, maxdepth=20))
```

한편, Python에서는 scikit－learn.ensemble 모듈의 BaggingClassifier() 함수를 사용하여 유사한 방식으로 모델을 학습시킨다. 이 함수는 X, y 형태의 입력을 요구하므로, 학습 전에 데이터를 명시적으로 분리해 두어야 한다. 사용 방식은 회귀용 BaggingRegressor() 함수와 동일하다.

Python에서도 기본 추정기로 사용할 DecisionTreeClassifier()를 정의할 때, R에서의 설정조건과 일관성을 유지하기 위해 일부 하이퍼파라미터를 동일하게 적용하였다. 트리 최대 깊이(max_depth)는 20으로 제한하고, 최소 분할 샘플 수(min_samples_split)는 2로 설정하였으며, 복잡도 매개변수(ccp_alpha)는 0으로 설정하였다.

또한, BaggingClassifier()의 추정기 개수(n_estimators)는 기본값인 10에서 50으로 증가시켜 R에서 설정한 배깅 반복 횟수와 맞추었다.

이렇게 정의된 배깅 모델은 fit() 함수를 통해 학습용 데이터에 적합시킴으로써 학습을 완료한다.

Python 코딩	In [ ]

```
from sklearn.tree import DecisionTreeClassifier
base_estimator = DecisionTreeClassifier(max_depth=20,
                    min_samples_split=2, ccp_alpha=0)

from sklearn.ensemble import BaggingClassifier
bag_c = BaggingClassifier(estimator=base_estimator,
          n_estimators=50)
bag_c.fit(X_train_c, y_train_c)
```

출력 Out[ ]

```
▾ BaggingClassifier ⓘ ?
▾        estimator :
      DecisionTreeClassifier

▾ BaggingClassifier ⓘ ?
▶ Parameters
```

학습이 완료된 후에는 평가용 데이터의 입력값인 X를 바탕으로 출력값 y를 예측한다.

이 과정에서 R에서는 분류문제임을 명확히 하기 위해 predict() 함수 호출 시 type='class'를 지정하여, 예측 결과가 범주형으로 반환되도록 설정해야 한다. 반면 Python에서는 모델이 회귀용인지 분류용인지에 따라 predict() 함수가 자동으로 적절한 형식의 예측값을 반환하므로 별도로 명시할 필요가 없다.

R 코딩

```
> y_pred_bag_c <- predict(bag_c, test_c, type = 'class')
> y_pred_bag_c
```

출력

```
 [1] observation  observation  observation  alert
 [5] observation  observation  observation  observation
 [9] observation  observation  observation  observation
[13] observation  observation  observation  observation
.......................................................... [이하생략]
```

Python 코딩	In [ ]	y_pred_bag_c = bag_c.predict(X_test_c) y_pred_bag_c
출력		Out[ ] array(['observation', 'observation', 'observation', ..., 'caution', 'caution', 'caution'], dtype=object)

다음 단계에서는 실제값과 예측값을 비교하여 정확도를 기준으로 모델의 성능을 평가한다.

R 코딩

```
> library(caret)
> confusionMatrix(y_pred_bag_c, test_c$level)
```

출력

```
Confusion Matrix and Statistics

              Reference
Prediction     alert  caution  observation
  alert         2956       15           61
  caution         25     2883          133
  observation     19      102         2806

Overall Statistics

                    Accuracy :  0.9606
                      95% CI :  (0.9563, 0.9645)
         No Information Rate :  0.3333
         P-Value [Acc > NIR] :  < 2.2e-16

                       Kappa :  0.9408

      Mcnemar's Test P-Value :  2.666e-06

Statistics by Class:

                     Class: alert  Class: caution  Class: observation

Sensitivity                0.9853          0.9610              0.9353
```

Specificity	0.9873	0.9737	0.9798
Pos Pred Value	0.9749	0.9480	0.9587
Neg Pred Value	0.9926	0.9804	0.9681
Prevalence	0.3333	0.3333	0.3333
Detection Rate	0.3284	0.3203	0.3118
Detection Prevalence	0.3369	0.3379	0.3252
Balanced Accuracy	0.9863	0.9673	0.9576

Python 코딩

```
In [ ]   from sklearn.metrics import confusion_matrix
         confusion_matrix(y_test_c, y_pred_bag_c)
```

출력

```
Out[ ] array([[2954,   24,   22],
              [  21, 2879,  100],
              [  61,  133, 2806]])
```

Python 코딩

```
In [ ]   from sklearn.metrics import classification_report
         result = classification_report(y_test_c, y_pred_bag_c)
         print(result)
```

출력

```
Out[ ]
               precision    recall  f1-score   support

       alert       0.97      0.98      0.98      3000
     caution       0.95      0.96      0.95      3000
 observation       0.96      0.94      0.95      3000

    accuracy                           0.96      9000
   macro avg       0.96      0.96      0.96      9000
weighted avg       0.96      0.96      0.96      9000
```

두 언어를 사용해 모델의 정확도를 평가한 결과, R에서는 0.9606, Python에서는 0.96로 측정되어 유사한 예측결과를 보였다.

2. 랜덤 포레스트

랜덤 포레스트(Random Forest)는 배깅 결정 트리의 진화된 형태로 같은 배깅을 기반으로 하되 특성 무작위성(Feature Randomness)을 추가한 앙상블 모델이다. 즉 배깅 결정 트리에 '특성 무작위성'이라는 요소가 추가된 고도화 버전이라고 볼 수 있다.

배깅 결정 트리가 단순히 데이터 샘플을 다르게 하여 여러 결정 트리를 구성하는 반면, 랜덤 포레스트는 각 결정 트리를 만들 때마다 데이터 샘플을 무작위로 구성할 뿐만 아니라 특성 공간도 무작위로 구성한다.

이렇게 함으로써 결정 트리 간 상관관계를 줄이고 더 강력한 모델이 만들어지는 것이 랜덤 포레스트의 핵심이다. 참고로 랜덤 포레스트라는 명칭은 무작위성(Randomness)을 도입해 여러 개의 결정 트리들이 숲(Forest)을 이루는 구조에서 유래되었다.

배깅 결정 트리와 랜덤 포레스트의 공통점과 차이점은 [표 5-15]에 정리되어 있다.

▸ 표 5-15 **배깅 결정 트리와 랜덤 포레스트의 공통점과 차이점**

배깅 결정 트리	구분	랜덤 포레스트
데이터 샘플의 차이만으로 확보	다양성 확보방법	데이터 샘플의 차이 + 특성 무작위성을 추가해 확보
부트스트랩	데이터 샘플링	부트스트랩
독립적인 결정 트리 학습	모델학습	독립적인 결정 트리 학습
회귀는 평균, 분류는 다수결	최종결정	회귀는 평균, 분류는 다수결

1) 회귀문제

회귀문제 분석에 사용할 데이터를 불러온 후, formula 형식을 지원하지 않는 함수를 사용하기 위해 입력변수(X)와 타깃변수(y)를 분리하여 구성한다.

R 코딩	> train_r <- read.csv('blackice_r_train.csv', header = T) > test_r <- read.csv('blackice_r_test.csv', header = T) > X_train_r <- train_r[, 1:4] > y_train_r <- train_r[, 5] > X_test_r <- test_r[, 1:4] > y_test_r <- test_r[, 5]

Python 코딩	In [ ] import pandas as pd train_r = pd.read_csv('blackice_r_train.csv', header='infer') test_r = pd.read_csv('blackice_r_test.csv', header='infer') In [ ] X_train_r = train_r.iloc[:, 0:4] y_train_r = train_r.iloc[:, 4] X_test_r = test_r.iloc[:, 0:4] y_test_r = test_r.iloc[:, 4]

먼저, R에서는 randomForest 패키지의 randomForest() 함수를, Python에서는 scikit-learn 패키지의 ensemble 모듈에 포함된 RandomForestRegressor() 함수를 사용하여 학습용 데이터로 모델을 학습한다.

R에서는 randomForest() 함수가 formula 형식을 지원하기 때문에, 학습용 데이터와 평가용 데이터를 별도로 분리하지 않고도 바로 학습할 수 있다. 반면, Python에서 사용하는 RandomForestRegressor()는 입력값을 X와 y 형식의 입력 구조를 따르므로, 데이터를 사전에 명시적으로 분리하여 제공해야 한다.

각 언어에서의 기본적인 함수 사용법은 다음과 같다.

R 함수 사용법

```
randomForest::randomFores(y ~ x, train_data, ntree)
```

요인	설명
y	타깃변수

x	입력변수. x_1+x_2+...+x_n 형태로 지정하고 모두를 지정할 때 온점(.) 형태로도 가능
train_data	학습용 데이터
ntree	생성할 트리의 수. default는 500

Python 함수 사용법

```
sklearn.ensemble.RandomForestRegressor(n_estimators).fit(X_train, y_train)
```

요인	설명
n_estimators	생성할 트리의 수. default는 100
X_train	학습용 입력변수 데이터
y_train	학습용 타깃변수 데이터

R에서는 randomForest 패키지를 설치하고 불러온 후, randomForest() 함수를 통해 학습용 데이터를 기반으로 모델을 생성한다. 이때 생성할 트리 수(ntree)는 별도로 지정하지 않으면 기본값인 500개가 생성된다.

R 코딩

```
> install.packages('randomForest')
> library(randomForest)
> rf_r <- randomForest(friction ~ press+humid+temp+temp_d,
                       train_r)
```

Python의 경우, sklearn.ensemble.RandomForestRegressor()로 모델을 정의한 후, fit() 함수를 이용해 학습용 데이터를 기반으로 모델을 학습시킨다. 이때 기본적으로 트리 수(n_estimators)는 100으로 설정되어 있으나, R에서와 동일한 조건에서 성능을 비교하기 위해 이 값을 500으로 조정하였다.

Python 코딩

```
In [ ]    from sklearn.ensemble import RandomForestRegressor
          rf_r = RandomForestRegressor(n_estimators = 500)
          rf_r.fit(X_train_r, y_train_r)
```

출력

```
Out[ ]
▾ RandomForestRegressor ⓘ ?
▶ Parameters
```

학습이 완료된 후에는 predict() 함수를 이용하여 평가용 데이터를 기반으로 예측을 수행하고, 그 결과를 확인할 수 있다.

R 코딩

```
> y_pred_rf_r <- predict(rf_r, test_r)
> y_pred_rf_r
```

출력

```
        1         2         3         4         5
0.8112168 0.8046946 0.7983321 0.5831920 0.8105861
        6         7         8         9        10
0.4808306 0.8098628 0.7679945 0.8145500 0.8199369
       11        12        13        14        15
0.8063694 0.7041512 0.8002266 0.8062291 0.8059650
 ........................................................ [이하생략]
```

Python 코딩

```
In [ ]    y_pred_rf_r = rf_r.predict(X_test_r)
          y_pred_rf_r
```

출력

```
Out[ ]
array([0.8183041,  0.81751634, 0.80948905, ..., 0.7421237,
       0.78108442, 0.81205009])
```

마지막으로 실제값과 예측값을 비교해 모델 성능을 평가한다.

R 코딩	`> library(caret)` `> postResample(y_pred_rf_r, test_r$friction)`
출력	`RMSE Rsquared MAE` `0.05403059 0.96194554 0.02329362`

Python 코딩	In [ ]	`from sklearn.metrics import mean_squared_error`
		`import numpy as np`
		`np.sqrt(mean_squared_error(y_test_r, y_pred_rf_r))`

출력	Out[ ]	0.047703800397030 97

Python 코딩	In [ ]	`from sklearn.metrics import r2_score` `r2_score(y_test_r, y_pred_rf_r)`
출력	Out[ ]	0.9694430857880608

두 언어를 사용해 모델 성능을 평가한 결과, RMSE는 R에서 0.054, Python에서 0.047로 나타났으며, R^2은 각각 0.961과 0.969로 측정되었다.

기본 트리 수를 500으로 분석 조건을 통일한 결과, R과 Python 간의 예측 성능은 유사하게 수렴하였다. 다만, 기본 분할 변수 수 등 하이퍼파라미터 설정이 달라 약간의 차이가 남았으며, 이를 동일하게 맞추면 예측결과는 거의 일치한다.

▸ 표 5-16 **랜덤 포레스트 구현함수의 주요 요인별 기본 설정값**

randomForest()	구분	RandomForestRegressor()
ntree=500	기본 트리 수	n_estimators=100
무제한	트리 깊이 제한	max_depth=None
replace=TRUE	샘플링 방식	bootstrap=True

2) 분류문제

분류문제 분석에 사용할 데이터를 불러온 후, formula 형식을 지원하지 않는 함수를 사용하기 위해 입력변수(X)와 타깃변수(y)를 분리하여 구성한다.

R 코딩

```
> train_c <- read.csv('blackice_c_train.csv', header=T,
                      stringsAsFactors=T)
> test_c <- read.csv('blackice_c_test.csv', header=T,
                     stringsAsFactors= T)
> X_train_c = train_c[, 1:4]
> y_train_c = train_c[, 5]
> X_test_c = test_c[, 1:4]
> y_test_c = test_c[, 5]
```

Python 코딩

```
In [ ] train_c = pd.read_csv('blackice_c_train.csv', header='infer')
       test_c = pd.read_csv('blackice_c_test.csv', header='infer')
In [ ] X_train_c = train_c.iloc[:, 0:4]
       y_train_c = train_c.iloc[:, 4]
       X_test_c = test_c.iloc[:, 0:4]
       y_test_c = test_c.iloc[:, 4]
```

R에서는 분류와 회귀 모두에 사용 가능한 randomForest 패키지의 randomForest() 함수를 이용하여 학습용 데이터로 모델을 학습한다. 이 함수는 formula 형식을 따르므로 학습용 데이터와 평가용 데이터를 별도로 분리하지 않고 그대로 사용할 수 있다.

R 코딩

```
> library(randomForest)
> rf_c <- randomForest(level ~ press+humid+temp+temp_d, train_c)
```

한편, Python에서는 scikit-learn 패키지의 ensemble 모듈에 포함된 RandomForestClassifier() 함수를 이용하여 모델을 학습시킬 수 있다. 이 함수는 X, y 형식의 입력을 요구하므로, 학습 전에 입력변수와 타깃변수를 명시적으로 분리해 두어야 한다. 사용방식은 회귀문제에 사용되는 RandomForestRegressor() 함수와 유사하다.

R의 randomForest() 함수와 동일한 조건에서 비교 분석을 수행하기 위해, 생성할 트리의 수는 500으로 설정하였다. 모델을 구성할 때는 먼저 RandomForestClassifier()로 정의한 후, fit() 함수를 통해 학습용 데이터에 모델을 적합시킨다.

Python 코딩

In [ ]

```
from sklearn.ensemble import RandomForestClassifier
rf_c = RandomForestClassifier(n_estimators = 500)
rf_c.fit(X_train_c, y_train_c)
```

출력

Out[ ]

```
▾ RandomForestClassifier ⓘ ?
▶ Parameters
```

이렇게 학습된 모델을 활용하여 평가용 데이터의 입력값 X를 기반으로 출력값 y를 예측한다. 이때 R에서는 분류문제임을 명시하기 위해 type에 class를 설정하여 예측값을 범주형으로 출력하게 한다.

반면 Python에서는 모델이 회귀용인지 분류용인지에 따라 predict() 함수가 자동으로 적절한 형식의 예측값을 반환하므로 별도로 명시할 필요가 없다.

R 코딩	> y_pred_rf_c <- predict(rf_c, test_c, type = 'class') > y_pred_rf_c
출력	1 2 3 4 observation observation observation observation 5 6 7 8 observation observation observation observation 9 10 11 12 observation observation observation observation .... [이하생략]

Python 코딩	In [ ] y_pred_rf_c = rf_c.predict(X_test_c) y_pred_rf_c
출력	Out[ ] array(['observation', 'observation', 'observation', ..., 'caution','caution', 'caution'], dtype=object)

다음 단계에서는 실제값과 예측값을 비교하여 정확도를 기준으로 모델의 성능을 평가한다.

R 코딩	> library(caret) > confusionMatrix(y_pred_rf_c, test_c$level)
출력	Confusion Matrix and Statistics Reference Prediction alert caution observation alert 2961 18 54 caution 23 2896 133 observation 16 86 2813 Overall Statistics Accuracy : 0.9633

```
                    95% CI :  (0.9592, 0.9671)
       No Information Rate :  0.3333
       P-Value [Acc > NIR] :  < 2.2e-16

                     Kappa :  0.945

    Mcnemar's Test P-Value :  7.261e-07

Statistics by Class:

                     Class: alert  Class: caution  Class: observation

Sensitivity                0.9870          0.9653              0.9377
Specificity                0.9880          0.9740              0.9830
Pos Pred Value             0.9763          0.9489              0.9650
Neg Pred Value             0.9935          0.9825              0.9693
Prevalence                 0.3333          0.3333              0.3333
Detection Rate             0.3290          0.3218              0.3126
Detection Prevalence       0.3370          0.3391              0.3239
Balanced Accuracy          0.9875          0.9697              0.9603
```

Python 코딩

```
In [ ]   from sklearn.metrics import confusion_matrix
         confusion_matrix(y_test_c, y_pred_rf_c)
```

출력

```
Out[ ] array([[2961,   24,   15],
              [  16, 2897,   87],
              [  52,  130, 2818]], dtype=int64)
```

Python 코딩

```
In [ ]   from sklearn.metrics import classification_report
         result = classification_report(y_test_c, y_pred_rf_c)
         print(result)
```

출력

```
Out[ ]
              precision    recall  f1-score   support

       alert       0.98      0.99      0.98      3000
     caution       0.95      0.97      0.96      3000
```

observation	0.97	0.91	0.95	3000
accuracy			0.96	9000
macro avg	0.96	0.96	0.96	9000
weighted avg	0.96	0.96	0.96	9000

두 언어를 사용해 모델의 정확도를 평가한 결과, R에서는 0.9633, Python에서는 0.96로 측정되어 유사한 예측결과를 보였다.

3. Gradient Boosting Machine

Gradient Boosting Machine(이하 GBM)은 결정 트리를 기반으로 순차적으로 학습을 수행해 예측성능을 점진적으로 향상시키는 앙상블 기법이다. 이는 부스팅 방식의 전형적인 형태로, 각 모델이 독립적으로 학습되는 배깅과 달리 각 단계에서 이전 모델의 오차를 다음 모델이 보완하는 방식으로 학습이 진행되는 특징이 있다.

머신러닝에서 Boosting은 약한 모델을 반복적으로 결합해 성능을 향상시키는 학습방식을 의미하며, 이는 '향상시키다'라는 뜻의 영어 동사 'boost'에서 유래되었다. GBM의 작동원리는 [그림 5-10]에 도식화되어 있으며, 구체적인 과정은 다음과 같다.

우선, 초기 모델은 단순히 원 데이터의 평균과 같은 기초 통계량을 기반으로 초기 예측값을 설정한다. 이후, 초기 예측값과 실제값 간의 차이인 오차를 계산하고 이 오차를 예측할 수 있도록 결정 트리를 학습시킨다. 이렇게 생성된 결정 트리의 출력값에 학습률(learning rate)을 적용한 후 기존 예측값에 이를 보정하여 새로운 모델을 구성한다.

이러한 과정이 여러 번 반복되며 각 단계에서 모델은 누적된 오차를 줄여 나가면서 개선된다. 이때 핵심적인 최적화 메커니즘은 손실함수(Loss Function)의 기울기(gradient)를 계산하여 경사 하강법(Gradient Descent)의 원리를 통해 예측값을 보정하는 방식이다. 따라서 GBM은 매 반복마다 손실함수의 기울기를 계산하고, 그 경사를 따라 모델을 업데이트하여 점진적으로 성능을 향상시킨다.

▸ 그림 5-10 GBM의 작동원리

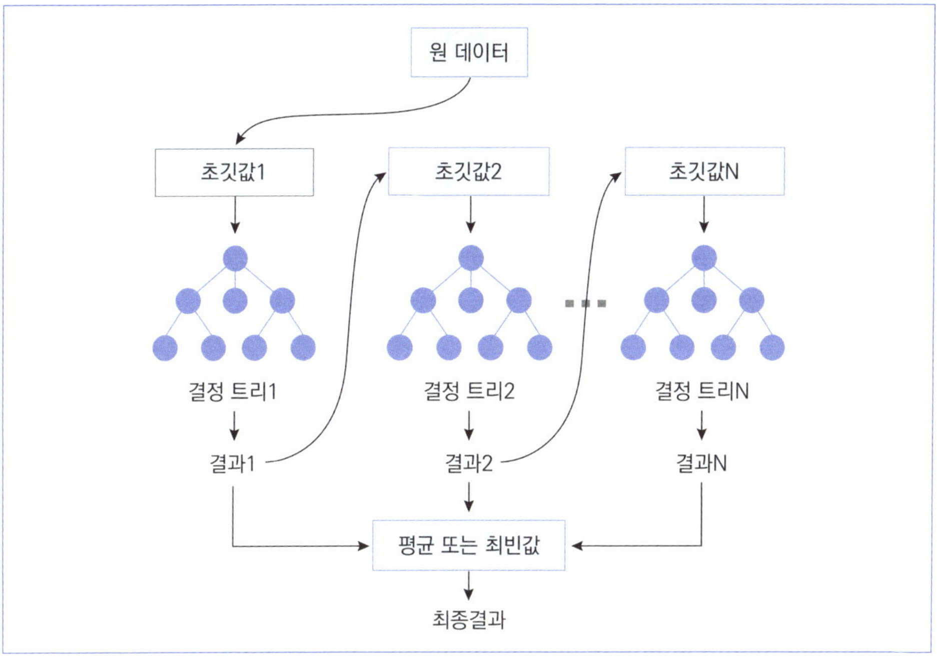

문제 유형에 따라 구체적인 적용방식이 달라진다. 회귀문제에서는 예측값과 실제값 간의 오차를 최소화하는 방향으로 학습이 진행되며, 분류문제에서는 로지스틱 손실함수 등을 사용해 예측오차를 최소화하는 방향으로 결정 트리를 반복적으로 추가한다.

최종 예측단계에서는 회귀문제의 경우 각 결정 트리의 예측값에 가중치를 부여한 가중평균을 통해, 분류문제의 경우 예측 범주에 가중치를 부여한 가중투표를 통해 최종결과를 도출한다.

이와 같이, GBM은 다수의 약한 결정 트리를 오차 보정 방식으로 순차적으로 학습시키며, 각 결정 트리의 예측 결과를 누적해 높은 예측 정확도와 일반화 성능을 달성한다. 이는 앙상블 학습의 대표적인 사례 중 하나로 우수한 성능과 실용성을 바탕으로 널리 활용되고 있다. 참고로 배깅과 부스팅의 차이점은 [표 5-17]에 정리되어 있다.

▸ 표 5-17 **배깅과 부스팅의 차이점**

배깅	구분	부스팅
분산 감소(과적합 방지)	목적	편향 감소(예측 정확도 향상)
부트스트랩방식(중복허용 무작위 반복추출)	데이터 샘플링	가중치 기반 재샘플링 또는 가중치 조정방식
병렬학습(동시에 학습)	모델 학습방식	순차학습(이전 모델의 오차를 다음 모델이 보완)
모든 모델이 동일	모델 중요도	성능에 따라 모델별 가중치 차등
회귀는 각 모델의 예측값을 산술평균, 분류는 각 모델의 예측범주 중 다수결 투표	최종결과예측	회귀는 각 모델의 예측값을 가중평균, 분류는 각 모델의 예측범주를 가중 투표
배깅 결정 트리, 랜덤 포레스트 등	대표 알고리즘	GBM, XGboost 등

1) 회귀문제

회귀문제 분석에 사용할 데이터를 불러온 후, formula 형식을 지원하지 않는 함수를 사용하기 위해 입력변수(X)와 타깃변수(y)를 분리하여 구성한다.

R 코딩

```
> train_r <- read.csv('blackice_r_train.csv', header = T)
> test_r <- read.csv('blackice_r_test.csv', header = T)
> X_train_r <- train_r[, 1:4]
> y_train_r <- train_r[, 5]
> X_test_r  <- test_r[, 1:4]
> y_test_r <- test_r[, 5]
```

Python 코딩

```
In [ ] import pandas as pd
       train_r = pd.read_csv('blackice_r_train.csv', header='infer')
       test_r = pd.read_csv('blackice_r_test.csv', header='infer')
In [ ] X_train_r = train_r.iloc[:, 0:4]
       y_train_r = train_r.iloc[:, 4]
       X_test_r = test_r.iloc[:, 0:4]
       y_test_r = test_r.iloc[:, 4]
```

먼저, R에서는 gbm 패키지의 gbm() 함수를, Python에서는 scikit-learn 패키지의 ensemble 모듈에 있는 GradientBoostingRegressor() 함수를 사용해 학습용 데이터로 모델을 학습한다. 이때 R의 gbm() 함수는 formula 형식을 사용하기 때문에 학습용 데이터와 평가용 데이터를 그대로 사용할 수 있다.

한편, Python의 GradientBoostingRegressor() 함수를 사용할 경우, X와 y 형태로 구분하여 제공해야 하므로, 사전에 데이터를 명시적으로 분리해 두어야 한다.

각 언어별 기본적인 함수 사용법은 다음과 같다.

R 함수 사용법

```
gbm::gbm(y ~ x, train_data, distribution, n.tree, interaction.depth, shrinkage)
```

요인	설명
y	타깃변수
x	입력변수. $x_1+x_2+...+x_n$ 형태로 지정하고 모두를 지정할 때 온점(.) 형태로도 가능
train_data	학습용 데이터
distribution	타깃변수의 확률분포(이진분류 bernoulli, 다중분류 multinomial, 회귀 gaussian). default는 bernoulli
n.tree	트리 수. default는 100
interaction.depth	트리 깊이. default는 1
shrinkage	학습률. default는 0.1

Python 함수 사용법

```
sklearn.ensemble.GradientBoostingRegressor(learning_rate, n_estimators,
max_depth).fit(X_train, y_train)
```

요인	설명
learning_rate	학습률. default는 0.1
n_estimators	트리 수. default는 100
max_depth	트리 깊이. default는 3
X_train	학습용 입력변수 데이터
y_train	학습용 타깃변수 데이터

R에서는 gbm 패키지를 설치한 후, gbm() 함수를 통해 모델을 학습시킨다. 이때 y가 수치형이므로, 회귀문제임을 명시하기 위해 distribution='gaussian'으로 설정하고, Python과 동일한 트리 깊이를 맞추기 위해 interaction.depth를 기본값 1에서 3으로 조정하였다.

R 코딩

```
> install.packages('gbm')
> library(gbm)
> gbm_r <- gbm(friction ~ press+humid+temp+temp_d, train_r,
                distribution = 'gaussian', interaction.depth = 3)
```

Python에서는 sklearn.ensemble.GradientBoostingRegressor()로 정의한 후, fit() 함수를 이용해 학습용 데이터를 기반으로 모델을 적합시킨다.

Python 코딩

```
In [ ]  from sklearn.ensemble import GradientBoostingRegressor
        gbm_r = GradientBoostingRegressor()
        gbm_r.fit(X_train_r, y_train_r)
```

출력

```
Out[ ]
  ▾ GradientBoostingRegressor ⓘ ?
  ▶ Parameters
```

이후 두 언어 모두 predict() 함수를 통해 평가용 데이터를 대상으로 예측을 수행하고, 그 결과를 확인한다.

R 코딩	> y_pred_gbm_r <- predict(gbm_r, test_r)〉 y_pred_dt_r > y_pred_gbm_r
출력	1 2 3 4 5 0.8112168 0.8046946 0.7983321 0.5831920 0.8105861 6 7 8 9 10 0.4808306 0.8098628 0.7679945 0.8145500 0.8199369 11 12 13 14 15 0.8063694 0.7041512 0.8002266 0.8062291 0.8059650 .... [이하생략]

Python 코딩	In [ ] y_pred_gbm_r = gbm_r.predict(X_test_r) y_pred_gbm_r
출력	Out[ ] array([0.60461811, 0.71541508, 0.7741768 , ..., 0.72352323, 0.77194891, 0.81497365])

마지막으로 실제값과 예측값을 비교해 모델 성능을 평가한다.

R 코딩	> library(caret) > postResample(y_pred_gbm_r, test_r$friction)
출력	RMSE Rsquared MAE 0.11287566 0.82939918 0.06572046

Python 코딩	In [ ] from sklearn.metrics import mean_squared_error import numpy as np np.sqrt(mean_squared_error(y_test_r, y_pred_gbm_r))
출력	Out[ ] 0.10801226770910581

Python 코딩	In [ ]	from sklearn.metrics import r2_score r2_score(y_test_r, y_pred_gbm_r)
출력	Out[ ]	0.843343036286218

두 언어를 사용해 성능을 평가한 결과, RMSE는 R에서 0.112, Python에서 0.108로 나타났으며, R^2은 각각 0.829과 0.843으로 측정되었다.

모델이 한 번에 학습할 수 있는 변수 간 상호작용 수준을 1로 분석 조건을 통일한 결과, R과 Python 간의 예측 결과가 유사하게 수렴하였다. 그러나 여전히 차이가 발생하는 이유는 트리의 최소 노드 샘플 수, 배깅비율 등의 기본 설정값이 언어별로 다르기 때문이다. 이러한 설정값을 동일하게 맞추면 결과 역시 동일하게 나타난다.

▸ 표 5-18 **GBM 구현함수의 주요 요인별 기본 설정값**

gbm()	구분	GradientBoostingRegressor()
n.trees=100	트리 수	n_estimators=100
interaction.depth=1	트리 깊이	max_depth=3
shrinkage=0.1	학습률	learning_rate=0.1
cv.folds=0	교차검정 폴드 수	기능 없음(직접 설정)
n.minobsinnode=10	최소노드 샘플 수	min_samples_leaf=1
bag.friction=0.5	배깅비율	subsample=1.0

2) 분류문제

분류문제 분석에 사용할 데이터를 불러온 후, formula 형식을 지원하지 않는 함수를 사용하기 위해 입력변수(X)와 타깃변수(y)를 분리하여 구성한다.

R 코딩

```
> train_c <- read.csv('blackice_c_train.csv', header=T,
                          stringsAsFactors=T)
> test_c <- read.csv('blackice_c_test.csv', header=T,
                          stringsAsFactors= T)
> X_train_c = train_c[, 1:4]
> y_train_c = train_c[, 5]
> X_test_c = test_c[, 1:4]
> y_test_c = test_c[, 5]
```

Python 코딩

```
In [ ] train_c = pd.read_csv('blackice_c_train.csv', header='infer')
       test_c = pd.read_csv('blackice_c_test.csv', header='infer')
In [ ] X_train_c = train_c.iloc[:, 0:4]
       y_train_c = train_c.iloc[:, 4]
       X_test_c = test_c.iloc[:, 0:4]
       y_test_c = test_c.iloc[:, 4]
```

R에서는 분류와 회귀 모두에 사용할 수 있는 gbm 패키지의 gbm() 함수를 이용해 학습용 데이터로 모델을 학습한다. 이 함수는 formula 형식을 사용하므로 학습용 데이터와 평가용 데이터를 별도로 분리하지 않고도 손쉽게 모델을 구축할 수 있다. y가 범주형이며 다중 분류문제이므로 distribution에는 multinomial을 설정한다.

또한, 회귀문제에서와 마찬가지로 Python과 조건을 일치시키기 위해 개별 트리의 최대 깊이를 제한하는 interaction.depth 값을 기본값인 1에서 3으로 조정한다.

R 코딩

```
> library(gbm)
> gbm_c <- gbm(level ~ press+humid+temp+temp_d, train_c,
                    distribution='multinomial', interaction.depth=3)
```

한편, Python에서는 분류문제에 대해 scikit-learn 패키지의 ensemble 모듈에 포함된 GradientBoostingClassifier() 함수를 사용하여 모델을 학습할 수 있다. 이 함수는 X, y 형태의 입력 구조를 따르므로 학습 이전에 입력변수와 타깃변수를 분리해 두는 작업이 선행되어야 한다. 함수 사용법은 회귀문제에 사용하는 GradientBoostingClassifier() 함수와 거의 동일하다.

먼저, GradientBoostingClassifier() 함수로 모델을 정의한 다음, fit() 함수를 호출하여 학습용 데이터에 적합시키는 방식으로 진행된다.

Python 코딩

```
In [ ]  from sklearn.ensemble import GradientBoostingClassifier
        gbm_c = GradientBoostingClassifier()
        gbm_c.fit(X_train_c, y_train_c)
```

출력

```
Out[ ]
▾ GradientBoostingClassifier ⓘ ?
▶ Parameters
```

이렇게 학습된 모델은 predict() 함수를 통해 평가용 데이터의 입력값 X에 대한 분류결과인 출력값 y를 예측한다. R에서는 분류문제의 경우, 일반적으로 predict() 함수의 type에 'class'를 지정하여 예측값을 범주형으로 출력하게 한다.

그러나 gbm() 함수를 사용할 때 distribution='multinomial'로 설정한 경우, predict() 함수는 type='class'를 지원하지 않는다. 대신 type='response'를 지정하면 각 클래스에 대한 예측 확률(probability)을 반환하게 된다.

예측 결과는 각 관측치에 대해 모든 클래스별 확률을 반환하는 행렬 형태로 출력된다.

R 코딩

```
> y_prob <- predict(gbm_c, test_c, type = 'response')
> y_prob
```

출력

```
             alert       caution    observation
[1,] 0.2663043117  0.085292092  0.648403596
```

```
[2,] 0.0339359772  0.067699629  0.898364394
[3,] 0.0439657834  0.611237849  0.344796368
[4,] 0.4426466026  0.021584386  0.535769011
[5,] 0.0237270989  0.049478121  0.926794780
.......................................................... [이하생략]
```

이와 같이 확률 기반 결과를 범주형 예측값으로 변환하려면, 각 행에서 가장 높은 확률을 가진 클래스의 위치를 직접 선택해야 한다. 이를 위해 apply() 함수와 which.max()를 함께 사용하여 각 관측치별로 예측 확률이 가장 높은 클래스의 인덱스를 추출한다.

R 함수 사용법

apply(X, MARGIN, FUN)

요인	설명
X	행렬 또는 배열
MARGIN	함수 적용 방향(1은 행, 2는 열)
FUN	적용할 함수(mean, sum, which.max 등). which.max는 가장 큰 값의 위치(인덱스)를 반환하는 함수

R 코딩

```
> y_pred_gbm_c <- apply(y_prob, 1, which.max)
> y_pred_gbm_c
```

출력

```
  [1] 3 3 2 3 3 1 2 3 3 3 3 1 2 3 2 3 2 2 3 3 3 3 3 3 3
 [26] 3 3 2 3 3 2 3 2 3 3 3 3 3 3 3 3 3 3 3 3 3 1 3 3 3
 [51] 2 3 3 3 3 3 2 3 3 3 2 2 3 3 3 3 3 3 3 3 3 3 3 3 1
 [76] 2 3 3 3 3 3 3 3 1 2 2 3 3 1 3 3 3 2 3 3 3 3 3 3 3
[101] 3 3 3 3 3 3 1 3 2 3 3 3 3 2 3 3 3 3 2 3 3 2 1 2 3
.......................................................... [이하생략]
```

예를 들어, 첫 번째 행의 예측 확률이 각각 0.2663043117, 0.085292092, 0.648403596로 주어졌을 때 세 번째 확률이 가장 크므로 해당 관측치는 세 번째 클래스에 속한다. 이 경우 반환되는 결과는 3이다.

예측된 클래스는 1, 2, 3 등의 형태로 변환되므로, 혼동행렬을 계산하기 위해 예측값도 동일한 형식으로 맞추어야 한다. 이를 위해 as.numeric() 함수를 이용하여 수치형으로 변환한다.

R 코딩

```
> test_c$level <- as.numeric(test_c$level)
```

반면, Python에서는 모델이 회귀와 분류 여부에 따라 predict() 함수가 적절한 형식의 결과를 자동으로 반환하므로, 이와 같은 추가 처리 없이도 바로 예측값을 사용할 수 있다.

Python 코딩

```
In [ ]   y_pred_gbm_c = gbm_c.predict(X_test_c)
         y_pred_gbm_c
```

출력

```
Out[ ]
array(['observation', 'observation', 'caution', ..., 'caution', 'caution',
       'caution'], dtype=object)
```

다음 단계에서는 실제값과 예측값을 비교하여 정확도를 기준으로 모델의 성능을 평가한다.

R 코딩

```
> library(caret)
> confusionMatrix(y_pred_gbm_c, test_c$level)
```

출력

```
에러: 'data' and 'reference' should be factors with the same
levels.
```

Python 코딩

```
In [ ]    from sklearn.metrics import confusion_matrix
          confusion_matrix(y_test_c, y_pred_gbm_c)
```

출력

```
Out[ ] array([[2720,  110  170],
              [  47, 2624,  329],
              [ 199,  317, 2484]], dtype=int64)
```

Python 코딩

```
In [ ]    from sklearn.metrics import classification_report
          result = classification_report(y_test_c, y_pred_gbm_c)
          print(result)
```

출력

```
Out[ ]
               precision    recall  f1-score   support

       alert        0.92      0.91      0.91      3000
     caution        0.86      0.87      0.87      3000
 observation        0.83      0.83      0.83      3000

    accuracy                            0.87      9000
   macro avg        0.87      0.87      0.87      9000
weighted avg        0.87      0.87      0.87      9000
```

이때 Python에서는 혼동행렬이 정상적으로 구현이 되지만, R에서는 "에러: 'data' and 'reference' should be factors with the same levels."라는 메시지가 출력된다.

이 에러는 실제값과 예측값 모두가 요인형이며, 각 요인이 동일한 범주(levels)를 가져야 함에도 이 조건이 충족되지 않을 때 발생한다. 즉, 두 값 모두 요인형으로 되어야 하고, 범주(levels) 구성도 정확히 일치해야 한다는 것이다.

예를 들어, str() 함수를 통해 확인해 보면 다음과 같이 나타난다.

R 코딩

```
> str(y_pred_gbm_c)
```

출력

```
int [1:9000] 3 3 2 1 3 1 2 3 3 3 ...
```

R 코딩	> str(test_c$level)
출력	num [1:9000] 3 3 3 3 3 3 3 3 3 3 ...

이처럼 두 값 모두 정수형(integer) 또는 수치형(nummeric)으로 되어 있으며, 요인형이 아닌 상태이다. 따라서 이들을 as.factor() 함수를 이용해 각각 요인형으로 변환해 주어야만 confusionMatrix() 함수에서 에러 없이 사용할 수 있다.

R 코딩	> y_pred_gbm_c <- as.factor(y_pred_gbm_c) > str(y_pred_gbm_c)
출력	Factor w/ 3 levels "1","2","3": 3 3 2 1 3 1 2 3 3 3 ...

R 코딩	> test_c$level <- as.factor(test_c$level) > str(test_c$level)
출력	Factor w/ 3 levels "1","2","3": 3 3 3 3 3 3 3 3 3 3 ...

이제 R에서도 실제값과 예측값을 문제없이 비교할 수 있으며, confusionMatrix() 함수를 사용하여 정확도 등 분류 성능을 평가할 수 있다.

R 코딩

```
> confusionMatrix(y_pred_gbm_c, test_c$level)
```

출력

```
Confusion Matrix and Statistics

          Reference
Prediction     1     2     3
         1  2689    55   199
         2   119  2593   333
         3   192   352  2468

Overall Statistics

               Accuracy :  0.8611
```

```
                 95% CI :  (0.8538, 0.8682)
    No Information Rate :  0.3333
    P-Value [Acc > NIR] :  < 2.2e-16

                  Kappa :  0.7917

 Mcnemar's Test P-Value :  2.277e-05

Statistics by Class:

                     Class: alert  Class: caution  Class: observation
Sensitivity                0.8963          0.8643              0.8227
Specificity                0.9577          0.9247              0.9093
Pos Pred Value             0.9135          0.8516              0.8197
Neg Pred Value             0.9487          0.9317              0.9112
Prevalence                 0.3333          0.3333              0.3333
Detection Rate             0.2988          0.2881              0.2742
Detection Prevalence       0.3270          0.3383              0.3347
Balanced Accuracy          0.9270          0.8945              0.8660
```

두 언어를 사용해 모델의 정확도를 평가한 결과, R에서는 0.8611, Python에서는 0.87로 측정되어 두 언어가 유사한 정확도를 보였다.

4. XGBoost

XGBoost(eXtreme Gradient Boosting)는 GBM을 확장하고 최적화한 형태의 앙상블 기법으로, 높은 예측 정확도와 빠른 연산 속도를 동시에 달성할 수 있도록 설계된 모델이다. 기존 GBM의 한계를 보완하여 병렬 처리, 정규화, 조기 종료 등의 기능을 포함함으로써 성능과 효율성 면에서 강화된 부스팅 알고리즘이다.

XGBoost 역시 결정 트리를 기반으로 순차적인 학습을 수행하며, 각 단계에서 이전 모델의 오차를 보완해 나가는 부스팅 방식의 전형적인 구조를 따른다. 그러나 GBM과 달리 각 반복 단계에서 손실함수의 1차 및 2차 도함수를 활용한 테일러 전개(Taylor Expansion)를 통해 보다 정교하게 경사를 추정하고, 이를 기반으로 모델을 업데이트하는 점에서 차별점을 가진다.

우선, 초기 모델은 GBM과 마찬가지로 원 데이터의 평균과 같은 기초 통계량을 기반으로 초기 예측값을 설정한다. 이후 손실함수의 기울기(gradient)와 곡률(hessian)을 계산하여 이를 설명할 수 있도록 결정 트리를 학습시킨다. 이렇게 생성된 결정 트리의 출력값에 학습률(learning rate)을 적용한 후, 기존 예측값에 이를 보정하여 새로운 모델을 구성한다.

XGBoost는 기본적으로 부스팅 방식의 학습 알고리즘을 따르며, 모델을 반복적으로 개선하면서 점진적으로 손실함수를 줄여 나간다. 이 과정에서 경사 하강법이 핵심 최적화 기법으로 사용된다. 또한 모델의 복잡도를 조절하는 정규화 항(L1 및 L2 패널티)을 손실함수에 추가하여 과대적합을 방지하고 모델의 일반화 성능을 높인다.

이 외에도 다양한 실용적 기능을 제공한다. 병렬 처리 기반의 빠른 학습 속도, 결측치 자동 처리, 조기 종료 등과 같은 기능이 내장되어 있어 대규모 데이터 처리나 실제 운영 상황에서도 효율적이다.

XGBoost는 문제 유형에 따라 손실함수와 학습 방식이 달라진다. 회귀문제의 경우, 예측값과 실제값 간의 오차를 최소화하는 방향으로 학습이 진행된다. 분류문제에서는 sigmoid나 softmax와 같은 손실함수 등을 사용해 예측 오차를 줄이도록 여러 개의 결정 트리를 순차적으로 추가해 나간다.

최종 예측 단계에서도 문제 유형에 따라 처리 방식이 다르다. 회귀문제에서는 각 결정 트리의 예측값에 가중치를 부여해 평균을 내는 방식으로 결과를 계산하고, 분류문제에서는 예측 범주에 가중치를 부여한 가중투표 방식을 통해 최종결과를 도출한다.

이처럼 XGBoost는 기존 GBM의 핵심 아이디어를 계승하면서도 성능과 속도, 안정성 측면에서 크게 향상된 모델로 평가된다. 실제로 다양한 머신러닝 경진대회에서 우수한 성적을 기록했으며, 비즈니스 환경에서 널리 활용되고 있다.

GBM과 XGBoost의 주요 공통점과 차이점은 다음 [표 5-19]에 정리되어 있다.

▸ 표 5-19 GBM과 XGBoost의 공통점과 차이점

GBM	구분	XGBoost
결정 트리를 기반으로 오차를 순차적으로 보완하는 부스팅 방식	기본 구조	GBM을 기반으로 최적화된 부스팅 알고리즘
이전 모델의 오차를 다음 모델이 보완하는 순차적 학습	학습 방식	이전 모델의 오차를 보완하는 방식 + 2차 도함수(Hessian)를 사용한 정교한 경사 하강법 적용
손실함수의 1차 도함수(gradient)를 기반으로 경사 하강법 수행	최적화 기법	손실함수의 1차 도함수(gradient) + 2차 도함수(hessian)를 활용한 테일러 전개 방식 적용
없음	정규화 기능	있음(L1, L2 정규화 항으로 과적합 방지)
지원하지 않음	병렬 처리	지원(노드 분할 수준에서 병렬 처리 가능)
직접 처리 필요	결측치 처리	자동 처리 가능

1) 회귀문제

XGBoost를 사용할 때, R과 Python 모두 전용 데이터 구조인 DMatrix를 사용하며, 이는 'Data Matrix'의 줄임말로 데이터 행렬을 의미한다. 다만 이 구조는 formula 형식을 지원하지 않기 때문에, 입력변수(X)와 타깃변수(y)를 사전에 명시적으로 분리해야 한다.

R 코딩

```
> train_r <- read.csv('blackice_r_train.csv', header = T)
> test_r <- read.csv('blackice_r_test.csv', header = T)
> X_train_r <- train_r[, 1:4]
> y_train_r <- train_r[, 5]
> X_test_r  <- test_r[, 1:4]
> y_test_r <- test_r[, 5]
```

Python 코딩

```
In [ ] import pandas as pd
       train_r = pd.read_csv('blackice_r_train.csv', header='infer')
       test_r = pd.read_csv('blackice_r_test.csv', header='infer')
In [ ] X_train_r = train_r.iloc[:, 0:4]
       y_train_r = train_r.iloc[:, 4]
       X_test_r = test_r.iloc[:, 0:4]
       y_test_r = test_r.iloc[:, 4]
```

R에서 XGBoost의 DMatrix에는 matrix 또는 numeric 형식만 허용하며, data.frame은 직접 사용할 수 없다. 따라서 입력변수는 반드시 matrix 형식으로 변환해야 하며, 타깃변수는 단순한 numeric 형식이면 그대로 사용할 수 있다.

R 코딩

```
> X_train_r <- as.matrix(X_train_r)
> X_test_r <- as.matrix(X_test_r)
```

반면, Python은 R에 비해 유연하여 입력변수를 Numpy 배열은 물론 Pandas DataFrame도 사용할 수 있고, 타깃변수 역시 Series나 ndarray 형식 모두 지원된다.

다음은 XGBoost 전용 데이터 구조인 DMatrix로 변환한다. 두 언어 모두 xgboost 패키지에 포함된 xgb.DMatrix() 함수를 사용하고, 함수 사용법은 다음과 같다.

함수 사용법(동일)

xgb.DMatrix(data, label)

요인	설명
data	입력변수
label	타깃변수

R 코딩

```
> install.packages('xgboost')
> library(xgboost)
> dtrain_r <- xgb.DMatrix(data = X_train_r, label = y_train_r)
> dtest_r <- xgb.DMatrix(data = X_test_r, label = y_test_r)
```

Python에서 XGBoost를 사용하기 위한 xgboost는 기본 패키지가 아니기 때문에 다음과 같이 패키지를 직접 설치해야 한다.

Python 코딩

```
In [ ]    pip install xgboost
```

출력

```
Out[ ]
Collecting xgboost
  Downloading xgboost-3.0.2-py3-none-win_amd64.whl.metadata
(2.1 kB)
Requirement already satisfied: numpy in
c:\users\choic\.conda\envs\py310\lib\site-packages (from
xgboost) (2.1.3)
Collecting scipy (from xgboost)
  Downloading scipy-1.15.3-cp310-cp310-win_amd64.whl.metadata
(60 kB)
Downloading xgboost-3.0.2-py3-none-win_amd64.whl (150.0 MB)
------------------------------------ 0.0/150.0 MB ? eta -:--:--
------------------------------------ 1.3/150.0 MB 7.4 MB/s eta 0:00:20
------------------------------------ 2.9/150.0 MB 7.3 MB/s eta 0:00:21
.......................................................................... [이하생략]
```

Python 코딩

```
In [ ] import xgboost as xgb
       dtrain_r = xgb.DMatrix(data=X_train_r, label=y_train_r)
       dtest_r = xgb.DMatrix(data=X_test_r, label=y_test_r)
```

우선, R과 Python 모두에서 xgboost 패키지의 xgb.train() 함수를 이용해 학습용 데이터로 기반으로 모델을 학습한다. 이 함수는 XGBoost 알고리즘의 핵심 함수로, 모델의 학습과정에 필요한 다양한 하이퍼파라미터를 유연하게 설정할 수 있는 장점이 있다.

각 언어에서의 기본적인 함수 사용법은 다음과 같다.

R 함수 사용법

```
xgboost::xgb.train(params, dtrain, nround)
```

요인	설명
params	학습에 사용할 하이퍼파라미터 목록. list() 형태로 정의 - object: 목적함수(문제유형) 지정. 회귀문제 reg:squarederror, 이진분류 binary:logistic, 다중분류 multi:softmax 또는 multi:softprob 등 - eta: 학습률(보통 0.01 ~ 0.3 사이의 값 사용) - max_depth: 각 결정 트리의 최대 깊이(보통 3 ~ 10 사이의 값을 실험적으로 조정) - num_class: 클래스의 개수(다중분류일 때 반드시 설정)
data	학습용 DMatrix 데이터
nrounds	boosting 반복 횟수

Python 함수 사용법

```
xgboost.xgb.train(params, dtrain, num_boost_round)
```

요인	설명
params	학습에 사용할 하이퍼파라미터 목록. {} 형태로 정의. R과 동일하게 object, eta, max_depth, num_class 등이 있음
dtrain	학습용 DMatrix 데이터
num_boost_round	boosting 반복 횟수

xgb.train() 함수를 사용할 때, R과 Python 모두 params를 함수 안에 직접

포함하지 않고 별도로 정의한 후 전달하는 것이 일반적인 방법이다. 이유는 코드의 가독성을 높이고 파라미터를 수정 또는 재사용하거나 실험을 반복할 때 훨씬 유리하기 때문이다.

따라서 먼저 params를 정의한다. 본 예제는 회귀문제이므로 목적함수(objective)는 reg:squarederror로 설정하고, 학습률(eta)은 0.1, 각 트리의 최대 깊이(max_depth)는 6으로 지정한다. 또한 부스팅 반복 횟수(nrounds 또는 num_boost_round)는 20회로 설정한다.

R 코딩

```
> params <- list(objective='reg:squarederror', eta=0.1,
  max_depth=6)
> xgb_r <- xgb.train(params=params, data=dtrain_r, nrounds=20)
```

Python 코딩

```
In [ ]    params = {'objective':'reg:squarederror', 'eta':0.1,
                    'max_depth':6}
          xgb_r = xgb.train(params=params, dtrain=dtrain_r,
                            num_boost_round=20)
```

이어서 predict() 함수로 이렇게 적합된 모델을 활용하여 평가용 데이터의 입력값 X를 기반으로 출력값 y를 예측한 후 그 결과를 출력한다.

R 코딩

```
> y_pred_xgb_r <- predict(xgb_r, dtest_r)
> y_pred_xgb_r
```

출력

```
 [1] 0.8213767 0.8226809 0.8015315 0.5003315 0.8286120
 [6] 0.7891952 0.8117107 0.8288594 0.8147421 0.8199070
[11] 0.8171080 0.8088896 0.8134875 0.8198323 0.8153739
[16] 0.8202596 0.7697423 0.8145566 0.8128265 0.8198524
......................................................... [이하생략]
```

Python 코딩	In [ ]	y_pred_xgb_r = xgb_r.predict(dtest_r) y_pred_xgb_r
출력	Out[ ] array([0.64847434, 0.7689826, 0.7656789, ..., 0.6838805, 0.74979186, 0.7875125], dtype=float32)	

마지막으로 실제값과 예측값을 비교해 모델 성능을 평가한다.

R 코딩	> library(caret) > postResample(y_pred_xgb_r, test_r$friction)
출력	RMSE Rsquared MAE 0.09749032 0.89372626 0.06997970

Python 코딩	In [ ]	from sklearn.metrics import mean_squared_error import numpy as np np.sqrt(mean_squared_error(y_test_r, y_pred_xgb_r))
출력	Out[ ]	np.float64(0.09812740931144436)

Python 코딩	In [ ]	from sklearn.metrics import r2_score r2_score(y_test_r, y_pred_xgb_r)
출력	Out[ ]	0.8707042639798518

성능을 평가한 결과, RMSE는 R에서 0.097, Python에서 0.098로 나타났으며, R^2은 각각 0.893과 0.870으로 측정되었다. 이는 절대적으로 낮은 수치는 아니지만, 일반적인 성능 기대치에 비추어 볼 때 다소 아쉬운 결과라 할 수 있다.

XGBoost는 다른 기법들 보다 상대적으로 다양한 하이퍼파라미터가 존재하며, 이를 어떻게 설정하느냐에 따라 모델의 성능이 크게 달라진다. 이에 따라 다음 단계에서는 XGBoost의 주요 하이퍼파라미터들을 실제로 튜닝해 보며, 그에 따른 성능 변화를 직접 확인해 보고자 한다. 이를 통해 하이퍼파라미터 튜닝의 중요성을 보다 명확히 경험할 수 있다.

먼저, 모델의 학습 속도에 영향을 주는 핵심 하이퍼파라미터인 학습률 변화만으로 성능 차이가 어떻게 나타나는지 확인해 본다. 이때 다른 하이퍼파라미터는 동일하게 유지하고 학습률(eta)만 0.1에서 0.5로 조정한다.

R 코딩

```
> params <- list(objective='reg:squarederror', eta=0.5,
                 max_depth=6)
> xgb_r <- xgb.train(params=params, data=dtrain_r, nrounds=20)
> y_pred_xgb_r <- predict(xgb_r, dtest_r)
> postResample(y_pred_xgb_r, test_r$friction)
```

출력

```
      RMSE   Rsquared        MAE
0.07525385 0.92404941 0.03729049
```

Python 코딩

```
In [ ]  params = {'objective':'reg:squarederror', 'eta':0.5,
                  'max_depth':6}
        xgb_r = xgb.train(params=params, dtrain=dtrain_r,
                          num_boost_round=20)
```

Python 코딩

```
In [ ]  np.sqrt(mean_squared_error(y_test_r, y_pred_xgb_r))
```

출력

```
Out[ ]  np.float64(0.07173637138176682)
```

Python 코딩

```
In [ ]  r2_score(y_test_r, y_pred_xgb_r)
```

출력

```
Out[ ]  0.9308993159165933
```

학습률을 조정한 결과, R에서는 MSE가 0.075로 감소하고 R^2값은 0.924로 증가하였다. Python에서도 MSE는 0.071로 줄어들고 R^2은 0.930으로 향상되어, 학습률 조정만으로도 성능이 유의미하게 개선됨을 확인할 수 있다.

이는 학습률이 모델의 최적화 과정에서 손실함수의 수렴 속도와 안정성에 직결되며, 적절한 학습률 설정이 정확도에 상당한 영향을 미친다는 점을 잘 보여준다.

다음으로, 부스팅 반복 횟수(nrounds 또는 n_estimators)를 기존의 20에서 50으로 증가시켰다. 반복 횟수를 늘리는 이유는 더 많은 학습단계를 통해 잔여 오차를 점진적으로 줄이며 예측력을 높이기 위함이다.

R 코딩

```
> params <- list(objective='reg:squarederror', eta=0.5,
                 max_depth=6)
> xgb_r <- xgb.train(params=params, data=dtrain_r, nrounds=50)
> y_pred_xgb_r <- predict(xgb_r, dtest_r)
> postResample(y_pred_xgb_r, test_r$friction)
```

출력

```
      RMSE   Rsquared        MAE
0.06661875 0.94041776 0.03329571
```

Python 코딩

```
In [ ]   params = {'objective':'reg:squarederror', 'eta':0.5,
                   'max_depth':6}
         xgb_r = xgb.train(params=params, dtrain=dtrain_r,
                           num_boost_round=50)
```

Python 코딩

```
In [ ]   np.sqrt(mean_squared_error(y_test_r, y_pred_xgb_r))
```

출력

```
Out[ ]   np.float64(0.06373056534071285)
```

Python 코딩

```
In [ ]   r2_score(y_test_r, y_pred_xgb_r)
```

출력

```
Out[ ]   0.9454620161902134
```

학습을 수행한 결과, R에서는 MSE가 0.066으로 낮아지고 R^2은 0.940까지 상승하였다. Python에서는 MSE가 0.063, R^2이 0.945로 더 높은 예측력을 나타냈다. 이는 부스팅의 기본 원리인 단계적 오류 보정 효과가 반복 횟수에 비례해 누적되면서 성능이 점진적으로 향상됨을 보여준다.

이번 단계에서는 모델의 성능을 향상시키지 위해, 트리의 최대 깊이(max_depth)를 기존 6에서 12로 증가시키고, 부스팅 반복 횟수(nrounds 또는 num_boost_round)도 50에서 500으로 대폭 확장하였다.

이는 보다 복잡한 데이터 구조를 학습할 수 있도록 모델의 표현력을 높이고, 동시에 충분한 반복을 통해 과소적합을 방지하려는 목적이다.

R 코딩

```
> params <- list(objective='reg:squarederror', eta=0.5,
                 max_depth=12)
> xgb_r <- xgb.train(params=params, data=dtrain_r, nrounds=500)
> y_pred_xgb_r <- predict(xgb_r, dtest_r)
> postResample(y_pred_xgb_r, test_r$friction)
```

출력

```
      RMSE   Rsquared        MAE
0.05134307 0.96461025 0.01623019
```

Python 코딩

```
In [ ]    params = {'objective':'reg:squarederror', 'eta':0.5,
                    'max_depth':12}
          xgb_r = xgb.train(params=params, dtrain=dtrain_r,
                            num_boost_round=500)
```

Python 코딩

```
In [ ]    from sklearn.metrics import mean_squared_error
          import numpy as np
          np.sqrt(mean_squared_error(y_test_r, y_pred_xgb_r))
```

출력

```
Out[ ]    np.float64(0.053651301997827236)
```

Python 코딩

```
In [ ]    from sklearn.metrics import r2_score
          r2_score(y_test_r, y_pred_xgb_r)
```

출력

```
Out[ ]    0.9613487033289596
```

그 결과, R에서는 MSE가 0.051로 낮아지고, R^2은 0.964로 향상되었으며, Python에서는 유사하게 MSE 0.053, R^2 0.961로 우수한 성능을 확인할 수 있었다.

이번 실험을 통해 하이퍼파라미터 설정이 모델의 예측 성능에 결정적인 영향을 줄 수 있음을 확인할 수 있었다. 단순히 알고리즘을 선택해 적용하는 것만으로는 충분하지 않으며, 다양한 설정 값을 시도하고 조정하는 과정이 성능 향상에 중요한 역할을 한다는 점을 알 수 있다.

2) 분류문제

이번에는 XGBoost를 활용한 분류문제를 다룬다. 회귀문제와 마찬가지로 XGBoost에서는 formula 형식을 지원하지 않아 전용 데이터 구조인 DMatrix를 사용해야 한다. 이를 위해 입력변수(X)와 타깃변수(y)를 별도로 분리한다.

R 코딩

```
> train_c <- read.csv('blackice_c_train.csv', header=T,
                      stringsAsFactors=T)
> test_c <- read.csv('blackice_c_test.csv', header=T,
                     stringsAsFactors= T)
> X_train_c = train_c[, 1:4]
> y_train_c = train_c[, 5]
> X_test_c = test_c[, 1:4]
> y_test_c = test_c[, 5]
```

Python 코딩

```
In [ ] train_c = pd.read_csv('blackice_c_train.csv', header='infer')
       test_c = pd.read_csv('blackice_c_test.csv', header='infer')
In [ ] X_train_c = train_c.iloc[:, 0:4]
       y_train_c = train_c.iloc[:, 4]
       X_test_c = test_c.iloc[:, 0:4]
       y_test_c = test_c.iloc[:, 4]
```

XGBoost를 사용할 때 주의할 점은, 타깃변수가 반드시 숫자 형태여야 하며, 클래스 레이블은 0부터 시작해야 한다는 것이다. 따라서 R이나 Python에서 타깃변수가 범주형이라면 먼저 숫자로 바꾸는 작업이 필요하다.

이때 흔히 사용하는 방식은 '레이블 인코딩'이며, R에서는 as.numeric() 함수를 통해 범주형 데이터를 숫자로 바꾼 후, 기본적으로 1부터 번호를 지정하므로 결과 값에서 1을 빼주는 과정을 추가해 0부터 시작하도록 맞춰야 한다.

R 코딩

```
> y_train_c <- as.numeric(y_train_c) - 1
> y_test_c <- as.numeric(y_test_c) - 1
```

Python에서는 LabelEncoder() 함수를 사용하여 수치형으로 변환하고, 기본적으로 0부터 부여하기 때문에 추가 조정이 필요하지 않다.

Python 코딩

```
In [ ]   from sklearn.preprocessing import LabelEncoder
         le = LabelEncoder()
         y_train_c = le.fit_transform(y_train_c)
         y_test_c = le.transform(y_test_c)
```

또한 R에서 XGBoost의 DMatrix가 입력변수를 matrix 형식만 허용하므로, 입력변수를 반드시 as.matrix()를 통해 변환해야 한다. 반면, Python에서는 더 유연하게 처리되므로 별도의 형 변환 없이 그대로 사용할 수 있다.

R 코딩

```
> X_train_c <- as.matrix(X_train_c)
> X_test_c <- as.matrix(X_test_c)
```

이제 두 언어 모두 XGBoost 전용 데이터 구조인 DMatrix로 변환한다.

R 코딩

```
> library(xgboost)
> dtrain_c <- xgb.DMatrix(data = X_train_c, label = y_train_c)
> dtest_c <- xgb.DMatrix(data = X_test_c, label = y_test_c)
```

Python 코딩

```
In [ ]    import xgboost as xgb
          dtrain_c = xgb.DMatrix(data=X_train_c, label=y_train_c)
          dtest_c = xgb.DMatrix(data=X_test_c, label=y_test_c)
```

데이터 전처리 과정이 완료되었으므로, 이제 학습용 데이터를 이용해 모델을 학습시킨다. R과 Python 모두에서 xgboost 패키지의 xgb.train() 함수를 사용하여 모델 학습을 진행하며, 이에 앞서 먼저 학습에 필요한 하이퍼파라미터(params)를 정의해야 한다.

이때 설정하는 파라미터는 모델의 구조와 학습 방식에 중요한 영향을 미치며, 대표적으로 목적함수(objective), 학습률(eta), 트리의 최대 깊이(max_depth) 등이 있다.

분류문제에 해당하므로 목적함수는 multi:softmax로 설정하며, 학습률은 0.5, 트리의 최대 깊이는 12으로 지정한다. 부스팅 반복 횟수는 500회로 설정하고, 클래스의 개수는 관찰, 주의, 경계의 3가지 등급이므로 3으로 명시한다.

R 코딩

```
> params <- list(objective='multi:softmax', eta=0.5, max_depth=12,
                 num_class=3)
> xgb_c <- xgb.train(params=params, data=dtrain_c, nrounds=500)
```

Python 코딩

```
In [ ]    params = {'objective': 'multi:softmax', 'eta': 0.5,
                    'max_depth': 12, 'num_class': 3}
          xgb_c = xgb.train(params=params, dtrain=dtrain_c,
                            num_boost_round=500)
```

학습이 완료된 모델을 바탕으로 두 언어 모두 predict() 함수를 사용하여 평가용 데이터의 입력값 X를 기반으로 출력값 y를 예측한 후 그 결과를 출력한다.

R 코딩

```
> y_pred_xgb_c <- predict(xgb_c, dtest_c)
> y_pred_xgb_c
```

출력

```
  [1] 2 2 2 2 2 0 2 2 2 2 2 2 2 2 2 2 1 2 2 2 2 2 2 0
 [25] 2 2 2 2 2 2 1 2 2 2 2 2 2 2 2 2 2 2 2 2 2 2 0 2
 [49] 2 2 2 2 2 2 2 2 1 2 2 2 2 2 2 2 2 2 2 2 2 2 2 2
 [73] 2 2 2 2 2 2 2 2 2 2 2 0 2 2 2 2 2 2 2 2 2 2 2 2
 [97] 2 2 2 2 2 2 2 2 2 2 2 2 2 2 2 2 1 2 2 2 2 2 1 2
 ......................................................... [이하생략]
```

Python 코딩

```
In [ ]   y_pred_xgb_c = xgb_c.predict(dtest_c)
         y_pred_xgb_c
```

출력

```
Out[ ]   array([2., 2., 2., ..., 1., 1., 1.], dtype=float32)
```

R에서 caret 패키지의 confusionMatrix() 함수를 사용해 혼동행렬 등의 분류성능 평가에 활용할 때, 실제값과 예측값 모두 요인형이여야 한다. 따라서 as.factor() 함수를 활용해 실제값과 예측값을 요인형으로 변환해 준다.

Python에서는 이와 같은 변환 없이도 바로 평가에 사용할 수 있다.

R 코딩

```
> y_pred_xgb_c <- as.factor(y_pred_xgb_c)
> y_test_c <- as.factor(y_test_c)
```

마지막으로 실제값과 예측값을 비교하여 정확도를 기준으로 모델의 성능을 평가한다.

R 코딩

```
> library(caret)
> confusionMatrix(y_pred_xgb_c, y_test_c)
```

출력

```
Confusion Matrix and Statistics
                  Reference
Prediction        0      1      2
  alert        2966     16     46
  caution        20   2922    113
  observation    14     62   2841
Overall Statistics

                       Accuracy :  0.9699
                         95% CI :  (0.9661, 0.9733)
            No Information Rate :  0.3333
            P-Value [Acc > NIR] :  < 2.2e-16

                          Kappa :  0.9548

         Mcnemar's Test P-Value :  4.365e-07

Statistics by Class:

                       Class: alert  Class: caution  Class: observation

Sensitivity                  0.9887          0.9740              0.9470
Specificity                  0.9897          0.9778              0.9873
Pos Pred Value               0.9795          0.9565              0.9739
Neg Pred Value               0.9943          0.9869              0.9739
Prevalence                   0.3333          0.3333              0.3333
Detection Rate               0.3296          0.3247              0.3157
Detection Prevalence         0.3364          0.3394              0.3241
Balanced Accuracy            0.9892          0.9759              0.9672
```

Python 코딩

```
In [ ]   from sklearn.metrics import confusion_matrix
         confusion_matrix(y_test_c, y_pred_xgb_c)
```

출력

```
Out[ ] array([[2965,   21,   14],
              [  17, 2914,   69],
              [  50,  114, 2836]])
```

Python 코딩	In [ ]	from sklearn.metrics import classification_report result = classification_report(y_test_c, y_pred_xgb_c) print(result)
출력	Out[ ]	

```
              precision    recall  f1-score   support

       alert       0.98      0.99      0.98      3000
     caution       0.96      0.97      0.96      3000
 observation       0.97      0.95      0.96      3000

    accuracy                           0.97      9000
   macro avg       0.97      0.97      0.97      9000
weighted avg       0.97      0.97      0.97      9000
```

두 언어를 사용해 모델의 정확도를 평가한 결과, R에서는 0.9699, Python에서는 0.970으로 측정되어, 두 언어 모두 상당히 높은 수준의 성능을 보였으며 유사한 정확도를 나타냈다.

제4절 신경망 모델

1. 인공신경망

인공신경망은 인간의 뇌 신경세포인 뉴런(Neuron)의 동작 원리를 모방하여 정보를 처리하는 신경망 기반의 머신러닝 모델이다.

생물학적 뉴런은 [그림 5-11]의 왼쪽과 같이 신호를 가지돌기에서 받아 축삭돌기를 통해 축삭말단으로 전달한 후 다음 뉴런의 가지돌기로 전달하는 구조를 갖는다.

이와 유사하게 인공뉴런은 [그림 5-11]의 오른쪽과 같이 입력값(x)에 가중치(W)를 곱하고 편향(b)을 더한 후 이를 활성화 함수(Activation Function)에 통과시켜 출력값(y)을 생성해 다음 뉴런으로 전달하는 구조를 갖는다.

활성화 함수는 이미지 분석과 같은 복잡한 문제를 해결할 수 있도록 선형 연산을 비선형적으로 변환하는 역할을 하며 대표적인 예로는 Sigmoid, Tanh, ReLU, softmax 함수 등이 있다.

▸ 그림 5-11 **생물학적 뉴런과 인공 뉴런의 구조**

생물학적 뉴런	인공 뉴런
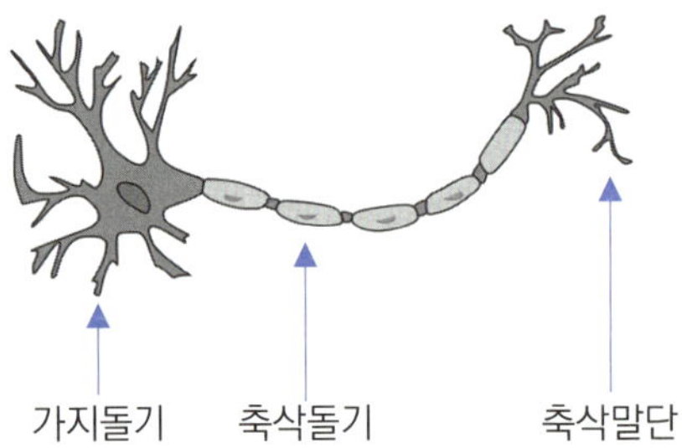	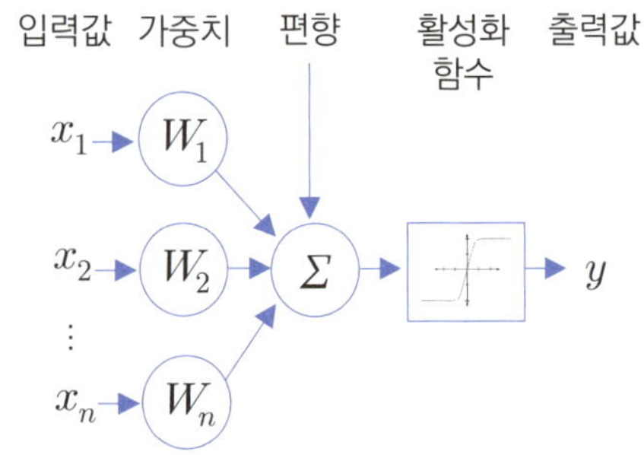

인공신경망은 [그림 5-12]와 같이 다수의 인공 뉴런이 계층적으로 연결된 구조로 입력층(Input Layer), 하나 이상의 은닉층(Hidden Layer), 그리고 출력층(Output Layer)으로 구성된다. 그러나 은닉층의 수가 증가함에 따라 학습 과정에서 기울기 소실(Vanishing Gradient) 현상이 발생할 수 있으며, 이로 인해 초기 층에 위치한 가중치의 업데이트가 미미해져 전체 모델의 학습 성능 저하로 이어질 수 있다.

▸ 그림 5-12 **인공신경망의 구조**

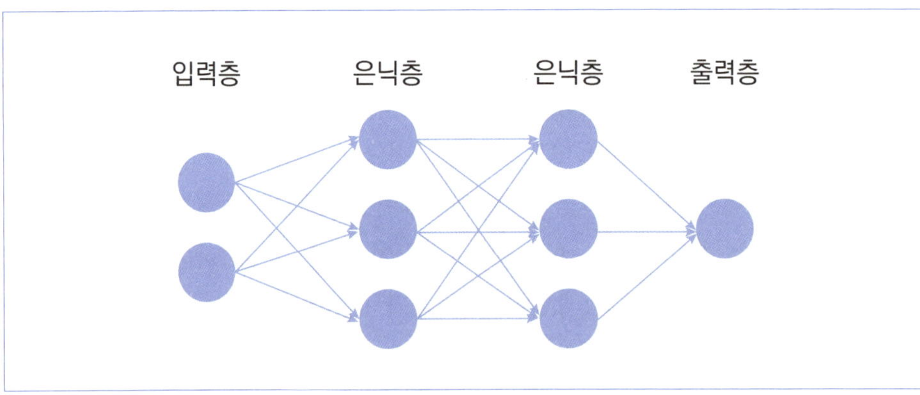

이 문제는 오차 역전파(Error Backpropagation) 알고리즘으로 해결할 수 있다. 오차 역전파는 출력층의 오차를 입력층 방향으로 역전달하며 각 층의 기울기를 계산하는 방식이다. 이렇게 얻은 기울기를 이용해 가중치를 조정하여 오차를 줄이는 과정을 최적화(Optimization)라고 하며, 이는 모델의 예측 정확도를 높이는 핵심 절차이다. 최적화의 대표적 기법으로는 경사 하강법(Gradient Descent)이 있다.

이처럼 인공신경망은 생물학적 뉴런의 구조와 동작을 모방하여 입력층, 은닉층, 출력층으로 구성되며, 활성화 함수와 오차 역전파 등의 원리를 활용해 학습을 수행한다.

1) 회귀문제

회귀문제 분석에 사용할 데이터를 불러온 후, formula 형식을 지원하지 않는 함수를 사용하기 위해 입력변수(X)와 타깃변수(y)를 분리하여 구성한다.

R 코딩

```
> train_r <- read.csv('blackice_r_train.csv', header = T)
> test_r <- read.csv('blackice_r_test.csv', header = T)
> X_train_r <- train_r[, 1:4]
> y_train_r <- train_r[, 5]
> X_test_r  <- test_r[, 1:4]
> y_test_r <- test_r[, 5]
```

Python 코딩

```
In [ ] import pandas as pd
        train_r = pd.read_csv('blackice_r_train.csv', header='infer')
        test_r = pd.read_csv('blackice_r_test.csv', header='infer')
In [ ] X_train_r = train_r.iloc[:, 0:4]
        y_train_r = train_r.iloc[:, 4]
        X_test_r = test_r.iloc[:, 0:4]
        y_test_r = test_r.iloc[:, 4]
```

먼저 R을 기준으로 인공신경망 모델 학습 과정을 살펴본다. nnet 패키지의 nnet() 함수를 활용하여 학습용 데이터를 기반으로 인공신경망 모델을 학습할 수 있다. 이 함수는 formula 형식을 지원하므로, 학습용 데이터와 평가용 데이터를 별도로 나누지 않아도 간단하게 사용할 수 있다는 장점이 있다.

nnet() 함수의 기본 사용법은 다음과 같다.

R 함수 사용법

```
nnet::nnet(y ~ x, train_data, size, linout)
```

요인	설명
y	타깃변수
x	입력변수. x_1+x_2+...+x_n 형태로 지정하고 모두를 지정할 때 온점(.) 형태로도 가능
train_data	학습용 데이터
size	은닉층의 수. default가 없어 반드시 지정
linout	linear output의 약자. 회귀문제일 때는 TRUE, 분류문제일 때는 FALSE로 설정. default는 FALSE

모델을 학습하려면 우선 nnet 패키지를 설치한 뒤 불러오고, nnet() 함수를 이용해 모델 학습을 진행한다. 이때 은닉층의 수(size)는 실무에서 자주 사용하는 3으로 설정하고, 회귀문제를 다루는 상황이기 때문에 linout은 반드시 TRUE로 지정해야 한다.

R 코딩

```
> install.packages('nnet')
> library(nnet)
> ann_r <- nnet(friction ~ press+humid+temp+temp_d, train_r,
                 size = 3, linout = T)
```

이어서 이렇게 적합된 모델을 활용하여 평가용 데이터의 입력값 X를 기반으로 출력값 y를 예측하고 그 결과를 출력한다.

R 코딩

```
> y_pred_ann_r <- predict(ann_r, test_r)
> y_pred_ann_r
```

출력

```
       [,1]
1   0.6089428
2   0.6089428
3   0.6089428
4   0.6089428
5   0.6089428
```

.... [이하생략]

이때 출력값이 0.6089428로 모든 관측치에서 동일하게 나타나는 현상이 발생한다. 이는 입력변수들에 데이터 스케일링이 적용되지 않았기 때문이다. 인공신경망은 가중치 업데이트 과정에서 입력변수 간 상대적인 크기에 크게 영향을 받기 때문에 변수들이 서로 다른 범위를 가지면 학습이 제대로 이루어지지 않고 결국 모델이 특정 값에만 수렴하는 문제가 발생할 수 있다.

특히, 인공신경망은 거리 기반 계산을 수행하므로 입력값이 정규화되지 않으면 학습 효율이 떨어지고 성능이 저하된다. 따라서 신경망 모델을 학습하기 전에 반드시 입력변수에 대해 적절한 스케일링을 수행하는 것이 필수적이다.

여기서 주의할 점은 스케일링은 반드시 학습용 데이터에만 적용해야 한다는 것이다. 스케일링 과정에서 계산되는 평균, 표준편차 등의 통계값이 평가용 데이터에 영향을 받으면 데이터 누수(data leakage)가 발생한다.

데이터 누수는 모델이 미래 데이터를 미리 본 것처럼 학습하게 만들어 결과적으로 일반화 성능을 과대평가하게 된다. 따라서 스케일링 모델은 학습용 데이터에 기반해 생성하고 동일한 모델을 평가용 데이터에 적용해야 한다.

또한, 스케일링은 입력변수에만 적용하며 타깃변수에는 적용하지 않는다. 타깃변수는 예측해야 할 값이므로 스케일링할 경우 모델이 출력값의 범위나 분포를 미리 알게 되어 평가의 공정성을 해칠 수 있다. 따라서 스케일링은 항상 입력변수만 대상으로 수행해야 한다.

여러 가지 데이터 스케일링 기법 중 본 예제에서는 평균을 0, 표준편차를 1로 맞추는 표준화를 적용한다.

이때 R과 Python은 수행하는 방식이 서로 다르다. R에서는 caret 패키지의 preProcess() 함수를 이용하며, method=c('center', 'scale')을 지정하여 표준화를 수행한다. Python에서는 표준화 전용인 sklearn.preprocessing 모듈의 StandardScaler() 함수를 이용한다.

이후 스케일링 모델은 학습용 데이터에 대해서만 학습시킨다, R에서는 pre-dict() 함수를 이용해 학습용과 평가용 데이터 모두에 같은 스케일링 모델을 적용한다.

반면, Python에서는 fit_transform() 함수로 학습용 데이터를 변환한 후, 평가용 데이터에는 transform() 함수만을 적용한다. 이러한 절차는 평가용 데이터를 기준으로 스케일링 모델이 새롭게 학습되는 것을 방지하고, 데이터 누수를 막기 위한 중요한 전처리 원칙이다.

R 코딩

```
> library(caret)
> scaled_model_r <- preProcess(train_r[,1:4], method = c('center',
                                'scale'))
> train_rs <- predict(scaled_model_r, train_r)
> test_rs <- predict(scaled_model_r, test_r)
```

Python 코딩

```
In [ ]  from sklearn.preprocessing import StandardScaler
        scaler = StandardScaler()
        X_train_rs = scaler.fit_transform(X_train_r)
        X_test_rs = scaler.transform(X_test_r)
```

스케일링이 완료된 데이터를 바탕으로, 이제 인공신경망 모델을 학습한다. R에서는 nnet 패키지의 nnet() 함수를, Python에서는 scikit-learn 패키지의 neural_network 모듈에 포함된 MLPRegressor() 함수를 각각 사용한다.

R의 nnet() 함수는 formula 형식을 지원하므로, 입력변수와 타깃변수를 명시

하여 간단히 모델을 정의하고 학습할 수 있으며, 학습용과 평가용 데이터를 별도로 분리하지 않아도 사용할 수 있다. 반면, Python의 MLPRegressor() 함수는 입력값 X와 타깃값 y를 명시적으로 나누어 전달해야 하며, 입력값이 배열 형태로 제공되어야 한다.

nnet() 함수의 기본적인 사용법은 앞서 설명한 내용을 참고하면 되고, MLPRegressor() 함수의 기본 사용법은 다음과 같다.

Python 함수 사용법

```
sklearn.neural_network.MLPRegressor(hidden_layer_sizes).fit(X_train, y_train)
```

요인	설명
hidden_layer_sizes	은닉층의 수. default는 100
X_train	학습용 입력변수 데이터
y_train	학습용 타깃변수 데이터

이때 재현성 확보를 위해 R에서는 set.seed(123)을 사용하고, Python에서는 random_state=123을 설정한다. 은닉층의 수는 R과 Python 모두에서 공통적으로 3으로 지정한다.

R 코딩

```
> set.seed(123)
> ann_rs <- nnet(friction ~ press+humid+temp+temp_d, train_rs,
                size = 3, linout = T)
```

Python 코딩	In [ ]
```
from sklearn.neural_network import MLPRegressor
ann_rs = MLPRegressor(hidden_layer_sizes=(3,),
                      random_state=123)
ann_rs.fit(X_train_rs, y_train_r)
```

출력

```
Out[ ]
▾ MLPRegressor ⓘ ?
▶ Parameters
```

이렇게 학습된 모델은 평가용 데이터에 적용하여 예측을 수행할 수 있다. 이때, 평가 데이터의 입력값을 기반으로 predict() 함수를 통해 예측 결과를 출력하게 된다.

R 코딩

```
> y_pred_ann_rs <- predict(ann_rs, test_rs)
> y_pred_ann_rs
```

출력

```
        [,1]
1 0.61646284
2 0.81538481
3 0.77473449
4 0.59971693
5 0.69167934
.............................................. [이하생략]
```

Python 코딩

```
In [ ]  y_pred_ann_rs = ann_rs.predict(X_test_rs)
        y_pred_ann_rs
```

출력

```
Out[ ]
array([0.58626115, 0.76008894, 0.76297681, ..., 0.76525359,
       0.75850995, 0.80826486])
```

마지막으로 실제값과 예측값을 비교해 모델 성능을 평가한다.

R 코딩

```
> library(caret)
> postResample(y_pred_ann_rs, test_r$friction)
```

출력

```
      RMSE   Rsquared        MAE
0.12171202 0.80114009 0.07282095
```

Python 코딩

```
In [ ]  from sklearn.metrics import mean_squared_error
        import numpy as np
        np.sqrt(mean_squared_error(y_test_r, y_pred_ann_rs))
```

출력

```
Out[ ]  0.12878535933191176
```

Python 코딩

```
In [ ]  from sklearn.metrics import r2_score
        r2_score(y_test_r, y_pred_ann_rs)
```

출력

```
Out[ ]  0.7772916374980828
```

두 언어를 사용해 모델 성능을 평가한 결과, RMSE는 R에서 0.121, Python에서 0.128로 나타났으며, R^2은 각각 0.801과 0.777로 측정되어 값에 차이가 있는 것으로 나타났다.

인공신경망 모델은 비선형적이고 비볼록(non-convex)한 함수의 최적화를 수행하기 때문에 내부 구현의 작은 차이만으로도 성능에 큰 차이가 생길 수 있다. R과 Python은 초기 가중치 설정, 최적화 알고리즘, 수렴 조건 등 인공신경망 구현 방식이 서로 다르기 때문에 값에 차이가 나는 것은 자연스러운 일이다.

따라서 Python에서 R의 결과를 정확히 재현하기는 어렵다. 대신 Python 환경에서는 주어진 데이터에 가장 잘 맞는 모델을 찾는 방향으로 접근하는 것이 바람직하다.

▸ 표 5-20 인공신경망 구현함수의 주요 요인별 기본 설정값

nnet()	구분	MLPRegressor()
sigmoid로 고정	은닉층 활성화함수	activation=relu, identity, logistic, tanh
size(default 없음, 필수 지정)	은닉층의 수	hidden_layer_sizes=(100,)
linout=FALSE	선형출력여부	해당없음
decay=0	가중치 감소	alpha=0.001
maxit=100	최대반복횟수	max_iter=200

2) 분류문제

분류문제 분석에 사용할 데이터를 불러온 후, formula 형식을 지원하지 않는 함수를 사용하기 위해 입력변수(X)와 타깃변수(y)를 분리하여 구성한다.

R 코딩

```
> train_c <- read.csv('blackice_c_train.csv', header=T,
                      stringsAsFactors=T)
> test_c <- read.csv('blackice_c_test.csv', header=T,
                     stringsAsFactors= T)
> X_train_c = train_c[, 1:4]
> y_train_c = train_c[, 5]
> X_test_c = test_c[, 1:4]
> y_test_c = test_c[, 5]
```

Python 코딩

```
In [ ] train_c = pd.read_csv('blackice_c_train.csv', header='infer')
       test_c = pd.read_csv('blackice_c_test.csv', header='infer')
In [ ] X_train_c = train_c.iloc[:, 0:4]
       y_train_c = train_c.iloc[:, 4]
       X_test_c = test_c.iloc[:, 0:4]
       y_test_c = test_c.iloc[:, 4]
```

회귀문제에서와 마찬가지로 입력변수만을 대상으로 데이터 스케일링을 적용한다.

R 코딩

```
> scaled_model <- preProcess(train_r[,1:4], method = c('center',
                                                        'scale'))
> train_rs <- predict(scaled_model, train_r)
> test_rs <- predict(scaled_model, test_r)
```

Python 코딩

```
In [ ]   from sklearn.preprocessing import StandardScaler
         scaler = StandardScaler()
         X_train_rs = scaler.fit_transform(X_train_r)
         X_test_rs = scaler.transform(X_test_r)
```

스케일링된 데이터를 바탕으로, R에서는 회귀와 분류 모두에 사용할 수 있는 nnet 패키지의 nnet() 함수를 사용해 학습용 데이터로 인공신경망 모델을 학습한다.

이때 재현성을 위해 set.seed(123)을 지정하고 은닉층의 수는 3으로 설정한다. linout은 회귀문제일 경우 TRUE로 지정하지만, 분류문제에서는 FALSE로 설정하며 이는 default이므로 생략해도 무방하다.

또한 nnet() 함수는 formula 형식을 지원하므로 입력변수와 타깃변수를 명시하면 학습용 데이터만으로 바로 모델을 학습할 수 있으며 별도로 X와 y를 나눌 필요가 없다.

R 코딩

```
> library(nnet)
> set.seed(123)
> ann_cs <- nnet(level ~ press+humid+temp+temp_d, train_cs,
                 size = 3, linout = F)
```

한편 Python에서는 분류문제 전용인 scikit-learn의 neural_network 모듈에 포함된 MLPClassifier() 함수를 사용해 학습용 데이터로 인공신경망 모델을 학습한다.

이때 R과 동일하게 재현성을 위해 random_state=123을 지정하고, 은닉층의 수는 (3,)으로 설정한다. MLPClassifier() 함수는 입력값과 타깃값을 각각 X, y 형식으로 명시해야 하므로, 모델 학습 이전에 데이터를 분리해 두는 과정이 필요하다.

모델은 MLPClassifier() 통해 정의한 후, fit() 함수를 사용하여 학습용 데이터에 적합시킨다.

Python 코딩

In [ ]
```
from sklearn.neural_network import MLPClassifier
ann_cs = MLPClassifier(hidden_layer_sizes=(3,),
                       random_state=123)
ann_cs.fit(X_train_cs, y_train_c)
```

출력

Out[ ]
```
▾ MLPClassifier ⓘ ?

▶ Parameters
```

학습이 완료된 모델은 평가용 데이터의 입력값 X를 바탕으로 출력값 y를 예측하는데 활용된다. 한편, R에서는 분류문제임을 명시적으로 나타내기 위해 type에 class를 설정하여 예측값을 범주형으로 직접 반환받는다.

반면 Python에서는 모델이 회귀용인지 분류용인지에 따라 predict() 함수가 자동으로 적절한 형식의 예측값을 반환하므로 별도로 명시할 필요가 없다.

R 코딩

```
> y_pred_ann_cs <- predict(ann_cs, test_cs, type='class')
> y_pred_ann_cs
```

출력

```
[1] "observation" "caution"     "caution"     "observation"
[5] "observation" "alert"       "caution"     "caution"
[9] "observation" "observation" "observation" "alert"
.................................................. [이하생략]
```

Python 코딩	In [ ] y_pred_ann_cs = ann_cs.predict(X_test_cs) y_pred_ann_cs
출력	Out[ ] array(['observation', 'caution', 'caution', ..., 'observation', 'caution', 'caution'], dtype='<U11')

다음 단계인 실제값과 예측값을 비교하여 정확도를 기준으로 모델의 성능을 평가하기 전에, R의 경우 실제값과 예측값 모두가 요인형인지를 확인해야 한다.

평가용 데이터(test_c)의 노면 마찰력 등급 변수는 데이터를 불러올 때 stringsAsFactors=TRUE를 설정했기 때문에 자동으로 요인형으로 변환되어 있다. 그러나 인공신경망 모델을 통해 예측한 결과인 y_pred_ann_cs는 문자형으로 반환된다.

str() 함수로 확인해 보면 문자형(chr)임을 알 수 있다.

R 코딩	> str(y_pred_ann_cs)
출력	chr [1:9000] "observation" "caution" "caution" ...

따라서 예측값인 y_pred_ann_cs를 as.factor() 함수를 이용해 직접 요인형으로 변환해 주어야 한다.

R 코딩	> y_pred_ann_cs <- as.factor(y_pred_ann_cs) > str(y_pred_ann_cs)
출력	Factor w/ 3 levels "alert","caution",..: 3 2 2 3 3 1 2 2 3 3 ...

이제 R에서도 실제값과 예측값을 문제없이 비교할 수 있으며, confusionMatrix() 함수를 사용하여 정확도 등 분류 성능을 평가할 수 있다.

R 코딩

```
> library(caret)
> confusionMatrix(y_pred_ann_cs, test_c$level)
```

출력

```
Confusion Matrix and Statistics

              Reference
Prediction     alert  caution  observation
  alert        2511     151        272
  caution       218    2390        430
  observation   271     459       2298

Overall Statistics

                 Accuracy :  0.7999
                   95% CI :  (0.7915, 0.8081)
      No Information Rate :  0.3333
      P-Value [Acc > NIR] :  < 2.2e-16

                    Kappa :  0.6998

   Mcnemar's Test P-Value :  0.004398

Statistics by Class:

                      Class: alert  Class: caution  Class: observation
Sensitivity                 0.8370          0.7967              0.7660
Specificity                 0.9295          0.8920              0.8783
Pos Pred Value              0.8558          0.7867              0.7589
Neg Pred Value              0.9194          0.8977              0.8825
Prevalence                  0.3333          0.3333              0.3333
Detection Rate              0.2790          0.2656              0.2553
Detection Prevalence        0.3260          0.3370              0.3367
Balanced Accuracy           0.8832          0.8443              0.8222
```

Python 코딩

```
In [ ]    from sklearn.metrics import confusion_matrix
          confusion_matrix(y_test_c, y_pred_ann_cs)
```

출력

```
Out[ ] array([[2481,  243  276],
              [ 136, 2379,  485],
              [ 270,  442, 2288]], dtype=int64)
```

Python 코딩	In [ ]	from sklearn.metrics import classification_report result = classification_report(y_test_c, y_pred_ann_cs) print(result)
출력	Out[ ]	

```
              precision    recall  f1-score   support

       alert       0.86      0.83      0.84      3000
     caution       0.78      0.79      0.78      3000
 observation       0.75      0.76      0.76      3000

    accuracy                           0.79      9000
   macro avg       0.80      0.79      0.79      9000
weighted avg       0.80      0.79      0.79      9000
```

두 언어를 사용해 모델의 정확도를 평가한 결과, R에서는 0.799, Python에서는 0.79로 측정되어 유사한 정확도를 보였다.

2. 심층신경망

심층신경망(DNN)은 여러 개의 은닉층을 포함한 신경망 모델로, 기존 인공신경망보다 훨씬 깊은 계층을 가지고 있다. 일반적으로 인공신경망이 1~3개의 은닉층으로 구성되지만, 심층신경망은 이보다 훨씬 많은 층을 쌓아 복잡하고 비선형적인 데이터 패턴을 보다 정교하게 학습할 수 있다.

여기서 '딥(Deep)'이라는 용어는 은닉층이 매우 많다는 것을 의미하며, 이런 구조는 복잡하고 비선형적 데이터 특성을 효과적으로 파악하는 데 유리하다. 최근에는 기술 발전에 힘입어 100개 이상의 은닉층을 갖춘 구조도 구현 가능해졌으며, 이는 이미지 분석, 자연어 처리, 음성 인식 등 다양한 분야에 활용되고 있다.

심층신경망 역시 인공신경망과 동일하게 오차 역전파 방식으로 학습을 수행한다. 출력층에서 출력값과 예측값 간의 차이, 즉 오차를 역방향으로 전달하여 각 층의 기울기를 계산하고 가중치를 갱신한다. 이때 경사 하강법 등의 최적화 기법을 통해 오차를 최소화할 수 있도록 가중치를 반복적으로 갱신한다.

하지만 심층신경망은 인공신경망보다 층의 깊이가 깊기 때문에 학습과정 중 기울기 소실 문제가 더 자주 발생한다. 기울기 소실이란 '역전파 과정에서 기울기가 점차 줄어들어 초기에 가까운 층까지 제대로 전달되지 않는 현상'을 의미한다.

이러한 문제를 완화하기 위해 ReLU와 같은 비선형 활성화 함수, 가중치 초기화 방식의 개선, 그리고 배치 정규화 등과 같은 기법이 함께 활용된다.

또한, 심층신경망은 전통적인 인공신경망보다 고차원적 특성과 비선형 관계를 효과적으로 모델링 할 수 있다. 단층 또는 얕은 구조가 명시적 규칙에 의존하는 반면, 심층 구조는 대규모 데이터로부터 표현 학습을 통해 주요 특징을 자동 추출하며, 이를 기반으로 유연한 의사결정을 수행한다.

예를 들어, 바둑과 같은 전략 게임에서 인공신경망은 사전에 정의된 전략을 반복적으로 따르는데 그치는 반면, 심층신경망은 실제 경기 데이터를 학습함으로써 기존 전략을 넘어서는 새로운 전략을 생성할 수 있다.

이러한 점에서 심층신경망은 단순한 입력-출력 대응을 넘어서, 지식을 내재화하고 진화할 수 있는 고도화된 지능형 학습 모델로 평가받고 있다.

▸ 표 5-21 **인공신경망과 심층신경망의 차이점**

인공신경망(ANN)	구분	심층신경망(DNN)
입력층, 1~3개의 은닉층, 출력층으로 구성	구조	입력층, 다수의 은닉층(4개 이상), 출력층으로 구성
상대적으로 적음(1~3개)	은닉층 수	많음(수십~수백 개까지 가능)
오차 역전파 알고리즘과 최적화 기법 사용	학습 방식	ANN과 동일하게 오차 역전파 알고리즘 및 경사 하강법 사용
은닉층이 적어 기울기 소실 가능성이 상대적으로 적음	기울기 소실	은닉층이 많아 기울기 소실 문제가 자주 발생
Sigmoid, Tanh 등 전통적인 활성화 함수 사용	활성화 함수	ReLU 등 기울기 소실을 완화하는 활성화 함수 사용
단순한 패턴 인식에 적합	표현 능력	복잡하고 비선형적인 고차원 특성 학습에 강함
기본적인 분류/회귀문제 등 단순한 예측 문제에 사용	적용 분야	이미지 인식 등 고난이도 문제 해결에 효과적으로 사용

제한적(주어진 규칙 기반 반응 중심)	자기 학습 능력	규칙을 스스로 학습하고 유연한 의사결정 가능
기초적인 신경망 모델	기술 진화	ANN의 확장형으로 고도화된 지능형 모델로 발전

심층신경망은 [그림 5-13]과 같은 과정으로 진행되며 입력층, 은닉층, 출력층으로 구성된 구조를 통해 데이터를 처리한다. 이러한 과정을 구현하기 위해 TensorFlow와 Keras 같은 딥러닝 프레임워크가 많이 사용된다.

▸ 그림 5-13 **심층신경망 진행과정**

데이터 전처리 → 모델구축 → 학습계획수립 (컴파일) → 모델학습 → 평가 및 예측

TensorFlow는 Google이 개발한 딥러닝 프레임워크로, 수치 계산과 딥러닝 모델 훈련에 강력한 기능을 제공한다. Keras는 고수준(high-level) 딥러닝 API로, 딥러닝 모델을 쉽고 빠르게 만들 수 있도록 TensorFlow 위에서 작동하는 인터페이스이다.

먼저, 심층신경망 모델을 구현하기 위해 필요한 패키지를 설치해야 한다, R에서는 Keras와 Tensorflow 2개의 패키지가 필요하며, 설치 순서에 유의해야 한다. 일반적으로 먼저 Tensorflow 패키지를 설치하는 것이 바람직하다. 그 이유는 R의 Keras 패키지가 내부적으로 Tensorflow에 의존하여 동작하기 때문이다.

즉, R에서 사용하는 Keras는 실제로 Python 기반의 TensorFlow와 Keras 기능을 R 환경에서 제어할 수 있도록 도와주는 wrapper[12] 역할을 하며, 이를 정상적으로 실행하기 위해서는 Tensorflow가 사전에 설치되어 있어야 한다.

R 코딩

```
> install.packages('tensorflow')
> install.packages('keras')
```

12) 사전적으로는 '감싸는 것'을 의미하나 프로그래밍에서는 어떤 기존 기능 등을 다른 언어나 형식에서 쉽게 사용할 수 있도록 감싸놓은 코드를 말한다.

한편, R의 Keras는 Python의 TensorFlow 엔진 위에서 작동하기 때문에, 관련된 환경을 별도로 구성해주는 과정이 필요하다. 이를 위해 install_tensorflow() 함수를 사용하면 Python 가상환경을 자동으로 생성하고, 해당 환경에 Tensorflow, Keras 등 필요한 라이브러리를 함께 설치해 준다.

이렇게 환경 구성이 완료되면, R에서도 Python 기반의 심층신경망 모델을 자유롭게 구현하고 실행할 수 있다.

여기서 한 가지 주의할 점은, install_tensorflow()를 실행하기 전에 먼저 tensorflow 패키지를 메모리에 불러와야 한다는 점이다. 이는 install_tensorflow() 함수가 tensorflow 패키지 내부에 포함된 함수이기 때문에, 해당 패키지가 로드되지 않은 상태에서 함수가 인식되지 않기 때문이다.

이러한 원리는 install_keras()도 마찬가지이다.

R 코딩

```
> library(tensorflow)
> install_tensorflow()
> library(keras)
> install_kares()
```

Python에서는 Keras가 과거에는 독립적인 패키지였지만, 현재는 Tensorflow에 통합되어 고수준 API로 함께 제공된다. 따라서 별도로 Keras를 설치할 필요 없이 Tensorflow만 설치하면 된다.

TensorFlow는 Windows 환경에서 가상환경 구성과 Python 버전 호환성이 중요하다. 주피터 노트북에서 안정적인 실행을 위해 Python 3.9를 기반으로 별도의 가상환경을 만드는 것이 권장된다. 다음은 권장 환경을 기반으로 한 TensorFlow 설치와 사용 방법이다.

□ Anaconda Prompt에서 TensorFlow 설치

1. 가상환경 생성 및 활성화
   - Anaconda Prompt 실행: Windows 검색창 → Anaconda Prompt 검색 후 실행
   - 가상환경 생성: conda create -n tf_env python=3.9 입력 후 실행
   - 가상환경 활성화: conda activate tf_env 입력 후 실행

2. Jupyter Notebook과 연결
   - ipykernel 설치: pip install ipykernel 입력 후 실행
   - 가상환경을 Jupyter에 등록: python -m ipykernel install --user --name tf_env --display-name "Python (tf_env)" 입력 후 실행
3. TensorFlow 설치: pip install tensorflow 입력 후 실행

□ **Jupyter Notebook에서 TensorFlow 사용**

1. Jupyter Notebook 실행 → Home 우측 상단의 [New] 버튼 클릭 → 목록에서 Python (tf_env) 선택
2. 등록된 TensorFlow용 가상환경에서 Notebook 작업 수행 가능

Python 코딩

```
In [ ]   from tensorflow import keras
```

1) 회귀문제

회귀문제 분석에 사용할 데이터를 불러온다.

R 코딩

```
> train_r <- read.csv('blackice_r_train.csv', header = T)
> test_r <- read.csv('blackice_r_test.csv', header = T)
```

Python 코딩

```
In [ ]  import pandas as pd
        train_r = pd.read_csv('blackice_r_train.csv', header='infer')
        test_r = pd.read_csv('blackice_r_test.csv', header='infer')
```

Keras는 R과 Python 모두에서 formula 형식을 지원하지 않기 때문에, 모델 학습을 위해서는 입력변수 X와 타깃변수 y를 분리한 구조를 사용해야 한다. 따라서 먼저 학습용과 평가용 데이터에서 X와 y를 나누는 작업을 수행한다.

R 코딩

```
> X_train_r <- train_r[, 1:4]
> y_train_r <- train_r[, 5]
> X_test_r  <- test_r[, 1:4]
> y_test_r <- test_r[, 5]
```

Python 코딩

```
In [ ]   X_train_r = train_r.iloc[:, 0:4]
         y_train_r = train_r.iloc[:, 4]
         X_test_r = test_r.iloc[:, 0:4]
         y_test_r = test_r.iloc[:, 4]
```

Keras 모델에 데이터를 입력할 때는 데이터 스케일링이 반드시 필요한 것은 아니지만, 학습의 안정성과 속도, 성능 향상을 고려하면 일반적으로 매우 권장된다. 본 예제에서는 앞서 인공신경망과 마찬가지로 평균 0, 표준편차 1 기준의 표준화를 실시한다.

R 코딩

```
> library(caret)
> scaled_model_r <- preProcess(X_train_r, method = c('center',
                                                     'scale'))
> X_train_rs <- predict(scaled_model_r, X_train_r)
> X_test_rs <- predict(scaled_model_r, X_test_r)
```

Python 코딩

```
In [ ]   from sklearn.preprocessing import StandardScaler
         scaler = StandardScaler()
         X_train_rs = scaler.fit_transform(X_train_r)
         X_test_rs = scaler.transform(X_test_r)
```

마지막으로 R에서는 Keras에 데이터를 전달할 때, R에서는 data.frame 형식보다 행렬(Matrix) 형식이 더 적합하므로, as.matrix() 함수를 통해 데이터를 명시적으로 변환해 주는 것이 일반적이며, 코드의 안정성을 높이는데 도움이 된다.

R 코딩

```
> X_train_rs <- as.matrix(X_train_rs)
> y_train_r <- as.matrix(y_train_r)
> X_test_rs <- as.matrix(X_test_rs)
> y_test_r <- as.matrix(y_test_r)
```

데이터 전처리가 완료되었다면, 이제 심층신경망 모델을 구축할 수 있다. 모델 구축은 [그림 5-14]와 같이 4단계로 진행된다.

▸ 그림 5-14 심층신경망 모델 구축과정

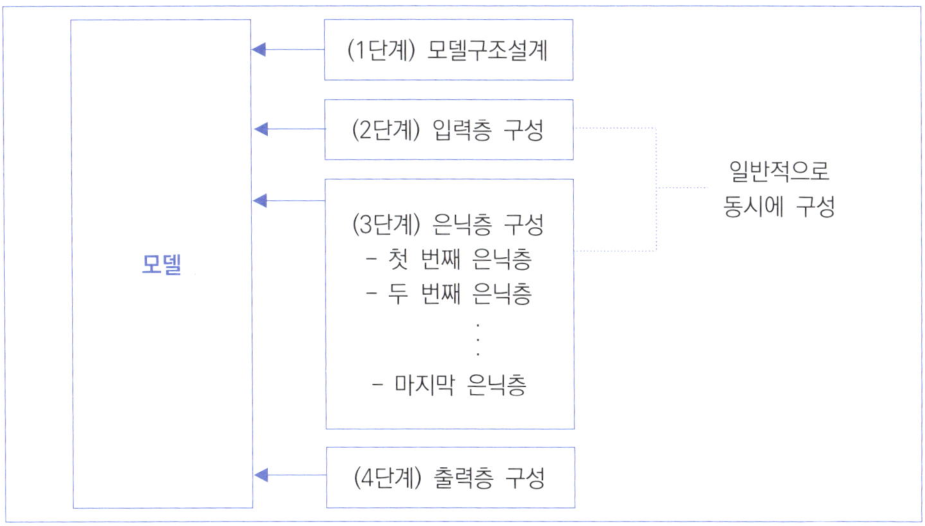

첫 번째는 모델 구조를 설계하는 단계이다.

이 단계에서는 전체 신경망의 골격을 구성한다. 이때 R에서는 keras_model_sequential() 함수를, Python에서는 Sequential() 함수를 사용한다.

심층신경망은 입력층, 은닉층, 출력층으로 이루어지며 각 층을 순차적으로 쌓는 순차적 구조(Sequential Model)를 따른다. 설계 시 각 층의 개수, 뉴런의 수, 활성화 함수 등을 결정하며 이는 모델의 복잡성과 학습 능력에 직접적인 영향을 미친다.

R 코딩

```
> model <- keras_model_sequential()
```

Python 코딩

```
In [ ]   from tensorflow.keras.models import Sequential
         model = Sequential()
```

프로그래밍 언어별로 모델 구성 방식에도 차이가 있다. R에서는 %>% 연산자를 사용해 각 구성 요소를 순차적으로 연결함으로써 코드의 간결성과 가독성을 높인다. 반면, Python에서는 model.add(...)와 같은 방식으로 각 층을 단계별로 추가하며 유사한 흐름을 구현할 수 있다.

또한 각 층을 정의할 때 사용하는 함수에도 언어별 차이가 있다. R에서는 layer_dense() 함수를 사용하고, Python에서는 Dense() 함수를 이용해 은닉층과 출력층을 구성한다.

두 번째는 입력층을 설정하는 단계이다. 입력층은 데이터가 처음 유입되는 부분으로, 이때 input_shape를 통해 입력변수의 수를 지정한다. 본 예제에서 사용하는 데이터는 노면습도, 대기압, 노면온도, 노면온도와 대기온도의 차이 등 총 4개의 입력변수를 포함하므로, input_shape=4로 지정한다.

실제로는 입력층과 첫 번째 은닉층을 동시에 정의하는 방식이 일반적이다. 즉, 첫 번째 은닉층을 추가하는 코드에 input_shape를 함께 지정하여 입력층과 은닉층을 동시에 구성한다.

세 번째는 은닉층을 설정하는 단계이다. 첫 번째 은닉층은 입력층과 직접 연결되며, 이때 뉴런 수(units)와 활성화 함수(activation)를 지정해 비선형성을 부여한다. 은닉층의 개수와 각 층의 뉴런 수는 문제의 특성과 성능 요구에 따라 결정하며, 일반적으로 하이퍼파라미터 튜닝을 통해 적절한 구성을 찾아간다.

뉴런 수는 연산 최적화를 고려하여 16, 32, 64, 128 등 4의 배수로 설정하는 경우가 많고, 층이 깊어질수록 뉴런 수를 점진적으로 줄이는 구조(예, 128 → 64 → 32 → 16)를 적용하기도 한다. 활성화 함수는 relu가 가장 널리 사용되며, 필요에 따라 sigmoid, tanh, softmax 등도 활용될 수 있다.

네 번째는 출력층을 구성하는 단계이다. 출력층은 모델이 최종 예측값을 생성하는 부분으로 문제의 유형에 따라 설정 방식이 달라진다. 회귀문제에서는 활성화 함수를 생략하거나 linear를 사용하며, 분류문제에서는 sigmoid나 softmax와 같은 적절한 활성화 함수를 사용하여 클래스 확률을 출력한다.

▸ 표 5-22 **각 층별 은닉층의 뉴런 수와 활성화 함수 설정 방식**

구분		뉴런의 수(units)	활성화 함수(activation)
은닉층		일반적으로 4의 배수로 설정	주로 relu 사용
출력층	회 귀	1	생략
	이진분류	1	sigmoid
	다중분류	클래스 수	softmax

본 예제에서는 총 4개의 은닉층을 구성하였으며 각 층의 뉴런 수는 순서대로 128, 64, 32, 16개로 설정한다. 각 은닉층에는 일반적으로 많이 사용하는 relu 활성화 함수를 적용한다. 최종 출력층은 회귀문제의 특성에 따라 뉴런의 수를 1개로 설정하고 활성화 함수는 사용하지 않는다.

R 코딩

```
> model %>%
      layer_dense(units=128, activation='relu', input_shape=4) %>%
      layer_dense(units=64, activation='relu') %>%
      layer_dense(units=32, activation='relu') %>%
      layer_dense(units=16, activation='relu') %>%
      layer_dense(units=1)
```

Python 코딩

```
In [ ]    from tensorflow.keras.layers import Dense
          model.add(Dense(128, activation='relu', input_shape=(4,)))
          model.add(Dense(64, activation='relu'))
          model.add(Dense(32, activation='relu'))
          model.add(Dense(16, activation='relu'))
          model.add(Dense(1))
```

모델이 구축된 다음에는 학습과정을 계획하고 구성하는 절차가 이어진다. 이 과정에서는 모델이 데이터를 통해 어떻게 학습할지, 무엇을 목표로 할지, 그리고 그 과정을 어떻게 평가할지를 정의한다. 두 언어 모두 compile() 함수를 사용하며 [표 5-23]의 3가지 핵심 요인을 설정한다.

▸ 표 5-23 compile() 함수의 주요 요인별 값 설정 방식

요인	설명	종류와 설정방법
최적화 알고리즘(Optimizer)	모델의 가중치(weights)를 업데이트하여 손실함수를 최소화하는 방법	adam, rmsprop, sgd 등이 있으며 adam이 널리 이용되고 성능이 높음
손실함수(Loss Function)	모델의 예측값과 실제값 사이의 오차를 측정하는 방법	주로 회귀는 mse, 이중분류는 binary_crossentropy, 다중분류는 categorical_crossentropy 사용
평가지표(Metrics)	모델의 성능을 측정하는 기준	회귀문제는 mae, 분류문제는 accuracy가 주로 사용

최적화 알고리즘은 널리 사용되며 성능 또한 우수한 Adam을 선택하였다. 손실함수는 회귀문제에 적합한 MSE를 사용하였으며, 모델의 성능 평가지표로는 MAE를 설정하였다.

R 코딩

```
> model %>% compile(optimizer='adam', loss = 'mse', metrics =
                    list('mae'))
```

Python 코딩

```
In [ ]   from tensorflow.keras.optimizers import Adam
         model.compile(optimizer='adam', loss='mse',
         metrics=['mae'])
```

complie() 함수를 통해 이러한 요인들을 설정함으로써 심층신경망은 비로소 학습을 시작할 준비를 마치게 된다.

모델 컴파일링이 완료되면 모델은 주어진 데이터를 바탕으로 학습을 시작하고 성능을 점차 최적화해 나간다. 이때 R과 Python 모두 fit() 함수를 사용하며, 입력 데이터와 정답(label)을 제공함으로써 신경망이 반복적인 학습을 통해 가중치(weights)와 편향(biases)를 조정하고 예측성능을 점차 높일 수 있도록 한다.

fit() 함수는 모델 학습의 핵심 절차를 수행한다. 먼저 순전파 과정을 통해 예측값을 생성하고, 손실함수로 실제값과의 오차를 계산한다. 이후 역전파를 통해 손실에 대한 기울기를 계산하고, 옵티마이저가 이를 바탕으로 가중치와 편향을 갱신한다.

이 과정은 설정된 에포크(epochs) 만큼 반복되며, 각 반복은 배치 크기(batch size) 단위로 데이터를 나누어 처리한다. 반복학습을 통해 모델은 점차 수렴하며, 일반화 성능이 향상된다. 에포크와 배치 크기는 중요한 하이퍼파라미터로, 설정에 따라 과소적합이나 과대적합이 발생할 수 있어 신중한 조절이 필요하다.

본 예제에서는 epochs=100, batch_size=32, validation_split=0.2를 사용한다. 또한 EarlyStopping과 같은 콜백 함수는 검증 성능이 개선되지 않을 경우 학습을 조기에 종료해 과대적합을 방지한다.

함수 사용법(동일)

```
model.fit(x, y, epochs, batch_size, validation_split, callbacks)
```

요인	설명
x	학습용 입력변수 데이터
y	학습용 타깃변수 데이터
epochs	전체 학습 데이터를 몇 번 반복해서 학습할지를 정하는 횟수(너무 작으면 과소적합, 너무 크면 과대적합 발생)
batch_size	한 번에 학습할 데이터 샘플 수로 전체 데이터를 몇 개씩 나누어 학습할지를 결정
validation_split	검정에 사용할 데이터 비율
callbacks	조기 종료 등 콜백 함수 리스트(예, callback_early_stopping() 등)

R 코딩

```
> history <- model %>% fit(X_train_rs, y_train_r,
        epochs=100,
        batch_size=32,
        validation_split=0.2)
```

Python 코딩

```
In [ ]   history = model.fit(X_train_rs, y_train_r,
             epochs=100,
             batch_size=32,
             validation_split=0.2)
```

학습이 정상적으로 완료되면 [그림 5-15]와 같이 학습 과정의 정확도와 손실 변화가 출력되며, history를 활용해 시각화도 가능하다.

▸ 그림 5-15 심층신경망 학습과정

```
Epoch 97/100
525/525 [==============================] - 3s 6ms/step - loss: 0.0018 - mae: 0.0188 - val_loss: 0.0018 - val_mae: 0.0209
Epoch 98/100
525/525 [==============================] - 3s 6ms/step - loss: 0.0018 - mae: 0.0182 - val_loss: 0.0018 - val_mae: 0.0238
Epoch 99/100
525/525 [==============================] - 3s 6ms/step - loss: 0.0018 - mae: 0.0184 - val_loss: 0.0016 - val_mae: 0.0206
Epoch 100/100
525/525 [==============================] - 3s 6ms/step - loss: 0.0016 - mae: 0.0177 - val_loss: 0.0026 - val_mae: 0.0243
```

```
525/525 ━━━━━━━━━━━━━━━━━━━━ 3s 6ms/step - loss: 0.0028 - mae: 0.0240 - val_loss: 0.0020 - val_mae: 0.0233
Epoch 98/100
525/525 ━━━━━━━━━━━━━━━━━━━━ 3s 6ms/step - loss: 0.0025 - mae: 0.0225 - val_loss: 0.0025 - val_mae: 0.0246
Epoch 99/100
525/525 ━━━━━━━━━━━━━━━━━━━━ 3s 6ms/step - loss: 0.0029 - mae: 0.0243 - val_loss: 0.0018 - val_mae: 0.0219
Epoch 100/100
525/525 ━━━━━━━━━━━━━━━━━━━━ 3s 6ms/step - loss: 0.0024 - mae: 0.0218 - val_loss: 0.0023 - val_mae: 0.0236
```

Keras로 학습한 후 fit() 함수의 결과로 나오는 history를 출력하면, 모델 학습 과정에서의 성능 기록이 나타난다. 이때 loss는 학습 데이터에서의 손실함수 값(보통 회귀에서는 MSE), mae는 학습 데이터에서의 평균절대오차를 의미한다. 또한 val_loss는 검증 데이터에서의 손실함수 값(MSE), val_mae는 검증 데이터에서의 평균절대오차를 나타낸다.

이러한 지표들을 통해 학습 도중 모델이 어떻게 성능을 개선해 나가는지, 과대적합이나 과소적합이 발생했는지를 판단할 수 있다.

R에서는 history 객체를 그대로 출력하면 마지막 epoch의 loss, mae, val_loss, val_mae가 요약된 형태로 바로 나타난다.

R 코딩	> history
출력	Final epoch (plot to see history): loss: 0.001647 mae: 0.01775 val_loss: 0.002588 val_mae: 0.02431

그러나 Python에서는 history를 그대로 출력하면 모든 epoch에 대한 전체 기록이 딕셔너리 형태로 출력되기 때문에 마지막 epoch의 값을 직접 추출해줘야 한다. 필요한 지표가 mae와 val_mae이기 때문에 다음과 같은 코딩으로 두 지표의 마지막 epoch의 성능을 구할 수 있다.

Python 코딩	In [ ]	last_epoch = len(history.history['loss']) - 1 history.history['mae'][last_epoch]
출력	Out[ ]	0.024354178458452225

Python 코딩	In [ ]	last_epoch = len(history.history['val_loss']) - 1 history.history['val_mae'][last_epoch]
출력	Out[ ]	0.023148870095610624

R에서는 학습 MAE가 0.01775, 검증 MAE가 0.02431로 나타나 두 값 사이에 0.00656의 차이가 있었다. 반면 Python에서는 학습 MAE가 0.02435, 검증 MAE가 0.02314로 나타나 0.00121의 차이를 보였다. 이는 [표 5-6]의 기준값인 0.01보다 작은 차이를 보이므로 모델이 새로운 데이터에도 안정적으로 작동한다고 해석할 수 있다.

결론적으로 과대적합도 아니고 과소적합도 아닌, 적절하게 학습된 상태라고 볼 수 있다.

그러나 모델이 과대적합이나 과소적합 상태에 치우치지 않고, 적절히 학습된 상태인지 판단하려면 단순히 학습 정확도만으로는 부족하다. 따라서 학습이 끝난 후에는 별도로 분리해 둔 평가용 데이터를 활용하여 모델의 예측 성능을 확인하는 과정이 필요하다.

이때 활용되는 대표적인 함수가 evaluate()이다. 이 함수는 모델이 예측한 결과와 실제 정답 간의 차이를 바탕으로, 평균제곱오차(MSE), 평균절대오차(MAE), 평균제곱근오차(RMSE) 등의 지표를 계산하여 전반적인 성능을 수치로 나타낸다. evaluate() 함수의 활용가치는 3가지 측면에서 두드러진다.

첫째, 평가 데이터를 기반으로 모델의 일반화 성능을 판단할 수 있어, 학습 데이터에만 지나치게 맞춰진 과대적합 상태인지 확인할 수 있다.

둘째, 딥러닝 모델은 손실함수를 최소화하는 방향으로 학습되기 때문에, 평가 시 산출되는 손실값은 모델의 최적화 정도를 가늠하는 기준이 된다.

셋째, MAE와 같은 지표는 실제 환경에서 발생할 수 있는 예측 오차를 수치로 직관적으로 보여주기 때문에, 다른 모델과의 성능 비교나 향후 개선방향 설정에도 활용도가 높다.

따라서 evaluate() 함수는 단순히 성능을 평가하는 도구를 넘어, 모델의 일반화 능력과 실전 적용 가능성을 종합적으로 판단하는 핵심 절차라 할 수 있다.

R 코딩	`> model %>% evaluate(X_test_rs, y_test_r)`
출력	282/282 [======] - 0s 713us/step - loss: 0.0029 - mae: 0.0254 loss mae 0.002911004 0.025438624

Python 코딩	In [ ] `model.evaluate(X_test_rs, y_test_r)`
출력	Out[ ] 282/282 ━━ 1s 2ms/step - loss: 0.0038 - mae: 0.0248 [0.003061021910980344, 0.024609943851828575]

R과 Python 두 언어를 사용하여 손실값(Loss)과 평균절대오차(MAE)를 산출한 결과, 손실값은 R에서 0.0029, Python에서는 0.0030으로 나타났으며, MAE는 두 환경 모두에서 0.025로 측정되었다.

두 지표 모두 0에 가까울수록 모델의 성능이 우수하다고 판단하기 때문에, 두 환경 모두에서 매우 높은 성능을 보였다고 판단할 수 있다.

학습된 모델은 평가용 데이터에 적용되어 입력값 X를 바탕으로 출력값 y를 예측하고, 그 결과를 출력한다.

R 코딩

```
> y_pred_dnn_rs <- model %>% predict(X_test_rs)
```

출력

```
282/282 [==============================] - 0s 815us/step
```

R 코딩

```
> y_pred_dnn_rs
```

출력

```
                 [,1]
    [1,] 0.80739123
    [2,] 0.78702778
    [3,] 0.79877281
    [4,] 0.34772417
    [5,] 0.83054906
    [6,] 0.29919317
   ........................................................................ [이하생략]
```

Python 코딩

```
In [ ]    y_pred_dnn_rs = model.predict(X_test_rs)
```

출력

```
Out[ ] 282/282 ―――――――――――――――――――――――― 1s 2ms/step
```

Python 코딩

```
In [ ]    y_pred_dnn_rs
```

출력

```
Out[ ] array([[0.82478327],
              [0.78470963],
              [0.79137534],
              ...,
```

	[0.74068946], [0.7800025], [0.80726284]], dtype=float32)

마지막으로 실제값과 예측값을 비교해 모델의 성능을 평가한다.

R 코딩	> library(caret) > postResample(y_pred_dnn_rs, y_test_r)
출력	RMSE Rsquared MAE 0.05395370 0.96208894 0.02543861

Python 코딩	In [ ]	from sklearn.metrics import mean_squared_error import numpy as np np.sqrt(mean_squared_error(y_test_r, y_pred_dnn_rs))
출력	Out[ ]	np.float64(0.05532650006661189)

Python 코딩	In [ ]	from sklearn.metrics import r2_score r2_score(y_test_r, y_pred_ann_rs)
출력	Out[ ]	0.9588973396625627

모델의 성능을 평가한 결과, RMSE는 R에서 0.053, Python에서 0.055로 나타났으며, R^2은 R이 0.962, Python이 0.958로 측정되었다. 이처럼 두 언어 모두에서 예측 성능이 유사하게 나타났으며, 이는 다른 기법에 비해 성능이 뛰어남을 시사한다.

2) 분류문제

분류문제 분석에 사용할 데이터를 불러온다.

R 코딩

```
> train_c <- read.csv('blackice_c_train.csv', header = T,
                      stringsAsFactors = T)
> test_c <- read.csv('blackice_c_test.csv', header = T,
                     stringsAsFactors = T)
```

Python 코딩

```
In [ ]   import pandas as pd
         train_c = pd.read_csv('blackice_c_train.csv')
         test_c = pd.read_csv('blackice_c_test.csv')
```

두 언어 모두 Keras는 formula 형식을 지원하지 않아 X, y를 분리한 구조를 사용해야 한다. 따라서 X와 y를 분리한다.

R 코딩

```
> X_train_c = train_c[, 1:4]
> y_train_c = train_c[, 5]
> X_test_c = test_c[, 1:4]
> y_test_c = test_c[, 5]
```

Python 코딩

```
In [ ]   X_train_c = train_c.iloc[:, 0:4]
         y_train_c = train_c.iloc[:, 4]
         X_test_c = test_c.iloc[:, 0:4]
         y_test_c = test_c.iloc[:, 4]
```

심층신경망은 범주형 데이터를 직접 처리할 수 없다. 따라서 타깃변수가 범주형인 경우 이를 모델이 이해할 수 있도록 수치형으로 변환하는 과정이 반드시 필요하다. 이를 위해 먼저 레이블 인코딩(Label Encoding)을 수행하며, 그 다음으로 원-핫 인코딩(One-Hot Encoding)을 적용한다.

먼저, 레이블 인코딩을 위해서 R에서는 as.numeric() 함수를, Python에서는 LabelEncoder() 함수를 사용한다. 이때 딥러닝 프레임워크는 레이블이 0부터 시작하는 것을 전제로 하기 때문에 주의가 필요하다. R의 요인형은 기본적으로 1부터 시작하므로 -1과 같이 조정하여 0부터 시작하도록 변환해야 한다.

R 코딩
```
> y_train_ce <- as.numeric(y_train_c) - 1
> y_test_ce <- as.numeric(y_test_c) - 1
```

반면 Python의 LabelEncoder()는 자동으로 0부터 인코딩을 시작하기 때문에 별도로 -1을 해줄 필요는 없다.

Python 코딩
```
In [ ]  from sklearn.preprocessing import LabelEncoder
        le = LabelEncoder()
        y_train_ce = le.fit_transform(y_train_c)
        y_test_ce = le.transform(y_test_c)
```

레이블 인코딩은 범주형을 0, 1, 2 등과 같은 수치형으로 변환하지만, 모델이 이를 순서나 크기 관계가 있다고 잘못 해석할 수 있다. 이를 방지하기 위해 각 클래스마다 독립적인 이진 특성(0과 1)으로 표현하는 방식을 원-핫 인코딩이라 한다.

예를 들어 색상이라는 범주형에 빨강, 파랑, 초록의 3가지 범주가 있다고 가정해 보자. 원-핫 인코딩을 적용하면 색상은 색상_빨강, 색상_파랑, 색상_초록과 같은 3개의 새로운 이진 특성으로 변환된다.

▸ 표 5-24 **원-핫 인코딩 적용 예시**

원래 값	색상_빨강	색상_파랑	색상_초록
빨강	1	0	0
파랑	0	1	0
초록	0	0	1
빨강	1	0	0

위 [표 5-24]에서 보듯이, 원래 값이 빨강인 데이터는 색상_빨강 특성만 1이 되고 나머지 특성을 0이 된다. 이는 각 범주가 서로 독립적임을 명확히 보여 준다.

분류모델의 타깃변수를 원-핫 인코딩하기 위해 R과 Python 모두에서 to_categorical() 함수가 사용된다. to_categorical() 함수는 R에서는 keras 패키지에 포함되어 있고, Python에서는 tensorflow.keras.utils 모듈에 포함되어 있으며 함수 사용법은 다음과 같다.

함수 사용법(동일)

to_categorical(data, num_classes)

요인	설명
data	변환할 데이터
num_classes	인코딩할 클래스 수(생략하면 자동 계산되지만 명시하는 것이 안전)

R 코딩

```
> library(tensorflow)
> library(keras)
```

Python 코딩

```
In [ ]    from tensorflow import keras
```

R 코딩

```
> y_train_cat <- to_categorical(y_train_ce, num_classes = 3)
> y_test_cat  <- to_categorical(y_test_ce, num_classes = 3)
> head(y_train_cat)
```

출력

```
      [,1] [,2] [,3]
[1,]    0    0    1
[2,]    0    0    1
[3,]    0    0    1
[4,]    0    0    1
[5,]    0    0    1
[6,]    0    0    1
```

Python 코딩

```
In [ ]  from tensorflow.keras.utils import to_categorical
        y_train_cat = to_categorical(y_train_encoded, num_classes=3)
        y_test_cat = to_categorical(y_test_encoded,
        num_classes=3)
        y_test_cat
```

출력

```
Out[ ]  array([[0., 0., 1.],
               [0., 0., 1.],
               [0., 0., 1.],
               ...,
               [0., 1., 0.],
               [0., 1., 0.],
               [0., 1., 0.]])
```

다음은 Keras를 사용할 때 표준화를 적용하는 것이 권장되는 데이터 스케일링 방법이므로, 이를 적용한다.

R 코딩

```
> library(caret)
> scaled_model_c <- preProcess(X_train_c, method = c('center',
                                                      'scale'))
> X_train_cs <- predict(scaled_model_c, X_train_c)
> X_test_cs  <- predict(scaled_model_c, X_test_c)
```

Python 코딩

```
In [ ]  from sklearn.preprocessing import StandardScaler
        scaler = StandardScaler()
        X_train_cs = scaler.fit_transform(X_train_c)
        X_test_cs = scaler.transform(X_test_c)
```

R에서는 Keras를 사용할 때, 일반적으로 권장되는 방법인 data.frame 형태의 데이터를 as.matrix() 함수를 사용해 행렬(Matrix) 형태로 변환한다.

R 코딩

```
> X_train_cs <- as.matrix(X_train_cs)
> X_test_cs  <- as.matrix(X_test_cs)
```

데이터 전처리가 완료되었으므로, 이제 심층신경망 모델을 구축한다. R에서는 keras_model_sequential() 함수를, Python에서는 Sequential() 함수를 사용하여 전체 신경망의 기본 구조를 정의한다.

R 코딩

```
> mode_c <- keras_model_sequential()
```

Python 코딩

```
In [ ]    from tensorflow.keras.models import Sequential
          model_c = Sequential()
```

입력층은 input_shape를 통해 입력변수의 수를 지정하며, 본 예제에 사용하는 데이터는 총 4개의 입력변수를 포함하므로 input_shape=4로 설정한다.

이후 은닉층을 구성하는데, 총 4개의 은닉층을 사용하며 각 층의 뉴런 수는 차례대로 128개, 64개, 32개, 16개로 설정하였다. 각 은닉층에는 일반적으로 많이 사용되는 ReLU 활성화 함수를 적용한다.

출력층은 다중 분류문제를 다루기 때문에 뉴런의 수는 클래스 수인 3으로 설정하고, 활성화 함수는 Softmax를 사용하여 각 클래스에 대한 확률을 출력한다.

R 코딩

```
> model_c %>%
      layer_dense(units=128, activation='relu', input_shape=4) %>%
      layer_dense(units=64, activation='relu') %>%
      layer_dense(units=32, activation='relu') %>%
      layer_dense(units=16, activation='relu') %>%
      layer_dense(units=3, activation='softmax')
```

Python 코딩

```
In [ ]  from tensorflow.keras.layers import Dense
        model_c.add(Dense(128, activation='relu', input_shape=(4,)))
        model_c.add(Dense(64, activation='relu'))
        model_c.add(Dense(32, activation='relu'))
        model_c.add(Dense(16, activation='relu'))
        model_c.add(Dense(3, activation='softmax'))
```

모델 구축 후 compile() 함수를 통해 학습 과정을 구성한다. 이때 최적화 알고리즘은 성능이 우수한 Adam, 손실함수는 다중 분류문제에 적합한 catego-rical_crossentropy, 평가지표는 accuracy로 설정하였다.

R 코딩

```
> model_c %>% compile(optimizer = 'adam',
      loss = 'categorical_crossentropy',
      metrics = c('accuracy'))
```

Python 코딩

```
In [ ]  from tensorflow.keras.optimizers import Adam
        model_c.compile(optimizer='adam',
                        loss='categorical_crossentropy',
                        metrics=['accuracy'])
```

모델 컴파일링이 완료되면, 주어진 데이터를 바탕으로 학습을 수행하게 된다. 이때 R과 Python 모두 fit() 함수를 사용하며 학습을 진행한다. 본 예제에서는 epochs=200, batch_size=32, validation_split=0.2로 설정하여 학습시킨다.

R 코딩

```
> history_c <- model_c %>% fit(X_train_cs, y_train_cat,
    epochs=200,
    batch_size=32,
    validation_split=0.2)
```

Python 코딩

```
In [ ]    history_c = model_c.fit(X_train_cs, y_train_cat,
              epochs=200,
              batch_size=32,
              validation_split=0.2)
```

학습이 정상적으로 완료되면, [그림 5-16]과 같이 에포크별 손실 및 정확도 변화가 출력되며, history_c 객체를 활용하여 학습 과정을 시각화하거나 평가하는 데 사용할 수 있다.

▸ 그림 5-16 **심층신경망 학습과정**

```
Epoch 197/200
525/525 [==============================] - 2s 4ms/step - loss: 0.0260 - accuracy: 0.9907 - val_loss: 0.5023 - val_accuracy: 0.9255
Epoch 198/200
525/525 [==============================] - 2s 3ms/step - loss: 0.0254 - accuracy: 0.9913 - val_loss: 0.4865 - val_accuracy: 0.9350
Epoch 199/200
525/525 [==============================] - 2s 3ms/step - loss: 0.0228 - accuracy: 0.9911 - val_loss: 0.3800 - val_accuracy: 0.9429
Epoch 200/200
525/525 [==============================] - 2s 3ms/step - loss: 0.0275 - accuracy: 0.9891 - val_loss: 0.5029 - val_accuracy: 0.9200
```

```
Epoch 197/200
525/525 ━━━━━━━━━━━━━━━━━━━━ 1s 3ms/step - accuracy: 0.9698 - loss: 0.0770 - val_accuracy: 0.8900 - val_loss: 0.3999
Epoch 198/200
525/525 ━━━━━━━━━━━━━━━━━━━━ 2s 3ms/step - accuracy: 0.9687 - loss: 0.0810 - val_accuracy: 0.9267 - val_loss: 0.2413
Epoch 199/200
525/525 ━━━━━━━━━━━━━━━━━━━━ 2s 3ms/step - accuracy: 0.9739 - loss: 0.0729 - val_accuracy: 0.8871 - val_loss: 0.3968
Epoch 200/200
525/525 ━━━━━━━━━━━━━━━━━━━━ 2s 3ms/step - accuracy: 0.9691 - loss: 0.0797 - val_accuracy: 0.9221 - val_loss: 0.2924
```

모델 학습 과정에서의 성능을 확인하기 위해 fit() 함수의 결과로 반환되는 history_c 객체를 출력한다.

R에서는 history_c 객체를 그대로 출력하면 마지막 에포크(epoch)의 loss, accuracy, val_loss, val_accuracy 값이 요약된 형태로 나타난다.

R 코딩

```
> history_c
```

출력

```
Final epoch (plot to see history):
        loss: 0.02749
    accuracy: 0.9891
    val_loss: 0.5029
val_accuracy: 0.92
```

반면, Python에서는 history_c 객체에서 마지막 에포크의 accuracy와 val_accuracy 값을 직접 추출해야 하므로, 다음과 같은 코드를 사용한다.

Python 코딩	In [ ]	last_epoch_c = len(history_c.history['loss']) - 1 history_c.history['accuracy'][last_epoch_c]
출력	Out[ ]	0.9689285755157471

Python 코딩	In [ ]	last_epoch_c = len(history_c.history['val_accuracy']) - 1 history_c.history['val_accuracy'][last_epoch_c]
출력	Out[ ]	0.9221428632736206

R에서는 학습 정확도가 0.9891, 검증 정확도가 0.92로 나타나 두 값 사이의 차이는 0.0691이다. 반면 Python에서는 학습 정확도가 0.96892, 검증 정확도가 0.92214로 두 값의 차이는 0.04678로 R보다 작게 나타났다.

이는 [표 5-6]의 기준에 비추어 볼 때, Python은 학습과 검증 정확도 간의 차이가 적고 두 값 모두 높은 수준이므로 적절한 학습이 이루어졌다고 판단할 수 있다. 반면 R의 경우, 두 정확도 간 차이가 상대적으로 크며 기준치를 약간 초과하므로 과대적합이 일부 발생했을 가능성이 있다.

그러나 과대적합 여부를 정확히 판단하기 위해서는 단순한 수치 비교만으로는 부족하며, 학습곡선(accuracy와 loss 그래프)을 함께 확인하는 것이 중요하다.

R과 Python 모두에서 model.fit()의 결과로 얻은 history_c 객체를 활용하면, 학습/검증 정확도와 손실의 변화를 그래프로 그릴 수 있어 과대적합이나 과소적합 여부를 보다 명확하게 파악할 수 있다. 학습곡선을 해석하는 기준은 [표 5-25]과 같다.

▸ 표 5-25 **학습곡선으로 분류문제 과대적합, 과소적합 등 판단기준**

정확도(accuracy) 그래프		손실(loss) 그래프		판단
학습	검증	학습	검증	
Train은 증가	Validation은 감소 또는 정체	Train은 감소	Validation은 증가	과대적합 의심
Train/Validation 모두 낮고 정체		Train/Validation 모두 높고 정체 또는 증가		과소적합 의심
Train은 증가	Validation도 증가 또는 정체	Train은 감소	Validation도 감소 또는 정체	적절한 학습

학습곡선을 시각화할 때 R에서는 ggplot2 패키지의 ggplot() 함수를 주로 사용하고, Python에서는 matplotlib.pyplot 모듈의 plot() 함수를 활용하여 학습 정확도와 손실의 변화를 그래프로 나타낼 수 있다.

R 코딩

```
> df_acc <- data.frame(
    epoch=1:length(history_c$metrics$accuracy),
    accuracy=history_c$metrics$accuracy,
    val_accuracy=history_c$metrics$val_accuracy)
> install.packages('ggplot2')
> library(ggplot2)
> ggplot(df_acc, aes(x=epoch)) +
    geom_line(aes(y=accuracy, color='Train Accuracy')) +
    geom_line(aes(y=val_accuracy, color='Validation Accuracy')) +
    theme_minimal()
```

출력

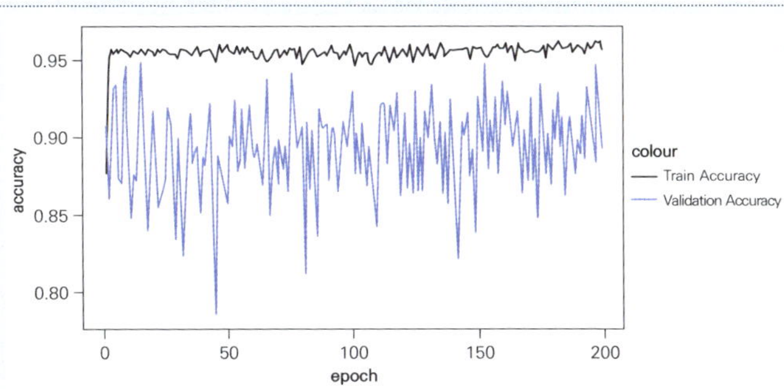

Python 코딩

```
In [ ]   import matplotlib.pyplot as plt
         plt.plot(history_c.history['accuracy'], label='Train Accuracy')
         plt.plot(history_c.history['val_accuracy'], label='Validation
                  Accuracy')
         plt.legend()
         plt.show()
```

출력

Out[ ]

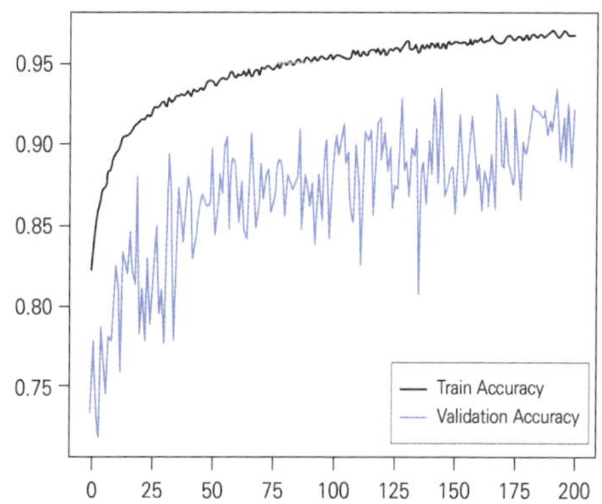

먼저 학습 및 검증 정확도의 변화 추이를 보면, R과 Python 모두에서 학습 정확도는 점차 증가하는 양상을 보인다. 그러나 검증 정확도는 Python에서는 증가하는 반면, R에서는 일정한 수준을 유지하는 경향이 있다. 이는 두 언어 모두에서 과대적합 없이 안정적인 학습이 이루어졌음을 의미한다.

R 코딩

```
> df_loss <- data.frame(
     epoch=1:length(history_c$metrics$loss),
     loss=history_c$metrics$loss,
     val_loss=history_c$metrics$val_loss)
> ggplot(df_loss, aes(x=epoch)) +
    geom_line(aes(y=loss, color='Train Loss')) +
    geom_line(aes(y=val_loss, color='Validation Loss')) +
    theme_minimal()
```

출력

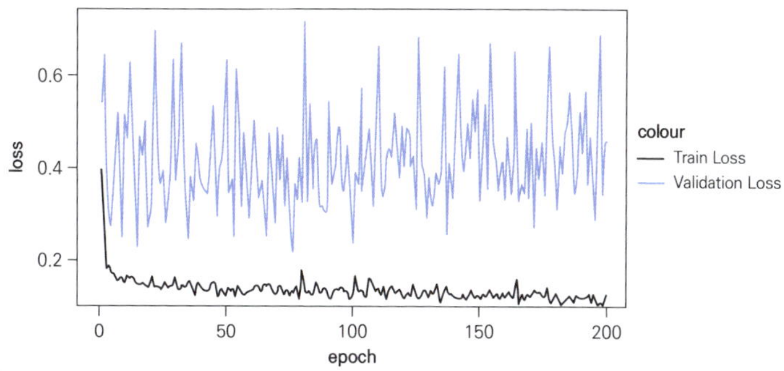

Python 코딩

In [ ]
```
plt.plot(history_c.history['loss'], label='Train Loss')
plt.plot(history_c.history['val_loss'], label='Validation Loss')
plt.legend()
plt.show()
```

출력

Out[ ]

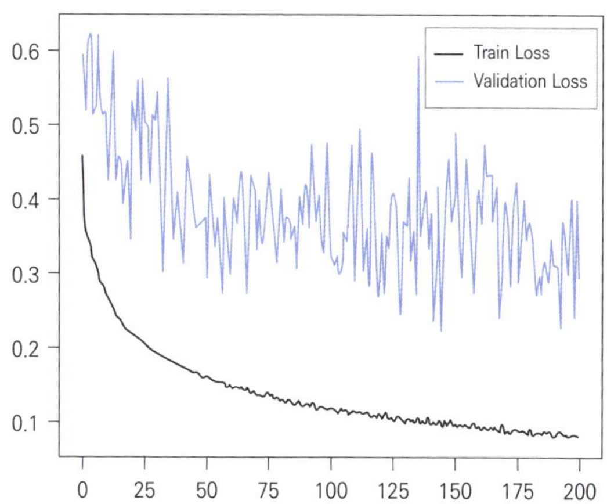

다음으로 손실값의 변화를 보면, 학습 손실은 R과 Python 모두에서 점진적으로 감소하지만, 검증 손실은 Python에서는 함께 감소하는 반면 R에서는 일정하게 유지하는 경향을 보인다.

Python 모델은 학습 손실과 검증 손실이 모두 감소하고 있어 일반화 성능이 우수한 것으로 판단된다. 반면, R 모델은 일정 시점 이후 검증 손실의 개선이 멈

추고 과대적합 징후가 나타나는 것으로 해석된다. 이러한 경우 학습을 조기 종료(Early Stopping)하는 것이 바람직하다.

조기 종료를 위해 callback_early_stopping() 함수를 사용하며, 본 예제에서는 monitor='val_loss'와 patience=5를 설정한다. 해당 설정은 검정 손실이 5 에포크 이상 개선되지 않으면 학습을 중단하도록 한다.

R 코딩

```
> callback <- callback_early_stopping(monitor='val_loss',
                                      patience=5)
> history_cc <- model_c %>% fit(X_train_cs, y_train_cat,
    epochs=200,
    batch_size=32,
    validation_split=0.2,
    callbacks = list(callback))
```

조기 종료를 적용한 학습 결과인 history_cc 객체를 출력해 모델 학습 과정에서의 성능을 확인한다.

R 코딩

```
> history_cc
```

출력

```
Final epoch (plot to see history):
        loss:  0.1076
    accuracy:  0.9618
    val_loss:  0.4347
val_accuracy:  0.9324
```

학습 정확도와 검증 정확도는 각각 0.9618과 0.9324로 나타났으며, 두 값의 차이는 0.0294이다. 이는 조기 종료를 적용 전의 차이인 0.0691 보다 감소해, 과대적합이 완화되었음을 확인할 수 있다.

이제 evaluate() 함수를 활용하여 모델이 평가용 데이터에서 얼마나 정확하게 예측하는지를 검증한다.

R 코딩	> model_c %>% evaluate(X_test_cs, y_test_cat)
출력	282/282 [====] - 0s 1ms/step - loss: 0.2298 - accuracy: 0.9519 loss accuracy 0.2297843 0.9518889

Python 코딩	In [ ] model_c.evaluate(X_test_cs, y_test_cat)
출력	Out[ ] 282/282 —1s 2ms/step - accuracy: 0.9389 - loss: 0.1781 [0.1721925288438797, 0.9435555338859558]

R과 Python에서 측정된 손실값은 각각 0.2297과 0.1721, 정확도는 0.9518과 0.9435로 나타났다. 이러한 결과는 두 환경 모두에서 모델이 비교적 낮은 손실과 높은 정확도를 보이며 안정적으로 학습되었음을 시사한다.

특히 손실값은 Python보다 더 낮게 측정되었고, 정확도는 R이 약간 높게 나타났지만, 두 환경 모두에서 정확도가 0.94 이상으로 비교적 높은 수준의 예측 성능을 보였다.

이러한 차이는 동일한 모델 구조와 하이퍼파라미터를 사용하더라도 구현 환경이나 내부 최적화 방식의 차이에 따라 일부 성능 편차가 발생할 수 있음을 의미한다.

이제 학습된 모델을 사용해 평가용 데이터의 입력값 X를 기반으로 출력값 y를 예측을 수행하고 그 결과를 확인한다.

R 코딩	> y_pred_probs <- model_c %>% predict(X_test_cs)
출력	282/282 [==============================] - 0s 940us/step

R 코딩	> y_pred_probs
출력	[,1] [,2] [,3] [1,] 7.630094e-16 7.733152e-12 1.000000e+00

```
[2,] 6.927405e-16 7.217404e-12 1.000000e+00
[3,] 4.963832e-07 4.231122e-05 9.999572e-01
[4,] 9.074821e-01 8.226644e-05 9.243561e-02
[5,] 6.951282e-16 7.235847e-12 1.000000e+00
```
.... [이하생략]

Python 코딩	In [ ] y_pred_dnn_cs = model_c.predict(X_test_cs)
출력	Out[ ] 282/282 ━━━━━━━━━━━━━━━━━━━━ 1s 3ms/step

Python 코딩	In [ ] y_pred_dnn_cs
출력	Out[ ] array([[1.84395863e-03, 3.93922850e-09, 9.98156011e-01], [2.88106217e-30, 9.74806520e-12, 1.00000000e+00], [5.90491265e-14, 1.11520197e-02, 9.88847971e-01], ..., [1.35013217e-03, 9.76680696e-01, 2.19691340e-02], [9.36677970e-05, 6.81604445e-01, 3.18301916e-01], [1.14334715e-10, 9.99481857e-01, 5.18151093e-04]], dtype=float32)

두 언어 모두 예측 결과는 각 클래스에 대한 확률값을 반환하며, 각 관측치에 대한 가장 높은 확률을 갖는 클래스의 인덱스를 직접 추출함으로써 최종 예측값을 얻을 수 있다.

R에서는 apply() 함수를 이용해 각 관측치(행)마다 예측 확률 중 가장 높은 값을 갖는 클래스의 인덱스를 추출할 수 있다. 이때 which.max() 함수는 1부터 시작하는 인덱스를 반환한다는 점에 유의해야 한다.

하지만, 앞서 레이블을 인코딩할 때 타깃변수를 as.numeric() 함수로 변환한 뒤 −1을 하여 0부터 시작하는 값으로 조정했기 때문에, 예측 클래스 인덱스도 동일하게 맞추기 위해 −1을 해주는 것이 필요하다.

R 코딩

```
> y_pred_labels <- apply(y_pred_probs, 1, which.max) - 1
> y_pred_labels
```

출력

```
 [1] 2 2 2 0 2 2 2 2 2 2 2 2 1 2 2 2 1 1 2 2 2 2 2 0 2
[26] 2 2 2 2 2 1 2 2 2 2 2 2 2 2 2 2 2 2 2 2 2 2 2 2 2
[51] 2 2 2 2 2 2 2 2 2 2 2 2 2 2 2 2 2 2 2 2 2 2 2 2 2
.......................................................................... [이하생략]
```

Python에서는 numpy의 argmax() 함수를 사용하여 각 관측치(행)마다 예측 확률 중 가장 높은 값을 갖는 클래스의 인덱스를 추출할 수 있다. 이때 argmax()는 0부터 시작하는 인덱스를 반환하므로 예측된 클래스 인덱스를 별도로 보정할 필요가 없다.

또한, 타깃변수의 레이블을 처음부터 0부터 시작하는 값으로 인코딩했기 때문에 예측 결과와 실제 레이블 간의 인덱스 체계가 일치하게 되어 바로 비교 및 평가에 사용할 수 있다.

Python 코딩

```
In [ ]   import numpy as np
         y_pred_labels = np.argmax(y_pred_dnn_cs, axis=1)
         y_pred_labels
```

출력

```
Out[ ]  array([2, 2, 2, ..., 1, 1, 1])
```

마지막으로 실제값과 예측값을 비교해 모델 성능을 평가한다.

R에서는 confusionMatrix()를 사용하려면 실제값과 예측값 모두가 요인형이어야 한다. 따라서 str() 함수를 이용해 데이터의 유형을 먼저 확인하고, 만약 numeric 또는 integer 형태라면 as.factor() 함수를 사용해 요인형으로 변환해야 한다.

R 코딩

```
> str(y_test_ce)
```

출력

```
 num [1:9000] 2 2 2 0 2 2 2 2 2 2 ...
```

R 코딩	> str(y_pred_labels)
출력	num [1:9000] 2 2 2 2 2 2 2 2 2 2 ...

확인 결과, 실제값과 예측값 모두 numeric 형태이므로 as.factor()를 사용하여 변환해 준다.

R 코딩	> y_pred_labels <- as.factor(y_pred_labels) > str(y_pred_labels)
출력	Factor w/ 3 levels "0","1","2": 3 3 3 1 3 3 3 3 3 3 ...

R 코딩	> y_test_ce <- as.factor(y_test_ce) > str(y_test_ce)
출력	Factor w/ 3 levels "0","1","2": 3 3 3 3 3 3 3 3 3 3 ...

이제 R에서도 실제값과 예측값을 문제없이 비교할 수 있어 confusionMatrix() 함수를 사용하여 정확도 등 분류 성능을 평가한다.

R 코딩

```
> library(caret)
> confusionMatrix(y_pred_labels, y_test_ce)
```

출력

```
Confusion Matrix and Statistics

          Reference
Prediction    0    1    2
         0 2950   73   46
         1   22 2792  129
         2   28  135 2825

Overall Statistics

               Accuracy :  0.9519
```

```
                95% CI :  (0.9473, 0.562)
   No Information Rate :  0.3333
   P-Value [Acc > NIR] :  < 2.2e-16

                 Kappa :  0.9278

Mcnemar's Test P-Value :  5.511e-07

Statistics by Class:

                     Class: 0  Class: 1  Class: 2
Sensitivity            0.9833    0.9307    0.9417
Specificity            0.9802    0.9748    0.9728
Pos Pred Value         0.9612    0.9487    0.9454
Neg Pred Value         0.9916    0.9657    0.9709
Prevalence             0.3333    0.3333    0.3333
Detection Rate         0.3278    0.3102    0.3139
Detection Prevalence   0.3410    0.3270    0.3320
Balanced Accuracy      0.9817    0.9527    0.9572
```

Python 코딩

```
In [ ]  from sklearn.metrics import confusion_matrix
        confusion_matrix(y_test_ce, y_pred_labels)
```

출력

```
Out[ ]
      array([[2975,   12,   13],
             [  84, 2737,  179],
             [  87,  133, 2780]])
```

Python 코딩

```
In [ ]  from sklearn.metrics import classification_report
        result = classification_report(y_test_ce, y_pred_labels)
        print(result)
```

출력

```
Out[ ]
              precision    recall  f1-score   support

           0       0.95      0.99      0.97      3000
           1       0.95      0.91      0.93      3000
```

```
           2       0.94      0.93      0.93      3000

    accuracy                           0.94      9000
   macro avg       0.94      0.94      0.94      9000
weighted avg       0.94      0.94      0.94      9000
```

모델의 정확도를 평가한 결과, R에서는 0.9517, Python에서는 0.94로 나타나 두 모델 모두 우수한 성능을 보였으며 R이 약간 더 높은 정확도를 기록하였다.

3) 과대적합

과대적합이 발생할 경우, 이를 완화하기 위한 기법으로 드롭아웃, 정규화, 교차검정, 조기종료 등이 사용된다. 앞서 R과 Python을 통해 다룬 회귀와 분류문제 두 예제 중, R의 분류문제에서만 과대적합 가능성이 나타나 이를 해결하기 위해 조기 종료 기법을 적용하였다. 이번에는 드롭아웃 기법을 적용하여 과대적합을 방지해 보고자 한다.

드롭아웃이란 '신경망의 은닉층에서 뉴런을 일정 확률로 무작위 제거(drop)하여 특정 뉴런에 과도하게 의존하지 않도록 하는 기법'이다. 일반적으로 드롭아웃 비율(rate)은 0.2 ~ 0.5 사이로 설정된다.

▸ 그림 5-17 **드롭아웃의 개념**

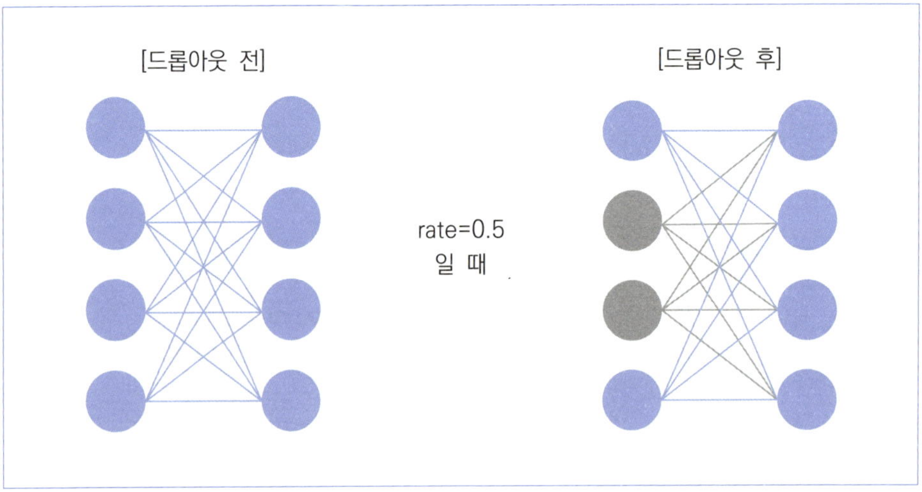

신경망을 구축할 때 드롭아웃은 은닉층 뒤에 추가하며 R에서는 layer_dropout() 함수를, Python에서는 Dropout() 레이어를 사용하여 적용할 수 있다.

다음은 회귀문제에 드롭아웃 비율을 0.3으로 설정해 적용하는 방법을 보여주는 예시이다.

R 코딩

```
> model %>%
      layer_dense(units=128, activation='relu', input_shape=4) %>%
      layer_dropout(rate=0.3) %>%
      layer_dense(units=64, activation='relu') %>%
      layer_dropout(rate=0.3) %>%
      layer_dense(units=32, activation='relu') %>%
      layer_dropout(rate=0.3) %>%
      layer_dense(units=16, activation='relu') %>%
      layer_dropout(rate=0.3) %>%
      layer_dense(units=1)
```

Python 코딩

```
In [ ]   from tensorflow.keras.layers import Dense
         model.add(Dense(128, activation='relu', input_shape=(4,)))
         model.add(Dropout(0.3))
         model.add(Dense(64, activation='relu'))
         model.add(Dropout(0.3))
         model.add(Dense(32, activation='relu'))
         model.add(Dropout(0.3))
         model.add(Dense(16, activation='relu'))
         model.add(Dropout(0.3))
         model.add(Dense(1))
```

제5절 성능 평가 결과

동일한 데이터를 대상으로 9가지 머신러닝 기법의 성능을 평가한 결과는 다음 [표 5-26], [표 5-27], 그리고 [표 5-28]과 같다.

▸ 표 5-26 회귀문제 RMSE 성능 평가 결과

구분	전통적 모델			앙상블 모델				신경망 모델	
	K 최근접 이웃	결정 트리	서포트 벡터 머신	배깅 결정 트리	랜덤 포레스트	GBM	XG Boost	인공 신경망	심층 신경망
R	0.055	0.077	0.116	0.066	0.054	0.112	**0.051**	0.121	0.053
Python	0.055	0.068	0.114	0.066	**0.047**	0.108	0.053	0.128	0.055

▸ 표 5-27 회귀문제 R^2 성능 평가 결과

구분	전통적 모델			앙상블 모델				신경망 모델	
	K 최근접 이웃	결정 트리	서포트 벡터 머신	배깅 결정 트리	랜덤 포레스트	GBM	XG Boost	인공 신경망	심층 신경망
R	0.959	0.920	0.819	0.940	0.961	0.829	**0.964**	0.801	0.962
Python	0.959	0.936	0.823	0.940	**0.969**	0.843	0.961	0.777	0.958

▸ 표 5-28 분류문제 정확도 성능 평가 결과

구분	전통적 모델			앙상블 모델				신경망 모델	
	K 최근접 이웃	결정 트리	서포트 벡터 머신	배깅 결정 트리	랜덤 포레스트	GBM	XG Boost	인공 신경망	심층 신경망
R	0.954	0.913	0.842	0.960	0.963	0.861	**0.969**	0.799	0.951
Python	0.950	0.940	0.840	0.960	0.960	0.870	**0.970**	0.790	0.940

회귀문제의 경우 RMSE와 R^2 기준으로 볼 때 R에서는 XGBoost, Python에서는 랜덤 포레스트가 가장 우수한 성능을 보였다. 분류문제의 경우, 정확도를 기준으로 R과 Python 모두에서 XGBoost가 가장 뛰어난 성능을 나타냈다.

그러나 이러한 결과가 항상 동일하게 반복되는 것은 아니다. 하이퍼파라미터를 조정하면 다른 기법이 더 나은 성능을 발휘할 수 있으며, 문제의 성격이나 데이터의 특성에 따라 성능이 달라질 수 있다.

따라서 머신러닝에서는 모델 성능을 최적화하기 위해서는 문제 상황에 적절한 기법을 선택하는 것은 물론, 이에 적합한 하이퍼파라미터를 경험적으로 조정하는 과정이 필수적이다.

예를 들어, 학습률을 낮게 설정하면 학습 속도가 느려지지만 수렴 안정성은 향상된다. 또한 부스팅 계열 모델의 경우, 반복 학습 횟수를 늘리면 예측 정확도가 향상될 수 있으나 과대적합의 위험도 함께 증가한다. 트리 기반 모델에서는 트리의 깊이를 과도하게 설정할 경우 과대적합이 발생할 수 있으므로, 이를 적절히 제한하여 일반화 성능을 높일 수 있다.

이처럼 각 기법의 구조적 특성과 하이퍼파라미터 간의 상호작용을 고려하여 이를 최적화하는 과정은 모델 성능 개선의 핵심이라 할 수 있다.

저자소개

조 희 수

경희대학교에서 경영정보시스템을 전공하며 박사학위를 취득하였다. 한국도로공사 ICT센터, 스마트톨링추진단, 영업시스템처 등에서 근무하면서 공공서비스 분야의 IT 혁신을 주도해 왔으며, 현재는 산업 현장에서 데이터 기반 의사결정 지원과 기술 적용 확산에 기여하고 있다.

아울러 국립창원대학교 빅데이터자산관리학과와 김천대학교 스마트물류시스템공학과에서 겸임교수로 재직하며 빅데이터, 통계, 머신러닝, 인공지능 과목을 강의하고 있으며, 풍부한 실무 경험을 바탕으로 실용적이고 문제 해결 중심의 인재 양성에 힘쓰고 있다.

데이터 분석과 머신러닝 실전: R & Python과 함께하는 여정

초판발행 2026년 1월 5일

지은이 조희수
펴낸이 안종만 · 안상준

편 집 탁종민
기획/마케팅 장규식
표지디자인 BEN STORY
제 작 고철민 · 김원표

펴낸곳 (주) 박영사
서울특별시 금천구 가산디지털2로 53, 210호(가산동, 한라시그마밸리)
등록 1959. 3. 11. 제300-1959-1호(倫)
전 화 02)733-6771
f a x 02)736-4818
e-mail pys@pybook.co.kr
homepage www.pybook.co.kr
ISBN 979-11-303-9722-1 93000

copyright©조희수, 2026, Printed in Korea

* 파본은 구입하신 곳에서 교환해 드립니다. 본서의 무단복제행위를 금합니다.

정 가 28,000원